Dieser Frage geht Konrad Erdmann in seiner umfassenden, gründlich recherchierten und überarbeiteten 2. Auflage seiner Deutschlandgeschichte nach. Er zeichnet dabei in diesem ersten Band 2.000 Jahre deutscher Geschichte in großen Linien von den Germanenstämmen bis zur großen Zäsur, dem Ende des Zweiten Welt-krieges, nach. Die große Besonderheit: Konrad Erdmann verknüpft für die Zeit ab dem Deut-schen Reich von 1871 historischen Beschrei-bungen mit Aspekten seiner Familienge-schichte und macht somit Abläufe deutscher Geschichte real erfahrbar.

Konrad Erdmann

Erdmanns Deutschland

Deutschlands Suche zur Nation

Teil 1

Erdmanns

Vom Anbeginn unserer Zeit

Hof in Germania
Um 100 u. Z.

Deutschland

bis zum Abgrund 1945

Inhalt des ersten Teils

V. Kapitel - Die Weimarer Republik

VI. Kapitel - Das „Dritte Reich" der Nationalsozialisten

Meiner ganzen Familie gewidmet

Motivation zur Niederschrift

Das Motiv, eine Sicht auf die deutsche Geschichte niederzuschreiben, mag darin liegen, dass ich bis zum 22. Lebensjahr in der DDR gelebt habe und ab 1961 in der Bundesrepublik die Trennung der Deutschen und damit auch die Trennung meiner Familie in West- Ostdeutschland erfahren musste.

Als Kind las ich mit viel Interesse im Realienschulbuch meines Vaters, das geschichtliche Abläufe einfach und spannend schilderte. Historische Romane aus der Bibliothek meiner Eltern folgten.

Schule und Ausbildung von 1945 bis 1961 waren typisch für die frühe DDR. Die Polemik der Ulbricht-Jahre war mit Ausnahmen in der Nachkriegszeit der Ostzone und der DDR in meiner kleinen Provinzstadt Zehdenick und später in der thüringischen Stadt Apolda wohl bei weitem nicht so überzogen, wie die Propaganda der offiziellen DDR die Bundesrepublik „als Vasallenstaat des amerikanischen Imperialismus" immerfort brandmarkte. Auch das inkonsequente Verhalten der bundesrepublikanischen Justiz mit dem Auffinden und Aburteilen von Menschen, die sich im „Dritten Reich" schuldig gemacht haben, wurde gnadenlos propagandistisch ausgeschlachtet. Einseitige Darstellungen und das Verunglimpfen der vermeintlichen Gegner waren bis ins Unrealistische überzogen. Der Staat wirkte unglaubwürdig. Wir haben mit dem Staat gelebt, hatten aber im Freundeskreis, beim Bier besonders lebhaft, viele Diskussionen zum Staat der Nationalsozialisten und zum Werden der deutschen Staaten. In Adenauer sahen wir eine positive Figur des politischen Lebens. Ulbricht und Co. nicht. Wir waren zwar politisch interessiert, in der Gesinnung zum DDR-Staat jedoch weitestgehend ablehnend. Die überzogene Glorifizierung der sowjetischen Besatzung durch alle Institutionen der DDR-Machthaber nahmen wir Jugendliche der Ober- und Ingenieurschulzeit ablehnend zur Kenntnis. Die meisten meiner Mitschüler hatten durch den Krieg ihren Vater verloren. Vielleicht auch dadurch war eine erneute Hinwendung zu einem Regime verhalten. Wir wurden „Junge Pioniere" und

Mitglieder der „Freien Deutschen Jugend", weil es fast alle wurden. Da Wohnort Vogelsang im Kreis Templin und die Schulen in Zehdenick acht km voneinander entfernt liegen, habe ich mich bis 1954, nach dem Umzug nach Zehdenick, mit dem Rückzug in mein „Walddorf Vogelsang" vielen gesellschaftlichen Herausforderungen entziehen können.

Bei keinem unserer Freunde hatten wir das Gefühl, in den Äußerungen vorsichtig sein zu müssen. Von zwei der Fachlehrer kamen Ermahnungen, vorsichtig zu sein, als wir anlässlich des brutalen Niederschlagens des Ungarnaufstandes 1956 erbost über die „sowjetischen Freunde" waren. „Ob wir denn nicht wüssten, wieviel sowjetische Divisionen in der DDR stünden. Der 17. Juni sollte Mahnung sein". DDR-konforme Lehrer hätten anders reagiert.

Die Verhaftung meines Vaters in meinem 13. Lebensjahr mit all den Folgen, die eine neun- köpfige Familie zur Existenzerhaltung zu überstehen hatte und die Flucht eines Teils der Familie im Januar 1961 mit all den Konsequenzen nach dem Mauerbau war der größte Einschnitt in meinem Leben und dann später, eine Motivation, sich über Deutschland Gedanken zu machen.

Lange Jahre hatten naturgemäß Beruf und Familie oberste Priorität. Erst die Frühverrentung durch die Sozialpläne (Thyssen-Blüm) 1996 und meine Arbeit mit Vorträgen im ökumenischen Seniorenkreis meines Ortes ließ das Vorhaben reifen, im Kontext der Entwicklung zur deutschen Nation letztendlich meine Familiengeschichte mit einzubinden. Heutige Darlegungen damaliger Abläufe sind sicherlich über gewonnene Erfahrungen der vergangenen 50 bis 60 Jahren von mir „übertüncht" worden. Die professionellen Darsteller historischer Ereignisse mögen mir verzeihen, wenn meine Ausführungen vielleicht nicht präzise genug und im Ausdruck zu ungelenk sind. Viele namhafte Historiker kommen in der Beurteilung historischer Abläufe oft zu unterschiedlichen Ergebnissen. Darum lasse ich meine Aussagen so in dieser Form stehen.

Gespräche mit altersgleichen und auch etwas jüngeren Menschen, die ihre Schulzeit in der Bundesrepublik verbrachten, haben mich auch bewogen, festgestellten Differenzen zur ostdeutschen Geschichte bis zur Wende mit Auswirkungen bis in unsere Zeit, nachzugehen. Diskussionen über die Monarchie des letzten Kaisers, die Weimarer Republik, das Hitlerregime, die Besatzungszonen der Nachkriegszeit, über die beiden deutschen Staaten ab 1949, aber besonders aus der Beurteilung der Nachwendezeit ergeben sich tendenziell oft konträre Meinungen.

Die Akzeptanz des Verlusts der nach dem Zweiten Weltkrieg abgetrennten Ostgebiete macht vielleicht eine unbefangene Beschäftigung mit der Historie dieser Gebiete eher möglich.

Mein Eindruck ist, dass das Verhalten und Handeln der Politiker aller Farben immer noch unter dem Eindruck der dunkelsten Geschichte Deutschlands, die ja „nur" zwölf Jahre umfasste, steht. Ohne die „Geschehnisse" in irgendeiner Weise relativieren zu wollen, dafür war das Naziregime „einmalig" und grausam, sollten die politisch Verantwortlichen, die jetzt dritte schuldlose Generation selbstbewusster für Deutschland und Europa in die Zukunft schauen lassen und entsprechend handeln. Nur drei Beispiele dazu: Das derzeit geringe Selbstbewusstsein zu den USA, die langfristig nicht abzusehenden Auswirkungen der Flüchtlingspolitik, sowie eine zu unkritische Haltung zum israelischen Staat.

Immerwährender Dank an die USA und ein beladenes Schuldbewusstsein der Nachfolgegenerationen zum Hitlerregime sind nicht mehr in dem Maße angebracht. Das Bewusstsein zur Schuld der Väter schon. Das Pflegen dieser Erinnerungskultur sollte unter der Prämisse stehen, alles zu tun, damit zukünftige Entwicklungen zu diesen Untaten auszuschließen sind.

Je mehr ich mich näher mit der Thematik zur deutschen Geschichte beschäftigt habe, desto mehr ergaben sich Hintergrundfragen, die zwingend den Versuch einer Gesamtbetrachtung Deutschlands zur Folge hatten. Daher komme ich nicht umhin, bei dem Cheruskerfürst Hermann zu beginnen. Richard von Weizäcker sagte: „Ein Geschichtsverständnis muss weiter zurückreichen als die eigene Biographie."

Prolog

Denk ich an Deutschland, dann sehe ich die herrlichen Landschaften von der Nordsee, Ostsee mit den herrlichen Stränden, die Gebirge, Harz, Thüringer Wald oder die Alpen, die Flüsse, den Rhein, die Donau, die Mosel, um nur drei zu nennen, die vielen Seen, in Mecklenburg, Bayern und Brandenburg. Und dann das Grün, zu jeder Jahreszeit. In den südlichen Ländern, wo man der Wärme wegen so gerne hinfährt, ist es oft trocken und braun. Und dann die Menschen. Der nördliche Menschenschlag genießt wohl größere Sympathiewerte.

Ich sehe dann aber auch die historischen Bilder mit den Menschen, die Geschichte geschrieben haben; die Dichter und Denker, Philosophen, Musiker und Erfinder, die Deutschland weltweit bekannter gemacht haben.

-„Denk ich an Deutschland in der Nacht, dann bin ich um den Schlaf gebracht. Ich kann nicht mehr die Augen schließen.- Heine will ich nicht weiter zitieren. So schlecht sind wir nun auch nicht aufgestellt. Wegen Deutschland müssen keine heißen Tränen fließen. Aber es ist wert, sich so seine Gedanken zu machen. „Das ist deutsch – dass man sich über Deutschland Gedanken macht", meint Friedrich Nietzsche, der große Denker. Die Deutschen sind Menschen, die sich fortwährend über Deutschland Gedanken machen. Alle Epochen müssen immer wieder definiert und neu betrachtet werden. Vielleicht meint man, durch diese immerwährenden Betrachtungsweisen, Tiefpunkte der deutschen Geschichte besser verkraften zu können. Danach wäre ich typisch deutsch.

Heinrich Heine hat vielleicht um 1840 Deutschland besungen:

Einst stand ich in schönen Tagen
auf dem höchsten Berg am Rhein;
Deutschlands Gauen vor mir lagen
blühend hell im Sonnenschein.
Unten murmelten die Wogen
milde Zaubermelodein;

Süße Ahnungsschauer zogen
schmeichelnd in mein Herz hinein.

dann kam der typische Heine zum Ausdruck:

Schau ich jetzt von meinem Berge
in das deutsche Land hinab
Seh' ich nur ein Völklein Zwerge
kriechend auf der Riesen Grab.
Muttersöhnchen gehn in Seide
nennen sich des Volkes Kern,
Schurken tragen Ehrgeschmeide,
Söldner brüsten sich als Herrn.
Wo die Sitte und die Tugend
prunklos gingen Hand in Hand,
wo mit Ehrfurcht scheu die Jugend
vor dem Greisenalter stand.

Heines Zeilen würden, natürlich mit wesentlichen Abstrichen, auch noch in die heutige Zeit passen.

Die deutsche Geschichte, die heute immer noch zu Irritationen führt, versuche ich bis zur Jetztzeit zu erläutern. Auch zu den direkten Nachbarn Deutschlands kann sagt werden; „keiner kann in Frieden leben, wenn es dem bösen Nachbarn nicht gefällt". Auch wir waren und sind in den Augen Einiger unverträgliche Nachbarn. Kein Staat in Europa hat **mehr** Nachbarn als wir. Durch die Europäische Union sollte die Nachbarschaft verträglicher geworden sein.

von unbekannt:
Das Gestern ist Geschichte.
Das Morgen ein Rätsel.
Das Heute ein Geschenk.

I. Kapitel

Deutschland von Null bis 1500

1. Völker und Herrschergeschlechter

Ab wann sind wir Deutsche?

Als Staat ist Deutschland sehr jung. Die Reiche der Merowinger und Karolinger vom 6. bis zum 9. Jahrhundert würde ich noch nicht „deutsch" nennen. Dazu zählt also auch der heute noch hochgepriesene Karl der „Große". Vielleicht ab dem 10. Jahrhundert kann man unter den Sachsenkaisern der Ottonen im weitesten Sinn von einem überwiegend deutschen Staat sprechen, jedoch mit großen oberitalischen Anteilen. Regnum Teutonicum, das Reich der Deutschen, war im 11. Jahrhundert für die kaiserkrönenden Päpste in Rom ein Begriff, der dann im 12. Jahrhundert zum Sacrum Imperium wurde. Die aus den Herzogtümern gewählten deutschen Könige erstrebten in der Mehrzahl ihre Kaiserwahl durch die Päpste. Sie wurden zum Rex Romano, zu Römischen Kaisern. Diese sind nicht mit den antiken weströmischen Kaisern in einem Atemzug zu nennen. Die antiken römischen Kaiser verschwanden bereits im 5. Jahrhundert und wurden von Germanenfürsten abgelöst. Ab dem 15. Jahrhundert kam dann die erweiterte Bezeichnung zum jetzt Heiligen Römischen Reich Deutscher Nation hinzu, die bis 1804 ihre offizielle Gültigkeit besaß.

Aber ab wann identifizieren sich die Bewohner als Deutsche und mit Deutschland? Über Jahrhunderte dominierte das Stammesdenken zu den Landesherren in den Fürstentümern. Große Schübe zum Deutschtum waren sicherlich der Gutenberg'sche Buchdruck im 15. Jahrhundert, 70 Jahre später die Bibelübersetzung durch Luther in eine allgemein verbindende deutsche Sprache - die anfänglich aber nur die Reformierten stärker beeinflusste -sowie die Befreiungskämpfe der napoleonischen Herrschaft.

Wie kann man die Zugehörigkeit zu einer Nation definieren? Sicherlich ist es die Sprache, ausgedrückt durch das vereinheitlichte geschriebene Wort – die deutschen Mundarten unterscheiden sich noch heute sehr voneinander. Ferner sind es die Sitten und Gebräuche und das Territorium, in dem die Menschen leben. Unverständlich ist für mich, dass sich bei internationalen Veranstaltungen „Deutschland" sich bis heute noch nicht durchsetzen konnte. Wir laufen, springen, fahren und fliegen und spielen internationalen Fußball unter „Germany" und „Alemania".

Viele Völker, wie zum Beispiel die Ägypter, in Vorderasien die Sumerer im Zweistromland Euphrat und Tigris, dem heutigen Irak, die Inder und Chinesen hatten Tausende Jahre vor den europäischen Staaten bereits eine Hochkultur, die in Europa vielleicht erst im frühen Mittelalter annähernd erreicht wurde.

Die Römer und die Germanen

Die Germanen siedelten um die Zeitenwende, benannt als Nordgermanen in Skandinavien, als Westgermanen in den heutigen Niederlanden (Menapter, Nervier, Bataver u.a.), als Ostgermanen bis zur Weichsel / Bug (Goten, Burgunder, Wandalen) und im Süden bis an die Donau (Sweben, Markomannen, Quaden). Vorstöße germanischer Stämme ins Römische Reich erfolgten ca. 120 v. u. Z. Die Stämme der Kimbern und Teutonen, aus dem Norden Jütlands kommend, drangen bis an die Flussläufe Save, Po und Ebro vor. Man spricht hier von der ersten Völkerwanderung.

Nach ersten Niederlagen der Römer, die den ungestümen Angriffen der germanischen Völker nichts entgegenzusetzen hatten, wurden die Germanen vom siebenfachen römischen Konsul Marius 102 v. u. Z. zweimal vernichtend geschlagen.

Ein nationales Zusammengehörigkeitsgefühl aller Germanenstämme gab es nicht. Tacitus, der römische Geschichtsschreiber des 2. Jahrhunderts u. Z., sagte in seinem Werk „Germania" über die Germanen: „Als Getränk dient ein Saft aus Gerste oder Weizen, der durch Gärung eine gewisse Ähnlichkeit mit Wein erhält. Die Kost ist einfach: wildes Obst, frisches Wildbret oder geronnene Milch. Ohne feine Zubereitung, ohne Gewürze vertreiben sie den Hunger. Dem Durst gegenüber herrscht nicht dieselbe Mäßigung. Wollte man ihnen, ihrer Trunksucht nachgebend, soviel verschaffen, wie sie wollen, so könnte man sie leichter durch ihre Laster als mit Waffen besiegen".[1]

Ohne Einflüsse durch die Römer konnten die germanischen Stämme ihre Sprache weiter entwickeln. Die Volkssprache „Thiudisca", die „Anderssprechenden" gegenüber dem Latein, war der Ausgang für die deutsche Sprache.

Ihre Schriftzeichen, wenn man davon sprechen konnte, waren auf Gegenständen (Waffen) oder auf Buchenholz eingebrannte Zeichen, die Runen. Aus der Buche wurden somit die „Buchstaben".

Die Germanen lebten überwiegend in kleinen Siedlungen und ernährten sich vom Feld, ihren Tieren und der Jagd. Wie heute gehörten Kühe, Schweine, Pferde, Schafe, Ziegen, Federvieh und natürlich der Hund dazu. Das angebaute Getreide war zu ca. 90 Prozent Gerste. Aber auch Roggen, Weizen, Hafer und die Rispenhirse wurde vorzugsweise auf sandigen Böden angebaut. Erbsen, Bohnen und Linsen waren ebenso vertreten, wie man aus archäologischen Fundrückständen weiß. Der Boden war mittels Holzpflug, die von Rindern gezogen wurden, leichter zu bearbeiten. Hunger und Not beherrschten ständig die germanischen Stämme. Eine Vorratswirtschaft war nicht bekannt oder konnte nicht vorgenommen werden. Die dadurch immer wieder auftretenden Versorgungsengpässe bedrohten ständig einzelne und mitunter ganze Stämme in ihrer physischen und wirtschaftlichen Existenz. Durch ihren Kontakt mit den Römern konnte die Lebenslage der Germanen jedoch ständig verbessert werden.

Ihren Lebensraum trotzten sie dem Wald in jahrelanger Rodungsarbeit ab. Mehrere Sippen schlossen sich zu Dörfern zusammen. Sie lebten wie auf Inseln mitten im Wald. Die Menschen verstanden sich als Teil der Natur. Ein Korn Aussaat ergab zwei Körner Ernte. Die Gallier ernteten zur Römerzeit das Vierfache. Die Natur blieb weiterhin trotz der Verbesserung aller Gerätschaften unbezwungen.

Nach der Eroberung Galliens durch Gaius Julius Cäsar von 58 bis 51 v. u. Z. hatten sich die Römer am Rhein festgesetzt. Drusus unternahm aber bereits von 12-9 v. u. Z. Feldzüge, die bis zum heutigen Magdeburg führten. In Haltern am See wurde ein befestigtes Lager errichtet. Ein sehr informatives Römermuseum gibt darüber Auskunft.

Das frühe republikanische Rom bis Cäsar und die späteren Kaiserreiche bis zum Verfall kann man als Staaten mit einer Hochkultur einordnen. Aber nur die Bewohner Roms nahmen für sich in Anspruch, „Römer" zu sein. Bereits die umliegenden Provinzen der Apeninischen Halbinsel konnten erst nach langem Ringen die Römerwürde erlangen; ganz zu schweigen von den vielen Provinzen rund um das Mittelmeer, sowie Britannia. Ein Mann wie Cäsar, der Gallien, das heutige Frankreich, in langen, aufopferungsvollen Kämpfen Stamm für Stamm besiegte, hätte sicher auch Germanien niedergerungen. Kraft seiner Eroberungen strebte er eine bedeutendere, wenn nicht gar die herausragende Stellung eines Diktators auf Lebenszeit über das Römische Reich an. Dieser Ehrgeiz war der Grund seiner Ermordung. Seine Nachfolger, unter anderen sein Neffe Oktavian, der spätere Kaiser Augustus, scheiterten an der Niederwerfung der germanischen Stämme.

Die Entwicklung einer deutschen Kultur in den folgenden Jahrhunderten war eine Folge des Scheiterns der Niederwerfung durch die Römer.

Die linksrheinischen Germanen lebten weitestgehend unter römischer Herrschaft und nach römischer Kultur. Die ständige Konfrontation und der Handel mit den Römern über Jahrhunderte beflügelten den Fortschritt, der sich jedoch abnehmend, auch auf die westrheinischen Germanen auswirkte.

Die linksrheinischen Provinzen Germania Inferior und Superior unterlagen bereits streng fiskalischen Bestimmungen. Von Augusta Treverorum ausgehend, heute Trier - nach dem dort ansässigen Stamm der Treverer benannt - wurden unnachgiebig

Steuern und sonstige Abgaben eingetrieben. Gier, Willkür und Überheblichkeit der Römer waren auch hier, wie im ganzen Reich, an der Tagesordnung.

Aus den am Rhein gelegenen, teilweise bereits städtischen Grenzbefestigungen heraus wurden immer wieder Feldzüge in die rechtsrheinischen, rein germanischen Gebiete unternommen, die von den Stämmen bestimmt nicht positiv aufgenommen wurden. Verpflegung musste requiriert werden. Es kam zu Übergriffen und Teile der Dorfbevölkerung wurden sicherlich oft versklavt. So bildete sich ein Nährboden eines Aufstandes gegen die Besatzungsmacht.

Der Sieg über Varus (9 u. Z.), Feldherr des Kaiser Augustus, steht für den Abwehr- bzw. Befreiungskampf der späteren deutschen Stämme. Hermann, von den Römern Arminius genannt, war ein Cheruskerfürst. Dem Fürsten dieses Germanenstammes, der von der Elbe bis in die Quellgebiete von Ems und Lippe siedelte, gelang es, weitere Stämme für den Befreiungsschlag zu gewinnen. Als einflussreicher Offizier römischer Hilfstruppen (Auxiliar) konnte er Varus täuschen und im Teutoburger Wald drei Legionen aus dem Lager bei Xanten, an die 20.000 Männer mit dem Begleittross, nahezu vernichten. Weitere, groß angelegte Versuche, das rechtsrheinische Germanien zu erobern, unterblieben. Schwache Kaiser und notwendige Abwehrkämpfe in anderen Teilen des Reichs verhinderten eine konzentrierte Eroberung des rechtsrheinischen Germaniens.

Die germanischen Stämme waren nach dem Sieg über die Römer zwar zerstritten, wurden jedoch im Laufe des weiteren Jahrhunderts zu einer ständigen Gefahr für das Römische Reich. Die Römer verstärkten ihre Grenzbefestigungen zu den germanischen Stämmen im 1. und 2. Jahrhundert zu einem gewaltigen Grenzwall. Der Limes wurde erbaut, eine Grenzlinie, die sich über nahezu 500 km mit Kontrolltürmen und Sichtstreifen hinzog. Sie machte aber auch einen geregelten Warenaustausch möglich. Nutznießer waren überwiegend die germanischen Stämme. Die natürliche Grenze bildete der Rhein bis zur Lahneinmündung, im weiteren Verlauf zog sich die Grenze durch den Taunus, dem

Main und der Altmühl folgend bis zur Einmündung dieser in die Donau. Der weitere Verlauf der Donau bildete die Grenze. Befestigte Orte und Städte reihten sich am Rhein wie eine Perlenschnur. Im niederrheinischen Bereich sind es die Orte Bonna, Colonia Agrippina für Köln, Colonia Ulpia Trajana für Xanten, Vetera für Wesel oder Burginatium für Altkalkar.

Die Verbindung der Germanen zu den Römern ergab sich aus dem Warenaustausch, dem direkten Zusammenleben in den Grenzstädten wie Köln oder Mainz, aus den Hilfstruppen der Legionen und den gerne in Anspruch genommenen Leibwächtern der Herrschenden, aber auch durch germanische Sklaven, die als Gladiatorenkämpfer beim römischen Volk beliebt waren. Sie hatten Glück, wenn sie die Kämpfe überlebten und als „Freie" zu ihrem Stamm zurückkehren konnten.

Im 3. Jahrhundert entstanden aus vielen germanischen Kleinstämmen die Großstämme mit Namen, wie wir sie heute noch kennen: Friesen, Bayern, Alemannen, Sachsen oder Thüringer, die, wenn man die kleinen Stämme der Jahrtausendwende überspringt, keltischen, germanischen, romanischen oder slawischen Ursprungs waren. Diese Konzentration der germanischen Stämme zu Großverbänden war die Voraussetzung für massive Übergriffe in das Römische Reich bis hin zum verstärkten Einfall in den Norden des Römischen Reiches. Der westliche Teil des Römischen Reiches wurde bereits im 3. Jahrhundert permanent von den westgermanischen Stämmen der Alemannen, Franken, Friesen, Langobarden, Sachsen, Thüringen und ostgermanischen Stämmen der Burgunder, Goten und Vandalen bedrängt.

Mitte des 3. Jahrhunderts wurde der Limes zerstört. Ein Kaisertreffen mit den lose zusammengeschlossenen germanischen Stämmen verlief ergebnislos. Anschließende Thronkämpfe entschied der zunächst als Nebenkaiser ernannte Konstantin für sich. Das Römische Reich hatte nun unter Kaiser Konstantin noch einmal eine Blütezeit. Trier (Augusta Treverorum), die älteste Stadt in Deutschland mit der Porta Nigra (schwarzes Tor um 180 u. Z. erbaut), blühte in dem Jahrhundert vor der Völkerwanderung auf und war von 293 bis 395 Verwaltungssitz der Westhälfte des Römischen Reichs mit ca. 70.000 Einwohnern. Hier begann auch der politische Aufstieg des Kaisers Konstantin. Er verlegte dann aber die Hauptstadt über Ravenna nach Byzanz, das später in Konstantinopel umbenannt wurde und residierte als Oberkaiser im Ostteil des Römischen Reiches. Das Oströmische Reich - später sprach man vom Byzantinischen Reich - ist erst nach 1000 Jahren 1453 von osmanischen Türken erobert worden. Aus Konstantinopel wurde erst 1930 Istanbul; Islambol soll für „Islamreich" stehen.

Nach Peter Bam „ist der Dritte, der türkische Name der Stadt, aus dem Griechischen entstanden: 'eis tan polin' ,hinein in die Stadt".[2]

Das Weströmische Reich hatte weiterhin Ravenna zum Mittelpunkt. Die Westgoten unter ihrem König Alarich fielen in Italien ein und eroberten die alte Hauptstadt Rom. Im Jahre 410 gehörte das Weströmische Reich der Vergangenheit an.

Die Römer und das Christentum

Für die anfängliche Verbreitung des Christentums im 1. Jahrhundert stehen die Namen der Apostel Paulus und Petrus, Letzterer als erster Bischof von Rom. Bis zum 5. Jahrhundert breitete sich das Christentum von Palästina, über Kleinasien und Griechenland bis ins Herz des Römischen Imperiums aus. Aber trotz aller, teilweise radikaler Gewalt, wie unter Kaiser Nero (64), konnten auch die Folgekaiser das Christentum in seiner Entwicklung nicht ausschalten. Aber wie war es möglich, dass das Christentum als zunächst kleine Sekte in dem Vielvölkerstaat des Römischen Reiches nicht nur im Zentrum des Reiches seine Ausbreitung fand? Geschichtstheologen, u.a. Augustinus stehen dafür, dass nach religiösen Ansichten es allein Gottes Fügung war. Kritiker des Christentums sprechen von einer Anbiederung an eine breite, ungebildete Masse. In der aktuellen Debatte ist man der Meinung, dass die antiken Christen mit ihrem Lebenswandel offensichtlich ihr Umfeld beeindruckten. Die christliche Botschaft richtete sich an alle, auch an einfache Menschen.

„In die ethischen Lebensfragen der Antike brachte das Christentum eine neue Klarheit, die soziale Ausrichtung und die tätige Nächstenliebe imponierten, Sakramente und Riten verfügten aufgrund ihres Anspruchs realer Krafteinflößung über hohe Anziehungskraft, und schließlich gelang es dem Christentum, unter seinen Anhängern ein gemeinschaftliches Gefühl zu erzeugen".[3]

Der spätere Kaiser Konstantin besiegte 312 seinen Rivalen Maxentius. Die Legende sagt, dass er unter dem Zeichen des Kreuzes (Christusmonogramm - in hoc signo vinces) gesiegt hat. Das soll der Anlass für Konstantin gewesen sein, 313 das Toleranzedikt von Mailand zu erlassen. Wahrscheinlich waren es aber ganz pragmatische Gründe. Die Verbreitung des Christentums war auch mittlerweile im Heer so weit fortgeschritten, dass es geboten war, diese Kräfte zu nutzen. Bis dahin war es für die Christen ein langer mühsamer Weg bis zur Anerkennung und Würdigung ihres Glaubens.

Bemerkenswert ist, dass dieser Kaiser, wie der Präsident des Zentralrats der Juden in Deutschland, Josef Schuster, in einem Artikel der Rheinischen Post am 22.2.2021 schreibt, den Juden bereits im Jahre 324 in einem Gesetz erlaubt, eine Berufung im Kölner Stadtrat wahrzunehmen. Zeitgleich erhob Konstantin das Christentum auch zur Staatsreligion. Das war ein entscheidender Schritt zur weiteren Entwicklung und Verbreitung dieser Religion. Jörg Lauster sagt in seinem Werk „Die Verzauberung der Welt" dazu: „Innerhalb eines Jahrzehnts fand mit rasanten Kulturfolgen der abrupte Übergang zu einer reichsweit anerkannten Religion statt. Am sinnfälligsten wurde der Gestaltwandel im Kirchenbau".[4]

Den Sinn des Wortes – Kirche - kannten die ersten Christen nicht. Die Christen haben sich sogar große Mühe gegeben, zum Ausdruck zu bringen, auf ein besonderes religiöses Gebäude keinen Wert zu legen. Nach Paulus im ersten Korinther-Brief heißt es: „Wisst ihr nicht, dass ihr Gottes Tempel seid und der Geist Gottes in euch wohnt?" Wozu also eine Kirche? Was hat speziell die katholische Kirche aus den Pauluswerten gemacht?

Bewundernswert jedoch sind die architektonische Größe und die künstlerische Ausgestaltung dieser Gotteshäuser. Der Geist Jesu und seine Jünger wurden in menschliche Selbstdarstellung verbaut. In seiner Einleitung im obigen Werk lässt Lauster aber den deutschen Kulturprotestanten Adolf von Harnack zum Ausdruck bringen, dass „die Kulturgeschichte des Christentums die Erzählung unserer Herkunft ist." Weiter zitiere ich: „Von Anbeginn nahm das Christentum Kulturformen an aus seiner Umwelt auf und prägte es in seinem Interesse. Dazu gehören die Bibel als Heiliges Buch, die gottesdienliche Feier, die institutionelle Gestalt einer Kirche, feste Lehren und Dogmen und die praktizierte Nächstenliebe gegenüber Armen, Kranken und Ausgegrenzten".[5]

Trotz aller Kritik an der Kirche über die Jahrhunderte in meinen weiteren Ausführungen ist die Aussage zur praktizierten Nächstenliebe der Kirche bis in die jetzige Zeit besonders zu betonen.

Kaiser Konstantin soll im Jahre 314/15 dem Papst Sylvester und sämtlichen Nachfolgern bezüglich des geistlichen Gedankenguts sowie die politisch-wirksame Oberherrschaft über Rom, ganz Italien, die westliche Hälfte des Römischen Reiches, aber auch über das gesamte Erdenrund mittels Schenkung übertragen haben. Dieser Vorgang ging als Konstantinische Schenkung in die Geschichte ein. Die Urkunde dieser Schenkung stellte sich bereits im Jahr 800, also als Karl zum Kaiser gekrönt wurde, als gefälscht heraus. Der berühmte Humanist, Philologe und Philosoph Lorenzo Valla hat aber erst im 15. Jahrhundert in einer Analyse der Urkunde der Konstantinischen Schenkung nachgewiesen, dass nach dem Sprachgebrauch diese erst Jahrhunderte später aufgesetzt wurde. Danach hätte das Papsttum keinen Herrschaftsanspruch gemäß der Konstantinischen Schenkung über die Jahrhunderte wahrnehmen dürfen, den es immer wieder geltend machte. Erst im 19. Jahrhundert erkannten die Päpste an, dass ein Machtanspruch auf der Grundlage der Konstantinischen

Schenkung gegenstandslos sei. Der weltliche Machtanspruch der Päpste wurde jedoch weiterhin aufrechterhalten.

Konstantin I., jetzt der Große, war es auch, der die von ihm eingesetzten Bischöfe zum ersten ökumenischen Konzil nach Nicaea (325), heute Iznik in der Nähe des Marmarameeres, einberief. Unter seinem Vorsitz wurden „von den Vätern", wie es in den alten Berichten heißt, die theologischen Grundsätze des christlichen Glaubensbekenntnisses formuliert.

Das Christentum wurde auch in Britannien des Römischen Reiches eingeführt. Bereits im 3. bis 5. Jahrhundert trugen keltische Mönche der Insel Hibernia (Irland) und von Caledonia (Schottland) zur Christianisierung auf dem Festland bei. „Der Einfluss der irischen Mönche auf die europäische Klosterkultur kann nicht hoch genug eingeschätzt werden. (...). Die Missionierung der Angelsachsen bildete die Basis für einen neuen Aufbruch in der Christianisierung Europas. Deutschland war dabei aufgrund der geografischen Lage ein Bindeglied. Ebenso wie in England gab es auch hier schon unter den Römern in wichtigen Städten des Imperiums, wie Trier, Mainz und Köln Bischofssitze".[6]

Seit der Geburt Christi vergingen Jahrhunderte bis das Christentum bei den Germanen Einzug hielt. Bonifatius, der Tüchtige; (ursprünglich Winfred), der spätere Apostel der Deutschen und weitere irische und angelsächsische Mönche christianisierten die Germanen. Der Heilige Bonifatius stützte sich auf den Angelsachsen Willibrord, der spätere Bischof der Friesen, der den niederrheinischen Kirchen (Dom in Wesel), Spitäler und Schulen (Emmerich) den Namen gab. Er stand unter dem Schutz des Frankenherrschers dieser Zeit.

Die Germanen brachten die Begabung einer einfachen, massiven Religiosität ein. Das Motiv ihrer Bekehrung war nicht der „leidende", sondern der „siegreiche" Christengott, der sich ihren eigenen Göttern überlegen zeigte.

Die germanische Völkerwanderung

Die Hunnen unter Attila (gotisch „Väterchen, in der Nibelungensage Etzel) mit seinen nomadisierenden Völkern Zentralasiens übten durch ihren Einfall um 375 eine Siedlungsverschiebung zunächst auf die gotischen Völker nördlich des Schwarzen Meeres aus. In der Folge wurden viele germanische Völker aus ihren Stammesgebieten vertrieben.

Die Goten, die 170 aus dem Ostseeraum der Weichsel kommend, als Ostgoten am Schwarzen Meer und als Westgoten im heutigen Rumänien (200-375) siedelten, wurden bedrängt und zogen bis nach Südfrankreich/Nordspanien und gründeten dort das Reich der Westgoten unter Theoderich I. Er fiel im Kampf gegen die Hunnen auf den Katalaunischen Feldern im Jahr 451.

Die Ostgoten eroberten ganz Italien. Der germanische Ostgotenkönig Theoderich der Große plante einen germanischen Fürstenbund mit den Stämmen der Burgunder, Wandalen, Thüringer und Franken zu schmieden, scheiterte aber.

Die Burgunder wurden aus ihrem Siedlungsgebiet vor dem Hunneneinfall aus dem Gebiet der mittleren Oder verdrängt. Sie siedelten dann im südgallischen Reich um Lyon. Der Name Burgund (Burgunder) ist bis heute nicht erloschen.

Die Langobarden mussten ihre Heimat (heute Ungarn) aufgeben und siedelten dann in Norditalien. Das Königtum der Langobarden bereitete das Entstehen der mittelalterlichen, italienischen Nation vor. Karl der Große war vor seiner Kaiserkrönung 800 zunächst König der Franken und der Langobarden (774).

Die Vandalen, die zwischen Elbe und Weichsel siedelten, zogen über eine Generation durch Süddeutschland, Frankreich, Spanien und setzten bei Gibraltar nach Afrika über. Im früheren Gebiet um Karthago in Nordafrika existierte dann der Staat der Vandalen, der unter Geiserich (ab 429) eine hohe Kultur pflegte. Von dort unternahmen sie Eroberungskriege. So wurde auch die Stadt Rom erobert und geplündert. Der Spruch, ‚sie hausten wie die Vandalen', kommt aus dieser Zeit.

Teile der **Angeln** (aus dem heutigen Schleswig-Holstein), **Sachsen** (Mündungsgebiet der Elbe und Weser) und der **Jüten** (dänisches Jütland) zogen nach England (um 450). Sie fungierten im römischen Britannien zunächst als Teilkönige zur Machterhaltung der Römer. Nachdem das Weströmische Reich zunehmend verfiel, füllten sie auch in Britannien das Machtvakuum aus und gründeten eigene Reiche.

Attilas Hunnen wurden im Jahre 451 auf den Katalaunischen Feldern (Chalon sur Marne, in der Nähe von Reims) von den „westlichen Stämmen" entscheidend geschlagen. Diese Schlacht wurde als welthistorisches Ereignis eingestuft und zeigte, dass derartigen Einfällen nur in der Einheit der Stämme begegnet werden kann. Die germanischen Großstämme formierten sich in der Folge zu Großverbänden, die Bundesländer heute noch bezeichnen, wie Sachsen, Thüringer, Bayern und Hessen. So wurde Europa neu aufgemischt. Viele Gegebenheiten bezüglich der Gebiete und Länder haben hier teilweise bis heute ihren Niederschlag gefunden.

Alle germanischen Stämme, die durch die von den Hunnen ausgelöste Völkerwanderung in das Weltreich der Römer eindrangen, waren sowohl von der Bevölkerungszahl als auch von der militärischen Stärke den Römern bei weitem unterlegen. Dass die Germanen über vielleicht ein Jahrhundert sich trotzdem durchsetzten und das weströmische Reich zur Auflösung zwangen und Germanenreiche in Afrika, Italien, Spanien und Frankreich entstanden, hat auch viel damit zu tun, dass die reiche Oberschicht der Römer sowohl in ihrem Staatswesen als auch in ihrer persönlichen Lebensweise satt und träge geworden war und nicht die notwendige Bereitschaft aufbrachte, den Erhalt des Staates zu sichern. Andererseits haben die römischen Kaiser die jeweiligen Herrscher germanischer Völker als Teilkönige vertraglich eingebunden. Sie sollten auch zur Aufrechterhaltung ihrer Macht dienen. Es war jedoch ein aus der Not geborenes, recht zweischneidiges Schwert, weil so der Gründung selbstständiger Germanenstaaten auf römischem Boden Vorschub geleistet wurde. Im Laufe der Jahrzehnte waren so diese Machtverhältnisse gegenläufig. Letztendlich führte das mit zum Untergang des Weströmischen Reiches. Die „Barbaren" beherrschten, wie oben angeführt, nicht nur das Kernland Italien, sondern auch wesentliche Provinzen, wie das heutige Frankreich, Spanien und Britannien.

Europa wurde neu „aufgemischt". Viele ethnische und staatliche Veränderungen haben hier teilweise bis heute ihren Niederschlag gefunden. Kann man an diesem Verfall einer Weltmacht von der Römischen Dekadenz sprechen?

Die fränkischen Merowinger

Die Franken siedelten ursprünglich in den unteren Gebieten des Rheins bis an die Weser. Sie könnten aus den Stämmen hervorgegangen sein, die oben als rechtsrheinische Stämme aufgeführt wurden. Bis zum 5. Jahrhundert hatten, sie nach Süden vorrückend, große Gebiete der ehemals römischen Provinzen Galliens eingenommen. Wegen ihrer späteren Bedeutung mit starken Königen und Kaisern erfahren sie hier eine größere Aufmerksamkeit. Von den aufgeführten germanischen Völkern, ich schreibe jetzt Völker - also vereinigte Stämme - setzten sich die Franken nach den Völkerwanderungen in Westeuropa durch. Sie lebten zunächst mit den gallischen Stämmen zusammen, übernahmen im Wesentlichen ihre Sprache, ein Vulgärlatein, woraus sich auch mit fränkisch-sprachlichen Einbindungen das heutige Französisch herausbildete. Die Franken profitierten vom Niedergang anderer damals bedeutender Stämme.

Die Franken übernahmen teilweise die alten Militärpräsenzen des verfallenden Weströmischen Reiches. Sie eroberten die städtischen Schwerpunkte der römisch-germanischen Provinzen, wie Köln, Trier, Mainz und weitere. Im Gegensatz zu anderen germanischen Stämmen verloren sie aber nicht die räumliche Verbindung zu ihren Ausgangsgebieten. Aus dem Großverband der Franken mit vielen Königen übernahm das Geschlecht **der**

Merowinger die Führung. Ihr König Chlodwig und seine Söhne
konnten ihre Nachbarn, die Westgoten und die Alemannen,
besiegen. Sie zogen über Belgien bis nach Lutetia, dem heutigen
Paris und übernahmen größtenteils die römische Provinz Gallia
bis zu den Pyrenäen.

Chlodwig wurde Christ und ließ sich mit 3.000 seiner Gefolgsleute taufen, jedoch nicht wie germanisch üblich, arianisch - der
Vater allein ist der Gott, nach dem alexandrinischen Geistlichen
Arius - sondern römisch – katholisch. Das entsprach der Trinitäts-
lehre der Dreifaltigkeit. (Gottvater-Gottessohn-Heiliger Geist).
Ein Grund sich taufen zu lassen, war, wie Lauster erläuterte: „Die
Idee eines christlichen Königtums verlieh Chlodwigs Herrschaft
eine Sakralität, die er mit militärischen Eroberungen allein niemals hätte erreichen können. Zudem fielen durch die Reichser-
weiterungen die ehemals römischen Territorien mit gallisch-
römischer Bevölkerung an Chlodwig".[7]

Durch die königliche Unterstützung erfuhr die fortschreitende
Christianisierung in den germanischen Stammlanden weiteren
Auftrieb. Chlodwig hinterließ ein germanisches Großreich, das
die dauerhafteste Staatsbildung aller germanischen Völkerschaf-
ten darstellte. Es bildete die Keimzelle, die den europäischen
Reichen – wie Frankreich, Italien - und, nach langen Um- und
Sonderwegen - Deutschland die Grundlage gab.

2. Machtkämpfe der Herrschenden

Die Frankenkönige verlieren im weiteren Ablauf des 6. Jahrhunderts an Einfluss in ihrem Reich. Die eigentlichen Herrscher
des Reiches wurden die Verwalter, die Hausmeier. Karl Martell
erkämpft sich als Hausmeier die Alleinherrschaft und legt den
Grundstein für die Karolinger. Er besiegte die bereits in ganz
Spanien herrschenden (Reich der Omaijaden) und weiter nach
Norden drängenden Muslime zwischen Tours und Poitiers 732 in
Mittelfrankreich. Sein Sieg war zu diesem Zeitpunkt ein Abwehrkampf der noch kulturell überlegenen Muslime. Dieser Rücker-
oberungskampf währte bis in das 15. Jahrhundert. Die letzten

herrschenden Muslime wurden von der Iberischen Halbinsel durch die katholischen Majestäten Ferdinand und Isabel 1492 mit der Aufgabe ihrer letzten Bastion, Granada, nach Nordafrika vertrieben.

Karl Martells Sohn, Pippin der Jüngere, strebt mit Machtwillen die herrschende Königsposition an; denn noch ist er nur ein Hausmeier der Frankenkönige. Seine Ausbilder sind Mönche, deren Abt der höchste Geistliche der fränkischen Könige ist. Diese Nähe zur Kirche zeigt dann auch Wirkung, als er durch einen Staatsstreich mit Billigung des Papstes fränkischer König wurde. Der Papst soll sich sinngemäß auf den Antrag Pippins zum König geantwortet haben, ‚wer die Macht hat, dem gebührt auch die Königskrone'.

Pippin hat für die Bestätigung seines errungenen Königtums durch die römische Kirche ebenfalls einer Schenkung, der Pippinschen Schenkung, zugestimmt. Aber im Gegensatz zur genannten Konstantinischen Schenkung wurden der katholischen Kirche Teile des rückeroberten oberitalischen Reiches der Langobarden verbindlich zugesprochen. Diese Schenkung, auch als Dukat von Rom geführt, ist in der Auslegung unter Historikern ebenfalls umstritten. Damit war aber die Grundlage des Kirchenstaates geschaffen. Der weltliche Anspruch der katholischen Kirche über Jahrhunderte begann.

Das Reich Karls des Großen (768-814)

Die Karolinger betreten die politische, christliche und kulturelle Bühne. Das Wirken dieses Herrschaftsgeschlechts, besonders durch Pippins Sohn Karl, hat Europa bis heute Tage geprägt. So wie Pippin von seinem Vater Karl Martell auf ein funktionierendes Staatsgefüge durch eine systematische Erziehung zum Herrschen ausgebildet wurde, lässt er diese Ausbildung auch seinen Söhnen Karl und dem Jüngeren Karlmann zukommen. Beide Söhne erhielten zur Herrschaft Anteile des hinterlassenen Reiches. Die Brüder beherrschte ein Konkurrenzstreben, und sie waren daher bald verfeindet. Der ältere Karl war ein ausgesprochener Machtmensch, aber er verstand es, bis zum plötzlichen Tod des Bruders im Jahre 771, einen Bruderkrieg zu vermeiden. Karl vereinnahmte die Gebiete seines Bruders, die Provence, das Languedoc (der mittlere Teil Südfrankreichs), das Zentralmassiv und das Elsass und reihte die Gefolgsleute seines Bruders durch seine natürliche Autorität in sein Machtgefüge ein. Er fasste unter seiner Herrschaft alle westgermanischen Stämme zu einem Großreich zusammen.

Karl war ein Herrscher der militärischen Expansionen und christlichen Missionen. Rücksichtslos ging Karl in Italien gegen das Reich der Langobarden vor und nannte sich ab 774 König der Franken und Langobarden und schmückte sich mit der langobardischen „Eisernen Krone". Er erneuerte die Schenkung seines Vaters, in dem er die Schutzverpflichtungen für Rom und den Kirchenstaat wieder bestätigte. Er brachte aber auch damit zum Ausdruck, dass er seine Herrschaftsrechte auf beide Herrschaftsbereiche gekoppelt sah. Karl vergrößerte in mehr als 50 Kriegen Jahr für Jahr seinen Herrschaftsbereich; also ein Riesenreich von etwa 1 Million km^2, mit vielen Völkern, natürlich den Franken, Bayern, Langobarden, Friesen, Tschechen und nicht zuletzt den Sachsen, die es zu befrieden, zu erhalten und zu verwalten galt.

Seine Beharrlichkeit, ins Auge gefasste Ziele zu erreichen, fand in den Sachsenkriegen Bestätigung. Das in etwa im heutigen Niedersachsen ansässige Volk machte durch seinen Widerstand das Christentum anzunehmen, auf sich aufmerksam. Die Sachsen wehrten sich über drei Jahrzehnte gegen die gewaltsame christliche Missionierung und die Eingliederung in den Reichsverbund. Unter dem Sachsenherzog Widukind kam es immer wieder zu Aufständen, die blutig (angeblich 4.500 Enthauptungen an einem Tag bei Verden an der Aller, oder womöglich Deportationen?) niedergeschlagen wurden. Dieser Krieg trug den Charakter eines Religionskrieges. Die härteste Phase wurde nach der Devise „Taufe oder Tod" ausgefochten. Massentaufen wurden inszeniert.

Durch die Einrichtung einer Grafschaftsverfassung gelang es jedoch Karl, den sächsischen Adel auf seine Seite zu ziehen. Trotz der Niederlage und ihres Blutzolls gingen die Sachsen langfristig gestärkt aus dieser Auseinandersetzung hervor.

Lauster gibt in „Die Verzauberung der Welt" an, dass es bei der Missionierung nicht nur um die Verbreitung des Christentums ging. Ein weiterer, wohl entscheidender Faktor neben der Landgewinnung war die Ausweitung der Macht und deren Erhalt. Weiter kommt zum Ausdruck, dass Karls Augenmerk nicht nur auf militärische Stärke und Missionierung lag, sondern auch darin bestand, die ehemals kulturelle Höhe Roms zu erlangen. Das macht Karl zu einer dominierenden Gestalt Europas. Er bewegte sich zum Ende seiner Herrschaft auf Augenhöhe mit den oströmischen, byzantinischen Kaisern im damaligen Konstantinopel. Die Herrschaft über diese riesige Landmasse mit den aufgeführten Völkerschaften ist wohl eines Kaisertitels würdig, so wie die Cäsaren im Rom geherrscht haben und die oströmischen Kaiser zu seiner Zeit herrschten. Die Historiker sind sich nicht sicher, ob Karl diesen Titel anstrebte. Eine mögliche, daraus folgende Auseinandersetzung mit dem oströmischen Kaiser lag ihm fern.[8]

Zu dieser Zeit drohte dem Pontifex Leo III. ein Verfahren wegen Meineids und - man lese - Ehebruchs. Er konnte fliehen, reiste ins Frankenland und traf sich mit Karl in Paderborn. Karl bekannte sich zu Leo. Haben die beiden Männer zur Absicherung ihrer Macht bei diesen Gesprächen in Paderborn beschlossen, Karls Reich mit dem Segen des Papstes durch einen Kaiser regieren zu lassen?

Karls Auffassung zum Papsttum geht aus einem Schreiben an Leo III. bereits aus dem Jahre 796 hervor, in dem er meint, dass es die Aufgabe des Königs sei, die Heilige Kirche Christi überall vor dem Ansturm der Heiden und vor der Verwüstung der Ungläubigen draußen mit den Waffen zu verteidigen und drinnen (im Staate) durch die Anerkennung des katholischen Glaubens zu festigen. Die Aufgabe des Papstes ist es, mit der „Weisheit des Moses zu Gott erhobenen Händen" den Kriegsdienst zu unterstützen. Ein Biograph Karls titelt: „Gewalt und Glaube", wobei aber Karl beide praecipui in Anspruch nahm. Mit der Gewaltausübung will er Macht erlangen. Mit der Ausübung der Gewalt geht Karl, entgegen in seinem Schreiben an Leo III, weiter als, draußen verteidigen und drinnen zu festigen'. Karl erobert draußen und beruft sich auf einen von Gottes Gnaden gegebenen Auftrag, das Christentum zu verbreiten. Er zwingt die Unterlegenen, den christlichen Glauben anzunehmen, indem er Macht ausüben will.

Der wahre Glauben rechtfertigt nur dann Gewalt anzuwenden, wenn Land, Leute und der Glaube gegen äußere Mächte zu verteidigen sind. In der Bestimmung der Vorfahren, das Reich zu erhalten und zu „mehren", sehen Machtmenschen als Erfüllung ihres Lebens. Die ausgeübte Gewalt der Herrschenden ist ein Mittel, diese auferlegten Ansprüche und die eigenen Vorstellungen zu verwirklichen. Das Streben nach Reichsgröße und das Herrschen über einen weiten Bereich von Untertanen sind als Befriedigung in der Ausübung von Macht zu sehen, die durch Gewalt umgesetzt wurde. Der unerschütterliche Glaube, dem Christentum nicht nur zu dienen, sondern es anderen Völkern mit Gewalt aufzuzwingen, ist kein Glaube im Sinne Jesu Christi. Bei unzähligen Eroberungen, man denke nur an die Beinaheausrottung der Bevölkerung des amerikanischen Kontinents, hatte die vermeintliche Bekehrung zum Christentum eine tragende, jedoch tragisch-völkermordende Funktion.

Im Gegensatz zum ursprünglichen Christentum, das sich durch Paulus und Petrus über Kleinasien, Griechenland bis nach Rom friedlich ausbreitete, kannte der Islam in der Verbreitung durch seinen Propheten Mohammed überwiegend die Sprache des Schwertes.

Die Eroberungspolitik Karls in der Unterwerfung und „Christianisierung" anderer Völker sieht man in der heutigen Geschichtsschreibung als „zwangsläufigen Nebeneffekt". Das regierte Reich in seiner ständig wachsenden Größe konnte aber nur durch andauernde Feldzüge beherrscht werden.

Der jährlich verliehene Karlspreis an Persönlichkeiten Europas ist wohl eher dem Mythos geschuldet, der über Jahrhunderte geschaffen und gepflegt wurde. Die internationale Liste des seit 1950 in der alten Kaiserstadt Aachen verliehenen Karlspreises spricht für sich. Konrad Adenauer gehörte 1954 zu den Preisträgern. 2015 erhielt der Präsident des Europaparlaments, Martin Schulz, diese Ehre und 2016 Papst Franziskus.

Durch die oben beschriebenen Abläufe zur Politik Karls des Großen ergeben sich zwangsläufig kritische Gedanken zu den Preisverleihungen.

Der nun in Rom eben durch Papst Leo III. zum Kaiser gekrönte Karl bestimmte die Kirchenpolitik in seinem Reich. Man kann von einer fränkischen Reichskirche sprechen, die er großzügig mit Schenkungen ausstattete. Karl behielt sich die Ernennung der Bischöfe vor und bestimmte die Größe der Kirchenprovinzen.

Der 805 fertiggestellte Dom in Aachen war seine Palast- und spätere Grabkirche. Die ursprüngliche Pfalzkapelle wurde nach architektonischen Vorbildern aus Konstantinopel, Ravenna, Jerusalem und Rom errichtet. Der Dom war der erste große Kirchenbau auf fränkischem Boden. Die Kirche ist als Symbol des christlichen Glaubens und der kaiserlichen Macht anzusehen. Sie ist prachtvoll erbaut worden und galt im Mittelalter als einzigartig. Sie erhebt sich auf achteckigem Grundriss, als dreigeschossiger, massiver Kuppelbau. Das Innere der Kirche ist reich mit Marmor geschmückt. Während des Gottesdienstes saß der Kaiser im Mittelgeschoss auf steinernem Thron, umgeben von seinem Gefolge. Das Volk saß im Erdgeschoss. Damit war die Stadt Aachen der Mittelpunkt seiner politischen, kulturellen und kirchlichen Tätigkeit. Wie aber hat Karl der Große dieses Riesenreich regiert?

Karl war so gut wie immer von seinem Verwaltungsapparat umgeben; nicht von irgendeinem königlichen Hofstaat von Günstlingen, sondern von Verwaltungsbeamten im damaligen Sinn. Die Hofämter, denen Minister vorstanden, organisierten den Alltag. Zur ständigen Kontrolle seines Riesenreiches musste der Kaiser ständig unterwegs sein. Das bedingte ein gut ausgebautes Straßennetz. Grundlage waren die alten Römerstraßen im westlichen Teil seines Reiches, die auch für seine ausgedehnten Kriegszüge Voraussetzung waren. Der Verwaltungsapparat zog jeweils vorweg, um Vorbereitungen zu treffen, bevor der König/Kaiser eintraf. Es muss also ein Riesentross gewesen sein, der durchs Land reiste. Residiert wurde dann in angelegten Pfalzen, Klöstern oder Bischofssitzen.

Bei den großen Weiten seines Landes schuf Karl bald Strukturen in Form von Grafschaften, geführt von den Pfalzgrafen, die auch zugleich Gerichtsherren waren und die seine Herrschaftsvorstellungen umzusetzen hatten. Seine erlassenen Gesetze wurden diesen schriftlich zur Kenntnis gebracht. Vertrauen ist gut, Kontrolle besser, dieser Satz war Karl wohl bewusst. So genannte Königsboten kontrollierten einmal im Jahr stichprobenartig die Umsetzung seiner Gesetze und Anweisungen. Trotz allem war es für Karl schwer, dieses Riesenreich zu kontrollieren und damit zu beherrschen. Die Grenzgebiete seines Reiches organisierte er zu größeren Markgrafschaften. Die besonders vertrauensvollen Markgrafen hatten neben ihren Verwaltungsaufgaben zugleich die militärische Befehlsgewalt.

Karl der Große hat seine weltlichen und kirchlichen Statthalter durch umfangreiche Schenkungen an sich gebunden. Die dann späteren Reichsfürsten wussten diese Güter zu mehren. Bereits spätestens in der Zeit der Karolinger hatte sich eine Kaste der Besitzenden herausgebildet, die sich von der breiten Masse, die sich ausschließlich über die Naturalwirtschaft ernährte, in der Abfolge der Jahrhunderte im Besitzstand immer weiter von ihren Ernährern entfernte.

Zweimal im Jahr wurden Reichsversammlungen, bestehend aus den Würdenträgern der weltlichen und kirchlichen Macht seines Reiches, einberufen, um die Gefolgsleute immer wieder auf ihren Kaiser einzuschwören. Karls Strategie war es, dass er die kirchlichen Amtsträger in ihrer gewachsenen Hierarchie vom Bistum bis zu den Äbten der Klöster zur Absicherung seiner Herrschaft in Anspruch nahm. Damit konnte er zum Pontifikat nicht nur gepflegte Umgangsformen wahren, sondern auch die Interessen dieses Amtes in sein Kalkül einbeziehen.

Die Einberufung von Reichsversammlungen, also die Zusammenkunft von Reichs- und Markgrafen sowie von Bischöfen der Kirchenprovinzen war der Anbeginn der Reichstage im späteren Heiligen Römischen Reich, die erst während der napoleonische Herrschaft in dieser Form ihr Ende fanden.

Zu seinem Staatsverständnis gehörte auch die Stärkung der steuergewinnenden Mehrung des Gewerbes und des Handels. So standen jüdische Kaufleute, die in seinem großen Reich aktiv tätig waren, unter seinem persönlichen Schutz.

Karl sprach die lingua thiudisca, die Volkssprache der Germanen. Diese Volkssprache wurde als althochdeutsch ungefähr von 800-1100 gesprochen. Er soll aber auch der lateinischen Sprache mächtig gewesen sein. In den Kirchen wurde der liturgische Teil des Gottesdienstes in Latein abgehalten. Die Predigt wurde in einer verständlichen Mundart übermittelt.

Karl wurde aber nachgesagt, dass er nicht schreiben konnte. Er ließ aber Schreiblettern entwickeln, die den Mönchen eine schnellere Lesbarkeit der Schriften ermöglichte. Es waren die karolingischen Minuskeln, die an der Aachener Hofschule die Jahrhunderte bis heute überdauern. Das Charakteristikum der Minuskeln ist das „Groß- und Klein- schreiben", sowie das Herausragen einiger Buchstaben mit Ober- und Unterlängen (f; p).

Der Anlass des Durchsetzens eines korrekten, einheitlichen Schriftbildes und der daraus folgenden klaren Ausdrucksweise war die Befürchtung, dass die „Heiligkeit der Texte verletzt" werden könnte und falsche Wiedergaben und Auslegungen dieser Schriften womöglich gegeben waren.

Die Karolinger haben auch eine intensive Schrift- und Buchkultur vorangetrieben. Der Klerus wurde nun ausgebildet. An den

Bischofssitzen wurden Schulen eingerichtet. Diese Maßnahmen waren für das spätere Schulsystem entscheidend. Der Pfarrzwang sowie die einheitlich geregelte Abgabe des „Zehnt" haben bis heute mit dem Einzug der Kirchensteuer über die Einkommensteuer Bestandsschutz.

„Wie kam es, dass ein frühmittelalterlicher Herrscher aus einem kriegerischen Geschlecht gemessen an der Wirtschaftskraft seines Reiches in den Aufbau von Bildung und Kultur Summen investierte, die Bildungspolitiker des 21. Jahrhunderts zu Zwergen werden lässt"?[9]

Darüber sollten die Politiker der Bundesländer und des Bundes nachdenken. Die föderalistische Bildungspolitik ist kein Dogma, die im Zeitalter der Globalisierung nach 70 Jahren Grundgesetz eine Anpassung nicht ausschließen sollte.

Karl war der große Herrscher eines Reiches, der mit viel Durchsetzungskraft in Europa in vielen politischen, verwaltungstechnischen und kulturellen Errungenschaften seiner Zeit und auch für das jetzige Europa Vorbildfunktion hat. Zum Ende seines erfolgreichen Herrscherlebens war sein Nachfolger zu krönen. Zwei seiner Söhne waren früh verstorben. Seinem Sohn Ludwig, der später der Fromme genannt wurde, befahl Karl 813 selbst eine zweite Krone aufzusetzen. Karl meinte, der von Gott berufene Kaiser zu sein. Der Papst wurde nicht mit einbezogen. Der Kaiser in „Civitas Dei" – im Staate Gottes – regierte sein Reich und die Kirche. So wollte er diese Bestimmung auch an seine Nachfolger weitergeben. Deutsche wie Franzosen sehen in Karl, der den Zusatz der Große zu Recht trägt, den Gestalter ihrer Geschichte, den Begründer der abendländischen Kultur.

Die folgende Gebietstrennung des Karl'schen Vermächtnisses hatte für Europa über Jahrhunderte Auseinandersetzungen zur Folge, die mit den beiden Weltkriegen die absoluten Tiefstpunkte darstellten, aber immerhin Anlass gaben, dass unsere Vätergeneration beider Nationen *(de Gaulle, Adenauer)* sich historisch die Hände reichten.

Die Reichsteilungen

Keiner der Nachfolger Karls hatte diese politische und durchsetzungsfähige Begabung. Bereits im folgenden 9. Jahrhundert löste sich das fränkische Großreich in seine Bestandteile auf. Mächtige Adelsfamilien kämpften im Innern um die Macht. Äußere Einfälle, im Süden muslimische Sarazenen (ursprünglich ein Nomadenstamm aus der nördlichen, arabischen Halbinsel), im Osten immer wieder eindringende Slawen sowie die Ungarn, die das Donaubecken zu beherrschen versuchten, überforderten aufgrund der Schwäche der Kaiser das gesamte Reich. Die bestehende Reichskirche begann sich aus dem Staatsverband zu lösen und suchte verstärkt den Anschluss an Rom. Die schon beim Tode Karls vorhandenen Widerstände gegen die Reichseinheit nahmen zu. Der Adel versuchte seine Partikularinteressen wahrzunehmen. Die romanische oder germanische Volkszugehörigkeit bestimmte nicht die anstehende Gebietsteilung. Sie wurde in den Verträgen von Verdun (843), mit einem noch mittelfränkischen Reich, letztendlich 879/880 rein dynastisch entschieden. Es entstand das Westfränkische Reich, das spätere Frankreich unter Karl dem Kahlen und das Ostfränkische Reich unter Ludwig, den man später den **Deutschen** nannte. Das Regnum Teutonicum, das spätere Deutschland nahm Gestalt an. Das anfängliche Mittelreich ergab sich aus einem Kompromiss, welches aber bald durch das West- und das Ostreich zerrieben wurde.

In dieser Phase der veränderten Reichsfindungen suchten marodierende Normannen (Nordmänner), aus dem skandinavischen Raum kommend, die auch teilweise als Wikinger in die Geschichte ein gingen (Haithabu an der Schlei), ab 860 mit verheerenden Brandschatzungen ganz Westeuropa heim. Alle ehemaligen römischen Städte von Nimwegen über Köln, Bonn, Koblenz und Trier wurden gebrandschatzt. Auch die Kaiserstadt Karls des

Großen, Aachen, war betroffen. Die Städte waren schlecht bis gar nicht bewaffnet und dem Horror der Normannen schutzlos ausgeliefert. Das Kloster Prüm mit seiner unersetzlichen Bibliothek wurde zerstört und ein Großteil der Schriftrollen fiel den Bränden zum Opfer. In diesen schweren Zeiten weilte der König, Karl III. mit seinen schweren Panzerreitern in Rom zu seiner anstehenden Kaiserkrönung. Im 10./11. Jahrhundert hatten Normannen in der Historie Nordfrankreichs (Normandie), Englands (Schlacht bei Hastings), und Süditalien einschließlich Siziliens wesentliche Anteile.

Die Herzöge der Völker im Ostfränkischen Reich setzten ihren politischen Willen mit einer Königswahl durch. Der letzte Vertreter der Karolinger konnte sich bei der Königswahl nicht mehr behaupten. Das Erbrecht der Karolinger entfiel. In Forchheim wurde der fränkische Herzog Konrad zum König des ostfränkischen Reiches gewählt.

Konrad I. wurde zum König nach dem Motto gewählt: „Das Königsheil folge dem Würdigsten." Er stützte sich aber nicht auf die Kraft der Herzöge, sondern bevorzugte in alter karolingischer Tradition die Kirchenfürsten. Die Bischöfe unterstützten ihn jedoch nicht einheitlich. Auch dadurch war Konrad in seiner Politik glücklos.

Die Ottonen der Sachsen (919-1024)

Karl der Große hatte bereits die Vision, an das antike Römische Reich anzuknüpfen. Die Kaiserwürde hatte die Hoheit über mehrere Völker, und man sprach zunächst unter den Ottonen vom „Römischen Reich". Durch die Salbung und Segnung der Kaiser durch den Papst wurde das Römische Reich nun auch „heilig". Aber erst im 12. Jahrhundert sprach man vom „Heiligen Römischen Reich". Zum Ende des 15. Jahrhunderts war dann die Bezeichnung „Heiliges Römisches Reich Deutscher Nation" sanktioniert. Die Römische Kaiserwürde der Ottonen war im Gegensatz zu den französischen und englischen Reichen nie eine zentralisierte Reichsherrschaft.

Im Annolied ausgangs des 11. Jahrhunderts wurde durch einen unbekannten Mönch aus der indogermanischen Wortwurzel „thiuda" für Volk im frühmittelhochdeutschen „deutsch". Im Folgenden schreibe ich in allen Wortverbindungen, auch wenn zum entsprechenden Zeitraum das Wort noch nicht geläufig war - „deutsch".

Von den Stammesherzögen wurde der Sachsenherzog Heinrich I. (919-936) aus dem Geschlecht der Liudolfinger zum König des Ostfrankenreiches gewählt. Eine Salbung durch den Mainzer Erzbischof lehnte er ab und brachte dadurch seine Unabhängigkeit zur Kirche zum Ausdruck. Durch die Huldigung und den Vasalleneid band er die Herzöge an das Königtum. So sollten auch die Herzöge in die Reichsverantwortung hineinwachsen. Er übertrug den Herzögen die Gerichtsbarkeit, das Markt-, Münz-, und Zollrecht. Im Innern erzielte Heinrich dadurch eine gewisse Stabilität. Trotz seiner Ablehnung, sich bei der Königskrönung salben zu lassen, hatte er die Bindung zur Kirche nicht außer Acht gelassen. Der klerikale Nachwuchs wurde in einer von ihm gegründeten „Hofkapelle" ausgebildet.

Der Abwehrkampf der Ungarn wurde immer schwieriger. Fluchtburgen wurden erbaut und ein aufgestelltes Reiterheer wurde gegen die schwächeren Elbeslawen erprobt. Die direkte Konfrontation mit den Ungarn vermied Heinrich und erkaufte sich durch Tributzahlungen einen zeitlichen Aufschub. Durch das Aussetzen der Tributzahlungen an die Ungarn kam es 933 zur Schlacht in der östlichen Saaleniederung. Im Norden sicherte er seine Grenzen in der Schlacht von Haithabu gegen dänische Eroberer. Diese Erfolge brachten Heinrich auch die Achtung der westlichen Königreiche ein (Burgund). Er wurde vom alten Karolingergeschlecht als selbstständiger Herrscher anerkannt. Der Geschichtsschreiber Widukind von Corvey bezeichnete Heinrich I. zu der Zeit als den „Größten der Könige Europas." Schon zu seinen Lebzeiten wurde sein Sohn Otto auch von anderen Größen des Reiches als Nachfolger ausersehen.

Die Historie der Sachsen ist beeindruckend. 32 Jahre bekämpfte Karl d. Gr. dieses Volk. Im Jahre 804 ordnete sich der sächsische Stamm dem Frankenherrscher unter und nahm das Christentum an. Gut 100 Jahre später wird der starke Sachsenherzog Heinrich I. König des Ostfrankenreiches, dem späteren Deutschland. Ein Deutsches Reich wurde auf den Weg gebracht.

Das Reich Otto des Großen (936-973)

Zu Zeiten Otto I., der später der Große genannt wurde, betrug die Zahl der Menschen in den Kernlanden zwischen Rhein und Elbe etwa 4 Millionen. Otto war sich auch als gebürtiger Sachse der Tradition der Dynastie der Karolinger bewusst. Das Reich Karls und seine bevorzugte Königspfalz Aachen bestimmte auch Otto als Ort seiner Königskrönung. Er gab das Prinzip seines Vaters auf, die Grenzen nur lediglich zu sichern; er ging in die Offensive. In den östlichen Vorlanden, östlich der Niederelbe (Holstein), der Mittelelbe und Saale, (Ostmark, Mark, Lausitzer Mark, Thüringer Mark) wurden weitere Reichsgrafschaften gegründet. Die bereits unter Karl d. Gr. avisierten, abhängigen Gebiete wie Böhmen, Mähren und Teilgebiete Istriens, des heutigen Sloweniens bzw. Kroatiens wurden in das Reichsgebiet eingegliedert. Durch Otto setzte die Christianisierung dieser ehemals slawischen Gebiete ein. Der Bischofssitz in der ostelbischen Slawenburg Brandenburg an der Havel fand durch König Otto seine urkundliche Bestätigung. Speziell die Ostkolonisation war aber nicht nur eine Sache des Königs. Alle Schichten des Volkes beteiligten sich an diesem Geschehen; die Bauern als Bewirtschafter und die Mönche als „Agrarberater".

Das Königtum war noch nicht so stark, dass die laufenden Einfälle der Ungarn der Jahre 919, 924 und 926 unter Ottos Vater Heinrich abgewehrt werden konnten. Erst durch die Organisation eines Heerbannes mit gepanzerten Reitern konnten die ungarischen Überfälle und durch die Schlacht an der Unstrut 933 eingestellt werden. Die Ungarn wurden dann 955 auf dem Lechfeld entscheidend geschlagen, nachdem Otto alle Stämme seines Reichs zur Verteidigung aufrief. Es war die bedeutendste Schlacht des 10. Jahrhunderts.

Für die Ungarn war diese verlorene Schlacht und der Verzicht, im Westen auf Expansion zu setzen, der Startschuss, das um 900 eroberte Karpatenbecken und die mittlere Donau im Besitz zu halten und auszubauen. Um 1000 nahmen sie unter Stephan I., dem Heiligen, das Christentum an. Diese Landnahme, der aus dem Osten eingewanderten Madjaren (Magyaren) wird bis heute gefeiert.

Ab Anfang des 16. Jahrhunderts herrschten die Osmanen für 150 Jahre in Ungarn. Die Verbindung zur Wiener Habsburger Monarchie war vorhanden, aber weiterhin konfliktreich. Ab 1848/49 bis 1918 existierte die k & k Doppelmonarchie. Soweit zur Geschichte Ungarns.

Der nun zum Kaiser ernannte Otto (ab 962) musste aber auch die Mittel und das Durchsetzungsvermögen haben, die vorhandenen Gebietskörperschaften, bestehend aus dem Königreich Italien, Herzogtümern sonstigen Fürstentümern und Grafschaften, zu verwalten und beherrschen. Weiterhin sind Erfolge nicht nur im Erhalt der Gebietserweiterungen zu sehen, sondern auch in der Ausweitung des Christentums durch Missionierungen. Die ehemals heidnisch-slawischen Gebiete (Gründung des Bistums Magdeburg) waren dem Papst zum Beispiel Anlass, Otto I. zum Verteidiger der Heiligen Kirche und damit zum Kaiser des Abendlandes zu ernennen. Diese Ernennung Ottos durch den Papst war keine selbstlose Ehrung, denn unter vielen anderen Gebieten war auch der Kirchenstaat durch die Normannen bedroht. Otto folgte dem Hilferuf des Papstes. Zum Dank wurde er 962 vom Papst gesalbt und zum Kaiser gekrönt. Zugleich erhielt der Papst die Bestätigung des früheren, aber immer wieder umstrittenen Schenkungsversprechens. Die den Pontifex ernennenden Römer wurden darüber hinaus in die Pflicht genommen, dass sie ohne Zustimmung des Kaisers keinen Papst benennen durften.
Lange hielt das Einvernehmen zwischen Kaiser und Papst nicht. Der Papst wollte eine noch größere, auch weltliche Macht

ausüben. Kaiser Otto I. wurde dem Papst zu mächtig. Die Macht-spiele zwischen weltlicher und kirchlicher Autorität wurden zunehmend schärfer. In den weiteren Jahrhunderten ist das immer wieder zu beobachten. Als der Papst Johannes XII. in das für Otto feindliche Lager wechselte, saß Otto darüber Gericht und bestimmte 964 einen ihm genehmen Nachfolger. Er machte sich gegenüber der römischen Kirche autark. Er setzte die Inves-titur der Bischöfe und das Recht auf die Nutzung des Kirchenbe-sitzes durch.

Zur inneren Stärkung des Reiches musste Otto Entscheidun-gen treffen, die seine Macht als König und später als Kaiser sicherstellten. Sowohl einige Familienmitglieder als auch die Herzöge des Reiches unterstützten Otto nicht in dem Maße, wie es die Aufgaben des Reiches nach innen und außen erforderlich machten. So gab Otto der Reichskirche wieder mehr Machtbe-fugnisse. Er übertrug den Bischöfen und Äbten zu den bereits seit Karl d. Gr. vorgenommene Schenkungen weitere große Gebiete und bestätigte nochmals das bereits von seinem Vater den Bischöfen gegebene Markt- Zoll- und Münzrecht.

Das war eine Ausweitung der weltlichen Machtbefugnisse der kirchlichen Würdenträger im Reich. So wurden nicht nur unwe-sentliche Anteile der Verwaltung des Reiches an die hohe Geist-lichkeit übertragen, sondern damit auch die Grundlage ständig wachsenden kirchlichen Besitzes geschaffen. Diese Reichsreform trug mit dazu bei, im Innern durch eingesetzte Bischöfe mit hoheitlichen Befugnissen und geistlichen Territorien die Macht-vollkommenheit seines Reiches zu sichern.

In den folgenden Jahrhunderten gingen aus dieser Reichsre-form an die 30 Fürstbischöfe hervor. Die Bischöfe von Mainz, Köln und Trier erhielten darüber hinaus die Kurwürde. Der Kaiser konnte mit weiteren vier weltlichen Kurfürsten gewählt werden. Diese Machtbefugnisse entzog erst Napoleon I. diesen Fürstbi-schöfen. Der Wiener Kongress 1815 hat den napoleonischen Machtentzug zum großen Teil bestätigt und sanktioniert.

Otto begann aber auch mit einer verhängnisvollen Italien- bzw. Rompolitik, die Zukunft eines einheitlichen, deutschsprachigen Nationalstaates zu verbauen. Oberitalien und große Teile Mittelitaliens gehörten zur deutschen Krone. Er war ab 951 auch offiziell König von Italien. Die langobardischen Fürsten in Unteritalien mit ihren Küstenstädten gaben ihren Widerstand zu Otto auf. Otto war bestrebt, die sich jetzt überschneidenden Interessen mit dem byzantinischen oströmischen Kaiserreich nicht aufkommen zu lassen. Auf dem „Hoftag" von Quedlinburg im Jahre 973 wurde Otto I. kurz vor seinem Tode durch Gesandte der Fürsten aus Ländern Süd- und Osteuropas als „König der Völker" geehrt, so der bereits genannte Widukind von Corvey. Die Verbindung zu östlichen Ländern galt es auszubauen. Das Byzantinische Reich, das mit Konstantinopel die größte und kunstreichste Metropole dieser Zeit in der Welt hatte, fand sein besonderes Interesse. So konnte Kaiser Otto I. für seinen Sohn die byzantinische Prinzessin Theophanu gewinnen; eine hochgebildete Frau, die nach dem frühen Tod Otto II. einen großen politischen Einfluss ausübte. Die kleine Stadt Quedlinburg im östlichen Vorharzgebiet hatte im 10. Jahrhundert bereits eine historische Bedeutung in Deutschland durch Ottos I. Tochter Mathilde; sie war Äbtissin von Quedlinburg. Als Ottos Stellvertreterin führte sie nach dem frühen Tod ihres Bruders Otto II. die Regentschaft für ihren noch zu jungen Neffen, den späteren Otto III. Quedlinburg rückte dadurch in den Mittelpunkt des ottonischen Herrschergeschlechtes auf. Das Aufblühen der Stadt in damaliger Zeit schlägt sich bis heute als Ort des Weltkulturerbes nieder.

Die Kaiserkrönung Ottos des Großen 962 entsprach dem „Gründungsakt" eines Staatengebildes, das über 800 Jahre Bestand hatte und die Geschehnisse in Europa maßgeblich mit beeinflusste.

Otto III., der Enkel, hatte den Hang zu einem großen, imperialen Gehabe. Sein Plan war eine Erneuerung des Römischen Reiches im christlichen Sinne. Seine Herrschaft leitete er von Gott ab, aber seine hochfliegenden Pläne fanden ein schnelles Ende. Er wurde aus Rom vertrieben und starb mit 22 Jahren.

Seine Ruhestätte fand er im Aachener Dom neben seinem Vorbild Karl dem Großen.

Als Nachfolger ist Heinrich II., der auch der „Heilige" genannt wurde, zu erwähnen; es war der Letzte der sächsischen Liudolfinger. Sein Ziel war die Erneuerung des Frankenreiches. Wie Karl der Große ließ er sich mit der „Eisernen Krone" der Langobarden zum König krönen. Er verpflichtete sich bei seiner Krönung in Rom, Schutzherr und Verteidiger der Kirche zu sein. Auch Heinrich II. stützte sich zur Absicherung seiner Macht auch im Innern auf die Kräfte der verweltlichten Kirchenfürsten.

Die fränkischen Salier (1024-1125)

Einhundert Jahre, von Konrad II. bis Heinrich V., lenkten die fränkischen Salier die Geschicke des Deutschen Reiches. Konrad II. war der erste Kaiser dieses Volkes. Man sagte ihm nach, dass „an Konrads Sattel die Bügel Karls d. Gr. hängen würden." Er setzte die Politik seiner Vorgänger fort, das Reich zu stärken. Er behielt auch die Oberhand über Polen und konnte die Lausitz in den deutschen Besitz zurückführen, die unter Otto I. schon zum Deutschen Reich gehörte. Burgund wurde in das Reichsgebiet eingegliedert. Er vermied Auseinandersetzungen mit dem Papsttum. Unter seiner Führung wurde Speyer als Stätte der Herrschergrablege aufgewertet. Der Bau des Doms zu Speyer geht auf seine Initiative zurück.

Heinrich III. (ab 1039) hingegen sah seine Aufgabe in „tiefer Frömmigkeit" als Verteidiger des Friedens. Dem weltlichen Ausleben des Papsttums legte er jedoch Zügel an. Er setzte drei Päpste ab. Mit der Ernennung des Bamberger Bischof zum Papst bewies Heinrich die Stärke des König- Kaisertums.

Das Pendel zugunsten des Papstes schlug bald wieder um. Die Auseinandersetzungen zwischen dem Papst und dem Kaiser gipfelten in der Regierungszeit unter Heinrich IV. Papst Gregor VII. wollte die Kirche aus dem Zugriff des Kaisertums lösen. In der Amtseinweisung (Investitur) hieß es: Der Papst allein kann Bischöfe absetzen und wiedereinsetzen. Heinrich setzte daraufhin den Papst wegen einer ungültigen Wahl ab. Der Konter des weltlichen Anspruchs des Papstes gipfelte darin, dass er den König aus der Kirche ausstieß. Seine Untertanen waren damit vom Treueid entbunden. Heinrichs Bußgang, unter dem Canossagang 1076 bekannt, beendete zunächst die Gottunmittelbarkeit des Königtums. Heinrich gewann jedoch dadurch seine politische Handlungsfähigkeit zurück. Er besiegte im Innern seinen Gegner, den bereits ernannten Gegenkönig Rudolf von Schwaben, ernannte einen Gegenpapst und ließ sich von diesem zum Kaiser krönen.

Sein Sohn ging als Heinrich V. in die Geschichte ein. Er setzte den harten Kurs gegen die römische Kirche fort. Im Wormser Konkordat von 1122 wurde jedoch mit Rom nach dem Investiturstreit ein Ausgleich erzielt, der in der Folge dem königlichen Amt die sakrale Handhabe nahm. Sofort gewannen die Reichsfürsten, sowohl weltliche wie kirchliche, immer mehr die Oberhand, in dem sie königliche Anordnungen nicht ausführten und zum Beispiel Grenzmarken nach eigenem Ermessen besetzten. Heinrich V. war der letzte der salischen Frankenkaiser. Ein Staufer sollte das Erbe antreten.

Lothar von Süppleins(gen)burg (1125-1137) bekam vom Papst den „Zuschlag" und er beeinflusste damit die Geschichte des werdenden Deutschlands. Lothar hat eine Erwähnung verdient, besetzte er doch Grenzmarken neu mit Fürsten, die in der weiteren Geschichtsabfolge bis heute namhaft blieben. Die Grenzmarken Meißen und Lausitz ergaben die Bindung zum sächsischen Haus der Wettiner. Die Nordmark wurde an die Askanier vergeben. Slawische Fürsten des Havellandes wurden Erben der Nordmark, die sich später Markgrafen von Brandenburg nannten. Die Mark Brandenburg ward geboren. Die Dänen stellten sich durch Lothars Ansehen unter seine Hoheit. Die wechselnde Geschichte des dänischen Königshauses mit dem Deutschen Reich bis hin zum Deutschen Bund im 19. Jahrhundert könnte hier erklärbar sein. Die Komplikationen in der weiteren Geschichte bis in das 19. Jahrhundert werfen bereits hier ihre

Schatten voraus. Sogar das Byzantinische Kaiserreich meinte, mit Lothar einen Bundesgenossen gegen die Normannen finden zu können. Die zwölf Jahre seiner Regierungszeit sind daher als sehr positiv zu verzeichnen.

Die Süpplingen Burg lag in dem kleinen Mittelgebirgszug Elm, östlich von Braunschweig.

Die Staufer (1152-1250)

Wieder war es der Papst, der nicht das mächtige Geschlecht der Welfen zur Königs- bzw. Kaisernachfolge favorisierte, sondern die schwächeren Staufer benannte. Die Folge dieser Ernennung war die Verfeindung dieser beiden Fürstenhäuser über die nächsten 100 Jahre.

Der Staufer Konrad III. ist da zu nennen, der sich mit der Beteiligung am 2. Kreuzzug von 1147-1149 das Wohlwollen des Papstes zur Kaiserkrönung erhoffte. Kurz vor der Salbung verstarb er wohl an den Folgen der Malaria, an der er seit dem 2. Kreuzzug litt.

Zum gleichen, wohl zu einem günstigeren Zeitpunkt, startete der Sachsen- und zugleich Bayernherzog Heinrich der Löwe den Wendenkreuzzug gegen die Elbslawen in heutige mecklenburgische und pommersche Gebiete.

Der Löwe in Teilen des Braunschweiger Wappens nimmt auf Heinrich Bezug. Die von Heinrich Büssing um die Jahrhundertwende gegründete Lastkraftwagenfabrik hatte ein Löwen-Emblem. Die Busse mit Unterflurmotoren existieren heute noch. Büssing wurde 1971 von der Maschinenfabrik-Augsburg-Nürnberg (MAN) übernommen. Heute hält die VW-AG mehr als 94 Prozent der MAN-Anteile.

Dänen und Polen beteiligten sich am Wendenfeldzug. Während der designierte König das Heilige Land von den Muslimen „befreien" wollte, was im 2. Kreuzzug zum Desaster wurde und

König Konrad malariageschwächt und gedemütigt heimkehrte, zog sein Herzog zusammen mit Albrecht „dem Bär" zur Landerweiterung gen Osten. Mecklenburg und Ostholstein wurden noch zur Stauferzeit Reichsgebiet. Pommern als Herzogtum wurde zunächst ein deutsches (1181), später ein brandenburgisches (1231) Lehen. So bekamen die Stammesherzöge durch die Aktivitäten der Oberherrschaft im Ausland immer wieder verstärkt Oberwasser und kochten ihr eigenes Süppchen. Im letzteren Fall nicht zum Nachteil eines wachsenden Deutschlands.

Die Kreuzzüge

Die Kreuzzüge, beginnend mit dem 1. Kreuzzug des Gottfried von Bouillon im Jahr 1096 und mit dem 7. Kreuzzug unter Ludwigs IX. von Frankreich 1270 endend, waren über diesen Zeitraum die große Auseinandersetzung der Religionen und der sie beherrschenden Mächte. Kaiser, Könige, Fürsten, sonstige Edelleute als Ritter oder Pagen, Pfaffen, Bürger, Bauern, Bettler und sogar Kinder zogen nach Jerusalem, die Heilige Stadt von den „ungläubigen" Muslimen zu befreien. Viele blieben auf der Strecke. Der Treibriemen über 174 Jahre mit den sieben Kreuzzügen waren die Päpste.

Bereits die Nachfolger des Propheten Mohammed eroberten ab 635-642 den Vorderen Orient aus dem Byzantinischen Machtbereich. Die „Heiligen Stätten der Christen" litten in der Folgezeit unter laufend-wechselnden Machtverhältnissen der konkurrierenden islamischen Geistes- und Machtströmungen. Vor der Eroberung Jerusalems unter Gottfried von Bouillon wurden die bisher in Palästina herrschenden türkischen Seldschuken im Jahre 1098 von den schiitischen Fatimiden, die ihren Machtbereich in ihrem ägyptischen Zentrum in Kairo hatten, auch in Jerusalem abgelöst.

Sicher beklagten nicht nur die Päpste der Vorzeit den Verlust des „Heiligen Landes". Aber erst nach gut 450 Jahren der muslimischen Herrschaft über das „Heilige Land" und mehr als ein Jahrtausend seit der Kreuzigung Christi rief Papst Urban II. 1096 zur Rückeroberung Jerusalems - zum „Heiligen Krieg" - auf. Dieser Papst gehörte zu den Radikalsten der vermeintlichen Gottesvertreter. War diese Rückeroberung das wahrhaftige Motiv? Wollte der Bischof von Rom, der Nachfolger des Apostels Petrus, den Bischof von Konstantinopel, der sich auf den Apostel Andreas berief, schwächen und den Anspruch auf die gesamte Christenheit - den katholischen Glauben in Gänze - wiederherstellen? Landlose - und damit landhungrige Adelige und gut bewaffnete Ritter gab es in Europa in ausreichender Zahl. Verbunden mit einer hungernden und nach dem Seelenheil dürstenden Masse war dieser 1. Kreuzzug eine unheilvolle Mischung aus Eroberung und Ausbruch aus einem elenden Leben, jedoch mit päpstlichen Segen. Das Misstrauen des byzantinischen Kaisers war groß. Er ließ das Kreuzfahrerheer an Konstantinopel mit der Auflage vorbei leiten, alle zukünftig eroberten Gebiete unter die Oberhoheit seines Reiches zu stellen. Was diese jedoch später nicht einhielten. Erst 1099 konnte Jerusalem erobert werden. Das Kreuzfahrerheer mordete die Bevölkerung aller dort wohnenden Konfessionen und Nationen in großer Zahl gnadenlos dahin, Zehntausende starben. In der Folge wurden in Vorderasien mehrere Kreuzfahrerstaaten gegründet.

Diesem 1. Kreuzzug ging ein Volkskreuzzug des Peter von Amiens (1096) voraus. Heute fragt man sich, wie es möglich war, ein bedingt schlagkräftiges Volksheer auf den Weg nach Jerusalem zu bringen. Welche Kräfte haben das bewirkt, die einfachen Menschen dazu zu bringen, in Richtung Jerusalem zu marschieren. Der Papst, der dazu die Bischöfe aufgerufen hatte, und die wiederum die Priester verpflichteten, das Heilsversprechens an das gläubige Volk weiterzugeben, dass mit der Befreiung Jerusalems von den „Ungläubigen" ihnen das Paradies gewiss sei. Auch die fanatische, wandernde Botschaft des Eremiten Peter, wie er auch genannt wurde, war mit ursächlich. Bekannt ist, dass dieses „Volksheer" marodierend zunächst gen Konstantinopel zog. Ihnen eilte durch Raub und Totschlag der übelste Ruf voraus. Der Kaiser des Byzantinischen Reiches unternahm alles, um dieses Heer von seiner Hauptstadt fernzuhalten, damit eiligst der

Marsch durch Kleinasien ins nahöstliche Jerusalem gegeben war. Die Seldschuken rieben dieses unerfahrene Volksheer vollkommen auf. Der Volkskreuzzug war gescheitert. Peter von Amiens schloss sich dann dem nachfolgenden Kreuzzug unter Gottfried von Bouillon an.

Immer wieder waren es die Päpste, die die europäischen Herrscher unter Druck setzten, weitere Kreuzzüge durchzuführen. Im 2. Kreuzzug sollten die von islamischen Rückeroberern bedrängten Kreuzfahrerstaaten entlastet werden. Zwistigkeiten zwischen diesen sowie eine verhaltene Unterstützung durch das Byzantinische Reich machte die gesamte Region für die dortigen Christen labil. Aber trotz dieser politischen Instabilität hatten sich die Menschen, das heißt Christen, Muslime und Juden im Alltag arrangiert. Lessing beschreibt in seinem Drama „Nathan der Weise" das Leben und die Auseinandersetzungen der Religionen in Palästina dieser Zeit. 1187 wurden Jerusalem und große Gebiete der Kreuzfahrerstaaten von Saladin wieder eingenommen. Papst Gregor VIII. erneuerte daraufhin die Aufforderung zum „Heiligen Krieg".

Der Staufer Friedrich I. genannt Barbarossa, italienisch für „Rotbart", der schon unter seinem Onkel Konrad III. am 2. Kreuzzug (1147-1149) teilgenommen hatte, verpflichtete seine Reichsfürsten zur Unterstützung des nun 3. Kreuzzuges (1189-1192). Der byzantinische Kaiser zeigte sich wegen der Verpflegung und des Übersetzens nicht entgegenkommend und es kam zu Kämpfen. Friedrich musste überwintern und der weitere Marsch wurde ihm zum Verhängnis. Er ertrank im Fluss Saleph in der heutigen südlichen Türkei. Ein Teil seiner Kreuzfahrer kehrte nach Europa zurück; andere schifften sich an der südtürkischen Küste mit dem Ziel Jerusalem ein. Sie verstärkten dann bei der Belagerung der Stadt Akkon das Heer von Richard Löwenherz. Der Mythos dieses Kreuzritters lieferte für die kommenden Jahrhunderte ausreichend Gesprächsstoff in ganz Europa, wie die folgenden Absätze zeigen.

Bei einem Ausflug des Kirchenchores in die Rheinpfalz ist uns Richard Löwenherz auf dem Trifels nahe Annweiler „über den Weg gelaufen." Interessant waren auch die Reichskleinodien, die durch Krone, Zepter, Schwert, Reichskreuz und Reichsapfel Ausdruck der Kaiserwürde des Heiligen Römischen Reiches waren, die dort als Kopien zur Schau gestellt wurden.

Richard I., ein unerschrockener Kämpfer, daher Löwenherz, war Herzog von Aquitanien (im 11. Jahrhundert in Mittelfrankreich) und der Normandie. Mit der Krönung zum König von England verband Richard ein Gelübde für den 3. Kreuzzug, das es nun einzulösen galt. Mit seinem Bruder wählte er den Seeweg ab Marseille. Bevor an die Befreiung Jerusalems zu denken war, eroberte er nach Siegen über Saladin den Küstenstreifen der belagerten Städte Akkon bis Askolon. Meldungen aus England, die seinen Thron gefährden konnten, veranlassten ihn zur Rückkehr. Diese Rückkehr brachte jedoch seine Gegner auf den Plan, die mit unterschiedlichen Motiven (Macht, Missgunst, Landraub und Geld) sich seiner bemächtigten. Die Reichsburg des Trifels war eine seiner unfreiwilligen Aufenthaltsorte. Der römisch-deutsche Kaiser Heinrich VI., Leopold V., der Herzog von Österreich, sowie der französische König Philipp II sahen ihre Chance, aus der momentanen Schwäche Richards Kapital zu schlagen; die mögliche Freigabe unterlag einer hohen Lösegeldforderung. Aufgrund seiner Verdienste beim 3. Kreuzzug war sich Richard der Unterstützung des Papstes. gewiss. Der Papst drohte den Verschwörern mit der Exkommunikation bzw. mit dem Interdiktum, dem Entzug des Seelenheils der notwendigen Sakramente. Für Kaiser Heinrich eine gefährliche Strafe, bestand doch die Gefahr, dass seine Reichsfürsten die Gelegenheit wahrnehmen konnten, einen Nachfolger zu küren. Eine enorme Summe in Silber wurde aufgetrieben und Richard wurde freigekauft. Leopold investierte das Silber in Wien, Heinrich finanzierte seinen nächsten Feldzug. Die Einzelheiten dieser Abläufe sind abenteuerlich. Die kaiserlichen, königlichen und herzoglichen Familienzwiste, nicht eingegangene Heiratsverpflichtungen und sonstige Verträge, persönliche Eifersüchteleien und Rachepläne umrahmten die Abläufe während Richards Festsetzung und Freikauf. Richards Mutter und der Papst griffen hilfreich ein. Um seine Besitzungen auf dem französischen Festland musste Richard danach weiterkämpfen und verlor 1199 dabei sein Leben.

Auch der 4. Kreuzzug muss erwähnt werden, hatte dieser doch für die Metropole Konstantinopel sowie für das gesamte Byzantinische Reich verheerende Auswirkungen. Der Papst rief 1202 zu einem erneuten Kreuzzug auf und nahm mit seiner Kreuzzugspredigt die katholische Elite Nordfrankreichs in die Pflicht. Für den Transport der erhofften 30.000 Kreuzzügler in das „Heilige Land" konnte die reiche Republik Venedig gegen entsprechende Bezahlung gewonnen werden. Diese Mittel hatten die Kreuzfahrer aber nicht. Da kam ihnen ein ausgegrenzter Thronanwärter des Byzantinischen Reiches mit dem Angebot entgegen, dass er die geforderte Summe zu zahlen bereit wäre, wenn er zum Erlangen der Kaiserkrone erfolgreich unterstützt werde. Konstantinopel wollte jedoch die zugesagten Mittel ihres ausgegrenzten Thronanwärters nach der Eroberung nicht aufbringen und die Bürger wurden mit Plünderung und Totschlag bestraft. Die geraubten, reichen Kunstgegenstände fanden sich später in ganz Europa wieder. Das erschreckende Fazit dieser „Zwischenstufe" des 4. Kreuzzuges war, dass das Byzantinische Reich, über Jahrhunderte auch ein Schutzschild Europas gegen den sich aggressiv ausbreitenden Islam, entscheidend geschwächt wurde.

Nach 1000 Jahren seit Konstantin dem Großen verblieb vom Oströmisch-Byzantinischen Reich ein maroder, allseits umzingelter Stadtstaat zurück, der den Osmanen 1453 wie eine reife, aber faulige Frucht in die Hände fiel. Immerhin hatte die geflohene Elite Konstantinopels sowohl an den reichen Stadtstaaten Italiens mit der Wiedergeburt der antiken Kunst (Renaissance) als auch mit der Verlagerung des orthodoxen Glaubens in die aufsteigenden Fürstentümer der Rus des slawischen Ostens einen wesentlichen Anteil.

Der 5. Kreuzzug 1228/29, den der Enkel des Kaisers Barbarossa, Friedrich II. nach langen Querelen mit dem Papst als Zugeständnis unternehmen musste, konnte mit der Wiedereinnahme Jerusalems abgeschlossen werden. An allen sieben Kreuzzügen waren über eine Million Menschen beteiligt. Fast 600.000 fanden den Tod. Die Kreuzfahrerstaaten Klein-Armenien in der südlichen Türkei, die Grafschaften Edessa und Tripolis, das Fürstentum Antiochia und das Königreich Jerusalem vom heutigen Beirut bis ans Rote Meer wurden gegründet. Die christliche Herrschaft in Jerusalem überdauerte die Perioden von 1099-1187 und von 1229-1244. Die Städte Damaskus, Aleppo und Homs werden heutzutage im Syrienkonflikt immer wieder genannt. Peter Bam schreibt dazu in „Frühe Stätten der Christenheit" zu der Kreuzritterburg Krak des Chevaliers: „Die Anlage ist großartig, pathetisch, phantastisch. Aber sie macht zugleich einen barbarischen Eindruck. Es gab in Syrien ein System solcher Burgen. Ihre Plätze waren so ausgewählt, dass wenigstens immer zwei Burgen in Sichtweise voneinander lagen. So konnte man sich mit Leuchtsignalen verständigen. Das strategisch wohldurchdachte System beherrschte die von Norden nach Süden führende Küstenstraße, den von Westen nach Osten, von der Küste nach Homs führenden Gebirgspass und die alte Karawanenstraße, die zwischen Gebirge und Wüste, von Tarsos, Antiochia und Aleppo kommend, nach Damaskus, Jerusalem und Ägypten führte".[10]

Aus dieser Zeit gingen auch die katholischen, päpstlichanerkannten Orden hervor. Im Kampf gegen die „Ungläubigen" wurden Mönchsgelübde abgelegt. Am bekanntesten sind der Johanniterorden, aus dem nach der Verlagerung auf die Insel Malta der Malteserorden hervorging, der Orden der Templer in Anlehnung an die Grabeskirche in Jerusalem und der Deutsche Orden, der später im Baltikum zu einer staatlichen Institution wurde und letztendlich über das Herzogtum Preußen zu einer der Keimzellen des Königreichs Preußen mutierte.

Ein Ritter vom Niederrhein, Otto von Linn von der Burg Linn bei Krefeld, begleitete Kaiser Rotbart. Die Wasserburg Linn ist eine der ältesten Anlagen am Niederrhein und veranstaltet zu Pfingsten den gutbesuchten Flachsmarkt. Otto von Linn verkaufte zur Finanzierung seiner Kreuzfahrt nach Jerusalem seine Burg an den Kölner Erzbischof. Er hat sich wohl nach dem Tod seines Kaisers der Gruppe der Kreuzfahrer angeschlossen, die unter König Richard Askolon eroberten. Otto ist wohlbehalten an den Niederrhein zurückgekehrt. Sein Grab wurde 1989 im Bereich der Ortschaft Alde Kerk entdeckt.

Otto ist 2017 in seine Burg heimgekehrt, die er als Dank seines „christlichen Herrn" als Lehen wieder übernehmen durfte. Seine Gebeine haben im unteren Rittersaal des Burgmuseums wohlgeordnet nun ihre letzte Ruhestätte gefunden. Interessant ist, dass bei der Untersuchung seiner Knochen keine offensichtlichen Verletzungen durch Kampfhandlungen festzustellen waren; jedoch wurde eine Arthrose 4. Grades und wohlgemerkt, Fehlstellung der großen Zehe durch zu enges Schuhwerk vermerkt.

Heutige „Kreuzfahrer" haben zwar auch ein Entgelt zu entrichten, bekommen dafür aber freie Kost und Logis, Unterhaltung und eine komfortable Reise geboten.

Das Beispiel des Otto von Linn zeigt, dass die Kirchen von den Unternehmungen der Kreuzzüge mehr als profitierten. Die Kreuzritter hatten ihre Ausrüstungen und die der Begleitmannschaften zu finanzieren. Von Linn veräußerte seinen Besitz an den Kölner Erzbischof. Der verfügte dadurch über Land und Burg und nach einer Heimkehr des Ritters auch durch ein gnädiges Lehen über einen abhängigen Vasallen. Die Kölner Erzbischöfe konnten durch ihre Nähe zum König schon in der ottonischen Zeit die Kurfürstenwürde wahrnehmen und wurden auch durch ihren zunehmenden Landbesitz zu den mächtigsten geistlichen und weltlichen Fürsten Deutschlands. So viel zu den Kreuzzügen und der Beteiligung von Päpsten und fürstlichen Herrschaften bis hin zum Kaiser.

Nochmals zu den bereits aufgeführten Stauferkönigen Friedrich I. (Barbarossa) und seinem Enkel Friedrich II. Der „Rotbart" war wohl der bekannteste aus dem Herrschergeschlecht der Staufer. Schon bald nach seiner Aachener Krönung begann die Auseinandersetzung mit dem Papst. Über Jahrhunderte wiederholte sich die Befriedigung der Machtgelüste der Herrschenden.

„Die Erhabenheit des Reichs war wiederherzustellen; er empfange seine Macht allein von Gott, um den Frieden der Kirchen mit kaiserlichen Waffen zu erhalten", so der Staufer. Als Gegenleistung zur Kaiserkrönung versprach Friedrich I. dem Papst die Unterstützung gegen die städtischen Römer und die Normannen. Statt sich aber vehement mit den Territorialfürsten in seinem Reich auseinander zu setzen und die Zentralgewalt zu sichern, zerrieb er sich zunächst in seinen lombardischen Erblanden mit den Stadtstaaten. Diese veronesischen und lombardischen Bundstaaten hatten gegenüber deutschen Reichsstädten bereits ein kommunales Bürgerbewusstsein und ließen sich von einem autokratischen Reichsfürsten keine Vorschriften machen.

Im 19. Jh. wurde Barbarossa als Mythos eines Sagenkaisers geführt, der im Kyffhäuser schläft und darauf wartet, als Deutscher Kaiser die alte Reichseinheit wiederherzustellen.

Des Rotbarts Sohn, Heinrich VI., erlebte in nur sieben Jahren seiner Regierungszeit einen Höhepunkt, was die Größe des Reichsgebietes betrifft. Durch Erbschaft fiel ihm Sizilien zu und er wurde König des ehemals von den Normannen regierten Landes. Die Verbindung Sizilien - Deutschland war ein weiter Machtbogen. Der Papst wurde wieder ein Gegner dieser fürstlichen Machtfülle.

Heinrichs Sohn, Friedrich II. war durch den frühen Tod des Vaters noch minderjährig. Das sizilianische Erbe Friedrichs ließ in Deutschland ein Machtvakuum entstehen. Der Welfe Otto VI. wollte dieses ausfüllen und in Deutschland die Macht übernehmen. Friedrich II. nahm seinen Machtanspruch wahr. Kämpferisch konnte er sich mit 21 Jahren (1215) selbst zum König krönen. Seine Hauptaktivitäten verlegte er nach Apulien in Süditalien. Deutschland wurde in dieser Zeit von den weltlichen und kirchlichen Reichsfürsten regiert. Der Papst übte für einen weiteren Kreuzzug Druck auf den 1220 ernannten Kaiser aus. Erst durch die angedrohte Exkommunizierung zog er 1228 in den 5. Kreuzzug. Ein Novum aller sieben Kreuzzüge: Durch Verhandlungen mit seinem muslimischen Gegner wurden ihm die Städte Jerusalem, Bethlehem und Nazareth, verbunden mit einem zehnjährigen Waffenstillstand, übergeben. Aber dieser Erfolg führte dazu, dass der Papst befürchtete, Friedrich werde zu mächtig.

Anfänge einer Verwaltungsreform praktizierte bereits der Staufer Friedrich II. in seinem sizilianischen Königreich. Das Land wurde in einzelne Provinzen mit klaren Grenzen und Zuständigkeiten unterteilt. Wenn man diese Maßnahme weit fasst, könnte man von einer beginnenden Subsidiarität sprechen, die immerhin bis zu den Anfängen des italienischen Königreiches 1860 Gültigkeit hatte. Friedrich II. wäre fähig gewesen, das deutsche Kernland verwaltungstechnisch gut zu organisieren, wenn er sich darauf konzentriert hätte.

Das Reich Friedrichs II. umfasste zum Ende seiner Herrschaft Deutschland, im Nordosten einschließlich Hinterpommerns, im Südwesten war die Provence inbegriffen, ganz Italien mit den Inseln Korsika, Sardinien und Sizilien. Nur der Kirchenstaat um Rom war ausgeklammert. Seine vielseitigen Kontakte zu den Muslimen in Palästina und den Sarazenen in Süditalien ließen ihn als exotischen Kaiser mit viel Pomp und zirkusähnlichem Gehabe auftreten. Seine Gebeine ruhen im Dom von Palermo.

Friedrichs II. noch sehr junger Sohn Konrad fungierte zu dieser Zeit in Deutschland an Kaisers statt. Er stärkte die aufkommenden Patrizier der Städte, die Vertreter ihres Standes wählten. Der Meister der Bürger (Bürgermeister) und der Rat der Herren (Ratsherr) wurden aus der Taufe gehoben. In der deutschen Geschichte wurde damit ein neues Kapitel aufgeschlagen. Aber wie bei allen gesellschaftlichen Veränderungen befürchteten die

Herrschenden (Reichsfürsten) Machteinbußen und opponierten gegen ihren Kaiser. Der als Stellvertreter überwiegend in Süddeutschland regierende Kaisersohn Konrad gab vielen kleinen Gemeinden eine Reichsfreiheit. Sie unterstanden damit nur dem König bzw. Kaiser. Stellvertretend seien hier die Städte Rothenburg ob der Tauber und Schwäbisch Hall genannt. Mit dem Tode des letzten Stauferherrschers Friedrich II. ging eine Epoche deutscher Zentralgewalt zu Ende. Eine „kaiserlose" Zeit von 1250 bis 1273 brach an, die später als Interregnum bezeichnete wurde. Bereits benannte „Freien Reichsstädte" bangten nun im Interregnum um ihren einmal erlangten Status. Das fürstenfeindliche Vorgehen Konrads brachte den Papst wieder auf die politische Bühne, da auch die Fürstbischöfe Machteinbußen hinnehmen mussten.

Nach dem bisher Bannfluch und Exkommunizierung als päpstliches Druckmittel zur Anwendung kamen, bedienten sich nun die Päpste der Bestrafung von Vergehen durch Gotteslästerung. Die Franziskaner und Dominikaner wurden ab 1231 beauftragt, die Inquisition zu organisieren. Überführten, mutmaßlichen Häretikern drohte die Todesstrafe. Das Zeitalter der Inquisitionen brach an. Das Hab und Gut der Verurteilten wurde oft von Herrschenden requiriert.

Die Auswirkungen der päpstlichen Macht

Rückblickend sind die Machtverhältnisse der Päpste zu den jeweiligen Herrschern der Reiche ab Chlodwig (ab 500) einer Betrachtung wert. Die Herrscher der Franken gaben den Päpsten entscheidende Hilfestellungen bei der Missionierung der Angelsachsen, woraus dann die weitere Christianisierung durch Bonifatius und Willibrord erfolgen konnte. Karl der Große nahm gegenüber dem Papst die größere Machtstellung ein. Er und die dann folgenden Kaiser übernahmen über Jahrhunderte eine Schutzmachtstellung des Papsttums. Die ottonischen Sachsen, die salischen Franken und die Staufer installierten zur eigenen Machtsicherung weltliche Kirchenfürsten. Damit konnte der

Papst durch die immer stärker auftrumpfenden Fürstbischöfe seine Machtstellung im Reich festigen. Hinzu kamen die Aktivitäten der Kaiser des Reiches in Italien, die sich mehr als nachteilig auswirkten. Die Zentralgewalt wurde zugunsten der Reichsfürsten abgetreten. Die Römische Kirche wurde im Reich in ihrem weltlichen Streben über weitere Jahrhunderte durch die Kaiser indirekt gefördert und gestärkt.

Das Papsttum um Rom entwickelte sich zu einem Kirchenstaat, der sich im Laufe der Zeit im Nordosten bis nach Venedig vorschob. Für die weitere Entwicklung des Deutschen Reiches sollte das eigentlich von Vorteil sein, da durch die Stärke der Päpste das kaiserliche Schutzamt zum Kirchenstaat nicht mehr in dem Maße geboten war. Aber die Nachfolger Otto des Großen verstrickten sich immer mehr in Auseinandersetzungen mit den Päpsten, die letztendlich der Ausweitung und dem Machterhalt des Papsttums diente. Sie schadeten damit den Zusammenhalt und dem Machtgefüge des Kerngebietes, das wir heute Deutschland nennen. Damit wurden u.a. bereits zu diesem Zeitpunkt die Weichen der späteren deutschen Kleinstaaterei geschaffen. Die geistlichen Fürstbischöfe konnten durch ihre Zugehörigkeit sowohl zum Papsttum als auch zur kaiserlichen Institution ihre Macht wechselseitig und wirkungsvoll einsetzen.

Die religiöse Spaltung durch die überwiegend lutherische Reformation und die Auseinandersetzungen danach im Schmalkaldischen- und Dreißigjährigen Krieg offenbarte auch die politische Zersplitterung Deutschlands. Es gab sicher weitere Gründe, die Deutschland im Gegensatz zu Frankreich, England, Russland und Spanien zu keiner Zentralmacht werden ließ. Hier ist bereits für Deutschland eine Grundtatsache der Reichsspaltung festzustellen.

Die Habsburger (1273-1918) und ihre Heiratspolitik

Dieses über Jahrhunderte in Europa regierende Herrschergeschlecht entstammt der Habichtsburg im schweizerischen Kanton Aargau. Die Habsburger stellten mit Unterbrechungen die Herrscher der Luxemburger-, der Wittelsbacher- und weiterer Häuser, die Kaiser des Heiligen Römischen Reiches, später Deutscher Nation und ab 1804 bis 1918 die österreichischen Kaiser. Zur Durchführung einer Reichspolitik als Kaiser mussten sie, wie ihre Vorgänger, um die Gunst der weiteren Reichsfürsten werben. Die notwendigen Finanzmittel fehlten allemal. Der Habsburger Hausbesitz selbst bestand als Kernland um das 13./14. Jahrhundert aus den Herzogtümern Österreich, Steiermark, Kärnten, Krain (rundum Laibach-Ljubljana) mit Triest und der Grafschaft Tirol.

Die Habsburger und viele weitere Herrscherhäuser standen dem Reich zwar vor, die eigentliche Macht übten jedoch die Reichsfürsten aus. Da sind die Wittelsbacher mit den Linien in Bayern und der Pfalz (Kurpfalz), die Luxemburger mit ihrem Herzogtum Brabant und den verbundenen Regionen Böhmen, Mähren und Schlesien zu nennen. Die Wettiner in Sachsen und Askanier in Brandenburg hatte ich schon erwähnt. Von den Hohenzollern war noch nicht die Rede.

Das politische Kapital des ersten Habsburgers Rudolf I. bestand in der zahlreichen weiblichen Nachkommenschaft. Durch eine geschickte Heiratspolitik band er mächtige territoriale Herzöge, wie Bayern und Sachsen an sich. Er hatte Herrschertugenden des überlegenen Taktierens und des nüchternen Rechnens im Dienste konsequenter Dynastenpolitik. Auch weitere Herrscher in späterer Zeit bedienten sich dieser Heiratspolitik.

Der spätere Kaiser Maximilian I. heiratete 1477 als Erzherzog von Österreich die Erbin Burgunds. Sein Sohn „erheiratete" dem Geschlecht der Habsburger das spanische Reich und damit die späteren Eroberungen in der „Neuen Welt". Sein Enkel, Karl V., stand dann für das Reich, ‚wo die Sonne niemals unterging'. Die Habsburger beherrschten ein Weltreich und Europa erfuhr aber auch über die Jahrhunderte einen tiefgreifenden Wandel. Die Dynastie der Habsburger endete 1918 mit dem verlorenen Ersten Weltkrieg.

Die Erzherzogin von Österreich, Königin von Ungarn und Böhmen, Maria Theresia hatte mit ihrem Gemahl, Kaiser Franz I.

16 Kinder. Sie verheiratete ihre Töchter, Einfluss erhoffend, an die europäischen Fürstenhöfe. Ihre Tochter Marie Antoinette wurde als Königin von Frankreich in der Folge der französischen Revolution 1793 hingerichtet.

Das Geschlecht der Habsburger stellte die meisten „Römischen Kaiser Deutscher Nation". Der Habsburger Franz I. gab 1804 diesen Titel auch durch die Veränderungen ab, die Napoleon in Europa erzwungen hatte. Die Habsburger herrschten als Kaiser von Österreich einschließlich der heutigen Staaten Tschechien, Slowakei, Slowenien, Teilgebiete Kroatiens sowie als Könige von Ungarn in einer Doppelmonarchie unter der Kurzbezeichnung k & k Monarchie. Der letzte regierende Habsburger war Karl I. - ein Großneffe des bis 1916 regierenden Kaisers Franz Joseph - musste unter dem Druck der alliierten Siegermächte 1918 abdanken. Sein Sohn Otto, Historiker und Abgeordneter im Europarlament, verstarb 2011. Soweit an dieser Stelle ein kleiner Vorgriff auf die weitere Entwicklung der Habsburger.

Das aufstrebende Bürgertum

Zurück zum Mittelalter: Der schon genannte Rudolf I. von Habsburg stellte fest, dass er trotz aller heiratspolitischen Maßnahmen machtlos geblieben wäre, wenn er nicht schon früh die Städte in ihrer Bedeutung erkannt und genutzt hätte. Einige Städte, die sich schon aus der Stauferzeit „Frei" nennen durften, wurden von Rudolf aus der bischöflichen und fürstlichen Bevormundung ausgelöst und in eine „Reichsunmittelbarkeit" umgewandelt; das heißt, sie waren nur direkt dem Kaiser verantwortlich. Hier sind die schon im 12/13. Jahrhundert die nicht unbedeutenden Städte Basel, Straßburg, Speyer, Worms, Mainz, Regensburg und Köln zu nennen. Das Einbinden von „freien" Gemeinden in das Staatswesen bis hin zur Reichunmittelbarkeit der Städte war ein langwieriger, zäher Kampf der beteiligten Kräfte. Die Reichsfürsten fürchteten einen Macht- und Einkommensverlust. Für die städtischen Bürger bestand nun die Gefahr, dass sie bei den Auseinandersetzungen zwischen der Zentralgewalt des Kaisers und seinen Reichsfürsten ihre verbrieften Rechte verlieren würden. Lagen die Städte in den Hoheitsgebieten der Landesfürsten, entwickelte sich ein Kleinkrieg. Oft hatten die Landesherren mit ihrer Zollhoheit ausreichende Druckmittel, die bürgerlichen Gemeinwesen wieder in ihren Herrschaftsbereich einzugliedern. Zur Absicherung ihrer Handelsinteressen schlossen sich die Bürger der Städte zu Städtebünden zusammen.

Auf den Hoftagen zu Nürnberg und Metz im Jahre 1356 kam es unter dem Wittelsbacher Kaiser Ludwig IV. zu einem Gesetzgebungsverfahren, das als Goldene Bulle in die Geschichte einging. Der gewählte Kaiser konnte damit die Gesetzgebungskompetenz wahrnehmen. Sie besaß bis zum Ende des Römischen Reiches Deutscher Nation 1804 ihre Gültigkeit. Darin wurde die Wahl des Kaisers durch die sieben deutschen Kurfürsten verankert. Krönungsorte der römisch-deutschen Könige waren zuvor in der Mehrzahl Aachen und Mainz. Ab 1356 war dann Frankfurt a.M. bis 1804 der Ort der Krönung.

Die Städte hatten auf diesem Hoftag 1356 wohl keine Mehrheit, denn sicherlich stimmten sie dem Verbot von Städtebünden in der Goldenen Bulle nicht zu. Mit dem Zusammenschluss des Rheinischen- mit dem Schwäbischen- zum Süddeutschen Städtebund setzten sie sich über das Verbot hinweg. Kriegerische Auseinandersetzungen mit dem Fürstenheer von 1377-1389 mit der Niederlage des Städtebundes waren die Folge. Im Frieden von Eger war die selbstständige Politik der Städte damit zunächst beendet. Die nun zunehmende Macht der Reichsfürsten hatte die abnehmende Zentralgewalt der deutschen Könige/Kaiser zur Folge. Zu Beginn des 15. Jahrhunderts konnte daher kaum von einem Deutschen Reich gesprochen werden. Die Territorialstaaten innerhalb Deutschlands entwickelten sich im Gegensatz zu den Großmächten England, Frankreich und auch Russland verstärkt auf Kosten der königlichen/kaiserlichen Zentralmacht.

Jedoch über den Handel wurden die Bürger reich und damit auch mächtiger. Das Bürgertum konnte sich daher Dank der zunehmenden Kapitalkraft durch den Handel über die Jahrhunderte immer stärker auch politisch behaupten. So wurden die aufstrebenden Städte für die politisch und finanziell schwachen Kaiser zu einem Anker des Erhalts und des Ausbaus ihrer Macht. Der genannte Kaiser Maximilian wurde durch seinen Kapitalbedarf zum Hauptschuldner bei den Handelshäusern der Welser und Fugger in Augsburg. Der Wandel des Feudalsystems zu einer bürgerlich-kapitalistischen Gesellschaft war die stetige Folge.

Die Hof- und Reichstage

Die beschriebenen Kaiser der vorangegangenen Jahrhunderte hatten unterschiedliche Praktiken das Reich zu regieren. Viele reisten durch die Lande. Karl d. Gr. hatte Stützpunkte bei den Reichsfürsten, Bischofssitzen, Klöstern, oder er hatte königliche Pfalzen angelegt. Die örtlichen Vasallen hatten anzutreten. Der Herrscher ließ sich beraten, traf Entscheidungen, saß zu Gericht. Der Beratungsbedarf wurde mit der Zeit immer komplexer. Mit abnehmender absoluter Autorität waren Kompromisse unabdingbar und mit der immer größeren Zersplitterung des Reiches wurde die Anzahl der mitbestimmenden Untertanen größer. Das sich bildende Stadtbürgertum wollte auch seine Interessen wahrnehmen. Mit der nur dem König/Kaiser verantwortlichen Bürgerschaft und mit dem Entstehen der Reichsstädte erweiterte sich die „Reichsunmittelbarkeit" und das Entscheidungspotential. Nach den Hoftagen sprach man jetzt auch von den Reichsständen.

Die steigenden Anforderungen an die Regierungsgewalt machten damit eine Reichsreform überfällig. Die Habsburger Großmacht des Kaisers Maximilian I. zum Beispiel verfügte weder über ein Reichsheer noch konnten Reichssteuern erhoben werden, die es finanziell möglich gemacht hätten, ein staatliches Gewaltmonopol auszuüben. Maximilian I. musste also seine Reichsunmittelbaren zu einem bestimmten Ort beordern. Die Reichstage wurden ins Leben gerufen und zunächst in bedeutende Reichsstädte einberufen; zu nennen sind da u.a. Speyer, Augsburg, Regensburg und Worms.

Kaiser Maximilian I. konnte 1495 auf dem Reichstag zu Worms entscheidende Beschlüsse erzielen. Der festgelegte „Ewige Landfrieden" richtete sich hauptsächlich gegen den niederen Adel, der immer wieder gewaltsame Gebietserweiterungen, überwiegend bei den Reichsstädten, erkämpfen wollte; ein Reichskammergericht wurde auf den Weg gebracht und der Kaiser konnte den „Gemeinen Pfennings" einziehen. Eine erste Reichssteuer, die ein Reichsheer zur Abwehr ausländischer Angriffe finanzieren sollte. Nach dem man immer wieder vom Hoftag sprach, erfolgte die offizielle Aufnahme des Reichstages in die Verfassung. Das waren die ersten Schritte zur Konsolidierung eines deutschen Reichswesens.

Eine Königs/Kaiserwahl war wie die meisten Vorgänge dieser Art ein Tauziehen, um mit der dann gewählten Person eigene bzw. Partikularinteressen umsetzen zu können. Bei der Wahl des 19-jährigen spanischen Habsburgers Karl V. im Jahre 1519, der später ein Reich über Kontinente regierte und über das Schicksal Martin Luthers zu befinden hatte, sollen Unsummen geflossen sein, die von den Augsburger Patrizierhäusern Fugger und Welser vorfinanziert wurden. Die Wahl der Kaiser ließen sich die Herren auch fürstlich belohnen. Die Tilgung dieser Finanzen konnte der Kaiser aus den amerikanischen Gold- und Silberminen bestreiten. Auch der Silberbergbau im Harz und im Erzgebirge war Anfang des 16. Jahrhunderts für die herrschende Klasse eine lukrative Einnahmequelle.

Mit den Reichstagen wurden ab dem 15. bis zum 16. Jahrhundert Beschwerdeschriften der Reichsstände offengelegt. Diese „Gravamina" prangerte zum Beispiel auf dem Reichstag 1518 zu Augsburg die Abgaben an Rom sowie Verfehlungen und Übelstände in der Kirchenverfassung mit der Klage gegen die Kurie an.

Ab 1594 tagte der Reichstag, bedingt durch die inzwischen erfolgte Reformation, im zweikonfessionellen Regensburg. Der Verhandlungsbedarf war trotz der langwierigen Friedensverhandlungen von Osnabrück und Münster nach dem Dreißigjährigen Krieg 1648 immer noch so groß, dass aus dem sporadisch

stattfindenden Reichstag in Regensburg ab 1663 ein „Immerwährender Reichstag" wurde. Das Regensburger Rathaus mit dem
Reichssaal im gotischen Flügel des Hauses war ein angemessener
Raum für diese hohe Versammlung des deutschen Reiches. Der
Kaiser, wenn er nicht anwesend war, wurde durch den Prinzipal-
kommissar vertreten, der erhöht zur Reichsversammlung seinen
Sitz hatte. Eine Stufe tiefer nahmen die Kurfürsten Platz. An
vorderster Stelle im Saal saßen die Reichsfürsten in entspre-
chender Rangordnung. Die Vertreter der Reichsstädte hatten im
hinteren Teil des Saales ihren Sitz. Mit der Aufgabe des Titels -
‚Kaiser des Heiligen Römischen Reiches Deutscher Nation' -
endeten dann auch die Regensburger Immerwährenden Reichstage ab 1804.

Mit Regensburg ist auch die Geschichte derer von Thurn und
Taxis eng verbunden. Die Tassos (deutsch Dachs) organisierten
bereits ab dem 12. Jahrhundert für die umtriebigen Venezianer
und später für die Päpste den Kurierdienst. Kaiser Maximilian I.
vergab den Tassos 1490 den Auftrag des europaweiten Postwe-
sens. Tasso wurde zu Taxis und aus einem abgeleiteten Torre, ein
vermeintlich in der Lombardei herrschendes Adelsgeschlecht,
wurde Thurn. Seit 1595 sind sie als Reichsgeneralpostmeister
tätig. 1748 bekamen sie die Ernennung zum kaiserlichen Prinzi-
palkommissar.

Napoleon beendete diese Privilegien. Die T&T hatten es zwischenzeitlich zu einem erheblichen Wohlstand gebracht. Dennoch entschädigte Napoleon die Postmeister, indem er ihnen im
Ablauf der Säkularisation das weitläufige Klosteranwesen der
Benediktiner in Regensburg überschrieb. Hier residiert heute die
aus der Glamourpresse bekannte Fürstin Gloria, die zu den
größten Grundeigentümern Deutschlands gehört.

3. Die Klassen der Menschen

Der Hochadel

Kaiser, Kurfürsten, Fürsten und Herzöge

Das Heilige Römische Reich führte zu Beginn des 16. Jahrhunderts den Zusatz „Deutscher Nation", das auf dem Reichstag zu Worms sanktioniert wurde. Die Mächtigsten des Reiches fungierten als Kurfürsten, anfangs sieben an der Zahl und kürten den Kaiser. Bereits seit 1257 sind es die Fürstbischöfe von Mainz, Köln und Trier, der König von Böhmen, der Herzog von Sachsen, der Pfalzgraf bei Rhein sowie der Markgraf von Brandenburg. Später bekamen weitere Fürsten die Kurfürstenwürde zugesprochen; hier seien die Herzöge von Bayern und Braunschweig/Lüneburg genannt. Das Reich bestand in seiner größten Zersplitterung aus ca. 300 eigenständig verwalteten Körperschaften, bestehend aus Königreichen, Herzogtümern sonstigen Fürstentümern und Grafschaften. Alle regierenden Fürsten bis hin zum Landgrafen sind dem Hochadel zuzuordnen.

Wer danach trachtete, deutscher König zu werden, der kam an den „Königsmachern" nicht vorbei, den Kurfürsten. Sie pressten den Kandidaten erhebliche Zugeständnisse ab. Der Kreis der König-/Kaiserwähler galt von nun ab als fest umrissen. In der „Goldenen Bulle" hatten die sieben Kurfürsten die Monopolstellung bei der Wahl. „Die etwa fünfzig geistlichen und dreißig weltlichen Fürsten in den Residenzen und die hundert Grafen in ihren Schlössern lebten in einer Sphäre außerhalb und jenseits des Alltags der Menschen auf dem Land".[11]

Bereits ab den fränkischen Reichen wurde das Lehnswesen zu einer ausgeprägten Herrschaftsform, das das König-/Kaisertum bis hin zu den adligen Grundherren umfasste. Über alle adligen Hierarchieebenen wurde Besitztum mit dem Ziel „verliehen", abhängige Vasallen für die Ausübung einer Herrschaft zu bekommen und langfristig an sich zu binden. Königliche Vasallen konnten Untervasallen belehnen; Lehnsherr und Vasallen waren

Partner. Der Lehnsherr blieb Besitzer des Lehens und erhielt dafür die Gefolgschaft in Kriegsdiensten. Der Vasall konnte sich auf dem belehnten Gut ein wirtschaftliches Auskommen erarbeiten und weitervererben. Das Lehnswesen fand im 11. Jahrhundert seinen Höhepunkt. So war der Nachfolgestaat des Deutschen Ritterordens im Baltikum, das Herzogtum Preußen, zunächst ein Lehen der polnischen Könige.

Der niedere Adel

Mark- und Landgrafen, Vögte Ritter und Ritterorden

Die Grundherren des Landadels (Burggrafen, Freiherren, Ritter) gingen aus einem führenden Personenkreis der einzelnen Stämme hervor. Über Jahrhunderte verstanden sie es ihren Grundbesitz zu mehren und niedere Grundbesitzer (Bauern) in ihre Abhängigkeit zu bringen. Ein 1000-jähriges ungeschriebenes Gesetz, die Allmende, das über das Allgemeingut wie Forsten und Weideflächen einer Dorfgemeinschaft geregelt war, wurde im Laufe der Zeit zugunsten der stärkeren Grundherren genutzt. Die stetige Zunahme der Macht der Grundherren (Fronhöfe), führte dazu, dass die abhängigen Bauern mit immer mehr kaum aufzubringenden Pachtzinsen und sonstigen Abgaben belegt wurden. Die Leibeigenschaft einer verelendeten Bauernschaft war die Folge. Das war die typische Gesellschaftsordnung eines Feudalsystems: Fronherren mit Fronbauern und Leibeigenen. Gleichzeitig wird die Grundherrschaft mit politischer, militärischer Macht und mit Verwaltungsvorschriften so ausgestattet, dass sie die Unterschichten beherrschen und ausbeuten konnten.

Die Bauernkriege von 1525 und 1526 waren das Ergebnis einer über Jahrhunderte sich verschärfenden Feudalordnung. Die Beseitigung dieser Gesellschaftsform war noch nicht möglich. Die bäuerlichen Kräfte konnten zu dieser Zeit über einen Aufruhr hinaus nicht agieren.

Das Heer Karls des Großen bestand fast nur aus Fußsoldaten. Otto der Große konnte für Abwehrkämpfe der damals räuberischen Ungarn sowie zur Niederhaltung aufständischer, deutscher Herzöge auf ihm ergebene Gefolgsmänner zurückgreifen. Das konnten Dorfälteste oder auch Bauern mit Mut und Ansehen unter ihresgleichen sein. Nachdem Otto sein Reich auf Kosten der Slawen im Osten erweitert hatte und es im Inneren gefestigt war, zeigte er sich bei seinen Gefolgsleuten erkenntlich. Sie wurden aus ihrem Stand erhoben und schlossen über Jahrhunderte zum niederen Adel auf. Ihre Ausrüstung, Reitpferd, Kettenhemd, Helm und vor allem ein gut gehärtetes Schwert mussten sie selbst stellen. Aus diesen Abläufen ging der Ritterstand hervor. Der Ritter war auch für seine Bauern – manchmal waren es zahlreiche Ortschaften - besorgt und zuständig. So konnten mit deren Hilfe Verteidigungsstellungen gebaut werden. Der Bau dieser Burgen auf erhöhten Punkten dauerte mitunter Jahrzehnte und gab im Kriegsfall auch der Bauernschaft einen gewissen Schutz. Diese Burgen sind heute noch attraktive Ausflugsziele.

Aber erst zu Beginn der Kreuzzüge kam der Ritterstand zur vollen Entfaltung. Fortan bildeten die Ritter die Hauptmacht der Heere. Jeder, der mit Panzer, Helm, Schwert und Lanze und zu Pferde gerüstet war, war ein Ritter. Während der Kreuzzüge gelangten die Ritter zu hohem Ansehen. Sie vereinigten sich zu einem Bunde, der Kranke pflegte und gegen die „Ungläubigen" schützte. So entstanden erste Ritterorden. Die Brüder der pflegenden Ritter nannten sich später Johanniter, da sie Johannes den Täufer zu ihrem Schutzpatron erwählt hatten. Ihre Tracht war der schwarze Mantel mit weißem Kreuz. Sie gelobten Armut, Gehorsam und Ehelosigkeit. Die „Templer" - das Ordenshaus lag neben dem salomonischen Tempel - trugen einen weißen Mantel mit rotem Kreuz. Der Deutsche Orden ging aus dem 3. Kreuzzug des Kaisers Barbarossa hervor.

Nach der Pagen- und Knappenzeit wurden diese mit 21 Jahren zum Ritter geschlagen. Auf den Burgen wurden die Ritterturniere sowie der Tanz und der Gesang (Minnegesang) gepflegt. Diesen gesammelten und aufgeschriebenen und verbreiteten

Liedern dieser Zeit verdanken wir die u.a. auch die Nibelungensage.

Die Ritter hatten ihre Bedeutung als Vasallen der Herrschenden verloren, als das Schießpulver eingesetzt werden konnte,
das aus China durch die Mongolen nach Europa gebracht wurde.
Der Einsatz der Feuerwaffen war somit ab 1350 möglich. Die
Kampftechniken änderten sich ab dem 14. Jahrhundert. Die
Ritter wurden nun im Reichsgebiet oft zur Landplage. Sie führten
von ihren Burgen Raubzüge gegen Bauern und Handelstreibende
aus. Die Ausdrücke Raubritter, Wegelagerer und Heckenreiter
sind aus dieser Zeit geläufig.

Der Klerus

Kardinäle, Erzbischöfe, Bischöfe, Priester, Mönche, Nonnen

Auch die Päpste spielten mit ihren Machtansprüchen für
Deutschland eine wahrhaft unselige Rolle. Das dogmatische
Beharren auf Glaubenssätze und das Streben nach weltlicher
Größe in einem teilweise luxuriösen Dasein führten dazu, dass
die überwiegend von Deutschland ausgehende Religionsspaltung
das Land an den Rand des Abgrunds führte. Die Wiedergeburt
eines deutschen, zentralen Reichswesens wie zu Zeiten Otto des
Großen war über Jahrhunderte nicht gegeben.

Das Papsttum soll sich aus dem Jesu-Wort an Petrus abgelei-
tet haben: „Du bist Petrus, und auf diesem Felsen werde ich
meine Kirche bauen" (Mt. 16,18). Man beruft sich daher auf die
apostolische Nachfolge. „Die Rückbindung an einen durch Jesus
eingesetzten Apostel spielte bei Gemeindegründungen stets eine
bedeutende Rolle und die großen Patriarchate Konstantinopel,
Alexandria, Antiochia und Jerusalem führten ihre Entstehung auf
Apostel zurück. In diese Reihe gehört als Patriarchat des Westens
auch Rom".[12]

Die Päpste hatten sich aber über die Jahrhunderte immer
weiter von der Botschaft des „Gottessohnes" entfernt. Auf vielen
Konzilen wurden Dogmen erstritten. Abweichende Meinungen

waren für die Offiziellen häretisch. Folglich gipfelte die Geißelung der Häretiker in Inquisitionen und der Verbrennung der Hexer. Ein düsteres Kapitel nicht nur der katholischen Kirche war, da sich auch spätere Reformierte in Institutionen des Gemeinwesens an der Bestrafung von denjenigen Gläubigen beteiligten, die nicht den jeweiligen Dogmen folgen wollten bzw. ihnen unterstellt wurde, mit dem Teufel im Bunde zu stehen.

Der Wille der Päpste neben ihrer eigentlichen Verkündung der Botschaften Jesu Christi auch weltliche Macht auszuüben, war ungebrochen. Wurden Gemeinden gegründet, war der Bau einer neuen Kirche das Ziel. Diese Kirchengemeinden wurden dann einem Bischof unterstellt und Bischofssitze wurden in größeren Städten angelegt. Die alten römischen Städte wie Trier, Köln und Mainz stehen dafür. Missionierte Gebiete wurden zu Diözesen. Der Bischof dieser Gebiete war in vielen Fällen ein Adliger, der in Personalunion kirchliche und weltliche Ämter verwaltete. Diese Bischofsbenennung war eine grundlegende Handlung, wenn Persönlichkeiten des Vertrauens entweder vom Papst und/oder König/Kaiser ernannt wurden. Im Investiturstreit zwischen Kaiser und Papst wurde dieser Machtkampf der Benennung offen ausgetragen.

So wurde die Katholische Kirche neben der weltlichen Macht die zweite Säule der feudalen Ausbeutung. Sie war also ein Teil des Feudalsystems indem sie einerseits als Lehnsherr der Bauern fungierte und gleichzeitig als Lehnsnehmer der Kirche oder des Königs/Kaisers auftrat.

Die Inhaber von Bischofssitzen und die Äbte von Klöstern vermehrten irdische Güter auf Kosten der Bauern, der Fronbauern und der Leibeigenen und trugen dazu bei, dass große Teile der Landbevölkerung verelendeten. Kaiser (Heinrich IV.), der Gelehrte (Hus), der aufmüpfige Mönch (Luther), bis zum Wissenschaftler (Galilei), um nur vier Prominente zu nennen, wurden einem Bann unterworfen, weil sie es wagten, die Autorität der Kirche zu untergraben. Abertausende wurden gefoltert oder gar getötet.

Der Lebenswandel des hohen Klerus glich dem der weltlichen Fürsten. Immer mehr Stimmen verschafften sich Gehör, die gegen die Verweltlichung der Kirchen zu Felde zogen; im Laufe der Jahrhunderte war die reine Lehre Christi durch mancherlei Irrlehren immer drastischer entstellt worden.

Das Kirchenvolk hatte durch die Plagen des Mittelalters mit Krieg, Hunger und tödlichen Epidemien (Pest, Aussatz) ein gesteigertes Heilsverlangen. Der Klerus wusste diese Unbilden dieser Zeit zu nutzen. Es wurde ein schuldhaftes Verhalten suggeriert, welches nur durch inbrünstiges Beten und durch die Buße bzw. beten und arbeiten zu tilgen sei (Ora et labora). Das Volk wurde in Dummheit und Aberglauben gehalten und wurde so in eine Abhängigkeit gebracht. Diese Abhängigkeit war die Grundlage, auf der man Macht und Reichtum mehren und sichern konnte.

So lehrte man zum Beispiel, dass nur durch das Fegefeuer Lüste und Begierden zu sühnen seien. Durch Messen und finanzielle Zuwendungen (Testamente) könnte die Zeit im Fegefeuer verkürzt werden. Noch einträglicher für die Kirche war der Handel des Ablassens der Sünden (Ablasshandel). Der Petersdom und viele andere prächtige Kirchenbauten wurden u.a. durch Einnahmen aus dem Ablasshandel finanziert. Beim Volk bildete sich somit der Glaube heraus, dass man sich von seinen Übeltaten loskaufen könne. Das ausschweifende Leben einiger Päpste und vieler Kirchenfürsten war vollkommen unbotmäßig, um es gelinde auszudrücken. Die Hofhaltung der Päpste, der kommerzielle Missbrauch mit dem Freikauf von den Sünden (Ablass), das lasterhafte Leben der hohen Geistlichkeit und die Deklassierung des einfachen, niederen Volkes war u.a. Anlass, sich mit der katholischen Kirche kritisch auseinander zu setzen. Dem Volk wurde ein sündiges Leben eingeredet, mit der Verheißung, sich davon reinwaschen zu können. Der Obolus, die Provision für den Ablasshändler war inbegriffen. Reiche Bürger konnten also sündigen „auf Teufel komm raus".

Der Machtanspruch der Päpste wurde im Ablauf der Jahrhunderte immer unverschämter. Ihre urchristliche Aufgabe, das

Vermächtnis Jesu Christi, traten sie mit Füßen. Gewaltanwendungen scheußlichster Art waren die Regel. Bonifaz VIII. ließ 1302 in der Bulle Unam sanctam verkünden, dass es für „jedes menschliche Geschöpf unbedingt heilsnotwendig sei, sich dem Römischen Bischof, sprich Papst, zu unterwerfen".[13] Sein Vorgänger erhob sich zum Stellvertreter Christi, zum Stellvertreter Gottes auf Erden.

Die Pest brach aus. Durch die wachsende Verstädterung bei minimaler Hygiene hatte der „Schwarze Tod", die Pest, beste Voraussetzungen. Diese verheerende Katastrophe übertraf alles, was die Christenheit ihrer Zeit einzuordnen vermochte. Zwischen 1346 und 1352 wurden 20 Millionen Menschen, d.h. 30 Prozent der europäischen Bevölkerung dahingerafft. Die meisten Menschen glaubten, Gott halte ein Strafgericht. Gerüchte wurden gestreut, die Juden seien schuld. In 350 Gemeinden und Städten wurden Juden zu Tausenden umgebracht. Die Volksfrömmigkeit des Spätmittelalters hatte in den Todeserfahrungen der Pestzüge ihre eigentlichen Wurzeln. Die schrecklichen Ängste lenkten den Sinn allen Handelns auf das Jenseits. „Das Jüngste Gericht" werde kommen.

Die Vorwürfe eines nichtchristlichen Lebens gegen die kirchlichen Führungsschichten wurden Anfang des 14. Jahrhunderts immer lauter. Der Papst als oberste christliche Größe wurde infrage gestellt. Der Gedanke, dass in Zeiten der Not, nicht der Papst, sondern nur eine allgemeine Versammlung, das Konzil, höchste Instanz der Kirche sein könne, setzte sich durch. Trotzdem unterlagen vom Konzil abweichende Meinungen den Inquisitionsgerichten.

Johann Hus, Rektor der Prager Universität, forderte eine Erneuerung der Kirche im Geiste der Nachfolge Christi. Er sprach von urchristlicher Armut und kritisierte die Oberherrschaft des Papsttums. Für Hus waren es jedoch nicht nur allein religiöse Gründe, vielmehr wollte er auch die nationalen Interessen der böhmisch-tschechischen Bevölkerung in seine Forderungen einbringen. Den Zölibat verwarf er. Das Wort der Bibel rückte er in den Mittelpunkt der christlichen Religion. Dafür wurde er als

Ketzer angeklagt und kam trotz eines königlichen Schutzbriefes 1415 auf den Scheiterhaufen. Bereits auf dem böhmischen Ständetag begehrte der Adel gegen das Ketzerurteil auf. Dem Adel ging es nicht nur um die Glaubensverzerrung, sondern um die Willkür des Papstes und der Kirchenfürsten. Aus diesem Protest erwuchs die Hussitenbewegung mit Kirchenplünderungen und ermordeten Klerikern als ein sozialer Volksaufstand, der die Missstände im kirchlichen und weltlichen Bereich gleichermaßen bekämpfte. Es war aber auch ein nationaler Kampf der tschechischen Böhmen gegen die deutschsprachigen Könige und Kaiser. Der Hussitenkrieg von 1419 bis 1436 war ein Vorläufer der Reformation ab 1517. In diesen historischen Ablauf ist auch der Dreißigjährige Krieg von 1618 bis 1648 einzuordnen.

Die Erzbischöfe (Erz- griechisch von Ober) hatten eine leitende Funktion unter den Bischöfen. Die drei Erzbischöfe von Köln, Mainz und Trier fungierten in der Doppelfunktion der kirchlichen und weltlichen Herrschaft. Neben ihrem geistlichen Amt eines „Oberhirten" hatten sie die weltliche Macht eines Kurfürsten zur Wahl des Kaisers des Heiligen Römischen Reiches, später - Deutscher Nation. Sie nahmen an dem Machtspiel teil, welcher Fürst zum Kaiser gekürt wurde. Indem sie dem Papst unterstellt waren, hatte sich der Papst als oberster Kirchenfürst entscheidende, weltliche Macht gesichert. Darüber hinaus hatten, über die Zeit zunehmend, 30 Bischofssitze in Deutschland neben ihrem kirchlich-geführten Amt als „Oberhirte" die Funktion eines weltlichen Herrschers. Heute ist der Titel eines Erzbischofs auch eine Ehr- und Amtsbezeichnung.

Aus der asketischen Lebensform strenggläubiger Christen ging das mönchische (monastische) Leben **der Klöster** hervor. Benedikt von Nursia steht dafür. Die Klöster wurden „Wiegen des Abendlandes" genannt.

In den Anfängen war eine „Aufopferung" von Mädchen und Knaben zum Klosterdasein nicht unüblich. Die Eltern meinten, durch ihre Aufopferung eine mögliche oder bereits begangene Schuld abtragen zu können. Die Klosterinsassen waren ursprünglich Selbstversorger. Für den Eintritt in ein Kloster waren nicht immer religiöse Motive ausschlaggebend. Nichterbberechtige Mitglieder aus Adelsfamilien fanden dort auch wegen eingebrachter Vermögen Aufnahme. Aber auch kinderreiche Bauernfamilien waren dankbar, wenn sie ihren Nachwuchs in Klöstern unterbringen konnten.

„Die benediktinische Askese bedeutet im Wesentlichen methodisierte Lebensführung, und in diesem Sinne ist Europa tatsächlich aus dem Geist der Askese geboren. Das mag aufs Erste befremden, denn gerade die asketische Seite des klösterlichen Lebens verträgt sich kaum mit den Idealen der heutigen Lebenswelt. (...) Die klösterliche Lebensweise stellte eine herausgehobene religiöse Anstrengung dar, die sich von der Lebensführung des normalen Christen erheblich unterscheidet. Daraus entwickelte sich die Idee einer Zwei-Stufen-Ethik, die zwischen dem besonderen Heilsweg der Mönche und dem der gewöhnlichen Weltbewohner differenzierte. Die Askese der Mönche diente einer Entsühnung der Welt und kam auch allen anderen zugute".[14] In den Klöstern entstand eine Solidargemeinschaft, in der sich im Mittelalter ein Stützpunkt der geistigen und religiösen Tätigkeit entwickelte. Eine besonders strenge Form des Klosterlebens entwickelte sich in Irland. Die Missionierung der Niederlande und Teile Deutschlands ging, wie bereits erwähnt, auf irisch-schottische Mönche zurück (Willibrord, 695; Suitbert, um 700).

In Deutschland fanden die Zisterzienserklöster eine weite Verbreitung. Anfang des 12. Jahrhunderts gingen die Zisterzienserklöster aus dem Benediktinerorden hervor. Sie wurden in Frankreich gegründet (Citeaux). Eins der Ersten in Deutschland war das Kloster Kamp (Altenkamp) bei Kamp-Lintfort (1123). Von dort erfolgten Gründungen in ganz Deutschland bis in das heutige Polen hinein, zum Beispiel im damaligen Stolpe (1305). Die bekanntesten Klöster in meiner Heimat sind Lehnin (1180), Chorin (1260) und Himmelpfort (1299), in dem bis heute auch die Weihnachtspost eingeht. Das Kloster Schledenhorst in Haldern war ein Nonnenkloster der Zisterzienser. Mit der Reformation wurde vielen Klöstern die Grundlage genommen. Die meisten Klöster wurden ab 1803 im Rahmen der Säkularisation unter Napoleon – so auch Schledenhorst - aufgelöst.

Die Bedeutung der Klöster kann man am Beispiel des Klosters Corvey ersehen. Direkt von den Nachfolgekaisern Karls des Großen gegründet, erlangte das Kloster durch seine Äbte schnell auch eine weltliche Bedeutung. Im Reichsfürstentag hatte der Abt von Corvey eine reichsunmittelbare Virilstimme, d.h. eine ungeteilte Einzelstimme. Zum Kloster gehörten umfangreiche Ländereien. So gingen auf Grund des Landbesitzes die Bischofssitze Paderborn, Halberstadt, Osnabrück und Fulda auf Corvey zurück.

Das Kloster pflegte Kranke, unterhielt Klosterapotheken, gab Reisenden Unterkunft, verlieh Gelder wie eine Bank, brachte gute Handwerker hervor, trieb Handel, sorgte für das Alter vor, betätigte sich in der Landwirtschaft, Gartenbau, unterhielt Klosterschulen und führte akribisch Buch über alle Tätigkeiten in oft umfangreichen Annalen. In den Klöstern entstanden über Jahrhunderte Bibliotheken, teilweise von einem immensen Ausmaß. Die Klöster mit ihren Klosterschulen gelten als Geburtsstätten des mittelalterlichen Wissens.

Die Bettelorden der Franziskaner und Dominikaner zählen zu den erfolgreichsten Ordensgründungen der christlichen Kulturgeschichte.

Auch viele Universitäten resultierten daraus als Orte des Erwerbswissens und der Weitergabe des Wissens. Nach Prag und Wien wurden im jetzigen Deutschland die ersten Universitäten in Heidelberg (1386) und Erfurt (1392) gegründet. In Heidelberg war es ein Kurfürst und Pfalzgraf, der mit päpstlicher Genehmigung den Anstoß zur Gründung gab. Auch in Erfurt war die päpstliche Genehmigung der Stadt Erfurt bei dem damaligen Gegenpapst in Avignon einzuholen. Ebenso in Würzburg (1402) war es der Papst, der dem Würzburger Bischof die Genehmigung zur Gründung erteilte. Die Konstellation der Gründungen zeigt, dass die Wissenshoheit mit einem dogmatischen, antiquierten Denken bei den Päpsten lag. Umgesetzt wurden die Genehmigungen der obigen Universitäten oft von Kurfürsten, Herzögen, weltlich fungierenden Bischöfen oder von den Stadtvätern bedeutender Großstädte.

Grundlage zur Universitätszulassung war eine umfangreiche philosophische Ausbildung. Die theologische Ausbildung an den Universitäten hat das Christentum im Mittelalter verändert. Ohne Theologie waren diese Universitäten nicht denkbar. Der hier oft zitierte Jörg Lauster sprach von „Kathedralen des Denkens".

Weiter führt der Autor fort, dass neben den Gedankengebäuden, die Kirchengebäude aus Stein eine nicht geringe Bedeutung haben. Die Kunst der Architektur und die Vielfalt der Ausgestaltung sind dem christlichen Gedankengut geschuldet. Natürlich muss auch gesagt werden, dass das menschliche Selbstdarstellungsverhalten eine wesentliche Triebfeder war. Sowohl die Auftraggeber als auch die künstlerischen Gestalter setzten ihre Selbstverwirklichungswünsche um.

Weltliche Stiftsherren sind in ihrer kulturellen Wirkung mit dem Mönchswesen vergleichbar. Diese weltlichen Stiftsherren waren „Weltgeistliche", auch Kollegiatstifte genannt, überwiegend vermögend, die ihr Leben nach den festgelegten Regeln (u.a. Augustinerregel) ohne Ablegen eines Gelübdes, aber ganz im Sinne des christlichen Glaubens verbrachten. Die Bezeichnung Stift geht auf stiften zurück. Auch Damenstifte wurden unter ähnlichen Bedingungen mit der Wirkung einer weiteren Entfaltung des kulturellen Lebens in Deutschland gegründet.

Hier kann ich den herrlichen, nach der fast völligen Zerstörung 1945 wieder aufgebauten St. Viktor Dom in Xanten anführen. Im 8. Jahrhundert eine Kirche des Bistums Köln. Im 9. Jahrhundert wurden Stadt und Kirche durch die Wikinger gebrandschatzt. Erst im 13./14 Jahrhundert errichtete ein Chorherrenstift diesen wunderbaren Dom. Es heißt, er sei „der größte und schönste Dom nördlich des Kölner Doms bis zum Meer". Die Chorherren erwarben sich eine weitgehende Unabhängigkeit ihrer Propstei vom Bistum und von der Stadt Xanten.

Im frühen Mittelalter konnten Kinder gut situierter Eltern eine Priesterschule besuchen. Kinderreiche Familien armer Bauern konnten ihre Söhne zu einem Priester in die Lehre geben. Der Sohn war weitestgehend versorgt und genoss bei entsprechendem Verhalten mehr Ansehen als seine Brüder im Bauernstand, im abhängigen Frondienst bzw. als Dasein eines Knechts.

Gelehrt wurden neben Latein die festgelegte Dogmatik der Konzile sowie das Erlernen verschiedener Liturgien. Nach der Priesterweihe war er ermächtigt, die Heilige Messe, den Gebetsgottesdienst und die Sakramente (Taufe, Firmung, Priesterweihe) zu erteilen sowie die christliche Lehre zu verkünden.

Die Priester führten im Gegensatz zum oben genannten Klerus ein bescheidenes, armes Leben. Ihren Lebensunterhalt mussten sie als Selbstversorger bestreiten, der durch Zuwendungen an Naturalien von der Herrschaft des jeweiligen „Kirchspiels" oder wohlhabender Bauern aufgebessert wurde. Die Einkommensmöglichkeiten über Hof und Acker (Gottesacker) waren mühsam. Man sprach von Pfründen, die aber auch, je nach Herrschaft und bäuerlichen Zuspruch auch umfangreicher sein konnten. Der vom Klerus erhobene „Zehnt", also ein Zehntel der Einkommen, wurde überwiegend von den Bischöfen und den Äbten der Klöster vereinnahmt. Beim Dorfpfarrer verblieb selten etwas davon. Aber wer über den Mangel des täglichen Brots nicht klagen musste, galt zu Zeiten des Mittelalters als beneidenswert. Der Pfarrer (Priester) galt als gebildeter Zeitgenosse und war schon als eine herausgehobene Person im Gegensatz zu seinem armen und ungebildeten Umfeld. Der Pfarrer lebte sicherlich in diesem Bewusstsein. Die Priesterehe wurde im 2. Laterankonzil 1139 als rechtsunwirksam erklärt. Die Diskussion zum Zölibat der Pfarrer wird bis heute geführt.

Die Bürger

Kaufleute und Handwerker

Im ostfränkischen Reich war eine städtische Besiedlung - bis auf die römischen Städte am Rhein - so gut wie gar nicht ausgeprägt. Die „alten" Germanen lebten in vielen kleineren Siedlungen in ausgedehnten Wäldern.

Im westfränkischen Reich dagegen waren schon vor der römischen Eroberung Galliens durch Cäsar von 52 bis 58 v. u. Z. stadtähnliche Siedlungen vorhanden. Während der römischen Besatzung bis zum Zusammenbruch des nun weströmischen Reiches ab dem 5. Jahrhundert wuchsen diese Städte kräftig. Ein ausgedehnter Handel sowie der kulturelle Austausch innerhalb des römischen Imperiums verdankten die gallischen Provinzen als auch die Nachfolgestaaten der Karolinger, der Goten und der Franken Wachstum und Wohlstand. Paris, Reims, und Cambrai sind da zu nennen.

Im Innern Germaniens herrschte jedoch noch „zivilisatorische Dunkelheit". Die von den Römern am Rhein und Donau errichteten Befestigungen bzw. Städte wurden zu Zeiten der Völkerwanderung überwiegend vernichtet und dann nur notdürftig wiederaufgebaut. Daher gab es im östlichen Frankenreich fast keine Städte. In Xanten zum Beispiel, zur Römerzeit immerhin eine befestigte Stadt mit 20.000 Einwohnern, verblieben an städtischen Einrichtungen über Jahrhunderte nur armselige, einzelne Siedlungen. Jedoch die im ostfränkischen Reich angelegten Königspfalzen und gegründeten Bischofssitze u.a. in Münster, Osnabrück, Bremen und Fulda bzw. in Klöstern zum Beispiel in Weißenburg, Werden und Corvey, wurden zu Mittelpunkten. Die angelegten Siedlungen wurden mit Mauern und Gräben umgeben. Man nannte sie Burg und ihre Bewohner Bürger. Die städtische Entwicklung hat jedoch erst mit dem Beginn des Handels eingesetzt. Noch waren diese Siedlungen aber keine Städte mit eigener Obrigkeit und eigenem Recht. Die Märkte der Handelsleute suchten den Schutz hinter den Mauern der Burgen. Der König verlieh diesen Orten das Marktrecht, d.h. sie hatten seinen königlichen Schutz. Aus aufgestellten Stangen oder Schwertern während des Marktes wurden später die Rolandsäulen, die in vielen Städten den Marktplatz zierten. Hier galt der allgemeine Königsfrieden. Nach und nach bekamen bzw. erkämpften sich die Städte immer mehr Rechte, so dass sie auch über das Leben und ihrer Bürger richten konnten. Auf dem Marktplatz oder vor dem Tore stand der Galgen als Wahrzeichen dieser Macht. Die durch Handel und Handwerk reich gewordenen Städte strebten danach, sich von ihrem Grafen oder Bischof freizumachen. Gelang ihnen das, waren sie nur dem Kaiser unterstellt. Sie waren Freie Reichsstädte wie Frankfurt oder Nürnberg. Ausdruck dieses Reichtums sind Städte in Deutschland noch heute, die ihr mittelalterliches Aussehen bewahren konnten.

Eine andere Form der Städtebildung war, dass der jeweilige Grundherr, sei er weltlicher oder geistlicher Art, der Bürgeransammlung Stadtrechte verlieh. Die Grundherren behielten zwar die Oberhoheit, förderten durch die Abgabe von Rechten jedoch eine gewisse Selbstverantwortung und damit den Eigennutz der Bürger, der dann durch eine angemessene Besteuerung sich wieder im Einkommen der Grundherren niederschlug.

Hier am Niederrhein wurden Stadtrechte in der ersten Hälfte des 13. Jahrhunderts durch den Bischof von Köln den Siedlungen Rees und Xanten (1228) und vom Grafen von Kleve den Gemeinden Wesel (1241, Kalkar und Kleve (1242) verliehen. Die Klever Urkunde zum Stadtrecht gilt als Vorbild anderer Stadtrechtverleihungen in der Region. Ihnen wurde die freie Erblichkeit der Güter und Zollfreiheit garantiert. Kurzfristig musste der Graf mit Mindereinnahmen rechnen. Langfristig kam auch er auf seine landesherrlichen Einnahmen.

Die sozialistischen Länder der Neuzeit hätten nicht nur vom Klever Landesherrn lernen können, wie ein Land zu Wohlstand seiner Bürger kommen kann.

Das Handwerk hat seinen Ursprung schon in einer überwiegend bäuerlichen Gesellschaft. Auch ein Bauer in den germanischen Siedlungen benötigte Arbeitsgeräte. Je größer die Siedlung, umso einträglicher war die Spezialisierung auf ein bestimmtes Handwerk als Töpfer, Korbflechter oder Weber. Die Techniken des Handwerks wurden schon durch die Antike und durch die Berührung mit der römischen Zivilisation angeregt und verfeinert. Freigelassene germanische Sklaven, rückkehrende Soldaten germanischer Hilfstruppen und wandernde Händler erweiterten die Anzahl der handwerklichen Gewerke. Nicht zuletzt war natürlich auch ein germanischer Handwerker in der Lage, neue Techniken zu ersinnen. Die herrschende Klasse hatte sich durch die Ausbeutung der frondienstleistenden Bauern und der Leibeigenen enorm bereichern können. Durch diese Bereicherung waren sie aber auch in der Lage, vermehrt anspruchsvollere, handwerkliche Dienstleistungen in Auftrag geben zu können. Die Landesherren ließen ihre Burgen und Schlösser ausbauen. Klöster und christliche Orden ließen Gebäude und herrliche Kirchen errichten. Der aufblühende Handel ließ die Siedlungen zu Städten wachsen. Die reicher werdende Kaufmannschaft brauchte zum Auf- und Ausbau ihrer Häuser Handwerker. Die Rathäuser und Kirchen der norddeutschen Backsteingotik, die reichgeschmückten Bürgerhäuser der Kaufleute und Handwerker sind der kulturelle Ausdruck eines hochentwickelten Gewerbes dieser Zeit.

Beim Wiederaufbau der teilweise zerstörten Kirchen der Hansestädte während des Zweiten Weltkrieges war zu sehen, wie schwierig es für einen ausgebildeten Maurer der heutigen Zeit war, ein Kreuzrippengewölbe zu restaurieren.

Um sich gegenseitig Schutz zu gewähren und Hilfe zu leisten, traten die Handwerker zu Innungen (Einigungen), Gilden oder Zünften zusammen. Der Zunftmeister hatte oft Stimme und Sitz im Rat. Sie bildeten den Handwerksnachwuchs aus. Lehrzeit und Gesellenprüfung gehen auf dieses anfängliche Zunftwesen zurück.

Das duale Ausbildungssystem in Deutschland, der Schweiz, Österreich und Südtirol, mit der betrieblichen Lehre mit einem Berufsausbildungsvertrag (Lehrvertrag) parallel verbunden mit einem Unterricht durch eine Berufsschule, hat seinen Ursprung in der Ausbildung zum Gesellen in der Hochzeit der Gilden und Zünfte im Mittelalter. Der technologische Vorsprung als exportorientiertes Land der Jetztzeit basiert auch darauf.

Die Kaufleute einer Stadt erzielten ihren Wohlstand durch Handel. Entscheidend war der Standort des Handelsplatzes. In Deutschland gewannen die Städte an den Knotenpunkten der Handelswege, an den Flussfurten (Frankfurt), oder als Seestädte wie Hamburg und Lübeck an Bedeutung.

Die vornehmsten und reichsten Bürger bildeten die Geschlechter der Patrizier. Diese Wortwahl wurde hochtrabend der antiken, römischen Geschichte entlehnt. Die Patrizier nahmen die Zugangsrechte zu ihrer Stadt auch für ihre Nachkommen in Anspruch.

Mit der weiteren Entwicklung und dem Ausbau der Handelswege in ganz Europa und bald darüber hinaus nach Asien und Amerika schlossen sich die handeltreibenden Städte zur Hanse zusammen; ein Begriff, der für Schar oder Bund steht. Die gegründete Hansa Teutonica war die Bezeichnung der Vereinigung niederdeutscher Kaufleute bereits Mitte des 12. Bis hin zum 17. Jahrhundert mit dem Ziel, den Handel über Land und auf See sicherer durchführen zu können. Die Hanse beherrschte weitgehend den Fernhandel des nördlichen Europas. Gehandelt wurde mit Pelzen, Fisch, Salz, Wein, Getreide und Tuch, mit edlen Stoffen, wie Samt und Seide und mit Wolle, zudem mit Erzen, Metallen, Gewürzen, Perlen, Edelsteinen und vielem mehr. In der Blütezeit gehörten der Hanse rund 200 Hafen- und Binnenstädte an. Die Städte der Hanse lagen in ihrer Hochzeit in einem Gebiet, das heute sieben europäische Staaten umfasst. Der Handelsraum umfasste ein Gebiet von der niederländischen Zuidersee bis zum baltischen Estland, vom schwedischen Visby bis zur Linie Köln-Erfurt-Breslau-Krakau. Lübeck war die Königin der Hanse und die Hauptstadt ihres Güterumschlags. Im Verhältnis zu London und Brügge im Westen, zu Gotland und Bergen im

Norden, zu Nowgorod im Osten und zu Venedig und Spanien im Süden war Lübeck der ideale, verkehrsgeographische Standort und machte die Kaufleute der Hanse zu unentbehrlichen Mittlern der europäischen Wirtschafsräume. Mit der Hanse siegte das Stadtbürgertum wirtschaftlich über die alten Strukturen der Feudalherrschaft.

Die Hanse blühte über Jahrhunderte in dem oben beschriebenen Handelsraum. Ausdruck des Reichtums der hanseatischen Patrizier ist u.a. die Backsteingotik der norddeutschen Seestädte. Lübeck profitierte zusätzlich durch einen lukrativen Salzhandel. Die kleine niederrheinische Stadt Wesel hatte in dieser Zeit eine größere Bedeutung als London, so die Aussage in einem Artikel „Wir am Niederrhein" vom Juli 2016.

Zwei einschneidende Ereignisse haben die Hanse jedoch in ihrem Handel beeinträchtigt, wenn nicht sogar gefährdet:
- Der dänische König Waldemar IV. erobert Visbys und betreibt die Seeräuberei.
- legendär ist der Konflikt mit den so genannten Vitalienbrüdern Klaus Störtebeker und Gottfried Michaelis, die den Handel der Hanse im 14. Jahrhundert sehr stark beeinträchtigen.

Ein wichtiger Handelspartner und Beschützer war der Hanse durch den Deutschen Ordensstaat zugewachsen, der aber auch nach der Niederlage des Ordens gegen die vereinten Streitkräfte der Polen und Litauer 1410 in der Schlacht bei Tannenberg verlorenging.

Phänomenal an dieser europaweiten Handelsorganisation war, dass sie als loser Verband, ohne jegliche dynastische Herrschaftsstruktur nur durch kreative Inspirationen mit dem Willen zum Erfolg und natürlich mit satten Gewinnen (Gewinnmarge 15-20 Prozent) hervorragend funktionierte.

Die erhaltenen Städtebilder sind noch heute touristische Höhepunkte. Träumer der Jetztzeit sehen in der Hanse ein Muster für das Europa des 21. Jahrhunderts.

Mit der Aufnahme des Seehandels um Afrika nach Indien und mit der Ausbeutung der amerikanischen Kolonien ab 1492 verlor die Hanse immer mehr an Bedeutung. Anfang des 15. Jahrhunderts brachten sich Holländer und Engländer durch den Aufbau ihrer überseeischen Besitzungen immer stärker in den Vordergrund.

Die Bauern

Freie Bauern, Grundhörige und Leibeigene

Ursprünglich erstreckten sich unermessliche Laubwälder, überwiegend Eichenwälder und große Sümpfe über das Land der germanischen Stämme zwischen Rhein und Elbe. Aus der wilden Waldlandschaft Germaniens wurde durch Rodungen über Jahrhunderte erst allmählich eine bäuerliche Kulturlandschaft. Die Früchte aus der Feld- und Waldwirtschaft mussten sich die Bauern mühsam erarbeiten. Der Anteil der Bauern an der Gesamtbevölkerung betrug über die Zeit des Mittelalters an die 90 Prozent. Die Dreifelderwirtschaft im Jahreswechsel - Wintergetreide, Sommergetreide und ein Jahr Brache - war über einen langen Zeitraum die übliche Bewirtschaftung. Von einer intensiven Bewirtschaftung konnte keine Rede sein, aber alle Schichten der Bevölkerung fanden so ihre Lebensgrundlage. Als die germanischen Stämme schon in dorfähnlichen Gemeinschaften lebten, haben sich die Dörfer der Bauern je nach Intensivierung der Rodungen weiter vergrößert.

Wie Tacitus berichtet, haben die Germanen schon zwischen Freien und Unfreien (Sklaven) unterschieden. Es kann sein, dass durch die Kämpfe zwischen den Stämmen Gefangene unfrei unter den siegreichen Stämmen lebten. Die Kinder dieser Unfreien mussten das gleiche Schicksal wie ihre Eltern erdulden. Es ist also anzunehmen, dass in den germanischen Völkerschaften bereits Frondienste weit verbreitet waren. Auch im Umgang mit den Römern in den Grenzgebieten lernten die Germanen die Sklaverei kennen. Teilweise gerieten sie selber durch römische

Gefangenschaft in die Situation einer Versklavung. Bereits in der Zeit der Merowinger des 5./6. Jahrhunderts gerieten die Bauern als Grundhörige in die Abhängigkeit großer Grundherren. Sie waren zwar frei, wirtschafteten aber auf dem Grund der Herren. Auch verkauften sie eigenes Land an Grundherren, um dem Heeresdienst des Landesherrn zu entgehen.

Über tausend Jahre existierte ein ungeschriebenes Gesetz, die Allmende, welches Eigentum einer Dorfgemeinschaft an Weide, Ödland, Holzschlag und Fischerei regelte. Diese Allmende wurde von den Grundherren im Laufe der Jahrhunderte zu ihren Gunsten unterlaufen. Aber noch war eine große Mehrheit der Bevölkerung frei und hatte eigenen Landbesitz. In vielen Teilen Germaniens und des späteren Deutschlands hatte sich der freie Bauer auch überwiegend halten können. Bis zum 12./13. Jahrhundert hatte der Bauernstand eine gewisse Blütezeit. Das Nahrungsangebot war wohl ausreichend. Der Bevölkerungsüberschuss konnte in östliche, slawische Gebiete ausweichen. Auch war das Siedeln als freier Bauer dort möglich. Erbe war jeweils der älteste Sohn. Die nachgeborenen Geschwister gingen in die Klöster oder mussten sich als Knechte oder Mägde verdingen.

Im 14./15. Jahrhundert konnten die Ostgebiete das Anwachsen der Bevölkerung nicht mehr in dem erforderlichen Maße aufnehmen. Die Bauern bedienten mit ihrem Land mehrere Erben. Die Höfe wurden kleiner und ernährten nicht mehr die Familien. Die Höfe von in Not geratenen Bauern gerieten immer mehr durch Überschuldung an größere Bauern oder wurden von adeligen Grundbesitzern übernommen. Dieser Adel hatte sich über Jahrhunderte aus den Stämmen und späteren Völkerschaften als Führungselite herauskristallisiert und bildete eine gehobene Kaste. Auf Grund ihrer wachsenden Machtstellung konnten sie die Bauern immer mehr in ihre Abhängigkeit bringen. Die Grundherren und auch die Kirchen erhöhten ihre Steuern. So brachten die Grundherren das Land der Bauern in ihren Besitz und ließen sie immer mehr als Fronbauern (Grundhörige) arbeiten, d.h., die Bauern konnten das Land des Grundherrn bearbeiten, zur eigenen Ernährung nutzen, jedoch durch Spanndienste und sonstige Abgaben, wie Schlachtvieh, Getreide, und Milchprodukte, Feuerholz, Bierbrauen, Brot backen etc., dem Herrn dienlich sein. Diese Abgaben wandelten sich mit der Zeit in die Zahlung eines Zinses. Dieser wurde oft an den Festtagen, wie Osterzinsen, Michaelissteuern oder auch als naturale Weihnachtsgänse fällig. Wurden die Abgaben über das den Bauern mögliche Maß erhoben, wurden aus Fronbauern Tagelöhner und über Generationen Leibeigene. Auch der gehobene Klerus und die Klöster bedienten sich dieser Abgaben. In der Regel war es jedoch eine „Grundsteuer", die als Zehnt eingetrieben wurde, die ursprünglich zum Unterhalt der Pfarreien dienen sollte. Die Bauern hatten oft eine derart hohe Schuldenlast, dass sie froh waren, wenn ihnen der Dienstherr den Hof abkaufte. Die Bauern verarmten und gerieten bis in die Leibeigenschaft. Der Leibeigene war rechtlos seinem Grundherrn ausgeliefert. Der einzige Unterschied zum Sklaven bestand darin, dass er keine Handelsware war. Wurden, wie in Russland ganze Dörfer verkauft, gingen auch die Leibeigenen in den neuen Besitz über. Der Leibeigene durfte ohne Genehmigung des Grundherrn nicht heiraten und das Gut verlassen; also war er doch quasi ein Sklave. In der Agrarwirtschaft existierten damit freie Bauern neben Grundhörigen und Leibeigenen. Die Aufsicht über die unfreien Bauern hatte der „Meier". Er wohnte auf dem Meierhof. Er hatte sich das Vertrauen der Herrschaft erarbeitet und wurde oft wieder mit eigenen Höfen belohnt. Die Häufigkeit des Familiennamens „Meier" in allen möglichen Schreibweisen, Zusätzen und Zuordnungen zu Gehöften und Orten hat hier seinen Ursprung.

Der deutsche Humanist Johannes Bohemus (Böhm) gab 1520, fünf Jahre vor dem Bauernaufstand, ein Stimmungsbild über das Leben der Bauern: „Ihre Lage ist ziemlich bedauernswert und hart; sie wohnen abgesondert voneinander, demütig, mit ihren Angehörigen und ihrem Vieh. Die Hütten bestehen aus Lehm und Holz, ragen wenig über die Erde empor, sind mit Stroh gedeckt: das sind ihre Häuser. Geringes Brot, Haferbrei, gekochtes Gemüse ist ihre Speise, Wasser und Molke ihr Getränk. Ein leinener Rock, ein paar Stiefel, ein verräucherter Hut ist ihre Kleidung. Das

Volk ist jederzeit ohne Ruhe, arbeitsam und unsauber. Böhm schreibt weiter über das Los der Bauern. Den Herren fronen sie oftmals im Jahr, sie bebauen das Feld, besähen es, ernten die Früchte, bringen sie in die Scheunen, hauen Holz, bauen Häuser, graben Gräben. Es gibt nichts, was dieses sklavische und elende Volk ihren Herren nicht schuldig sein soll, nichts, was er, sobald es befohlen wird, ohne Gefahr zu tun verweigert: der Schuldige wird streng bestraft".[15] Wahrscheinlich ein authentisches, soziales Bild dieser Zeit.

Luther äußert sich in seinen Tischreden zum Los der Herrschenden über die Bauern nach heutigen Maßstäben derart naiv und unsozial, so dass seine scharfe Kritik zu den Bauernkriegen schon hier zum Ausdruck gebracht wurde.

„Die Fürsten haben ein schweres und sehr hohes Amt; die Bauern schnarchen unterdessen in Sicherheit. Wenn ein Bauer die Gefahren und Mühe eines Fürsten kennte, würde er's Gott danken, dass er ein Bauer und im glücklichsten Stande ist. Aber die Bauern sehen ihr Glück nicht; sie sehen nur die äußere Pracht der Fürsten, die Kleider, die Paläste, ihre Macht. Nicht aber sehen sie, dass Fürsten wie in einem Feuer und der Sintflut leben. Sie aber liegen hinter dem Ofen in Frieden. Gehorchen muss man, denn sie sind von Gott eingesetzt".[16]

Martin Luther wäre sicher für sein Täglich-Brot besser beraten, dass er nicht nur dem lieben Gott und seiner Angetrauten Katharina dankt, sondern auch den ausgebeuteten Bauern. Das Beschaffen desselben war nie sein Ding.

Der herrschaftliche Flickenteppich Deutschlands spiegelte sich auch in der Behandlung der untersten Stufe der landwirtschaftlichen Nahrungsbeschaffer wider, denn die Leibeigenschaft wurde in den deutschen Besitzungen, je nach Herrscher, zeitlich sehr unterschiedlich offiziell aufgehoben. Das Königreich Hannover schaffte die Leibeigenschaft erst 1833 ab, das anliegende Fürstentum Braunschweig - Wolfenbüttel schon 1433. In Preußen wurde die Aufhebung noch zu Friedrichs II. Zeiten auf den Weg gebracht. Den größten Schub bekam die Aufhebung der Leibeigenschaft in der napoleonischen Zeit.

Die Bauern trugen die Hauptlast einer wachsenden, unproduktiven Feudalgesellschaft. Von der Produktivkraft der Bauern lebten der Hochadel, der niedere Adel, der Klerus, die Beamten der Herrschenden einschließlich der Patrizier.

Abhängige Fronbauern gab es noch weit bis in das 20. Jahrhundert. Auch gut situierte Großbauern haben noch heute Zeit kleinere Höfe zu abhängigen Diensten verpflichtet.

4. Die Entwicklung der deutschen Sprache

Die fränkische Volkssprache wurde erstmals 786 erwänt;
die Lingua thiudisca (thioda= das Volk)
Die weitere Entwicklung führte zur
Althochdeutscher Sprache (800-1100) zum Beispiel:

Thuo ward thio tid cuman
The thar gitald habdun wisa man

Da war die Zeit gekommen,
Die da erzählt hatten die weisen Männer

Die Mönche in den Klöstern bedienten sich schon der althochdeutschen Schriftsprache. Latein war aber dort und in allen gebildeten Schichten der Bevölkerung bis weit in die Zeit Luthers in Schrift und Sprache beherrschend. Gelehrte und Priester bedienten sich ausschließlich dieser Ausdrucksform. Das gemeine Kirchenvolk musste die Messen, die Segnungen, die Taufen und Sündenlossprechungen lateinisch über sich ergehen lassen. Die erste deutsche Grammatik erschien 1573 – in Latein.

Die Frühneuhochdeutsche Sprache, spricht man ab 1100 bis 1500 zum Beispiel:

Du bist min, ich bin din, des solt du gewis sin
Du bist beslossen in minem Herzen

Das Nibelungenlied aus der Passauer Gegend gegen Ende des 12. Jahrhunderts steht für diese Sprachform.

Uns ist in alten maeren, wunders vill geseit.

Das Epos geht wahrscheinlich auf einen Autor zurück, der im Umfeld eines Passauer Bischofs zu suchen ist. Historisch ist ein Zusammenhang des Siegfried sowohl mit der Schlacht im Teutoburger Wald (Hermann-Arminius) als auch ein Bezug zu seiner Witwe Kriemhild um den Hunnenkönig Etzel wahrscheinlich. Im Hochmittelalter waren es die höfischen Minnesänger und Dichter, die durch die Lande zogen und auf Burgen der Ritter und in den Dörfern als Geschichtenerzähler auftraten. Zu nennen sind hier Wolfram von Eschenbach u.a. mit seinem Versroman „Parzival" und vor allem Walter von der Vogelweide, der als „Sprachverbreiter" in Form eines Cantors und Spielmanns auftrat.

duitschin sprechen,
duitschin luite in duischeni lande

Die Erfindung der Buchdruckerkunst war überfällig. In den Arsenalen der fürstlichen Schreibstuben und der Klöster lagen Unmengen an handgeschriebenen Papieren. Nur durch Abschriften von Schreibern war eine Vervielfältigung möglich. An eine große Verbreitung einer Schrift war gar nicht zu denken.

Johannes Gutenberg brachte Buchstaben in Gießformen, die durch Pressen gedruckt und x-mal vervielfältigt werden konnten; eine geistige Revolution, vergleichbar mit heutiger Computertechnik. Mit der Erfindung der Buchdruckerkunst durch Gutenberg und der Bibelübersetzung Martin Luthers bekam die Sprache einen selbstläuferischen Schub. Luther bediente sich des Sächsischen- oder der Meißner Kanzleisprache, eine Mundart, die seinem geografischen Herkommen entsprach und sich im späten 13. Jahrhundert herausgebildet hatte. Es war auch die

Sprache des Volkes. Er übersetzte das Neue Testament und zunächst Teile des Alten Testaments. Der Druck erfolgte in „Schwabacher Schrift". Luther war sich bewusst, dass die Bibelübersetzung sprachlich eine überregionale Ausdruckskraft haben müsste, damit große Teile der Bevölkerung erreicht werden konnten. Wie in Preisendörfers Werk „Als unser Deutsch erfunden wurde", aufgeführt, stammen heute umgängliche Worte wie - Lückenbüßer, - Feuereifer, - Herzenslust, oder beben und erregen aus dieser Luther'schen Übersetzungsprägung. Ungeachtet dessen, ist Luthers Übersetzung unter Berücksichtigung der hebräischen Urform, der gängigen altgriechischen und lateinischen Vorlage der mittelhochdeutschen Sprache näher als der klassischen Sprache, die wir Hochdeutsch nennen; das heißt, die Luther'sche Übersetzung ist heute kaum lesbar. Der Germanist und Sprachwissenschaftler Jacob Grimm schrieb dazu: „Luthers Sprache muss in ihrer edlen Form, fast wunderbaren Reinheit für Kern und Grundlage der neuhochdeutschen Sprachniedersetzung gehalten werden." Der Nürnberger Spruchdichter Hans Sachs ließ in dieser Zeit zum Schicksal der Bauern verlauten:

> *„keyn ärmer thier auff erdt man find: / ich muss arbeytten in regen, wind / Und gewinnen, was all welt verschlint, / des habenstros man kaum mir gynt."*

Ab 1500 bildete sich die Sprachgruppe des Neuhochdeutschen heraus, die ab 1650 in das Hochdeutsche überging und die Grundlage der folgenden Literatursprache wurde. Das Neuhochdeutsche wurde von den Klassikern und Philosophen gepflegt.

Trotz der Bibelübersetzung und der Verbreitung des Hochdeutschen im ganzen Lande blieben viele Mundarten erhalten. Dazu zählten in Deutschland: Die niedersächsische, die niederfränkische (Niederlande), die rhein- und ostfränkische, die alamannische (auch in der Schweiz), die schwäbische und die bairisch-österreichische Mundart. „Platt gesprochen" kommen all diese Mundarten teilweise von Dorf zu Dorf unterschiedlich zum Ausdruck.

Nach den von den Schriftstellern und Publizisten Thea Dorn (*1970) und Richard Wagner (*1952) nicht nur für Ausländer interessanten zusammengestellten deutschen Wortbildungen kann man zur deutschen Sprache nur ins Schwärmen kommen. Von A wie Arbeitswut, über B wie Bierdurst, Dauerwelle, Feierabend, Gemütlichkeit, Kirchensteuer, Narrenfreiheit, Reinheitsgebot, Strandkorb, Vereinsmeier bis zum Z wie Zerrissenheit ist alles in dem Werk „Die deutsche Seele" zu finden.

Mit dem Buchdruck, der Luther'schen Bibelübersetzung, den Humanisten, dem engagierten Bürgertum und im 19. Jahrhundert den Wissenschaftlern und Journalisten hat sich eine Norm der deutschen Sprache entwickelt, auf die wir mit Stolz blicken können.

II. Kapitel

Deutschland von 1500 bis 1800

1. Historische Ereignisse

Entdeckungen im Westen unseres Erdballs

Die Zeit des ausgehenden 15. bis weit in die folgenden Jahrhunderte ist voller Ereignisse für Deutschland, Europa und die gesamte Welt. Die Entdeckung Amerikas ist ein Weltereignis. Versuche, weitere Teile der Erde zu erkunden gab es zuvor viele. Aber erst dem in spanischen Diensten fahrenden italienischen Seefahrer Cristoforo Colombo, bei uns unter Kolumbus bekannt, gelang der große Clou. Er traf 1492 auf der Suche eines günstigen Seeweges nach Indien auf die Inselketten der kleinen Antillen im Karibischen Meer. Niemand ahnte, welcher Kontinent sich dahinter verbarg. Von dieser Entdeckung profitierte in erster Linie das „alte" Europa.

Die Europäer trafen auf die Ureinwohner, Indios oder auch Indianer genannt, man bezog sich auf Indien, die vor ca. 15.000 (+-) Jahren über die noch als Landbrücke vorhandene Beringstraße von Asien nach der Clovis-first Theorie einwanderten. Neueste Forschungen im östlichen Bergland Brasiliens haben ergeben, dass auch eine Einwanderung durch die günstigen Passatwinde afrikanischstämmiger Menschen möglich war.

Durch Kampfhandlungen und eingeschleppte Krankheiten wurde die amerikanische Ethnie derart dezimiert - man spricht von 90 Prozent - so dass auf den im 16. Jahrhundert von „Weißen" betriebenen Baumwoll- und Zuckerrohrplantagen afrikanische Sklaven eingesetzt wurden. Den Spaniern entlaufene, bald verwilderte Pferdeherden bildeten für die nordamerikanischen Indianer das ideale, schnelle Fortbewegungsmittel. Das auch nicht bekannte Schwein ergänzte in Mittel- und Südamerika bald das Nahrungsangebot. Riesige Bisonherden grasten auf den Prärien. Bis zum Ende des 19. Jahrhundert war diese Spezies so gut wie ausgerottet. Noch heute genießen die Amerikaner den nur dort heimischen Truthahn. Der Mais ist weltweit ein begehrtes Nahrungsmittel für Tier und Mensch. Die südamerikanische Kartoffel fand in Europa bald Verbreitung. Der Alte Fritz musste den Brandenburgern erst durch Druck klarmachen, dass die Kartoffelfrucht in der Erde zu finden ist. Auch durch die Kartoffel war in Europa im 19. Jahrhundert ein starker Bevölkerungsanstieg zu verzeichnen. Die Menschen versuchten in der „Neuen Welt" ihr Glück. Bremerhaven steht für das „Ablassventil" der deutsch-europäischen Bevölkerungsexplosion des 19. und 20. Jahrhunderts.

Auf der neuentdeckten westlichen Hemisphäre spielte sich im historischen Jahr 1517 eine Tragödie ab. Die spanischen Eroberer nahmen Tenochtitlan ein, das heutige Mexiko City, die Hauptstadt des Aztekenreiches unter ihrem Herrscher Moctezuma. Die Völker des heutigen Mexikos waren im Glauben, dass Götter aus dem östlichen Meer erscheinen würden. Dass sie weiß waren und auf ihnen unbekannten vierbeinigen Tieren daherkamen, machte die Eroberer noch göttlicher. So hatte der Eroberer Cortes mit seinem Heer leichtes Spiel, die Völker im mittelamerikanischen Raum zu unterwerfen.

Russland und das Heilige Römische Reich Deutscher Nation

Nach dem Fall Konstantinopels 1453 und der nachfolgenden Eroberung des Balkans flohen viele Menschen des östlich-orthodoxen katholischen Glaubens mit ihren Würdenträgern u.a. in das Reich der "Moskauer Rus". Sie dienten sich dem Großfürsten an, in der Hoffnung, einen Verbündeten im Kampf gegen die osmanischen Eroberer zu gewinnen. Großfürst Iwan III. hatte sich endgültig von der mongolischen Vorherrschaft, der Goldenen Horde, den Nachfolgereichen Tschingis-Kkans befreien können. Er ging als der „Große" in die Geschichte ein. Der Moskauer Großfürst wurde mächtig und nannte sich in Anlehnung an die römischen Cäsarenkaiser „Zar". Seine Heirat mit der byzantinischen Prinzessin Sophia Palaiologa, eine Nichte des letzten byzantinischen Kaisers, dokumentiert die politische und geistliche Interessenlage zum untergegangenen Byzantinischen Reich. Das byzantinische Feldzeichen, der Doppeladler, wurde Teil der russischen Staatsdarstellung. Sophias Diplomaten warben aus dem Deutschen Reich Fachkräfte für den Bergbau, das Hüttenwesen, für die Herstellung von Kriegsmaterial, Maurer und Zimmerer für das Bauwesen an. So gab später ein großer deutscher Fachkräfteanteil der wirtschaftlichen Entwicklung Russlands einen entscheidenden Schub.

Die deutschen Kaiser Maximilian I. und der darauffolgende Karl V., der in seinem Weltreich wohl über mehr Kenntnisse in seinen amerikanischen Kolonien verfügte als im östlichsten, europäischen Raum, sahen sich durch die aggressive Expansionspolitik der Türken bedroht. Die Deutschen Kaiser suchten Verbündete im türkischen Abwehrkampf. Das ferne Russland galt es zu erkunden. Eine westeuropäische Delegation unter Führung eines kaiserlichen Gesandten erkundete im Jahr 1517 sowie 1526 das russische Terrain. Der Reisebericht des Gesandten erbrachte erstmals nähere Kunde über dieses ferne Land. Die Reise der Gesandtschaft fiel in die russische Regentschaft Wassili III., Sohn Iwans III., der sein Reich nach Westen (Litauen, Polen) und Norden (Karelien) erweitern konnte. Sein Sohn, Iwan IV., der „Schreckliche" konnte sowohl die umliegenden Fürstentümer wie Jaroslawl und Nowgorod unterwerfen als auch sich gegenüber den noch mongolischen Khanaten Kasan und Astrachan durchsetzen. Vom Moskauer Metropoliten ließ er sich zum Zaren krönen. In der Nachfolgezeit entstand das Moskauer Patriarchat der östlichen orthodoxen katholischen Kirche. Nach Rom und Konstantinopel (Byzanz) galten jetzt für die russischen Zaren die Metropoliten des Patriarchats von Moskau als der Mittelpunkt des „wahren" christlichen Glaubens. Man sprach auch vom Dritten Rom.

Über weitere Jahrhunderte unter Peter und Katharina, die man die Großen nannte, wurde Russland auf dem europäischen Kontinent zu einem Machtfaktor.

Unter diesem Aspekt sind die Beziehungen der beiden Weltmächte bei der Bekämpfung der vielen Konfliktherde unserer Zeit in der Reaktion des russischen Präsidenten Putin zu sehen, als der amerikanische Präsident Barack Obama Russland in der Krimkrise 2014 zur Regionalmacht herabstufte. Nachlaufenden Interventionen der Amerikaner in russische Einflusssphären (Ukraine, Georgien) ein weiterer, jetzt verbaler, Tiefpunkt der so wichtigen Beziehungen.

Die Hexenverfolgungen

Ein weiteres, finsteres Kapitel in der europäischen Geschichte ist die Jagd auf so genannte Hexen, die fast ausschließlichen mit dem Tod durch Verbrennen (Feuertod) endeten.

Der Hexenglaube hatte sich bereits seit dem13. Jahrhundert zu einer religiösen Vorstellung gesteigert, die eine große Zahl an Opfern, meist Frauen, forderte. Brutal erfolgten die Geständnisse mittels grausamer Folterungen. Die Beschuldigten hatten durch mögliche Verteidigungen kaum eine Chance der Todesstrafe zu entkommen. Unterstellt wurde den oft denunzierten Personen, dass sie mit Häresie (Fehlglauben), Zauberei, Hexerei, paktieren mit dem Teufel, Sittlichkeitsverfehlungen bis hin zu Sexualverbrechen sich schuldig gemacht hätten. „Eine prominente religiöse Antwort ist der Glaube an den Teufel. Der Teufel ist eine alte Gestalt des Christentums, die Ereignisse des 16. und 17. Jahrhunderts verschaffte ihm jedoch eine besondere Konjunktur. Die Figur des Teufels half, das Böse zu verstehen. [Vgl. 139] Das Neue Testament nennt – allerdings noch recht vage - Satan als den Gegenspieler Gottes. Aber alle weiteren Vorstellungen vom Teufel sind dem Christentum ganz unabhängig von der Bibel erst allmählich zugewachsen. (...) Auf der Ebene der religiösen Vorstellungskraft ist der Teufel jedoch außerordentlich attraktiv und lebendig mit seinem Pferdefuß, seinem Schweif und seinen Hörnern".[1]

Das Augenmerk der katholischen Kirche richtete sich eher auf häretische Abweichungen des Glaubens, das heißt, wenn ein Getaufter die geltenden Dogmen der Kirche öffentlich ablehnte. Die Häresie spielte in der Praxis dieser Verfolgungen und Bestrafungen auch eine unrühmliche Rolle. Die Päpste setzten Inquisitionsgerichte ein, die in allen europäischen Ländern ihr Unwesen trieben. Der Dominikanerorden trat hier besonders unrühmlich hervor. Aber auch weltliche Institutionen, bis hin zum kleinen Bürgermeister waren aktiv an der Bestrafung der denunzierten und damit ausgemachten Hexen beteiligt. Von Übel sind all die Ursachen, die sich aus der Natur ergeben, wie Krankheiten oder Naturkatastrophen. Wenn diese Übel personifiziert wurden, hatte man die Ursache für eine vermeintliche „Hexe" schnell gefunden. Kamen womöglich Muttermale oder „positive Wasserproben heiß oder kalt" hinzu, wurde die Unterstellung eines schuldhaften Vergehens mittels Folter bewiesen und der Feuertod war oft die Folge. Der Volksmasse mussten Opfer gebracht werden. Die Masse gierte danach, denn die Hexenverbrennungen waren ein Erlebnis; an und für sich heidnische Bräuche, die in vielen Kulturen üblich waren.

Die Hexenprozesse in Europa fanden in der frühen Neuzeit von 1450-1750 statt. Mit den reformatorischen Umwälzungen hatten die Prozesse auch religiöse Hintergründe. Ausgelöst durch die Wirren und Grausamkeiten mit anarchischen Strukturen erhöhte sich die Anzahl der Verfolgungen mit Todesfolgen bis zur Mitte 18. Jahrhunderts. Kirchliche Hintergründe sind weiterhin denkbar, wenn man die spezifische Anzahl der Prozesse im Fürstbistum mit der weltlichen Stadt Köln vergleicht. In Odenthal, im Herzogtum Berg fanden 1727 und in Gerresheim bei Düsseldorf 1737/38 noch Hexenprozesse statt.

Die Reformation und weitere Ereignisse dieser Zeit

Im Gegensatz zu England, Frankreich und Spanien wurde die kirchliche Glaubensdoktrin nicht von einer gesamtdeutschen Autorität ausgeübt. Viele Landesfürsten hatten eigene Überzeugungen, die sie versuchten, umzusetzen. Daher hatte es Kaiser Karl V. in Deutschland sehr schwer, die Reformationen Luthers abzuwehren. Dieser Kaiser hatte als 19-jähriger Thronfolger das katholische Christentum nicht nur in Deutschland, sondern auch in Spanien zu verteidigen. Über seinen deutschen Großvater Maximilian I. trat er das Erbe des Heiligen Römischen Reiches Deutscher Nation an. Als österreichischer Erzherzog und burgundischer Herzog erbte er die Länder seiner spanischen Großeltern. Dieses Erbe konnte er aber nur wahrnehmen, wenn die Kurfürsten des Reiches dem zustimmten. Wie alle Wahlen dieser Größenordnung war das ein Finanz- und Machtpoker der Mächtigen.

Die herrschende Klasse in Deutschland hatte ihre Untertanen fest im Griff. Und dazu gehörte, wie oben immer wieder beschrieben, auch die Institution der Kirche. Diese betrieb aber nicht nur eine materielle Ausbeutung ihrer Untertanen, sondern versetzte das gläubige Volk durch ständiges Einreden, nicht in Sünde zu leben, in ein Schuldverhältnis zu Gott. Die eingeredete Angst vor dem Fegefeuer machte die Menschen abhängig – bis hin zur willenlosen Selbstaufgabe. Das Sakrament der Beichte und Buße sollte die Menschen von ihrem sündhaften Leben erlösen und damit vor dem „Fegefeuer" retten.

Nicht nur durch die Lehren des Johann Hus, seine Verbrennung und durch die nachfolgenden Hussiten-Bewegungen stand die katholische Kirche bereits im 14. Jahrhundert und früher mit ihren vertretenen Dogmen durch eine kritische Öffentlichkeit mächtig unter Druck. Seit 1476 kursierten in zahlreichen deutschen Drucken eine bereits 1430 anonym verfasste Schrift Reformatio Sigismundi, in der Ideen - wie der Name schon sagt - zu einer Reform des Heiligen Römischen Reiches niedergelegt wurden. Der Text war scharf romfeindlich und sprach sich für eine Säkularisierung von Kirchengut, die Priesterehe und die Abschaffung der Leibeigenschaft aus. Es ist widerlegt, dass diese Schrift vom Kaiser Sigismund verfasst wurde.

Die Priesterehe wird noch heute, nach 600 Jahren, konträr in der römisch-katholischen Kirche diskutiert, ganz zu schweigen zur Funktion weiblicher Priester. Angestellte der katholischen Kirche, die oft auch katholisch sein müssen, stehen nach einer Scheidung im Falle einer Wiederverheiratung, womöglich hat der neue Partner eine andere Konfession, vor der Entlassung aus kirchlichen Diensten.

In diesen Jahren ermöglichte das sich immer stärker ausbreitende Buchdruckergewerbe, dass Schriften und Bibeltexte mit kritischen Erläuterungen offene Ohren fanden. Zuvor wurden die Testamente der Bibel nur auf Latein „runtergeleiert". Durch das Vorlesen - die Alphabetisierungsrate der Bevölkerung lag unter 10 Prozent - fanden diese Druckschriften eine breite Aufnahme. Ein Aufklärungsprozess fand somit in der Kirchenlandschaft des 15. zum 16. Jahrhunderts statt. Der Kampf und das Schicksal des Jan Hus und die Hussitenkriege wurden verstärkt in die Erinnerung der Menschen gerückt. Der Ablassstreit war nur noch der Zündfunke dieses Prozesses.

Martin Luders Vater (so sein ursprünglicher Familienname) verdiente sein Geld im Mansfelder Kupferbergbau. Dem Sohn wurde ermöglicht, Schulen in Magdeburg und Eisenach zu besuchen sowie das Studium an der Erfurter Universität mit dem Magister abzuschließen. Während eines sehr bedrohlichen Unwetters legte er das Gelübde ab, in den Orden der Augustiner-Eremiten einzutreten und wählte ein Leben in Askese.

Seine Eindrücke anlässlich seiner Romreisen in den Jahren 1510/11 im Auftrag seines Ordens ließen ihn die erschreckende Diskrepanz zwischen Wort und Tun der kirchlichen Obrigkeit bis hin zum Vertreter Gottes auf Erden erkennen. Durch dieses Erkennen - Wasser predigen und Wein „saufen" – baute sich eine wachsende Kritik an der landesherrlichen Einflussnahme der weltlichen und geistlichen Kirchenfürsten auf das Leben der einfachen Bevölkerung auf. Auch die Spannungen zwischen der wohlhabenden kirchlichen Oberschicht und dem armen Klerus wurden immer offensichtlicher.

1511 zog Luther nach Wittenberg und erhielt nach seiner Promotion zum Doktor der Theologie an der Wittenberger Universität den Lehrstuhl für die Bibelauslegung. Luther stellte 1517 fest, dass Gemeindemitglieder der Wittenberger Kirchen in den Nachbarstädten, u.a. in Jüterbog, sich den Ablass ihrer Sünden vom päpstlichen „Sündenablasshändler" Tetzel erkauften.

Sein schriftlicher Protest schlug sich in 95 Thesen nieder. Der überlieferte Anschlag dieser Thesen an die Türen der Wittenberger Schlosskirche ist als ein Symbol des veröffentlichten Protestes der päpstlichen Machenschaften und deren Vollzugsorganen zu sehen. Luther ließ diese Niederschrift seinem unmittelbaren geistlichen Vorgesetzten, dem Bischof von Magdeburg, Albrecht von Brandenburg zu kommen. Die Figur dieses Bischofs offenbarte die ganze Machtfülle der katholischen Kirche in Deutschland. Albrecht stammte aus dem Hause der Hohenzollern. Sein Bruder war der Kurfürst von Brandenburg. Er selbst als Erzbischof von Mainz ebenfalls Kurfürst, Kardinal und Erzkanzler und damit der ranghöchste Geistliche im Heiligen Römischen Reich Deutscher Nation, also der Vertreter des Papstes in Deutschland. Wittenberg lag aber in der weltlichen Zuständigkeit der Ernestinischen, sächsischen Kurfürsten Friedrich III. in Meißen, der „der Weise" genannt wurde. Friedrich ärgerte es natürlich, dass sein „fürstlicher Kollege" in seinem Kurfürstentum über die Diözese Magdeburg, zwar mit „höchster Unterstützung", bei seinen Untertanen über Ablasshändler Gelder eintreiben ließ, die für den fernen Papst mit seinen überzogenen Dombauplänen bestimmt waren. Daher kamen dem „Weisen Friedrich" die zu Papier gebrachten und an die höchste Instanz der katholischen Kirche in Deutschland adressierten Thesen von seinem Wittenberger Theologieprofessor wohl nicht ungelegen.

Martin Luther, immerhin noch ein kleiner Augustinermönch, die Theologieprofessur galt bei den hohen Herren nicht viel, hat außergewöhnlichen Mut aufgebracht, in dem er die höchsten Herren seiner Zunft herausforderte. Was hatte Luther zu verlieren, wenn er seine innerste Überzeugung zu Papier brachte und seine Meinung die höchsten Herren wissen ließ? Das Schicksal des Jan Hus mit all' den folgenden Abläufen war bekannt. Nur der Mut und das Kalkül seines weltlichen Herrn ersparte Luther das gleiche Schicksal. Die Antwort auf die obige rhetorische Frage – sein Leben.

Im Mittelpunkt der Thesen stand die Kritik am verwerflichen Ablasshandel. „Dem Ablass an sich, so Martin Luthers Grundgedanke, liegt eine durch und durch falsche Auffassung zugrunde, wie Gott dem Menschen sein Heil gewährt. Die Buße sei eine innerliche Haltung und kann nicht an einzelne Leistungen gebunden sein", so der Wittenberger Professor für Bibelexegese 1517 mit dem Anschlag der 95 Thesen, „über die Kraft des Ablasses". Hier nur sechs seiner Sätze:

„- Die werden samt ihren Meistern zum Teufel fahren, die da meinen, durch Ablassbriefe ihrer Seligkeit gewiss zu sein.
- Der Papst kann nur Strafen erlassen, die er selbst aufgelegt hat.
- Die Ablassprediger irren, wenn sie sagen: Jede Strafe wird erlassen.
- Niemand kann durch den Ablass Vergebung mit Sicherheit erreichen.
- Warum baut der reiche Papst nicht wenigstens den Petersdom von seinem Geld?
- Man soll die Christen ermutigen, Jesus Christus nachzufolgen, und sie nicht durch Ablassbriefe falsche, geistliche Sicherheit erkaufen lassen."

Wir bestaunen heute den Kolossalbau des Peterdoms. Wie viele „freigekaufte, sündige Seelen geistern" heute durch dieses Gotteshaus? Daran denkt kaum jemand der ca. 20 Millionen Besucher, die jährlich den Petersdom besuchen.

Luthers Thesen hatten daher die Funktion einer Zündschnur, die einmal entflammt, ihren Weg zur Entladung unaufhaltsam suchte und fand. Sie verbreiteten sich innerhalb weniger Wochen in ganz Deutschland. Er ließ sich auch nicht durch freundliches Zureden zum Schweigen bringen, woraufhin der Papst

Luthers Auslieferung verlangte. Der sächsische Kurfürst Friedrich III. war einer der ersten weltlichen Vasallen des Kaisers. Das Glück für Luther, für uns und für die folgende Geschichtsschreibung war es ausschlaggebend, dass Friedrich III. trotz seiner Frömmigkeit ein geheimer Fürsprecher Luthers war, der jedoch einen offenen Konflikt mit dem Kaiser vermeiden wollte. Im öffentlichen Wortstreit sprach Luther seine Überzeugung aus, dass die Konzile irren können und dass ein göttliches Recht des Papstes nicht in der Schrift begründet sei. Luther sprach bereits im Jahre 1520 besonders den „Christlichen Adel deutscher Nation" an, dass Titel und Tatsachen zwei verschiedene Tatsachen sein können: „Wir haben des Reiches Namen, aber der Papst hat unser Gut, Ehre, Leib, Seele und alles, was wir haben."

Zwischenzeitlich war die Nachfolge des 1519 verstorbenen Kaisers Maximilians I. entschieden. Hohe Summen mussten eingesetzt werden, um seinem Enkel Karl den Kaiserthron zu sichern. Es war zunächst abzuwarten, welche Reaktion der erst 19-jährige Kaiser Karl zeigte. Als Kaiser des Heiligen Römischen Reiches Deutscher Nation war er durch Heirat und Erbschaft nun zugleich erblicher König von Spanien und damit Herr der spanischen Niederlande. Darüber hinaus konnte er über die jungen Überseebesitzungen in Erwartung erheblicher Gewinne verfügen. Der Bannandrohung des Papstes war jedoch ausgesprochen.

1520 war es so weit. Luther stand zu seinen Thesen. Daraufhin sprach der Papst den Bann aus. Luther verbrannte öffentlich am Elstertor zu Wittenberg die päpstliche Bannandrohungsbulle. Das war eine symbolische Handlung, in der ein Aufbegehren gegen die katholische Obrigkeit zum Ausdruck kam. Kaiser Karl, nun der Fünfte, berief 1521 unter seinem Vorsitz einen allgemeinen Reichstag zu Worms ein. Die Kurie war der Ankläger, der Kaiser der Richter; zu verteidigen hatte sich Luther selber. Bei seiner Anreise erhielt Luther aus dem Wormser Umfeld eine tausendfache Zustimmung aus der Bevölkerung. Ein Hauptmann der Wachmannschaft soll zu Luther am Zugang zum großen Saal gesagt haben: „Mönchlein, Mönchlein, du gehst einen schweren Gang, dergleichen ich und mancher Oberster in der allererste

Schlacht nicht getan haben. Bist du aber rechter Meinung, und deiner Sache gewiss, so fahre in Gottes Namen fort und sei nur getrost, Gott wird dich nicht verlassen.“[2]

Folgte der noch nicht einzuschätzende junge Kaiser als Richter Luthers dem Papst in der Verurteilung? Der Umgang mit Jan Hus und die folgenden Hussitenkriege könnten u.a. für den Kaiser Anlass sein, sich in seiner beginnenden Regierungszeit nicht gleich kriegerisch auseinandersetzen zu wollen und wo möglich Milde walten zu lassen.

Auch auf dem Reichstag in Worms konnte man Luther nicht zum Widerruf seiner Thesen bewegen. Luther sprach zum Ende der Verhandlung die legendären Worte: „Hier stehe ich. Ich kann nicht anders. Gott helfe mir. Amen!“

Dem gewährten freien Geleit nach Wittenberg konnte man nicht trauen. Johann Hus kam trotz dieser Zusage 100 Jahre zuvor auf den Scheiterhaufen. Friedrich der Weise entzog Luther anonym dem möglichen Zugriff seiner Gegner. Mögliche Motive des kurfürstlichen Handelns wurden genannt, sind aber nicht eindeutig belegt. Vielleicht war Friedrich stolz auf seine neu gegründete Universität in Wittenberg, und er wollte die Grundrichtung dieser Bildungseinrichtung moderat weiterführen.

Nachdem sich Luthers Lehre durch das Eingreifen des sächsischen Kurfürsten zunehmend im Deutschen Reich verbreitete und sich weitere herrschende Fürsten der Reformation anschlossen, ist auch anzunehmen, dass dieses Handeln auch dem Bestreben einer stärkeren Autarkie der Fürsten zum Kaiser geschuldet war.

Als Junker Jörg übersetzte Luther ab 1521 auf der Wartburg zunächst das Neue Testament aus den griechischen Urtexten ins frühe Neuhochdeutsche mit ostmitteldeutschen und fränkischen Anteilen. Man spricht auch vom Standarddeutsch, oder von der Sächsischen Kanzleisprache, die mit dem heute „Sächsischen“ nicht gleich zu setzen ist. Mitte der 20er-Jahre übersetzte Luther auch das Alte Testament. Mit der Bibelübersetzung wurde die deutsche Sprache in Wort und Schrift „unters Volk“ gebracht. Diese Schriftsprache war für die kommenden Generationen das

Bildungsprogramm und damit Voraussetzung unserer wachsenden Kulturnation. Damit ist die Übersetzung der Testamente in eine allgemein verständliche Sprache eine der größten Leistungen Luthers. Aber auch Luthers reformatorische Schriften waren mehr als das theologische Ringen um einen neuen Kirchenbegriff; sie waren ein Aufbegehren nach mehr Freiheit und Verantwortung für den einzelnen Menschen. Luthers letzte Streitschrift kam 1544 heraus. *„Wider das Papsttum zu Rom, vom Teufel gestiftet"*. Bis zu seinem Tod gab es für Luther in seiner Kritik kein Nachgeben. Die göttliche Allmacht des Papstes infrage zu stellen, war nicht nur eine Herausforderung der kirchlichen Dogmen dieser Zeit. Die Kirche war neben der Hierarchie der weltlichen Feudalherren auch eine Macht mit einem vergleichbaren Ausbeutungspotential. Eine soziale Revolution wurde ausgelöst.

Ein weiterer junger Landesfürst, der Landgraf Philipp von Hessen öffnete sich stärker als Friedrich der Weise den lutherischen Gedanken. Er berief in Homberg bei Kassel eine Synode ein, die eine zügige Durchsetzung reformatorischer Kirchenstrukturen in seinem kleinen Landgrafenterritorium auf den Weg brachte. In seiner vielleicht unabhängigeren, landgräflichen Herrschaftsform konnte Philipp von Hessen mutiger sein als ein Kurfürst der Ernestinischen Linie Sachsens.

„Die katholische Messe in ihrer Hochform war eine Demonstration der Macht und des Reichtums. Der evangelische Gottesdienst sollte dagegen eine Veranstaltung der Belehrung und der Zucht werden. In ihm stand nicht mehr der Hochaltar im Mittelpunkt, sondern die Kanzel. Statt Festtagsprunk sollte Andacht herrschen (...)".[3]

Einige Sprüche Luthers rufen heute Unverständnis hervor, wenn er sagte: „Die größte Ehre, die das Weib hat, ist allzumal, dass die Männer durch sie geboren werden". Eigentlich unverständlich, hatte er doch mit Katharina von Bora, einer ehemaligen Ordensschwester, seine sehr starke Ehefrau, die ihm wirtschaftlich durch ihre Tatkraft den Rücken freihielt. Auch in der Judenfrage hat er Stellung bezogen, die in heutiger Zeit als Antisemitismus gelten würde. Wenn man sich in die Vorstellungen des 14. Jahrhunderts versetzen würde, wäre so mancher Lutherspruch nicht mehr so unverständlich.

Nach den Wittenberger Ereignissen vollzogen sich auch in Zürich ähnliche dramatische Umwälzungen. Man spricht von der zweiten Reformation durch Huldrych Zwingli und Johannes Calvin. Später kam es zwar über die wahre Urheberschaft des reformatorischen Aufbruchs zum Streit. Luther war jedoch für Zwingli ein Vorbild im Mut zum Glauben. Den Streit mit den höchsten Vertretern der Kirche und dem weltlichen Kaiser muss man erst einmal durchstehen können; nicht nur, dass Zwingli den Nerv der Zeit traf, er konnte zum Beispiel den Rat der Stadt Zürich vom reformatorischen Wandel überzeugen. Damit war die geistliche Überzeugung von der christlichen Lehre auch in der bürgerlichen Gesellschaft angekommen. Für Deutschland jedoch offenbarte sich die Grundtatsache der Glaubensspaltung.

Das Jahr 1517 war für die Menschen ein gewaltiger Umbruch. Viele Menschen verspürten Angst vor dem Ungewissen. Sie waren im Alltäglichen zwar größtenteils in elenden, aber immerhin gewohnte Strukturen eingebunden. Ihre Informationsmöglichkeiten beschränkten sich nur auf das unmittelbare Umfeld.

Diese damalige Angst vor dem Neuen kann von uns noch verständlicher wahrgenommen werden, wenn wir bei unserer heutigen, zur Verfügung stehenden Informationsflut kaum in der Lage sind, Umbruchpotentiale objektiv einschätzen zu können. Wie seiner Zeit die Kirche können heute Politik und Medien Ängste schüren. Ökonomische und ökologische Umbrüche, sprich Globalisierung und Klimawandel, sind dafür beispielhaft.

Kirchliches Leben nach der Reformation

Die von Luther „verdeutschte" Bibel bildete bald die alleinige Richtschnur kirchlich-evangelischen Lebens. Die jetzt ausschließlich in deutscher Sprache gehaltene Predigt stand im Mittelpunkt des Gottesdienstes. Die Anrufung und Verehrung der Heiligen entfielen. Den Laien wurden beim Abendmahl der Kelch gereicht. Die Gemeinde selbst beteiligte sich durch den Gesang kirchlicher Lieder am Gottesdienst. Luther schrieb für das „unwissende" Volk den „Kleinen Katechismus". Klöster wurden teilweise aufgelöst und reformierte Priester durften heiraten.

Nach und nach wurde die neue Lehre in Brandenburg und Sachsen und anderen Ländern Norddeutschlands eingeführt. Auch in den Staaten der bis 1523 bestehenden Kalmarer Union, in Dänemark, Norwegen und Schweden fand die neue Lehre schnell Anhänger. Dagegen wurden die Anhänger der neuen Lehre in Österreich und Bayern mit „an den Pranger stellen", mit Kerker und Hinrichtungen bestraft. Kaiser Karl V., der mächtigste Fürst seiner Zeit, der im Reichstag zu Worms über Luther zu entschieden hatte, war entschlossen, in seinen Reichen die katholische (allgemeine) Religion zu erhalten.

Der Kaiser hielt im Jahr 1529 in Speyer einen Reichstag ab. Dort wurde von der katholischen Seite gefordert, dass die Protestanten sich aller Neuerungen in Glaubensfragen zu enthalten hätten. Auf dem Reichstag in Augsburg 1530 wurden dem Kaiser von der protestantischen Seite in milder Form gemeinsame, aber auch abweichende Grundsätze der Glaubensansichten überreicht, die im Wesentlichen von Philipp Melanchthon, dem bedeutendsten Mitarbeiter Luthers, ausgearbeitet wurden. Die evangelischen Reichsstände bestanden aus den Fürstentümern Sachsen, Kursachsen, Lüneburg und Anhalt sowie 14 Reichsstädten. Die dogmatischen und politischen Gegensätze im Verhältnis zur katholischen Seite galten jedoch als unüberbrückbar. Der protestantischen Seite drohten Prozesse vor dem Kammergericht wegen Landfriedensbruchs. Daraufhin schlossen sie sich 1531 zum Schmalkaldischen Bund zusammen. Im Stillhalteabkommen

(Nürnberger Anstand) lenkte der Kaiser ein. Im Gegenzug bekam er vom Schmalkaldener Bund die Unterstützung für die so genannte Türkenhilfe. Seit dem Fall Konstantinopels 1453 hatte das Heilige Römische Reich eine Türkensteuerliste auf den Weg gebracht. Es bestand durch die reformatorischen Umwälzungen wohl die Gefahr, dass nicht ausreichende Finanzmittel aufgebracht werden konnten, um das weitere Vordringen der Türken auf dem Balkan Richtung Deutsches Reich zu unterbinden. Als für Karl V. in den kriegerischen Auseinandersetzungen mit Frankreich und dem Osmanischen Reich zwischenzeitlich „Ruhe" eingekehrt war, nahm er den Zwist mit der reformierten Seite wieder auf.

Geschickt nutzte Kaiser Karl die Auseinandersetzung um die Vormachtstellung der zwei konkurrierenden sächsischen Landesherren, den Brüdern Ernst und Albrecht aus der Wettinischen Linie aus. 1485 kam es zur Trennung. Seit diesem Zeitpunkt gibt es im Fürstenhaus der Wettiner die Albertinische und die Ernestische Linie. Kaiser Karl verbündete sich jedoch mit dem protestantischen Moritz von Sachsen der Albertinischen Linie (auch Judas von Meißen genannt) und geht gegen den amtierenden Kurfürsten der Ernestiner Johann Friedrich, den Großmütigen und den Landgrafen Philipp von Hessen vor. Die Fürsten wurden mit der Reichsacht belegt.

Der Schmalkaldische Krieg war 1546/47 die Folge, der für die Protestanten nach der Schlacht bei Mühlberg an der Elbe verloren ging. Herzog Alba war hier der entscheidende Feldherr Kaiser Karls. Dem evangelisch sächsischen Kurfürsten wurde vom Kaiser die Würde der Kurstimme zur Kaiserwahl entzogen. Karl V. diktierte nun die Bedingungen.

Alle weiteren Kurfürsten sowie Könige (ab 1806 durch Napoleon) bis hin zum letzten abdankendem sächsischen König 1918 („nu, da machd doch eiern Drägg alleene") entstammten ab dann der Albertinischen Linie.

Karls Nachfolger Ferdinand I. - Trennung der Habsburgerdynastie in die spanische- (Philipp II.) und österreichische Linie (Ferdinand I.) - gelang die Einigung mit den Protestanten. Auf dem Augsburger Reichstag 1555 bekamen beide Konfessionen die gleichen Rechte zugesprochen. Alle Reichsstände erhielten das Reformationsrecht. (cuius regio, eius religio – wessen Gebiet, dessen Religion). In der Gegenreformation in Deutschland übernahmen nun die Bayern die führende Rolle.

In Frankreich brachen ab 1562 blutige Hugenottenkriege aus. In der Bartholomäus Nacht (1572) wurden in Paris und im Lande Tausende Hugenotten (franz. Eidgenossen) ermordet. Ähnliche Ereignisse fanden in den Niederlanden statt. In einem 80-jährigen Krieg gegen Spanien errangen die Niederländer 1648 sowohl die politische als auch die religiöse Freiheit in sieben Nordstaaten. Die überwiegend im Untergrund kämpfenden Geusen (Bittsteller) – man kann hier schon von Partisanen sprechen – waren für den Sieg ausschlaggebend. Herzog Alba, Statthalter des Kaisers, ließ den niederländischen Adligen, den Grafen Egmont hinrichten. Wilhelm von Oranien, Prinz von Nassau-Dillenburg wurde erster Statthalter der Nordstaaten und Gründer des heutigen Königshauses.

Die Jesuiten, die nicht den Papst für alle Übel verantwortlich machten, meinten, dass allgemein der Dienst am Nächsten in Vergessenheit geraten sei. Der Ordensstifter, Ignatius von Loyola schuf den jesuitischen Geist aus einer „soldatischen Pflicht und mystischer Frömmigkeit". Daher sieht die Ordensregel zwar die mönchischen Gelübde und das Zusammenleben in einem Konvent vor, aber keine Ordenstracht, kein gemeinsames Chorgebet und kein stabilitas loci (keine Ortsgebundenheit des Ordens) vor. Im 18. Jahrhundert konnten die Jesuiten trotz vieler Anfeindungen und Verbote in vielen europäischen Ländern sich im protestantischen Deutschland - u.a. in Preußen (Friedrich II.) und in Russland (Katharina II.) wegen der Vorteile des jesuitischen Schulsystems halten.

Papst Franziskus trat dem weltweit größten Männerorden bereits mit 21 Jahren bei. Der Orden wird als intellektuelle Speerspitze des katholischen Glaubens bezeichnet. (aus Spiegel online). In Deutschland arbeiten die Jesuiten heute überwiegend in der Kranken- und Gefängnispastorale.

Die Bauernaufstände (1525/26)

Die Bauern wurden von den weltlichen und kirchlichen Feudalherren bis auf das Blut ausgebeutet. Die steigenden Dienstleistungen und Abgaben erhöhte die Not der Bauern aufs unbeschreibliche. Diese Zustände führten im 15. Jahrhundert bereits zu Empörungen mit Ausschreitungen.

Luthers Thesenanschlag 1517 und die anschließenden verbalen Auseinandersetzungen mit Kirche und Reich hatten über die Jahre ein soziales Entzündungspotential. Auch von der Kanzel wurde jetzt die Gottergebenheit hin zur Obrigkeit, also zum Adel und zum Klerus angeprangert. Der kleine, freie Bauer und auch die Fronbauern scheuten sich jedoch noch immer, offen gegen die Obrigkeit vorzugehen. Erst als die Schultheißen der Dörfer, die heutigen Bürgermeister und auch kleine Handwerker die Führung übernahmen, brach die Revolte offen aus. Im Jahre 1524 begann der Aufstand im Schwarzwald und pflanzte sich über Thüringen und Franken fort. Sogar Ritter, wie Florian Gayer und Götz von Berlichingen, der auch seine Zeit als Raubritter hatte und auf Grund seiner kämpferischen Erfahrung Führer von „Bauernhaufen" wurde, schlossen sich dem Aufstand an, der bald viele deutsche Länder erfasste.

Luther war jedoch kein Thomas Müntzer, der Theologe und Reformator, der die Aufständischen in Thüringen führte. Reformation der Kirche – ja, jedoch gegen die Obrigkeit aufzustehen und zu töten – nein. Die Bauernaufstände brandmarkte Luther scharf mit seinen Schriften: *„Auch widder die reuberischen und mörderischen rotten und der andern bawren"*. Durch die Erfahrungen einer entbehrungsreichen Lebensweise als Mönch meinte er, dass auch das bäuerliche Leben in Not und Gehorsam zumutbar und zu ertragen sei, solange die Herrschaft im Einklang und Demut nach den Worten Jesu Christi lebt, und solange alle sich der Gnade Gottes unterwerfen und dankbar sind. Luther wollte in erster Linie die katholische Kirche reformieren. Seine Persönlichkeit machte ihn schnell zu einem Menschen des öffentlichen Lebens. Sein Wort kam bei den Menschen an. Er hatte die Vorstellung, dass die Gemeinden das kirchliche Leben selbst praktizieren sollten. Die Linderung der sozialen Not war jedoch das Anliegen der Menschen auf den überwiegend landwirtschaftlichen geprägten Dörfern. Es war wohl gottgewollt. Das Vorgehen der notleidenden Bauern und deren Folgen haben ihn jedoch abgeschreckt. Die „gottgegebene Obrigkeit" sollte im christlichen Sinne Bestand haben. Daher wandte er sich wortgewaltig mit seinen Schriften gegen die Aufstände der Bauern. Er hatte damit auch viele Gegner in den eigenen Reihen. Luther war ein Revolutionär in Glaubensfragen; die soziale Revolution lehnte er ab.

Legitime Forderungen, wie freie Wahl der Priester, freie Jagd, Fischerei, Holzung, Abstellen des Wildschadens, Aufhebung der Leibeigenschaft (in den meisten Fürstentümern wurde sie erst in der napoleonischen Zeit offiziell beseitigt), Erleichterung der Frondienste und gerechtere Gerichte wurden gefordert. Verhandlungen besänftigen die Bauern nicht. In Süddeutschland erhoben sich viele hunderttausend Bauern zusammen mit mittellosen Leibeigenen und auch verarmten Handwerkern. Sie stürmten Schlösser, Burgen und Klöster.

Dieser deutsche Bauernkrieg wird von den Historikern als ein Hauptereignis betrachtet. Die geballte Macht der Fürsten war zu groß. Über 100.000 Bauern wurden im Kampf getötet, auf ihren Höfen erschlagen, gefoltert und hingerichtet. Es ist der erste Klassenkampf der Ausgebeuteten gegen die Feudalherren in der deutschen Geschichte; ein Kampf gegen die Grundherren vom weltlichen Adel und dem oberen Klerus. Die Klassengegensätze der Feudalherren auch zum aufstrebenden Bürgertum, Handwerker, Kaufleute bis hin zu den Patriziern traten nun offen zu Tage.

Der Dreißigjährige Krieg (1618-1648)

Der Dreißigjährige Krieg war die Folge nicht befriedeter, radikaler Glaubensansichten, verstärkt durch das machtpolitische Streben vieler europäischer Staaten. Geschürt wurde der Krieg immer wieder u.a. durch Päpste, die weder in Glaubensfragen noch in politischer Weitsicht zu beraten waren. Jedoch gewannen in den unendlich langen Kriegsjahren mit unermesslichem Leid im Gegensatz zur päpstlichen Allmacht nach dem Motto – mit Ketzern verhandelt man nicht - immer mehr friedliche Stimmen die Oberhand. Der päpstliche Protest zum angestrebten Friedenswillen verhallte indes. Das kanonische Recht der Theologen wurde von weltlichen Juristen über die Jahre ersetzt und führte 1648 zum Friedenschluss von Osnabrück und Münster.

Auch im Kontext der damaligen Zeit ist diese Haltung der Päpste des alleinigen, „wahren" Glaubensanspruchs mit der urchristlichen Überlieferung unverständlich. Dieses Denken ist nur mit heutigen, radikalen Islamisten zu vergleichen, den Andersglaubenden die Meinung und sogar das Leben zu verweigern. Daher ergibt sich die Frage, wann sehen die Sunniten, die Schiiten sowie weitere islamische Richtungen ein, dass ein Glaubenskrieg so wenig im Sinne des Propheten sein kann, wie die einige Protagonisten im Dreißigjährigen Krieg glaubten, im Sinne Jesu Christi zu handeln.

Unter Einbeziehung der Schmalkaldischen Auseinandersetzungen von 1546/47 führten diese Religionskriege, wenn man die politische Konfrontation außer Betracht lässt, doch zu einem Wendepunkt in der christlichen Kulturgeschichte, nämlich zu der Einsicht, dass keine Seite stark genug ist, dass die jeweilige Glaubensrichtung sich entscheidend hätte durchsetzen können.

Aber waren es nur die ausgehandelten Land- und Machtansprüche, die in rein juristischer Vernunft verhandelt wurden? Soweit zum „guten" Ende dieses „unheilvollen" Krieges.

Ausgangspunkt der dreißigjährigen Kampfhandlungen war Prag, wo die böhmische Ständevertretung sich gegen den deutschen Kaiser stellte, der meinte, als böhmischer König die Oberhoheit zu haben, was zum bekannten „Prager Fenstersturz" führte. Die kaiserlichen Räte landeten unversehrt aus dem Untergeschoss auf dem Misthaufen; das war eine moralische Niederlage, die es zu tilgen galt.

Daraus erwuchs ein Kampf, der sowohl ein Glaubenskampf zwischen der katholischen Liga und der protestantischen Union im Heiligen Römischen Reich war, als auch ein Machtkampf der europäischen Mächte Schweden, Dänemark, Frankreich, den Generalstaaten der Niederlande und Spanien (zudem war England finanziell beteiligt), ausgetragen im deutschen Kaiserreich.

Hier zwei Ereignisse, die zur verstärkten Eskalation der Abläufe im Dreißigjährigen Krieg beitrugen. Der Schwedenkönig Gustav Adolf II. griff 1630 in die Kämpfe ein, als die Not der protestantischen Union am größten war. Das Motiv seines Eingreifens mag seiner tiefen religiösen Gesinnung geschuldet sein. Hauptziel war jedoch die Beherrschung des Ostseeraums. Der Verlust der Herzogtümer Mecklenburg und Pommern an die katholische Liga – es gab auch verwandtschaftliche Verbindungen - war nicht hinzunehmen. Waren die Schweden gegenüber anderen Söldnertruppen noch diszipliniert, änderte sich die Moral nach dem Tod des Königs 1632 in der Schlacht in Lützen bei Leipzig. Die Schweden wurden weit über das Ende des Krieges zur marodierenden Landplage. Erst der brandenburgische Kurfürst Friedrich Wilhelm I. konnte die Schweden aus den brandenburgischen Landen einschließlich der Provinz Hinterpommern durch die Schlacht bei Fehrbellin im Ruppiner Land (1675) besiegen und vertreiben. Über eine lange Zeit jedoch war Vorpommern mit den Inseln Rügen und Usedom immer noch schwedisch. Erst nach dem Wiener Kongress wurden diese Gebiete preußisch.

Das grausamste Ereignis dieser Zeit war die Erstürmung, der Fall und die Zerstörung Magdeburgs durch die Kaiserlichen unter seinen Feldherren Tilly und Pappenheim. Magdeburg wurde einschließlich seiner umliegenden Ortschaften zerstört. An die 20.000 Menschen, vom Kind bis zum Greis fielen dem Massaker zum Opfer. Magdeburg war das Dresden des Dreißigjährigen Krieges. Bei späteren, grausamen geschichtlichen Ereignissen sprach man von einem magdeburgisierten Geschehen.

Die Zerstörung europäischer Städte durch die Bombenangriffe im zweiten Weltkrieg ist ebenso unter diesem Begriff Magdeburgesierung einzuordnen. Man kann jetzt auch von einer Dresdenisierung sprechen, analog zu Guernica, Rotterdam und Coventry.

Die europäischen Mächte machten Deutschland zum Schlachtfeld und hinterließen eine Wüstenei. Ein Drittel der Bevölkerung verlor das Leben. In der Mark Brandenburg, wo Freund und Feind durchzogen und die Bevölkerung ausgepresst und „stranguliert" wurde, verlor jeder Zweite das Leben. Die Pest und Hungersnöte taten in der Folge das Ihrige.

Der Stand der Kriegsparteien im Jahr 1624, nach sechs Jahren Krieg, wurde im Westfälischen Frieden von Münster und Osnabrück 1848 nach dann weiteren 24 Jahren Mord und Totschlag festgelegt. Gebietsgewinne verzeichneten nur Brandenburg und Bayern. Der Habsburgerkaiser verlor an Macht. Die Schweden konnten sich zunächst an der Ostseeküste festsetzen und bekamen Teile des Herzogtums Pommern.

Die Protagonisten des Krieges über 30 Jahre waren:

Die Katholische Liga
- Die Römisch-Katholische Kirche in der Folge mit vier Päpsten
- Das Haus Habsburg, in der Folge mit zwei Kaisern und ihren Feldherren General Wallenstein, zwischenzeitlich Herzog von Friedland in Mecklenburg und die Generäle Tilly und Pappenheim

- Das Haus Wittelsbach; die Herzöge von Bayern
wurden Kurfürsten
- Intrigante Strippenzieher der Päpste und des spanischen
Königshofes mit dem Einsatz spanischer Truppen

Die Protestantische Union der Reichsfürsten
- Die Böhmische Ständevertretung als Auslöser des Krieges
- Die Kurfürsten von Sachsen und Brandenburg
- Die Niederländischen Generalstaaten
- Der König von Schweden
mit seinem katholischen Verbündeten, dem
- König von Frankreich mit seinem regierenden Kardinal Richelieu
- Der König von Dänemark mit wechselnden Seiten
- und viele mehr

Das war also ein europäischer Krieg mit Millionen Toten, (die sich nur schätzen lassen), der dem Machtstreben der christlich-konfessionellen und politischen Kräfte geschuldet war. 20 Prozent der Gesamtbevölkerung Westeuropas (ohne England) wurden ausgelöscht.

Hier einige Begriffe, die aus diesem Krieg noch geläufig sind und der NRZ („Kultur & Freizeit) vom 12.5.2018 entnommen wurden:
- BASTA = wurde von spanischen Söldnern mitgebracht –
  Schluss damit - (Altkanzler Schröder)
- BÖHMISCHE DÖRFER = viele böhmische (tschechische)
  Ortsnamen waren nicht geläufig
- RASIEREN = aus dem Französischen – kampfunfähig machen
- ZAPFENSTREICH = wurde von Wallenstein eingeführt,
  um die nächtlichen Alkoholgelage zu begrenzen. Es durfte nichts mehr ausgeschenkt werden.

2. Der Aufstieg Preußens

Der Deutsche Orden und die Prußen (Pruzzen)

Der Deutsche Orden, oder auch Deutschritterorden, war eine karitative Ordensgemeinschaft der römisch-katholischen Kirche. Der Orden geht auf ein Feldhospital Bremer und Lübecker Kaufleute während des 3. Kreuzzuges (1189-1192) im „Heiligen Land" bei der Belagerung der Stadt Akkon zurück. Danach konnte der Deutsche Orden im Baltikum aktiv werden. Der Herzog Konrad I. von Masowien bediente sich der Kampfkraft des Deutschritterordens zur Niederwerfung der Prußen mit entsprechenden Landzusagen.

Der indogermanische, heidnische Stamm der Prußen siedelte zu dieser Zeit im späteren Ostpreußen und in den heutigen baltischen Staaten Estland und Lettland. Lange konnten sich die Prußen dem westslawischen Stamm der Masowier, die großräumig um das heutige Warschau siedelten, erwehren. Die Prußen verwehrten den Masowiern den Zugang zur Ostsee. Kaiser Friedrich II. stimmte 1226 der Unternehmung der Herzogs von Masowien und des Deutschen Ordens zu. In der Schenkung von 1236 bekam der Deutschritterorden das Kulmer Land sowie alle zukünftigen eroberten Gebiete der Prußen vom Herzog zugesprochen. Später beteiligte sich der Orden an der Ostkolonisation und eroberte im 13. Jahrhundert große Teile des Baltikums sowie Gebiete zwischen Weichsel und Memel mit einem Staatsgebiet von bis zu 200.000 km^2. Aus diesem Stamm der Prußen wurden später Land und Leute der „**Preußen**". Wenn man also von „Preußen" sprach, war ursprünglich dieses in Besitz genommene Land zwischen Weichsel und Memel gemeint. Der Pruzzenstamm hatte keinen historischen Bestand; er ging in die Einwanderungen vom Westen und auch vom Osten auf. Die altprußische Sprache starb im 17. Jahrhundert aus. In diesem Gebiet eingelagert war das Fürstbistum Ermland, südlich des Frischen Haffs.

In den Auseinandersetzungen mit dem polnischen Königreich und den litauischen Herzögen erlitt der Deutsche Orden 1410 bei

Tannenberg (westlich der masurischen Seen) eine vernichtende Niederlage. Der Sitz des Hochmeisters, der erste Mann des Ordens, war die Marienburg (Marienborg, südlich von Danzig und Elbing); die Burg ist noch heute eine sehenswerte riesige Burganlage. Der letzte Hochmeister des Ordens, Albrecht von Ansbach, ein Hohenzoller, tritt 1525 zum protestantischen Glauben über. Der Ordensstaat wird ein Herzogtum, u.a. das spätere Ostpreußen. Der Hochmeister ließ sich vor diesem Schritt auch von Martin Luther beraten.

Die Mark Brandenburg und das Herzogtum Kleve

Unsere Eltern und Großeltern haben ihr Leben in der Mark Brandenburg verbracht. Bis zum Abitur war auch mein Mittelpunkt dort. Die Mark, wie sie genannt wurde, ging später in „Preußens Gloria" unter. Sie war aber das Kernland. Daher ist es naheliegend, zum Entstehen der Mark Brandenburg bis zum Land Preußen mit seinen späteren kulturellen und politischen Mittelpunkten, Berlin und Potsdam, etwas auszuführen. Ein weiterer Grund, sich mit dem Haus Hohenzollern ausführlicher auseinander zu setzen, ist, dass kein anderes deutsches Fürstenhaus die deutsche Geschichte sowohl im positiven wie negativen Sinne so geprägt hat, wie das Haus der Hohenzollern.

Erste Vorstöße in die Gebiete der Slawen östlich der Elbe, zur Havel und Spree unternahmen bereits die Karolinger. Deren befestigte Siedlungen wie Brennerbor (Brandenburg) und Havelberg wurden unter Otto I. (um 950) zu Bischofssitzen ausgebaut. Slawische Fürsten wurden als „Unterkönige" an das Reich gebunden. Die Christianisierung erfolgte - anders als Karl der Große die Sachsen bekehrte - behutsam und über einen sehr langen Zeitraum. Die zweite Welle der Einnahme, verbunden mit einer politischen Landsicherung, vollzogen die Fürsten der **Askanier** (1157-1320); ein deutsches Uradelsgeschlecht aus dem Gebiet der heutigen Magdeburger Börde in Sachsen-Anhalt. Die Askanier hatten auch eine Bedeutung in der Landesgeschichte der späteren Länder Sachsen, Niedersachsen und Sachsen-Anhalt und eben Brandenburg. Albrecht der Bär ist der bekannteste Herrscher aus diesem Geschlecht. Er konnte durch eine geschickte Heiratspolitik mit slawischen Fürstentöchtern eine Landesherrschaft in Brandenburg umsetzen. Unter Kaiser Friedrich I. (Barbarossa) wurden die Askanier Grafen der Mark (Markgraf). Mitte des 13. Jahrhunderts wurde die Uckermark Teil der Mark Brandenburg.

Die **Wittelsbacher** (bis 1373) und dann die **Luxemburger** (bis 1415) lösten die Askanier mit der brandenburgischen Herrschaft ab. Unter diesen Fürstengeschlechtern kam es zum Zerfall der landesherrlichen Gewalt. Bereits ab 1411 bekam ein Hohenzoller der fränkischen Linie die markgräfliche Gewalt in Brandenburg. Der römisch-deutsche Kaiser Sigismund aus dem Geschlecht der Luxemburger war es, der als anfänglicher Kurfürst von Brandenburg auf dem Konstanzer Konzil 1415 den Markgrafen Friedrich von Nürnberg zum Verwalter ernannte. Durch die Festigung der brandenburgischen Herrschaft und die Nähe zu den amtierenden deutschen Kaisern wurde den brandenburgischen Markgrafen zu dieser Zeit auch die Kurwürde übertragen. Das lutherische Bekenntnis mit dem Heiligen Abendmahl wurde ab 1539 eingeführt. In vielen Auseinandersetzungen wurden der Widerstand und die Willkür des Landadels gebrochen und unterworfen.

Die **Hohenzollern** stammen aus Baden-Württemberg ihres Stammschlosses bei Hechingen. Im 13. Jahrhundert teilten sich die Hohenzollern in die fränkische Linie mit dem Burggrafengeschlecht Nürnberg und in die schwäbische Linie der Hohenzollern-Sigmaringen. Der Chef des Hauses Hohenzollern ist seit 2010 Karl Friedrich von Preußen, ein Urur-Enkel des letzten Kaisers. Mit der Abdankung Kaiser Wilhelm II. endete 1918 die Herrschaft der dann preußischen Hohenzollern in Deutschland.

Wenn ich auf die ehemaligen Gebiete Ostpreußens zurückgreife, ist es auch vollständigkeitshalber angebracht, zu berichten, unter welchen Gegebenheiten die westlichsten Gebiete Deutschlands, u.a. das Herzogtum Kleve, preußisch wurden.

Meine Wurzeln liegen in der Mark Brandenburg. Obwohl in der Ostzone und der späteren DDR die annektierten Ostgebiete jenseits der Oder/Neiße totgeschwiegen wurden, hatte ich als Jugendlicher großes Interesse speziell an Ostpreußen. Die Romane des ostpreußischen Schriftstellers Ernst Wichert zur Geschichte des Landes waren Teil meiner Jugendlektüre. Nun eröffnete sich den 70er-Jahren durch einen Stellenwechsel in das Ruhrgebiet auch das Rheinland für mich. Anfang der 90er- Jahre haben wir unseren Wohnort von Oberhausen/Rheinland nach Haldern, ebenfalls mit dem Zusatz – Rheinland verlegt. Haldern ist ein Ortsteil der niederrheinischen Stadt Rees. Dass das rechtsrheinische Rees-Haldern zum Kreis Kleve gehört hängt mit dem Kloster Aspel zusammen, das auf halber Strecke zwischen den Orten liegt.

Irmgardis derer von Aspel wurde hochherrschaftlich verheiratet, so dass eine verwandtschaftliche Nähe zum Kaiser Heinrich III. bestand. Irmgadis war sehr fromm. Ihre umfangreiche Herrschaft schenkte sie um 1075 dem Erzbischof von Köln. Das weltliche Machtstreben auch dieser Erzbischöfe kostete viel Geld. Darlehensgeber waren u.a. die Grafen von Kleve. Hinzu kam ein Krieg um die Limburger Erbfolge, in dem der Kölner Erzbischof zu seinem Machterhalt bzw. zu seiner Machtausweitung Partei ergriff. Nach der Schlacht von Worringen 1288 wurden die bereits verpfändeten Reeser Gebiete (Aspel) an die Klever Grafen endgültig abgetreten. Kleve, zu dieser Zeit ein Herzogtum, wurde in Personalunion verwaltet und bestand Ende des 16. Jahrhunderts durch Erbschaften aus den Herzogtümern Kleve, Berg, (Bergisches Land mit Düsseldorf) Jülich mit weitem Umland, den Grafschaften Mark, mit Teilen des heutigen Ruhrgebietes und des Sauerlandes (mittendrin liegt die Dortmund seit 1232 Reichsstadt), Ravensberg (um Bielefeld und Herford), sowie Ravenstein (heute im Niederländischen gelegen).

Die Klever Herzöge hofften, durch Erwerb des Herzogtums Geldern einen starken Nordstaat errichten zu können. Der Beitritt zum Schmalkaldischen Bund wurde erwogen. Ein Klever Herzog suchte auch die Unterstützung der englischen und französischen Dynastien und verheiratete seine Schwester Anna mit dem berüchtigten König Heinrich VIII. von England. Anna von Kleve blieb im Gegensatz zu ihren Vorgängerinnen und Nachfolgerinnen am Leben und wurde zwar abgeschoben, konnte aber hochgeachtet in England ihr Leben verbringen. Der Herzog selbst heiratete eine Nichte des französischen Königs Franz I. Diese Heiratspolitik brachte aber auch nicht den gewünschten Erfolg. Die Pläne der Machterweiterung zerschlugen sich. Geldern wurde später den spanischen Besitzungen in den heutigen südlichen Niederlanden zugeschlagen. Dieses Konglomerat von Herzogtümern und Grafschaften stand dann zur Disposition, als die männliche Linie der Klever Herzöge 1609 ausstarb. Aber erst 1666 konnte man sich über die Zuordnung der Erbmasse im Vertrag von Kleve einigen.

Das rechtsrheinische Kloster Aspel war in Verbindung mit der Stadt also historisch mit dem linksrheinischen Herzogtum Kleve verbunden und überstand in dieser Zuordnung auch die letzte Gebietsreform von 1975.

Die Niederländer haben sich in einem 80-jährigen Befreiungskrieg (1568-1648) gegen die Spanier durchgesetzt (Egmont - Herzog Alba). Die restaurierten Festungsbauwerke der Stadt Rees, erbaut von den Niederländern im Kampf gegen ihre Besatzer, sind Zeitzeugen meiner neuen Umgebung. Die Republik der Vereinigten Niederlande entstand in den nördlichen Gebieten. Der südliche Teil des alten von Spanien beherrschten Teils verblieb zunächst bei den alten Besitzern, wurde zwischenzeitlich dann von den Franzosen beherrscht; nach jahrzehntelangen Querelen wurde 1835 ein Kompromiss erstritten, der bis heute einer ist: Der belgische Staat entstand. Die Auseinandersetzungen zwischen den holländischen Flamen und französisch sprechenden Wallonen sind bis heute immer wieder Alltag mit Auswirkungen bis in die europäische Politik.

Aus dem oben beschriebenen Herzogs- und Grafenkonglomerat Kleve konnte nur das Herzogtum Kleve selbst und die Grafschaften Mark und Ravensberg nach dem Erbfall 1609, aber erst weit nach dem 30-jährigen Krieg, nach langen Verhandlungen und vielen Kompromissen über das Herzogtum Preußen an das Kurfürstentum Brandenburg gelangen. Das deutsche Kaisertum wollte einen womöglich starken, reformierten Nordstaat verhindern. Der Kompromiss wurde nur erzielt, indem zwei Bedingungen zugestanden wurden:
- Im Klever Land war weiterhin die Religionstoleranz zu erfüllen, der bereits im Jahre 1532 von einem Klever Herzog mit einem Toleranzedikt die Grundlage gegeben wurde, und,
- dass die Stadt Kleve für immer auf jegliche Stadtbefestigung verzichten würde.

Beide Bedingungen werden bis heute eingehalten. Ein reformatorischer Kern hatte sich aber hier bereits entwickelt. Die katholischen Gemeinden konnten jedoch ihre deutlichen Mehrheiten erhalten, obwohl kriegsbedingt calvinistische Flüchtlinge während des 80-jährigen Krieges aus den spanisch besetzten Niederlanden, protestantische Zuzüge preußischer Verwaltungen, Vertriebene aus den Ostgebieten und nicht zuletzt durch entsprechende Zuzüge den Anteil der evangelischen Konfession in den Gemeinden des Klever Landes ständig erhöhten. Das gilt auch für den Ort Haldern. Trotzdem beträgt der Anteil der katholischen Bevölkerung immer noch an die 80 Prozent.

Aus dem Klever Erbe fielen die Herzogtümer Berg und Jülich an die bayerische Wittelsbacher Nebenlinie - Landshut/München - die sich Pfalz-Neuburg nannte. Die Eingliederung des Herzogtums Kleve mit den Besitzungen Mark und Ravensberg erfolgte wieder, wie schon oben beschrieben, über die Heiratspolitik der Herrschenden. Gebietserweiterungen und Absicherung der Besitzungen waren ja gängige Heiratspolitik.

Der Herzog von Preußen, Albrecht Friedrich, heiratete Marie Eleonore von Jülich-Kleve-Berg. Die älteste Tochter aus dieser Verbindung wurde mit dem brandenburgischen, späteren Kurfürsten Johann Sigismund verheiratet. Eine zweite Tochter heiratete den amtierenden brandenburgischen Kurfürsten. Das war eine vorausschauende Heiratspolitik der Herzogin Marie Eleonore, die mit ihren Töchtern zwei Eisen in die Sicherstellung einer männlichen Nachfolge im brandenburgischen Kurfürstentum „unterbrachte", die dann auch nur über das „Haus Brandenburg" gegeben war. So kam also das Herzogtum Kleve über das Herzogtum Preußen (in etwa die spätere Provinz Ostpreußen) an das Kurfürstentum Brandenburg. Eine deutsche Landkonstellation von Königsberg bis nach „Cleve" entstand. Der einzige Schönheitsfehler dieser über 1.000 km gehenden Landmasse war: Die jeweils Herrschenden mussten innerhalb ihres Reiches politisch anders-regierte Länder durchfahren. Ziemlich kompliziert, aber interessant.

Friedrich Wilhelm I., der Große
Kurfürst von Brandenburg (1640-1688)

Friedrich Wilhelm I., der später der Große genannt wurde, verbrachte die Zeit vor seiner Regierung in den Generalstaaten der Niederlande. Er erfuhr eine calvinistische Erziehung mit den Prinzipien der Pflichterfüllung, Sparsamkeit und Ordnungsliebe, die später zu den typischen preußischen Tugenden gezählt wurden. Er studierte in Leyden, lernte drei Sprachen und befasste sich mit moderner Kriegsführung und der niederländischen Handelspolitik. Als Friedrich Wilhelm 1640 die Regierung übernahm, konnte er nur verstreute Fürstentümer mit jeweils eigenen Verwaltungen übernehmen. Kleve lag ganz im Westen und 1.000 km weiter östlich lag das vormalige Herzogtum Preußen. In der Mitte befand sich das Kernland, das Kurfürstentum Brandenburg sowie weitere Streubesitzungen der Hohenzollern. In den ersten Jahrzehnten seiner Regierungszeit konnte Friedrich Wilhelm nur durch ständiges Taktieren zwischen den spanischen, französischen, schwedischen, polnischen und Reichsinteressen überleben. Man nannte ihn „den Kurfürsten mit dem politischen Wechselfieber." Immerhin war es ihm mit seiner Kurfürstenstimme möglich, auf die Reichspolitik Einfluss zu nehmen. Während seiner Regierungszeit wurden ihm nach dem Westfälischen Frieden endgültig die Herzogtümer Kleve und die Grafschaft Mark zugesprochen. Obwohl der Erbfall bereits 1609 eintrat, konnte der Streitfall erst 1666 rechtlich verbindlich beendet werden.

Der atemberaubende Aufstieg des Hauses Brandenburg vollzog sich im Windschatten der Großmächte. Ab 1650 unterhielt der Kurfürst ein stehendes Heer von 20.000 gutausgebildeten, uniformierten Soldaten. Mit den kurmärkischen Ständen schloss er einen Pakt, der ihm die wesentliche Finanzierung seiner Armee sicherstellte. Die Stände konnten im Gegenzug die Justiz- und Polizeigewalt wahrnehmen. Der Landesteil Preußen war immer noch ein polnisches Lehen. Mit den zu diesem Zeitpunkt verbündeten Schweden konnten die Polen bei Warschau entscheidend geschlagen werden. Im Frieden von Oliva (1660) bei Danzig wurde die vollständige Unabhängigkeit des ehemaligen Herzogtums Preußen besiegelt. Eine Zugehörigkeit Ostpreußens zum Deutschen Reich unterblieb durch die ablehnenden Stimmen des Immerwährenden Reichstages.

Der größte Störfaktor war jedoch Frankreich. Der französische Sonnenkönig Ludwig XIV. führte etliche Eroberungskriege. Durch die Feldzüge gegen die spanischen Niederlande 1672-1678 waren die linksrheinischen Gebiete des Kurfürsten in Kleve betroffen. Von 1688-1697 wurden die südlichen rheinischen Gebiete verwüstet. Die Zerstörung des Heidelberger Schlosses steht dafür.

1685 wurde das Edikt von Nantes von Ludwig XIV. aufgehoben. Dieses Edikt wurde 1598 vom König Heinrich IV. von Frankreich erlassen. Das war ein Versuch, die religiösen Auseinandersetzungen im Lande zu befrieden. Nach diesem Edikt war der katholische Glauben aber auch weiterhin Staatsreligion. Die calvinistischen Protestanten im Lande, die uns unter den Namen

„Hugenotten" (Eidgenossen) bekannt sind, konnten dadurch nur mit vielen Einschränkungen ihren Glauben leben. Nach der Aufhebung des Ediktes von Nantes war nun auch das eingeschränkte religiöse Leben der Hugenotten nicht mehr gegeben.

Daraufhin erließ der Kurfürst von Brandenburg im Jahr 1685 das Edikt von Potsdam. 300.000 französische Hugenotten flohen aus Frankreich. Mit diesem Toleranzedikt gab der Kurfürst den französischen Calvinisten die Möglichkeit einer freien und sicheren Niederlassung in seinen Gebieten. 20.000 Menschen nahm das Kurfürstentum Brandenburg auf. Sie brachten erhebliche Kapitalien und eine höher entwickelte Produktionstechnik mit. Die Namen dieser Hugenotten haben noch heute bei uns Gewicht (u. v. a. de Mazaìre). Der Kurfürst betrieb Großmachtpolitik, ohne mächtig zu sein – ein Visionär mit Ausstrahlungskraft auf die Nachfahren dieser Dynastie. Der Beleg des absoluten Herrschers seiner Zeit war der Ausspruch des Kurfürsten: „Es ist den Untertanen untersagt, den Maßstab seiner beschränkten Einsicht an die Handlungen der Obrigkeit anzulegen."

Für die damalige Zeit für einen weitsichtigen Souverän bestimmt sinnvoll. Trotz mannigfaltiger Informationsmöglichkeiten bleibt auch heute unsere Einsicht zu notwendigen Maßnahmen oft eigensüchtig und beschränkt – siehe Trassenbau von Stromleitungen oder Windräder, die Besitzer von Grundstücken und Gebäuden nicht hinnehmen wollen.

Kurfürst Friedrich III; ab 1701 Friedrich I.

König „in" Preußen (1688-1713)

War der Große Kurfürst „preußisch", so war sein Sohn Friedrich III. pomphaft überzogen. Der prunksüchtige Sohn des Großen Kurfürsten wollte unbedingt König werden. Der Kaiser wollte im Reich neben Böhmen, wo er selbst den Königstitel innehatte, aus machtmachtpolitischen Gründen kein zweites Königtum dulden. Wie es in der Politik oft so ist, machte der Kurfürst hinsichtlich der Umsetzung militärischer Absichten des Kaisers entsprechende Angebote. Da Ostpreußen nach den Verträgen von Oliva (1660) außerhalb der Grenzen des Deutschen Reiches lag, konnte der Forderung des Deutschen Kaisers genüge getan werden, dass innerhalb des Reiches kein zweites Königtum existieren sollte. So wurde der Kurfürst Friedrich III. König Friedrich I. „in" Preußen. Das alte Herzogtum Preußen war zwar durch die beschriebenen Erbschaften Teil des brandenburgischen Kurfürstentums, gehörte aber nicht zum Gebiet des Deutschen Reiches.

Die Krönung in Königsberg wurde mit ungeheurem Pomp vollzogen. Von Berlin nach Königsberg war man mit 30.000 Pferden unterwegs, in 1.800 Kutschen über zwölf Tage. Die Krönung wurde von einem lutherischen und einem calvinistischen Bischof vollzogen. Kosten: Das Doppelte der jährlichen Einnahmen der Hohenzollern. Er krönte sich selbst und dann erst erfolgte die Salbung durch die Bischöfe.

Unter seiner Ägide wurde das Berliner Schloss repräsentativ ausgebaut. Das Schloss Charlottenburg und das Zeughaus entstanden. Er stiftete die Berliner Akademie und die Sozietät der Wissenschaft. Berühmtester Baumeister war Andreas Schlüter. Berlin erhielt den Ehrennamen „Spree-Athen". Seine hochgebildete Frau Sophie Charlotte zog viele Künstler und Gelehrte, u.a. Gottfried Wilhelm Leibnitz an ihren Hof. Sie galt als die schönste Frau Europas.

König Friedrich Wilhelm I. (1713-1740)- **der Soldatenkönig**

Der Sohn, König Friedrich Wilhelm I., der Soldatenkönig, war wieder das ganze Gegenteil. Die preußischen Tugenden des Großvaters wurden wieder, jetzt aber mit großer Härte, praktiziert. Potsdam wurde Haupt- und Residenzstadt. Verschiedene Truppenteile aus brandenburgischen Städten wurden nach Potsdam verlegt und in Bürgerhäusern einquartiert. Eine rege Bautätigkeit war die Folge. Potsdam wurde Garnisons- und

Manufakturstadt. Friedrich Wilhelm I. hinterließ seinem Sohn ein stehendes Heer von 80.000 Mann und eine gutgefüllte Staatsschatulle. Damit besaß Preußen nach Russland, Frankreich und Österreich die viertgrößte Armee Europas, obwohl es seiner Fläche an zehnter und seiner Bevölkerung nach an dreizehnter Stelle stand. Friedrich Wilhelm hatte sich in seiner 27-jährigen Regierungszeit aus allen kriegerischen Handlungen herausgehalten. Dieser Armeeumfang war nur möglich, indem alle Maßnahmen des vom König streng kontrollierten Staatsapparates auf die Armee ausgerichtet wurden. Entsprechend wurden hohe Steuern rigide eingetrieben. Im Gegensatz zum Vater und Sohn traten geistig-kulturelle Belange vollkommen zurück. Während seiner Regierungszeit nahm er im östlichsten Teil des damaligen Ostpreußens 1731/32 vertriebene Salzburger Protestanten auf.

Was bleibt, ist das heute als Touristenattraktion bekannte Holländische Viertel in Potsdam. Es wurde seit 1733 geplant und begonnen und 1742 vom Sohn abgeschlossen. Es ist das größte, ausschließlich aus Ziegeln im holländischen Stil erbaute Stadtensemble und Kulturdenkmal außerhalb der Niederlande. Konzeptionell entspricht das Viertel dem Karree eines barocken Stadtgrundrisses, bestehend aus 134 Häusern. Ein weiteres Monument seiner Zeit ist das Bernsteinzimmer. In diesem besagten Zimmer setzten sich die Wandverkleidungen aus Bernsteinelementen zusammen. Das Original wurde von Friedrich I. Andreas Schlüter in Auftrag gegeben. Es befand sich ursprünglich im Berliner Stadtschloss. Anlässlich eines Besuches des Zaren Peter des Großen in Berlin wurde es als Gastgeschenk im Austausch vom „Soldatenkönig" gegen „Lange Kerls" übergeben.

Durch die Ereignisse des Zweiten Weltkriegs wurde das Bernsteinzimmer bei der Belagerung des damaligen Leningrads aus dem Katharinenpalast des Schlosses Zarskoje Selo abgebaut und in Königsberg deponiert. Seit dieser ist das Original des Bernsteinzimmers verschollen. 2003 konnte anlässlich des 300-jährigen Jubiläums von St. Petersburg die Rekonstruktion auch mit deutschen Spenden wieder im Saal des Katharinenpalastes aufgestellt werden.

Während einer Wolga Schiffstour mit den Besuchen Moskaus und St. Petersburgs konnten wir im Jahre 2005 das Bernsteinzimmer im Katharinen-Palast des „Zarendörfchens „zarskoje selo" bewundern.

Das im Volksmund „Lange Kerls" genannte Leibbataillon war eine kostspielige Marotte Friedrich Wilhelms I. Die Soldaten mussten in ganz Europa rekrutiert werden. Die Mindestgröße musste 6 Fuß betragen. Das entspricht 1,88 m. Bei der Größe der Menschen dieser Zeit war es ein schwieriges Unterfangen, ein Leibregiment der „Langen Kerls" aufzustellen

König Friedrich II. der Große (1740-1786)

Kriegsherr, Staatsmann, Philosoph und Künstler

Friedrich II., den man späten den Großen nannte, dachte dynastisch im preußischen Sinne. Als deutscher Kurfürst lag sein Interesse in erster Linie darin, einen Kaiser mit zu küren, der seine preußischen Vorhaben nicht behindert. Eine deutsch-nationale Gesinnung war ihm sicher fremd. In Schrift und Sprache war er dem Französischen mehr zugetan.

In der heutigen Zeit ist der Preußenkönig umstritten, wohl überwiegend wegen seiner geführten Kriege, die im preußischen Kontext der damaligen Zeit standen. Mit 28 Jahren wurde er König. Er hatte in seiner Kronprinzenrolle in Rheinsberg genügend Zeit, seine Rolle als König vorzubereiten.

Der Nachlass seines Vaters, das erwähnte Guthaben in der Staatskasse, war bei einer bitterarmen Bevölkerung schwer nachvollziehbar, ein diszipliniertes stehendes Heer, jedoch bis aufs Blut gedrillt und bei Vergehen durch „Spießrutenlaufen" (Gassenlaufen) bestraft und nach den damaligen Gegebenheiten ein durchorganisiertes Staatswesen. Wenn man sich die Landkarte der ersten Hälfte des 18. Jahrhunderts anschaut, war Preußen ein breit „gesprenkeltes" Land im Deutschen Reich. Von Kleve am Niederrhein bis Königsberg an der Pregel sind es ca. 1.000 km

Luftlinie, unterbrochen durch den polnischen Korridor im Osten, das Kurfürstentum Hannover sowie durch das bischöfliche Fürstentum Münster im Westen.

Die Schlesischen Kriege

Bald nach Friedrichs Regierungsantritt starb Kaiser Karl VI. und hinterließ als Erbin nur die Tochter Maria Theresia. Ihr wurden die österreichischen Erbländer zugestanden. Friedrich meinte, nach einem Liegnitzer Vertrag von 1537, preußische Erbansprüche an Schlesien geltend machen zu können. Er machte Maria Theresia zwar ein Angebot, sie in allen Belangen zu unterstützen, was das auch immer heißen mochte, wenn sie ihm Schlesien überließe. Aber bevor Maria Theresia nur das Angebot geprüft hatte und antworten konnte, hatte Friedrich schon Fakten geschaffen und Schlesien mit seinen Truppen besetzt. Den Vertrag zu erläutern, würde hier zu weit führen, zumal der Bezug darauf als vorgeschoben erscheint. Ein Anlass, das Auslösen des Konflikts zu beschleunigen, war die „Pragmatische Sanktion" von 1713, wonach eine weibliche Nachfolge des Römischen Kaisers Deutscher Nation, zu der Zeit war es Kaiser Karl VI., durch seine Tochter Maria Theresia möglich war. Dieser Fall trat 1740 ein. Preußen und Bayern versagten sich der Sanktion. Ein weiterer Grund war die Ambition des sächsischen Kurfürsten August III., Sohn August des „Starken", der auch noch König von Polen und Großherzog von Litauen war, dem Kaiser Karl VI. 1738 in den Ohren lag, einen Landschluss von Sachsen nach Polen durch Niederschlesien herbeizuführen. Friedrich meinte nun, seine Ansprüche wahrnehmen zu müssen, zumal die Bayern, Spanier und die Sachsen im österreichischen Erbfolgekrieg (1740-1748) ebenfalls Ansprüche auf den Kaiserthron geltend machten. Maria Theresia fungierte in der Position der österreichischen Erzherzogin und der Königin von Böhmen und Ungarn. So marschierte Friedrich mit von seinem Vater gut ausgerüstetem Heer und der reichlich gefüllten Kriegskasse über Sachsen in Niederschlesien ein. Er unterschätzte jedoch den Erhaltungswillen Maria Theresias. Ein folgenreiches Vorgehen Friedrichs. Aus dem Ersten Schlesischen Krieg folgten zwei weitere, die präventiv nach dem Motto ausgelöst wurden, Angriff ist die beste Verteidigung. Zu den Regierungszeiten der Ottonen und Salier im 10./11. Jahrhundert war Schlesien polnisches Herrschaftsgebiet. Unter dem Staufer Friedrich I. – Barbarossa - erfolgte eine verstärkte Germanisierung dieser Gebiete. Während der Ostkolonisation wurden Menschen aus Thüringen, Franken und Sachsen des deutschen Reichsgebiets in Schlesien angesiedelt. Regiert wurde das Land jedoch durch eine der fünf Adelsgeschlechter Polens, den Nachfolgern der legendären Pias, den Piasten. Diese Adligen tendierten in ihrer Lebensweise zum Deutschen Reich. Sie verloren immer mehr den Bezug zu ihrem polnischen Staatsverband und unterstellten sich der Lehnshoheit der böhmischen Könige. Anfang des 16. Jahrhunderts wurden die Habsburger böhmische Könige. Die mittlerweile schlesischen Herzogtümer gehörten somit zu den Erblanden der Königin und der späteren Kaisergattin (1745) Maria Theresia.

Der Kriegsbeginn 1740 mag auch einen psychologischen Hintergrund Friedrichs haben. Seine Kindheit und Jugend wurden durch seinen Vater bis zum 20. Lebensjahr zum Terror. Stärker konnten die Gegensätze des despotischen Vaters zum musisch geprägten Sohn nicht sein. Die unglücklichen Abläufe bis hin zur Flucht und das „Ansehenmüssen" der Hinrichtung seines besten Freundes Katte sowie seine Zeit in der Küstriner Festung sind sicherlich bekannt. Diese harte Zeit im Küstriner Gefängnis haben den Kronprinzen Friedrich geprägt. Schloss Rheinsberg war dann danach der Ort, wo Friedrich sich „nicht nur" - es soll auch Liebschaften gegeben haben - auf seine Rolle als König vorbereiten konnte. Er g ing ohne Aufsicht seinen Neigungen nach. Unter vielem anderen auch, sich Gedanken zu machen, wie man seinem Reich mehr Ansehen und Größe geben kann. Ist der Alte erst tot, und das war beim cholerischen Vater absehbar, werde ich es denen schon zeigen, mochte er gedacht haben. Der Vater starb am 31. Mai 1740. Am 11. Dezember, mitten im Winter, ließ Friedrich die Truppen „seines Vaters" in Schlesien einmarschieren. Eine vom Enthusiasmus getragene Entscheidung des 28-Jährigen.

Friedrichs Kriegsbilanz fiel in seiner „Geschichte meiner Zeit" aus dem Jahr 1775 (63-jährig) nüchtern aus. „Schätzt man die Dinge nach ihrem wirklichen Wert ein, so ist zuzugeben, dass der Krieg ein in mancher Hinsicht sehr unnützes Blutvergießen war, und das Preußen durch eine Kette von Siegen nichts weiter erreicht hatte als die Bestätigung des Besitzes von Schlesien."[4] Immerhin war der große König später zur Selbstkritik fähig.

Unter dem Aspekt, mit welchem Blutzoll Schlesien innerhalb des deutschen Reichsgebietes den Besitzer wechselte, sind Friedrichs Eroberungskriege noch verwerflicher. Den Schlesiern war es egal, wo sie ihre Steuern zu bezahlen hatten. Unter der Herrschaft der Österreicher wäre es ihnen in der Folge wohl nicht schlechter ergangen. Vielleicht hätte die Chance nach dem zweiten Weltkrieg bestanden, im deutschsprachigen Raum verbleiben zu können.

Sicher wäre unser niederschlesischer Großvater in der Wende zum 20. Jahrhundert anstatt nach Berlin in Wien gelandet. Nicht vorstellbar!

Das Jahr 1740 löst somit auch den Beginn des deutschen Dualismus zwischen Preußen und Österreich aus. Dieser Dualismus endete erst auf dem Schlachtfeld von Königgrätz, 126 Jahre später.

So waren fast seit Regierungsbeginn viele Jahre (1740/42; 1744/45; 1756-1763) nur durch Kriege bestimmt. In 23 Schlachten, viele mit Fortune des Königs und seiner Feldherren gewonnen und einige auch durch Fehleinschätzung der Lage sowie zahlenmäßiger Überlegenheit des Gegners verloren. In den Kriegsjahren waren seine Gegenspielerinnen Maria Theresia Königin von Österreich, die Zarin Elisabeth von Russland und die Mätresse Ludwig XV., Madame Pompadour. Der Frauenverächter Friedrich musste sich hier mit den Frauen beschäftigen. Der

Hauptgegner war Österreich. Mehr als hunderttausend Tote, Krüppel und Verletzte, verwüstete Landschaften mit ihren Dörfern und Städten. Friedrich selbst hatte auch persönliches Glück, heil aus vielen seiner Schlachten heraus gekommen zu sein. Im Gegensatz zu anderen Herrschern war er auch ein Feldherr. Sein Glück war aber auch, dass die Zarin Elisabeth, eine Tochter Peter des Großen 1762 verstarb. Ihr Nachfolger und Neffe Peter von Holstein-Gottorp, ein großer Verehrer Friedrichs, wurde noch zu Lebzeiten Elisabeths zum Nachfolger bestimmt. Russland schloss mit Preußen in St. Petersburg daraufhin einen Friedens- und Bündnisvertrag ab. Es folgte im Februar 1763 der Friedensvertrag von Hubertusburg mit seinen anderen Gegnern.

Neben Russland, England, Frankreich und Österreich war Preußen nun eine Großmacht. Europa hatte eine Pentarchie, in der nun fünf Mächte das Sagen hatten.

Trotz der Kriege fand Friedrich Zeit und Geld 1745 bis 1747 sein Rokoko Sommerschlösschen Sanssouci von Georg Wenzeslaus von Knobelsdorf erbauen zu lassen. Das Neue Palais wurde nach dem Siebenjährigen Krieg bis 1769 erbaut und diente für die weitläufigen Familien seiner Geschwister und weiterer Fürstlichkeiten als Sammelpunkt allmöglicher Festivitäten. Bis 1918 war die Anlage die Sommerresidenz Kaisers Wilhelm II. Heute gehören die Schlösser mit dem weitläufigen Park und seinen Gärten der Preußischen Stiftung. Die Anlagen sind allseits beliebt für Erholung und Kultur.

Der Gewinn nach diesen schwer durchkämpften Kriegsjahren war Niederschlesien. Die Bevölkerung Niederschlesiens hatte sich mehrheitlich der Reformation angeschlossen. Oberschlesien jedoch blieb zu 88 Prozent katholisch.

Friedrichs Haltung zum Christentum ist heute umstritten. In Friedrichs „Werken und Schriften" ist nichts Aussagekräftiges zur Religion zu finden. Der christliche Glauben war zwar seine Grundhaltung, die Dogmen der Kirchen, wie zum Beispiel das trinitarische Gottesverständnis, lehnte er ab. Gehalten hat sich über die Jahrhunderte der Spruch: „Jeder soll nach seiner „Facon" selig werden"; danach wurde er wohl auch in der Zeit der religiösen Auseinandersetzung seiner Zeit beurteilt.

„Es wirkte geradezu modern, wenn Friedrich seinen Untertanen ein privates Rückzugsgebiet zugesteht, in das der Staat nicht hineinzuregieren habe. Mit der Deklaration der Religion als Privatangelegenheit des Einzelnen leitete Friedrich eine Wende in der Geschichte des Christentums ein." Ich zitiere Lauster weiter: „Die Haltung Friedrichs zum Christentum erschreckte im 18. Jahrhundert viele Gemüter. Sein Neffe und Nachfolger unternahm große Anstrengungen, das Rad der Zeit noch einmal zurückzudrehen. Auf lange Sicht war jedoch Friedrich der Große, und nicht Friedrich Wilhelm II., der eine neue Ära von Staat und Religion einläutete".[5]

Friedrich war aber nicht der König, der nur seine Schlachten befehligte, das Flötenspiel pflegte und komponierte, Schlösser bauen ließ und mit Voltaire philosophierte. Unaufhaltsam reiste er durch sein Land und sah, was seine Kriege angerichtet hatten. Unablässig trieb er seine Untertanen an. Durch die Härte, die er bei seinem Vater erfuhr, als Prinz aber ablehnte, jetzt jedoch durch die Kriegsjahre gestählt, ging er nun mit gleicher Energie daran, sein Land wiederaufzubauen und entsprechend der erlangten Größe Preußens auch auszurichten.

Ein Generallandschulreglement wurde auf den Weg gebracht. Damals wie heute war Bildung angesagt. Oft kamen ausgediente Unteroffiziere zum Einsatz. Der Drill mit körperlicher Züchtigung wird nicht gefehlt haben. Selbst noch in der in der Bundesrepublik in den 50er- bis in die 70er-Jahre war die körperliche Strafe auch in Schulen nicht ungesetzlich und sie wurde durchaus angewendet. Für die Zeit Friedrichs ist die Bestrafung der Kinder zwar als verwerflich anzusehen, aber als übliche Praxis auch im Kontext der Zeit zu sehen.

Mit seiner Politik wurden aus vielen Ländern Siedler ins Land geholt. Bekannt ist die Trockenlegung der Warthe/Netze- und Oderbruchdistrikte und es entstanden 40.000 ha Ackerland. Die Neusiedler waren steuerlich begünstigt und vom Kriegsdienst befreit.

Die Försterei Vogelsang, das Revier unseres Vaters, gehörte zum Forstamt Zehdenick. Ein umfangreiches Wiesengebiet, das zum Einzugsgebiet
der Havel gehört, liegt in der Nähe und wurde als
„Moorkultur" bezeichnet; das Moor wurde kulti-
viert. Im Plattdeutschen wurde immer von der
„Mokeltur" gesprochen; für uns Kinder war das
schlechthin die begriffliche Zuordnung zu den Wie-
sen, bis es später dann „dämmerte". Viele Bauern
und Beschäftigte der Förstereien konnten von dort
zweimal im Jahr - heute bis zu fünfmal - „Heu" als
Viehfutter einbringen. Die Koloniedörfer Kappe
und Kurtschlag im Amtsbereich Zehdenick sind
zwischen 1740 und 1755 aus dieser Trockenlegung
entstanden.

Friedrich hatte durch seine Kriegspolitik von 1740 bis 1763 an
„seiner" Bevölkerung viel gut zu machen. Das wusste er wohl
auch. Die Verkehrswege wurden ausgebaut. 50.000 Siedlerstel-
len gefördert. Die von seinem Vater bereits aufgebaute Verwaltung im Sinne einer höheren Effektivität auf den Prüfstand gestellt und Hungersnöte, die in diesen Zeiten witterungsbedingt
immer wieder auftraten, versuchte er, trotz aller Widerstände
der Bevölkerung mit der Durchsetzung des Kartoffelanbaus zu
mildern. Der Spruch, „wat der Buer nich kennt, dat fret he nich",
war das typische Abwehrverhalten der Brandenburger in dieser
Zeit. Oft kann man diesen Spruch heute noch hören, wenn unbe-
kannte Gerichte nicht angenommen werden. Lukrative Industrie-
zweige, wie der Bergbau, wurden intensiv unterstützt. Die Verhüttung von ergebnisarmen Raseneisenerzen war ein mühsames
Geschäft, aber notwendig, wenn man eine Armee mit im Lande
hergestellten Kanonen versorgen musste.

Meine Heimatstadt Zehdenick hatte bereits zur Zeit
des Großen Kurfürsten um 1665 einen „Holzkohle-

hochofen" errichtet. Steinkohlenkoks zur Verhüttung von Erz war noch nicht bekannt. So mussten zur Erreichung hoher Temperaturen für die Eisen- und Glashütten Unmengen an Holz geschlagen und verfeuert werden. Die früheren Eichenwälder der Schorfheide, mussten dafür herhalten. Es wurden in der Zehdenicker Eisengießerei überwiegend Kanonenkugeln gegossen.

Der Soldatenkönig dachte bereits merkantilistisch. Im Lande produzierte Güter hatten viele Vorteile. Friedrich wusste als praktizierender Kriegsherr darauf aufzubauen. Er vergrößerte sein Heer nach den Kriegen bis auf 170.000 Mann. Das muss man sich heute einmal vorstellen, welche Ressourcen dieses immer noch kleine Preußen mobilisieren musste. Allein der Bedarf an den aufwendigen preußischen Uniformen schuf einen ganzen Zweig des Weber- und Tuchgewerbes.

Mit dem Aufbau einer Seidenindustrie erlitt Friedrich mit den spinnenden Seidenraupen Schiffbruch. Aber aus dem Wollen des Monarchen und durch Monopole blühte später die Samt- und Seidenstadt Krefeld auf. Mitte des 19. Jahrhunderts war die Hälfte der Krefelder Bevölkerung in diesem Industriezweig beschäftigt.

Der Aufbau einer Porzellanmanufaktur in Berlin (heute noch KPM) war wie zuvor schon in Meißen unter August dem Starken reines Prestigegehabe. Das im Lande hergestellte Porzellan der Königlich-Preußischen-Manufaktur gehörte einfach zu prunkvollen Schlössern mit großen Festen.

46 Jahre bestimmte Friedrich II. die politische Szene in Europa. Man nannte ihn schon zu Lebzeiten den „Große". Er wurde von allen späteren Schlachtenlenkern bewundert und von vielen Politikern verehrt.

Auch die „Macher der Jetztzeit" wussten seine Taten zu würdigen. Der preußische Militarismus wurde als die Wurzel allen Übels angeprangert. Die DDR hatte sich zunächst dieser Polemik angeschlossen, besann sich aber 1987 im Rahmen der Berliner 750-Jahrfeier der preußischen Tugenden und postierte den „Alten Fritz" fast wieder an seinen alten Standplatz „Unter den Linden". Der Bundeskanzler Kohl ließ es sich nach der Wende 1991 nicht nehmen, an der Umbettung Friedrich des Großen mit militärischen Ehren auf die Terrasse des Schlosses Sanssouci teilzunehmen. Die Grabplatte war bei unserem Besuch mit drei Kartoffeln geschmückt. Die Brandenburger bedankten sich bei ihrem König, wenn sie auch mit Tricks zum Kartoffelanbau und Verzehr bekehrt werden mussten.

In Friedichs Zeit fiel auch die erste Teilung Polens 1772. Die erzielten Landgewinne durch Russland, Preußen und Österreich wurden durch ein politisch schwaches Polen möglich. Die Großmächte konnten sich in Übereinstimmung am polnischen Staat bedienen. Preußen annektierte die Landbrücke zwischen Hinterpommern und Ostpreußen mit dem Ermland, südlich des Frischen Haffs gelegen, weite Teile des Netzedistrikts, sowie das Kulmer Land, ein Gebiet an der Weichsel nördlich von Thorn. Die „Landbrücke Westpreußen" sollte schon lange vereinnahmt werden, um einen direkten Zugang zu Ostpreußen zu bekommen. 1793 erhielt Preußen durch die zweite Teilung Polens unter Friedrichs Neffen Friedrich Wilhelm II. die Gebiete Südpreußen sowie 1795 durch die dritte Teilung Neuostpreußen, das Gebiet südlich des „alten" Ostpreußens. Polen fiel seiner schwachen Wahlmonarchie zum Opfer und verschwand vollkommen von der Landkarte. Das Sagen hatten die Großmächte. Russland, Österreich und Preußen waren die Gewinner nach den drei Teilungen Polens und akzeptierten, dass Polen nach 800 Jahren Staat bis 1918 quasi aufhörte zu bestehen.

Der König „in" Preußen hatte sich mittlerweile in „von" Preußen eingebürgert. Die östlichen preußischen Provinzen gehörten jedoch durch die Ablehnung des Antrages der Reichstände nach dem Frieden von Oliva (1660) in ihrer jetzigen Gesamtheit weiterhin weder zum Deutschen Reich noch ab 1815 zum Deutschen Bund. Erst nach der Revolution von 1848 und der Konstituierung des Parlaments wurden bis 1851 diese östlichen preußischen Provinzen dem Land Preußen offiziell eingegliedert.

Der Wandel seiner Nachfolger

Von nun an konkurrierten Preußen und Österreich um Deutschland noch intensiver. Im Reich ging die Sorge um, die alte Reichsverfassung mit dem Kaiser an der Spitze, gewählt durch die Kurfürsten, könnte nicht länger Bestand haben. Deutschland war ein Reich ohne Hauptstadt, ein Land ohne zentrale Führung wie zum Beispiel Russland, England oder Frankreich, sondern ein kulturgeographischer Raum, den sich politisch die zwei Mächte von europäischem Rang, Preußen und Österreich, teilten. Neben diesen deutschen Großmächten existierten viele Mittel- und Kleinstaaten, die sich überwiegend provinziell verhielten. Die vergleichsweise weltoffenen städtischen Metropolen wie Hamburg, Frankfurt/a.M. oder zum Beispiel Köln stellten die Ausnahme dar. Die außerhalb der Ständeordnung stehenden bürgerlichen und plebejischen Schichten des deutschen Volkes waren von den Residenzen der Herrschenden darum viel abhängiger als im westlichen Europa.

Die Deutschen waren wie Friedrich Schiller sie erkannte: Sie schrieben sich ihren weltbürgerlichen Schmerz von der Seele, während die französischen Intellektuellen die konkrete Politik für sich entdeckt hatten. Man bewunderte den englischen Liberalismus des freien Wirtschaftens sowie die freiheitliche Verfassung der nordamerikanischen Siedler. Das gab Anlass für die „realistische Wende". Die Französische Revolution hatte 1789 darin ihren Ausgang. Der Übergang von der französischen Monarchie zur Republik war mit vielen Irrtümern und Grausamkeiten verbunden. Die deutschen Fürstentümer unter Führung Preußens und Österreich versuchten diese Entwicklung schon in Frankreich aufzuhalten bzw., wieder rückgängig zu machen.

Bis Ende des 18. Jahrhunderts gab es kein ausgeprägtes Nationalbewusstsein in Deutschland. Eine deutsche Identität beschränkte sich auf kulturelle und sprachliche Belange. In Preußen bestimmte der Staat die Zulassung zu einer akademischen Ausbildung. Ab 1788 wurde zwar die „Reifeprüfung" eingeführt. Latein und Griechisch waren aber Pflicht. Dieses Modell setzte sich nach und nach in ganz Deutschland durch.

In den folgenden Jahren trat in die Auseinandersetzungen der jungen Französischen Republik mit dem Reich immer mehr ein Mann in den Vordergrund, der Europa bis 1815 entscheidend verändern sollte, der Korse Napoleon Bonaparte. Erst die napoleonischen Befreiungskriege und die Neuordnung von 1815 nährten verstärkt den Wunsch nach nationaler deutscher Einheit.

3. Die Zeit der Aufklärung

Über Jahrhunderte lebte die überwiegend bäuerliche Gesellschaft Europas in dumpfer Abgeschiedenheit und dörflicher Isolierung. Nur die Geschichtenerzähler und Händler, die von Ort zu Ort zogen, brachten Neuigkeiten und Anregungen in das eintönige Leben der Menschen. Da der größte Teil ihrer Zeit für den Lebensunterhalt notwendig war, fehlten ihnen die Kraft und durch mangelnde Bildung auch das Urteilsvermögen, sich mit ihrem Los auseinander zu setzen. Sie nahmen ihre Lebenslage so hin, wie sie war. Für Kritik oder gar ein Aufbegehren, um ihre Leben zu verändern, fehlten ihnen das Wissen in Bezug auf ihre prekäre Lebenslage, und dann der Mut und die Tatkraft zur Veränderung. Sie meinten, ihr Leben und ihre Sicht auf Obrigkeit seien gottgegeben. Erst als die Daumenschrauben der Herrschenden ins Unermessliche angezogen wurden, explodierte der soziale Kessel. Die Hussitenkriege in Böhmen (1420-1431) und die Bauernaufstände in Deutschland (1525/26) stehen dafür.

Gutenbergs Buchdruck (1455) und der Druck des von Luther übersetzten Neuen Testaments (1522) und deren Verkündigung in deutscher Sprache in den Kirchen sowie der Druck unzähliger

Schriften und Bücher löste in den folgenden Jahrzehnten die geistige und soziale Aufklärung nicht nur in Deutschland aus.

Zur ersten Säule der Aufklärung sind der Aufbau eines regelmäßigen Schulsystems und damit das Anheben der Alphabetisierungsrate der Bevölkerung bis zum Ende des 18. Jahrhunderts zu zählen. Das Fürstentum Zweibrücken-Pfalz war das erste deutsche Land, in dem die Schulpflicht bereits 1592 eingeführt wurde. Für Deutschland allgemein galt dies nach dem 30-jährigen Krieg jedoch je nach Land und Zeit sehr unterschiedlich. Der „Soldatenkönig" Friedrich Wilhelm I. 1717 und sein Sohn 1763 waren mit dem genannten Generallandschulreglement, also der Einführung eines Schulsystems beispielgebend für Deutschland. Aber wir wissen bis heute, der Wille der Exekutive und das Umsetzen eines Vorhabens oder Gesetzes sind zwei Dinge. Es blieb oft bei Absichtserklärungen. Von den damaligen Ländern wurden auch nicht die Schulgebäude und das „Lehrpersonal" zur Verfügung gestellt. Die überwiegend bäuerliche Gesellschaft lehnte das halbherzige, staatliche Vorhaben teilweise sogar ab, da die Arbeitskräfte der Kinder womöglich nicht mehr in dem Maße zur Verfügung standen. In früheren Jahrhunderten befanden viele Herrschende: Je ungebildeter, umso fügsamer und weniger aufsässig sind die Untertanen. Das musste und muss noch immer erst einmal aus den Köpfen raus. Sicher war die Kleinstaaterei in Deutschland der gesellschaftlich-politischen Entwicklung nicht förderlich. Einige Reichsstädte und kleinere Fürstentümer waren bezogen auf ganz Deutschland die positive Ausnahme. Je nach Stadtrat oder Landesherrn konnte die Förderung der Bevölkerung sehr unterschiedlich ausfallen. Positiv waren sicherlich in dieser Zeit die Kulturbetriebe der Landestheater der Kleinstaaten. München, Dresden, Weimar bis hin nach, sagen wir Meiningen, sind dafür beispielgebend. Das ist in der Welt ein einmaliger Vorgang, von dem wir heute noch profitieren, jedoch sind wir kaum in der Lage, dieses Angebot finanzieren zu wollen oder zu können.

Die soziale Aufklärung gab der Gesellschaft in Europa einen ungeheuren Schub mit all den Entwicklungen des 19. und 20.

Jahrhunderts. Es war nicht nur die vorhandene geistige Elite, die das Tempo des Fortschritts bestimmte, sondern die „gemeine Volksmasse gebar" ungeahnte, kreative Kräfte. Der einstmals führende Orient versinkt teilweise bis heute in seine zerstrittene Religionsphilosophie.

Die zweite Säule der Aufklärung ist der naturwissenschaftlichen Ebene zuzuordnen. Bereits seit dem 14. Jahrhundert nahm die Philosophie eine neue Form an. Sie versuchte „aufzuklären" und verbündete sich mit den Naturwissenschaften. Nach der Reformation verlagerte sich der Wissensdrang immer mehr aus den monastischen und adeligen Herrschaftsbereichen in das aufstrebende Bürgertum. In gebildeten Kreisen wurde ein reger Gedankenaustausch gepflegt. Der Buchdruck führte zur weiteren Ausweitung aufklärerischen Gedankengutes. Zeitschriften fanden in ganz Europa eine große Verbreitung. Auch ein größerer Optimismus hinsichtlich des Lebensinhalts fand immer mehr Nahrung. Das Bürgertum ging die ersten Schritte zu einer kapitalistischen Gesellschaftsordnung.

Bei den hier beispielhaft genannten Wissenschaftlern und Philosophen stellt sich natürlich die Frage nach dem Herkommen und der Möglichkeit, in dieser Zeit Bildungschancen wahrzunehmen zu können. Nikolaus Kopernikus (1573-1543) fragte sich zunächst, wie der Mensch Erkenntnisse gewinnen kann. Mit seinem heliozentrischen Weltbild ist er der frühen Aufklärung zuzuordnen. Kopernikus wurde mit zehn Jahren Halbwaise, hatte aber das Glück, dass sein Onkel, der spätere Fürstbischof des Ermlandes (damaliges Bistum auf Höhe des Frischen Haffs gelegen), sich seiner Ausbildung annahm. Er konnte in Krakau Mathematik, Philosophie, Theologie, Astronomie und Medizin studieren. Kopernikus erstellte mit einfachsten Mitteln eines Dreistabs ein heliozentrisches Weltbild. Das geozentrische Bild des Ptolemäus war aber hauptsächlich durch die Dogmen der Kirchen noch lange die Grundlage menschlicher Vorstellung. Dass Kopernikus nicht in die Fänge der Inquisition geriet, hat er wohl dem Umstand zu verdanken, dass seine Hypothese als Hirngespinst angesehen wurde. Auch die Reformatoren Luther und

Melanchton schlossen diese „unchristliche" These aus. Bereits in der Antike wies Aristarch von Samos (3. Jahrhundert v. u. Z.) durch Berechnungen nach, dass die Sonne im Mittelpunkt unseres Planetensystems steht. Der wissenschaftliche Nachweis gelang aber erst Johannes Kepler (1571-1630), ein theologischer Astronom und Mathematiker, der über die Erkenntnisse des Kopernikus hinaus Gesetze geschaffen hatte, in denen die ellipsenförmigen Bahnen der Planeten im Sonnensystem berechnet werden konnten. Er lehrte in der protestantisch-orientierten Hochschule Linz Mathematik, stand aber auch als Astrologe zwischenzeitlich in den Diensten Wallensteins, der seine Entscheidungen bekanntlich von seinem Astrologen Seni abhängig machte. Kepler lebte in der Zeit des Umbruchs. Seine Mutter, eine Gastwirtin im Stuttgarter Raum, wurde als Hexe angeklagt und gefoltert. Sein Herkommen war bestimmt nicht „bildungsnah". Alle nachfolgenden Gymnasiasten konnte er mit seinen von ihm entwickelten Logarithmen ärgern, sowie mit seiner „Fassregel", eine integrale Näherungsrechnung, mit der der Inhalt von Weinfässern bestimmt werden konnte. Auch die ventillose Zahnradpumpe, Bestandteil als Wasserpumpe wohl heute noch eines jeden Autos, geht auf seine Erfindung zurück.

Galileo Galilei (1564-1642) bewies mit seinen Erkenntnissen, dass das ptolemäische geozentrische Weltbild (um 140 v. u. Z.) unhaltbar war. Galilei wurde dazu von der wissenschaftlichen Seite und der theologischen Inquisition so hart attackiert (Folterandrohung), dass er seine Ansichten öffentlich widerrief. Die Beobachtungen Galileis mittels seines selbst konstruierten Fernrohrs waren für Kepler bei seinen Berechnungen der Planetenbahnen sehr hilfreich.

In der Kategorie der scharfen Denker dieser Zeit ist auch der Naturforscher und Universalgelehrte Gottfried Wilhelm Leibniz (1646-1716) zu nennen. Der „erste Taschenrechner", nur unter der Verwendung der Zahlen - Eins und Null - geht auf ihn zurück; die Voraussetzung unserer heutigen, digitalen Welt. Die Differentialrechnung und die Integralrechnung, Funktionstheorien für die Berechnung von Kurven und Flächen in Physik und Technik entspringen seiner geistigen Leistung. Den Bezug zu Gott stellte der Wissenschaftler, und hier als glaubender Philosoph derart dar, dass die Null das Nichtvorhandensein des Universums zum Ausdruck bringen sollte. Die Eins steht für - Gott erschuf die Welt. Die Frage, die man heute immer wieder mal hört, wie kann es sein, dass Gott dieses Elend auf der Welt zulässt? Leibniz' Meinung dazu (1710), - der Abstand zwischen Gott und allen Wesen liege gerade in ihrem von Gott eingerichteten Mangel an Vollkommenheit-. Warum alles dem lieben Gott überlassen? Er hat uns doch Verstand mit der Anlage zur Vernunft gegeben, an der es den Menschen aber bis heute zu fehlen scheint. Leibniz hatte durch sein Elternhaus in Leipzig ideale Voraussetzungen, sich bilden und bei seiner Begabung eine wissenschaftliche Karriere einschlagen zu können. Der Vater war Rechtsgelehrter an der Leipziger Universität, sein Großvater mütterlicherseits ebenfalls Juraprofessor an dieser Universität.

Das Denken der religiös geprägten Zeit äußert sich in der Beurteilung von Katastrophen. Ein Erdbeben mit immenser Stärke und Zerstörungskraft, wie in Lissabon 1755, wurde als Strafe Gottes für die aufkommende Kritik am Christentum bezeichnet. Es war zu dieser Zeit nicht selbstverständlich, dass der Lissaboner Bürgermeister trotz „Gottesstrafe" den Mut hatte, durch energisches Eingreifen die Not der Bevölkerung zu mindern. War der Bürgermeister ein aufgeklärter Mann, der die „Strafe Gottes" als unsinnig ansah?

Eine Generation später und in einem anderen theologischen Umfeld (Anglikanische Kirche) ist der englische Gelehrte Isaac Newton (1642-1727) zu nennen. Newton kann als Beispiel dienen, dass er trotz eines analphabetischen, bäuerlichen Elternhauses ein hochgeachteter Wissenschaftler wurde. U.a. gehen die Theorie der Schwerkraft und die Gesetze der Bewegung auf ihn zurück. Newtons Hauptwerk „Mathematische Prinzipien der Naturphilosophie" wird als größtes naturwissenschaftliches Werk angesehen. Trotz seines bahnbrechenden Intellekts machte er die Aussage: „Wenn ich etwas weitersah als andere, so deshalb, weil ich auf Schultern von Riesen stand." Seine „Riesen" waren auch die oben Angeführten und viele mehr. Newtons Erkenntnisse *(um 1700)* wurden erst von Einsteins Relativitätstheorie (1905) übertroffen.

Übrigens, wer seine Winter-/Sommerräder selbst wechselt, sollte darauf achten, die Radmuttern mit dem vorgeschriebenen Drehmoment in Newtonmeter anzuziehen.

In die Reihe der Allround-Wissenschaftler gehört Alexander von Humboldt (1769-1859). Er war in allen naturwissenschaftlichen Gebieten zu seiner Zeit die Koryphäe. Durch sein Studium an der Freiberger Bergakademie hätte er als Bergassessor Karriere machen können. Seine finanzielle Unabhängigkeit ermöglichte es Humboldt zunächst, mehrjährige Expeditionen Anfang des 18. Jahrhunderts in den amerikanischen Kontinent durchzuführen zu können. Seine gewonnenen Erkenntnisse über die Vegetationsgeografie, Zoologie, Klimatologie, Astronomie und vieles mehr führten zu Schlussfolgerungen, über die heute die Wissenschaftler nur staunen können. Humboldt sammelte in manischer Besessenheit Daten, die er empirisch in übergeordnete Zusammenhänge einzuordnen suchte. In rund 30 Werken veröffentlichte Alexander von Humboldt seine Forschungsergebnisse. Die aufwendigen Expeditionen überstiegen jedoch dann seine finanziellen Möglichkeiten, so dass er am Berliner Hof der restriktiven preußischen Könige mit seiner weltoffenen Einstellung doch noch ein geduldetes, abhängiges Leben führen musste.

Charles Darwin (1809-1882) war ein Aufklärer der besonderen Art. Darwin studierte auf Wunsch seines Vaters einige Semester Theologie, beschäftigte sich aber lieber mit botanischen Beobachtungen. Der Anfrage zu einer Weltreise, hauptsächlich zum südamerikanischen Kontinent als Vermesser der Küsten teilzunehmen, stimmte er begeistert zu. Von 1831-1835 nahm er an der Seereise der „Beagle" teil, eines kleinen ca. 30 m langen Segelschiffes. Er sammelte und beobachtete auf dieser Reise alles, dessen er habhaft werden konnte. Die Beobachtung auf den Galapagos Inseln, dass die dort vorkommenden Arten sehr vielfältig sind und nur dort vorkommen, gaben seiner Annahme einer evolutionären Entwicklung der Arten Bestätigung. Nur die Stärksten einer Art setzen sich durch, sowohl in der Fortpflanzung als im Bestehen des Daseins. Zusammen mit Alfred Russel Wallace veröffentlichte er eine Theorie der Evolutionsbiologie. Die biblische Schöpfungsgeschichte wurde nicht nur infrage gestellt, sondern widerlegt. Er hatte nicht nur seine Forscherkollegen gegen sich aufgebracht. Nichts stimmte mehr mit dem bisherigen Weltbild dieser Zeit überein. Zu seinem 100. Geburtstag gab es nur wenige, die der evolutionären Theorie Darwins zustimmen konnten. Sein erst 1859 veröffentlichtes Werk „Über die Entstehung der Arten durch natürliche Zuchtwahl", also erst 24 Jahre nach seiner Reise, schockierte die Weltöffentlichkeit bis auf einige progressive Naturwissenschaftler. Eine deutsche Fassung wurde erst 1899 veröffentlicht. Darwins Theorie gilt heute als einzige wissenschaftliche fundierte Aussage zur Entwicklung und Erhalt der Arten durch eine natürliche Auslese. Welche Eigenschaften der Arten überdauern, ist nicht von der Hand eines göttlichen Schöpfers bestimmt, sondern ist von den Wechselfällen der Lebensumstände abhängig. Als gläubiger Christ war er sich der Tragweite bewusst, die eine Veröffentlichung seiner Theorie nach sich ziehen würde.

Im „Dritten Reich" wurde die Darwin'sche Evolutionstheorie menschenverachtend pervertiert. Sowohl behinderte einzelne Menschen als auch vermeintlich minderwertige Rassen wurden als nicht lebenswert abgestuft und systematisch „liquidiert". Die Verbrecher einer angedachten „Herrenrasse" maßten sich an, eine perfide „Auslese" von Menschen und Rassen ausführen zu müssen.

Der deutsche Naturforscher Ernst Haeckel (1834-1919) erweiterte Darwins Lehre von der Umwandlung der Arten durch die Einbeziehung des Menschen. Sein Biogenetisches Grundgesetz war auch Teil unseres Biologieunterrichts. Die Entwicklung der menschlichen Eizelle bis zur Geburt (Ontogenese) entspricht der Stammesgeschichte des Menschen (Phylogenese).

Die dritte Säule ist wohl eine philosophisch-politische Ebene. Auch die aufgeführten Literaten ordne ich dieser Gruppe zu. Immanuel Kant (1724-1804) ist der Aufklärer schlechthin. „Er war keinesfalls ein gottloser Philosoph. Er wies die einst selbstherrliche, scholastische Theologie in die Schranken".[6] In seiner Schrift „Religion innerhalb der Grenzen der bloßen Vernunft" stellt Kant fest, „Religion sei nichts als der Inbegriff all unserer Pflichten, die uns göttliche Gebote auferlegen". In seiner „Kritik der reinen Vernunft" formuliert er den Satz, der als „Kategorischer Imperativ" Teil einer jeden philosophischen Lehrstunde ist: „Handle so, dass die Maxime deines Willens jederzeit zugleich als Prinzip einer allgemeinen Gesetzgebung gelten könnte." Unser Spruch dazu war und ist: „Was du nicht willst, was man dir tu, das füg' auch keinem Andern zu." Weiterhin meint Kant: „Habe Mut, dich deines eigenen Verstandes zu bedienen und wage den Ausbruch aus der Unmündigkeit, Unwissenheit und der Abhängigkeit im Denken und Handeln in selbstverantwortlicher Freiheit."

Vernünftige Schlüsse aus der Philosophie à la Kant zu ziehen, blieb jedoch in der Regel einer überwiegend gutsituierten, bürgerlichen und gebildeten Gesellschaft vorbehalten. Aber auch diese so genannte gebildete Gesellschaft war nicht in der Lage, daraus entsprechende, verantwortungsvolle Rückschlüsse zu ziehen und danach zu handeln.

Auch die geistige Elite des 20. Jahrhunderts zeigte das gleiche Verhalten, aus gesellschaftlichen Fehlentwicklungen, entsprechende Schlüsse zu ziehen und mit aller Evidenz und Entschlossenheit die Weltkriege gar nicht erst geschehen zu lassen. Im Gegenteil, sie trug dazu bei, die „Weltuntergangskriege" zu forcieren.

Die Bildung ist aber die Grundlage und Voraussetzung eines gesellschaftlich-kritischen Denkens. Weiterhin ist die Bildung für eine humane, technische und medizinische Entwicklung verantwortlich, die, bis in unsere Zeit, unendlich zu sein scheint.

Bei Kant gab es diese Voraussetzungen nicht. Er entstammte einer Handwerkerfamilie. Eher körperlich klein und schmächtig, war er für einen handwerklichen Beruf wohl nicht geschaffen. Trotz Großfamilie (vierter von acht Geschwistern) mit bestimmt schmalen Einkommen setzte die Mutter den Besuch des achtjährigen Emmanuel am Friedrich Collegium mit anschließendem Besuch der Albertus Universität in Königsberg durch (gegr. 1544 durch den Herzog Albrecht von Brandenburg-Ansbach). Weiterführende, spätere Studien an der Königsberger Universität wurden durch Hauslehrerstellen finanziert. Über die adligen Eltern seiner Schüler wurde Kant in das gesellschaftliche Leben von Königsberg eingeführt.

Dass Kant auch Humor hatte, zeigt, wie er sich über den Zeitgeist in Preußen amüsiert:

> *„Der Offizier sagt: räsoniert nicht,*
> *sondern exerziert!*
> *Der Finanzrat: Räsoniert nicht,*
> *sondern zahlt!*
> *Der Geistliche: Räsoniert nicht,*
> *sondern glaubt!"*

Die dritte Säule neben der aufgeführten sozialen und naturwissenschaftlich-philosophischen Säule bestand auch in einer politischen Ebene. Kants kritische Werke entstanden in Königsberg, neben Berlin und Potsdam eine Hochburg friderizianischer Verhaltensweise. Inwieweit sein König sich dadurch inspirieren ließ, ist schwer zu sagen. Friedrich II. hielt es bei seinen königlichen Betrachtungen lieber mit Voltaire, der trotz aller Querelen mit dem König der philosophische Wegbegleiter war. Der Franzose wurde als „der Aufklärer" Europas bezeichnet. Bereits 1740, im ersten Regierungsjahr des Königs, fand ein Treffen im Schloss Moyland bei Kleve statt. Polemisch wandte Voltaire sich gegen Absolutismus, Dogmen der Kirche, verteidigte die Menschenrechte, die menschliche Würde und trat für tolerantes, vernünftiges Handeln ein. Es ist das Geheimnis des großen Friedrich, wie er als Souverän eines absolutistischen Königtums mit dem revolutionären Gedankengut des Aufklärers seines Jahrhunderts sein Preußen als erster Diener seines Staates regieren konnte. Voltaire war auch Teilnehmer Friedrichs legendärer Tafelrunde. Beide verband eine skeptische Distanz zur Religion. Die übrigen Geistesvertreter seiner eigenen Generation sagten Friedrich wenig.

Trotz Friedrichs Skepsis hinsichtlich seiner philosophischen Zeitgenossen Preußens entwickelte sich Berlin zum Zentrum der deutschen Aufklärung. Zu nennen sind Christoph Friedrich Nicolai, Publizist, Kritiker sowie Herausgeber von Zeitschriften. Er veröffentlichte eine „Allgemeine Deutsche Bibliothek", an der Moses Mendelssohn ein wichtiger Förderer der Jungendemanzipation und zeitweilig Gotthold Ephraim Lessing - der lange Zeit das anerkannte Haupt des literarischen Deutschlands war - beteiligt waren.

Unsere Klassiker haben es eigentlich nicht verdient, als Aufklärer zuletzt genannt zu werden, da sie mit ihren Werken bereits in der Zeit des „Sturm und Drang" Akzente ihrer Zeit gesetzt haben.

Lessing ist mit seinen Meisterdramen „Minna von Barnhelm", „Emilia Galotti" und „Nathan der Weise" mit dem aufklärerischen Gedankengut die führende Person Deutschlands. Gerade letzteres Drama ist in der heute verstärkten Auseinandersetzung der Religionen beispielgebend für die Chance für ein friedliches Miteinander. „Er verarbeitete das neu aufkommende Lebensgefühl des 18. Jahrhunderts in seinen dramatischen Werken und legte sich davon in literatur-historischen und ästhetischen Schriften Rechenschaft ab. [94] (...) Er stellte die große Frage nach Geltung und Bedeutung der Vergangenheit für die Gegenwart, mit der das Christentum in der Moderne konfrontiert wurde".[7]

Die kleine thüringische Stadt Weimar war im Übergang des 18. zum 19. Jahrhundert der kulturelle Mittelpunkt Deutschlands. Hier war es der Fürstenhof des Herzogs Carl August und seiner Mutter Anna Amalie, die die Voraussetzung dieser kulturellen Blütezeit Weimars waren.

Johann Wolfgang von Goethe in die Reihe der Aufklärer zu stellen, ist vielleicht etwas gewagt. Die Jahre seiner „Sturm und Drang" Periode, in der 1773 „Götz von Berlichingen " schrieb, ist der Aufklärung zuzuordnen. Nach Beendigung seiner Italienreise entstand 1788 „Egmont", ein Werk, eines in seiner Weimarer Stellung bereits gefestigten Dichters. Goethes Ausnahmestellung zur Aufklärung sehe ich vor allem darin, dass er Weimar zum Mittelpunkt regen Geisteslebens machte. Nicht nur gleichgesinnte Literaten, Naturforscher und Musiker, sondern auch geistige Größen mit anderen Vorstellungen waren hier zu finden.

„Kaum eine andere Gestalt verkörpert den Übergang vom 18. zum 19. Jahrhundert so gut wie Johann Wolfgang von Goethe. An Goethe kann man das neue Selbstbewusstsein der einstmals vom Christentum protegierten Kulturformen studieren, aber auch das Aufkommen einer „Weltfrömmigkeit", die sich religiös, aber nicht unbedingt kirchlich-christlich gibt."[8]

Friedrich Schiller schrieb als 23-jähriger das Drama „Die Räuber". Aufgeführt wurde das Stück im „ausländischen" kurpfälzischen Mannheim unter der Schirmherrschaft des kunstliebenden Kurfürsten Karl Theodor. Der in Stuttgart als Regimentsmedikus ausgebildete und dort stationierte Friedrich wusste, dass sein württembergischer Dienstherr und Herzog Karl Eugen dieses Drama an seinem Theater in Ludwigsburg niemals durchgehen ließ. Schiller entzog sich daher dem Zugriff des Herzogs durch Flucht. Allein an diesem Beispiel ist zu ersehen, wie zerrissen die deutsche Landschaft und mit vollkommen gegensätzlichen Herrschern besetz t war. Ein weiteres Werk, welches dieser Zeit und der Thematik der Willkür der Landesherren zuzuordnen ist, wurde in „Kabale und Liebe" beschrieben. 1787 fand Schiller durch Goethe in Weimar bis zu seinem frühen Tod sein Auskommen in einem neuen Wirkungskreis.

III. Kapitel

Deutschland bis 1800-1848

1. Die Zeit Napoleons

Veränderungen bei den Mächtigen

Die Französische Revolution 1789 und die Veränderungen durch die napoleonischen Kriege mischte die Deutschen völlig neu auf. Im August 1806 legte der Habsburger Franz II. nach einem Ultimatum Napoleons den Titel „Römischer Kaiser Deutscher Nation" ab. Er ist fortan „nur" noch Kaiser von Österreich". Nach 1.000 Jahren vielfältiger deutscher Geschichte hörte dieses Reich Deutscher Nation auf zu bestehen. Die Titularwürde blieb dem Habsburgergeschlecht erhalten. Die Kaiserkrone des österreichischen Reiches hatte sich der Kaiser für sich und seine Erben gesichert. Nach der napoleonischen „Zwischenphase" bis 1815 konnten zwei Staaten die beherrschende Macht in Deutschland erlangen: das Kaiserreich Österreich und das spätere Kaiserreich Deutschland, das aus dem Königreich Preußen hervorging. Nach dem Wiener Kongress zeichnete sich eine weitere Grundtatsache für den deutschsprachigen Raum ab. Der Machtkampf der Vorherrschaft in Deutschland in einem dualen System zwischen Österreich und Preußen fand erst nach dem Krieg 1866 ein Ende.

Eroberungen

Die junge Französische Republik konnte sich im Kampf gegen die Koalition deutscher Fürsten unter der Führung des Herzogs von Braunschweig durchzusetzen. An dieser Koalition war auch der Weimarer Herzog Karl August als General beteiligt. In seiner Begleitung befand sich auch der Geheime Rat Goethe.

An Frankreich mussten in der Folge des aussichtslosen Krieges die Gebiete der preußischen Anteile des ehemaligen Herzogtums Kleve, die Herzogtümer Jülich und Berg mit Teilen der Kurpfalz, das Fürstentum Zweibrücken sowie Anteile der Erzbistümer Köln und Trier abgetreten werden. Von 1795 bis 1812 wurden damit die gesamten linksrheinischen deutschen Gebiete der Französischen Republik zugeschlagen. Die österreichischen Niederlande gehörten nun auch zu Frankreich. Im Frieden von Lunéville (1801) wurden die bis zu diesem Zeitpunkt eroberten Gebiete vertraglich gesichert. Für die deutschen Fürsten und besonders für den preußischen Staat ein Desaster; und das 15 Jahre (!) nach des großen Friedrichs Tod. Der Niedergang Preußens zeichnete sich hier schon ab.

Der korsische Artillerieleutnant Napoleon Bonaparte führte dann seine Eroberungspolitik zunächst als bürgerlicher General, als Konsul (1802) und ab 1804 als Kaiser von Frankreich durch. 1805 wurden die Österreicher und Russen in der „Dreikaiserschlacht" bei Austerlitz sowie Preußen 1806 bei Jena und Auerstedt besiegt. Nach diesen Niederlagen waren der große Niedergang und die Demütigung des Deutschen Reiches, speziell Preußens, nicht mehr aufzuhalten. Das französische Heer war in vielen Schlachten kampferprobt. Die geschlossenen Einheiten Friedrichs des Großen, die durch schnelle Schusswechsel versuchten, dem Gegner überlegen zu sein, gab es nicht mehr. Napoleon konzentrierte starke Kräfte auf einen Punkt, um Breschen in die gegnerischen Kampflinien zu schlagen und diese dann in kleinere Einheiten aufzuteilen. Kavallerie und bewegliche Verbände stießen in diese Breschen nach und rieben die geteilten feindlichen Kräfte auf.

Die Neuordnung Deutschlands begann bereits in dieser Phase der napoleonischen Eroberungen. 1803 wurde durch den Reichsdeputationsbeschluss Deutschland neu aufgeteilt und 1806 das „Heilige Römische Reich Deutscher Nation" endgültig zu Grabe getragen. Die Habsburger konzentrierten sich zum Erhalt ihrer Monarchie auf ihre ureigenen Interessen. Den deutschen Fürstenhäusern war nun das Oberhaupt abhandengekommen, obwohl sie sich auch nur dann auf dieses berufen fühlten, wenn es ihren eigenen Interessen diente. Nach Austerlitz „krochen" einige Häuser unter den Schutzschild Napoleons, wurden sie dann doch mit Titel und Land belohnt.

Napoleon gliederte Deutschland und weitere eroberte Gebiete neu. Der Rheinbund wurde gegründet. Die nördlichen linksrheinischen Gebiete wurden zu einem französischen Department zusammengefasst. Die Rheinländer arrangierten sich mit der napoleonischen Fremdherrschaft. Die größeren Territorien wurden mit respektablen Titeln ausgestattet: Die Kurfürstentümer Bayern, Sachsen und das ursprüngliche herzogliche Württemberg wurden Königreiche. Nicht nur mit dem Königsstand wurden diese Fürstenhäuser napoleonisch eingebunden. Weitere Zugaben machten den Deal mit Napoleon attraktiv. So wurde den Bayern die ehemalige Kurpfalz und Landgebiete im Fränkischen zugesprochen. Die Brüder Napoleons erhielten Königstitel; Jerome wurde von Westfalen und Louis von Holland, die ehemalige Republik der Vereinigten Niederlande. Die Polen bekamen eine Scheinsouveränität mit dem Großherzogtum Warschau.

Die „Verweltlichung" des Kirchenbesitzes hatte bereits nach der Reformation durch protestantische Landesfürsten ihre Vorgeschichte. Eine veränderte Gesetzgebung Napoleons hatte dann weiterhin zur Folge, dass große Teile der Kirchenbesitzungen eingezogen wurden. Durch die von ihm verordnete Säkularisierung wurden die 30 Fürstbistümer in weltliche Fürstentümer umgewandelt oder neu verteilt. Die meisten Klöster wurden aufgelöst. So haben reformierte Fürsten und ein französischer Kaiser vollzogen, was mit der theologischen Bestimmung eines Bischofsamtes nicht vereinbar war, eine weltliche Herrschaft auszuüben. Die überwiegend im Deutschen Reich vorhandene Verbindung von kirchlicher mit weltlicher Herrschaft trug über Jahrhunderte dazu bei, die Machtinteressen im Reich zu splitten. Eine schwache nationale Außendarstellung war die Folge.

Rechts des Rheins verschwanden 112 Reichsstände. 10 000 km^2 standen zur Disposition. Über drei Millionen geistliche Staatsuntertanen wurden neuen weltlichen Landesherren unterstellt oder verloren ihre Arbeit.

Diese Säkularisation hat Auswirkungen bis in unsere Zeit. Da zu jener Zeit weltliche Landesgremien von der Enteignung kirchlichen Besitztums profitierten, erfolgte ein Ausgleich vielfältiger Art. Die Darstellung dieses Ausgleichs, der über die Jahrhunderte Veränderungen ausgesetzt waren, würde hier zu weit führen. Ein Schnitt wurde mit der Weimarer Verfassung gemacht. Geblieben ist die Beteiligung des Staates am Unterhalt der Kirchen und der Pfarre. Der Einfluss auf die vor- und schulische Bildung schwindet zwar, aber der Staat übt im Schulwesen noch immer keine Majorität aus. Ähnlich sind die Kranken- und Pflegeeinrichtungen - dreifach geteilt bzw. organisiert: staatlich, kirchlich und privat mit oft unterschiedlichen Auswirkungen. Auch die Einführung der Kirchensteuern und Erhebung durch den Staat im 19. Jahrhundert ist letztendlich ein Kompromiss mit Spätfolgen der Säkularisierung, beginnend in der napoleonischen Zeit.

Die Besetzung des größten Teils der deutschen Länder durch Frankreich erzeugte viel Widerstand. Das Doppelgesicht der zivilen napoleonischen Herrschaft tritt plastisch hervor. Auf der einen Seite brachte sie bedeutende Fortschritte und trug viel zur Integration des Kontinents bei, aber andererseits erwachte der Nationalismus. Solange eine Nation sich auf ihre Wurzeln, auf ihre Tugenden besinnt und versucht, die gesellschaftliche Vielfältigkeit demokratisch im Einklang auf die Zukunft einzustimmen und zu leben, muss der „Ismus" der Nation nicht negativ sein. Das ist in den Folgejahrzehnten bis weit ins 20. Jahrhundert nicht gelungen. Der Nationalismus in Europa mutierte zur politischen Krankheit.

Napoleon war ein unersättlicher Kriegsherr. Als Folge seiner Eroberungen legte er - unter Einbeziehung seiner weitläufigen Verwandtschaft - neue Staaten mit veränderten Grenzen fest. Willkür war Trumpf. Erst an den Weiten Russlands biss er sich die Zähne aus. Leipzig war eine Völkerschlacht gegen diese Willkür Napoleons. „Waterloo" wurde der Inbegriff des endlichen Scheiterns und des unrühmlichen Abgangs Napoleons auf die Atlantikinsel St. Helena.

Reformen

Aber aus den Niederlagen gegen Frankreich und die Besetzung durch Frankreich gewannen die deutschen Staaten aber auch die Kraft zu großen inneren Reformen. Frankreich wurde also sowohl der Kristallisationskern für innere Reformen als auch des Erwachen des deutschen Nationalbewusstseins. Der preußische König Friedrich Wilhelm III. erklärte: „Der Staat soll durch geistige Kräfte ersetzen, was er an materiellen Kräften verloren hat".

Code civil oder auch Code Napoleon genannt ist ein ziviles Rechtssystem, das von Napoleon ab 1804 in Frankreich in Kraft gesetzt wurde und in den linksrheinischen sowie in den rheinisch-westfälischen Industriegebieten zum Tragen kam. Es war und ist eine Grundlage, auf die das Bürgerliche Gesetzbuch fußt, das ab 1900 Gültigkeit im Deutschen Reich hatte. In verschiedenen Büchern wurden im Code civil die Rechte der Personen, der Sachen sowie das Erb-, Schuld-, Schuld- Pfand- und das Hypothekenrecht gesetzlich festgelegt. Die Freiheit des Einzelnen, sein Eigentum und sein Gewissen waren vor dem Gesetz gleich. Die Trennung von Staat und Kirche war ebenfalls Teil des Codes civil. Was offen blieb, waren gleiche Rechte der Geschlechter. Dazu war die Zeit bei Weitem noch nicht reif.

Viele Reformen wurden in der Zeit der napoleonischen Besetzung ausgelöst und teilweise umgesetzt. Weitere gute Ansätze wurden in der Ära danach, bedingt auch durch die Karlsbader Beschlüsse von 1818, nicht ausgeführt; sie wurden jedoch zu einem der Entwurf einer Bundesverfassung.

Der preußische Staat gewann aber auch die Kraft zu großen, inneren Reformen und wurde zum Ausgangspunkt des deutschen Nationalbewusstseins. Im Rahmen dieser Abläufe haben die preußischen Verwaltungsbeamten Reichsfreiherr Heinrich Friedrich von und zum Stein und Fürst Karl-August von Hardenberg Reformen eingeleitet. Hardenberg, aus dem Hannoverschen stammend, deregulierte die Wirtschaft und war der Regierungschef Preußens.

Hardenberg erhielt nach verschiedenen preußischen Diensten vom König 1814 den Fürstentitel und die „Standesherrschaft" über das Amt Quilitz; das dazugehörige Schloss wurde von Schinkel klassizistisch rekonstruiert und erhielt den Namen nach seinem neuen Besitzer „Neu-Hardenberg". Mit der Gründung der DDR erfolgte die vielsagende Umbenennung in „Marxwalde". Heute wird das Schloss Neu-Hardenberg als Hotelanlage geführt und u.a. von der Bundesregierung als Gast- und Tagungsstätte genutzt. Lage: Im Landkreis Märkisch Oderland.

Der Reichsfreiherr vom und zum Stein war ab 1793, heute würde man ihn einen Regierungspräsidenten nennen, der erste Mann der Provinzen Kleve und Mark. Er hatte seinen Wohnsitz in der Klever Schwanenburg. 1807 wurde der Freiherr auf Anraten Napoleons vom preußischen König Friedrich Wilhelm III. zum Minister mit unbeschränkten Vollmachten bestellt. In kurzer Zeit ließ er in einem Edikt folgende Entscheidungen verkünden:
- Die Erbuntertänigkeit der Bauern wurde aufgehoben.
- Die Abschaffung der inneren Zölle war 1808 durch eine Städteverordnung vorgesehen. Die Bürger sollten über ihre Angelegenheiten nun in eigener Verantwortung entscheiden.
- Die Benachteiligung der Juden sollte ein Ende haben. Sie bekamen gleiche Bürgerrechte.
- Die Gewerbefreiheit förderte die wirtschaftliche Entwicklung. Die Bürger sollten über ihre Angelegenheiten nun in eigener Verantwortung entscheiden.
- Eine Steuerreform verringerte die Abgaben der Bevölkerung wesentlich.
- Das epochemachende Gewerbesteueredikt hob den Zunftzwang auf.
- Justiz und Verwaltung wurden voneinander getrennt; der erste Schritt einer Gewaltenteilung. Eine Legislative ließ noch auf sich warten.

- Ein Organisationsedikt wurde verkündet. Hier ging es um die Errichtung einer Ministerialregierung.

Aber von der Stein'schen Bürgergemeinde zu unserer modernen Einwohnergemeindeverordnung war es noch ein weiter Weg. Jedoch würden Männer wie von und zum Stein und Hardenberg auch heute unserer Bundesrepublik guttun.

Die preußische Heeresreform wurde von Scharnhorst und Gneisenau von 1807 bis 1814 gegen starke Widerstände konservativer Kräfte durchgesetzt. Napoleonische Strukturen fanden Einzug in das preußische Heer. Wesentliche Punkte der Reform waren:
- Selbstreinigung des Offizierskorps durch mögliche Kritiken,
- Beurteilungen der Offiziere,
- Beförderungen der Offiziere hingen nicht mehr vom Dienstalter und der adligen Herkunft ab.
- Einführung von Kriegsschulen zur Ausbildung aller Waffengattungen,
- Einführung des Gewaltrechts ohne Prügelstrafen.
Auch hier gilt: Vorhaben und Gesetz haben einen weiten Weg der Umsetzung. Der Adel dominierte weiterhin das Offizierskorps, bis man durch den Blutzoll der beiden Weltkriege verstärkt „Bürgerliche" einsetzen musste. Der Drill und das „Brüllen" in den Armeeteilen ist bis heute sprichwörtlich.
Die Bildungsreform wurde das Anliegen Wilhelm von Humboldt. Der Reformer Stein hielt Wilhelm von Humboldt für den Richtigen, eine Bildungsinitiative in Preußen auf den Weg zu bringen. Es wurde ein einheitliches, standardisiertes Bildungssystem geschaffen. „Nicht den Schusterjungen zum Schuster, sondern das Menschenkind zum Menschen auszubilden" war sein Motto. Seine Vorstellung war das dreistufige Ausbildungsideal: Elementarbildung (Volksschule), Gymnasialstufe und eine darauf aufbauende Universitätsausbildung. Die Form des heutigen Gymnasiums als Vorstufe zum Studium geht auf Wilhelm von

Humboldt zurück. 1810 wurde das Lehramtsexamen für einen Abschluss zum Gymnasiallehrer eingeführt. Er gründete in Berlin die gleichnamige Universität. Das Projekt des Engagements der Bürger als aktive Teilnehmer an öffentlichen Angelegenheiten wurde gestartet.

Napoleon ließ die Reformer gewähren, solange diese seine grundlegenden Pläne nicht durchkreuzten. Europa sollte nach seinem Willen gestaltet werden. Das königliche Preußen war in seinen Augen ein Vasallenstaat. Der König Friedrich Wilhelm III. von Preußen tat das im Gegensatz zu seiner Gemahlin Luise im ergebenen, napoleonischen Sinne; er fügte sich. Ein Johann Gottlieb Fichte jedoch prangerte in seinen berühmten Reden an die deutsche Nation Napoleon als den Verräter der französischen Revolution an.

Die Feldzüge Napoleons bis zur „Endschlacht" bei Waterloo brachten unermessliches Leid über Europa. Allein in der Völkerschlacht bei Leipzig betrug die Anzahl der Toten über 100.000.

Am Ende der napoleonischen Kriege umfasste die Einwohnerzahl der Länder des Deutschen Bundes 33 Millionen. Dagegen nahmen sich die Einwohnerzahlen der Residenzstädte bescheiden aus.

Der Freiheitskampf gegen Napoleon

Die Jahre der französischen Besetzung brachten auch viele freiheitliche und auch nationale Durchbrüche. Das Freikorps der Schill'schen Jäger lösten in der Bevölkerung sehr viel Begeisterung aus. Der Mythos des Majors Schill entstand bei der Verteidigung Kolbergs in Pommern gegen eine französische Übermacht im Jahre 1807, als Preußen und Russland sich gegen weitere Eroberungen Napoleons stemmten. Der tollkühne Major Schill wollte danach mit seinem Husarenregiment einen Volkskrieg gegen Napoleon entfachen. Schill zog durch Norddeutschland, überfiel Nachschubtransporte und kleinere Militäreinheiten und hoffte wohl, dass sein Vorgehen in Preußen schule machen würde und ein allgemeiner Aufstand ausbrechen würde. Dem war aber nicht so. Er erhielt weder vom Militär, der Politik noch aus dem Volke eine wesentliche Unterstützung. Der König distanzierte sich von diesem Vorgehen und sein Regiment operierte daher irregulär. Die Schill'schen Husaren wurden in der Nähe von Stralsund besiegt, Schill fiel und elf Offiziere aus seinem Regiment wurden in der Zitadelle Wesel von den Franzosen standrechtlich erschossen.

Diesen Kämpfen gegen das napoleonische Regime waren zwar während der französischen Besatzung kein Erfolg beschieden, dazu war das Regime zu überlegen und omnipräsent, lösten jedoch einen Freiheitswillen vor allem bei der studentischen Jugend aus. Die Studenten waren es in der Folge auch, die aus allen Landesteilen kommend, sich an den Universitäten Deutschlands austauschen konnten. Dieser Freiheitswille wurde dadurch auch in das gebildete Bürgertum getragen.

In den Befreiungskriegen ab 1813 sind die Lützowschen Jäger zu nennen, ein Freiwilligenkorps, das sich aus allen deutschen Landen zusammensetzte. Sie hatten die Vorstellung eines zukünftigen, einheitlichen Deutschlands. Der Romantiker und Heldenliederdichter Theodor Körner ließ sein Leben 1813 als Mitglied der Lützowschen Jäger. „Das ist Lützows wilde, verwegene Jagd"- kennen viele.

Die Fortführung der Losungen von 1789 - Freiheit – Gleichheit – Brüderlichkeit - ist bei den Eroberungen durch die Schlachten Napoleons bei Leipzig und Waterloo nicht mehr im eigentlichen Sinne zum Ausdruck gekommen, war im Kern aber immer Teil des napoleonischen Handelns. Indem in Frankreich feudale, klerikale Zöpfe abgeschnitten wurden, schuf er neue Herrschaftsstrukturen, teilweise aus seiner Militär- und Verwaltungsadministratur, die sich oft aus dem bürgerlichen Lager rekrutierten. Diese neuen Herrschaftsstrukturen ließen in Frankreich durch die Revolution und danach auch in den eroberten Gebieten die Unterwürfigkeit der unteren Massen in Bezug zur herrschenden Klasse schwinden. Die napoleonische Zeit war also auch eine soziale Revolution. Der Herr Bischof und der Herr Patron mussten von ihrem über Jahrhunderte erhobenen Sockel zumindest ein paar Stufen herabsteigen. Das Bürgertum, bisher nur über Geld der Kaufleute mit Ansehen bedacht, forderte seinen Machtanteil am politischen Geschehen. Auch die Mittellosen, die sich nur Kraft ihres Wortes Zuhörer, Geltung und Ansehen verschaffen konnten, traten aus der Menge und forderten nach dem Vorbild der französischen Revolution mindestens die Freiheit und Gleichheit und ein einheitlicheres Deutschland. Friedrich Schiller brachte die deutsche Situation einer nachnapoleonischen Zeit noch zu seinen Lebzeiten zum Ausdruck, indem er sagte, dass das Deutsche Reich und die deutsche Nation zweierlei Dinge sind. Mit dem Wanken des Politischen hatte sich das Geistige immer fester und vollkommener gebildet.

2. Europäischer Wandel

Der Wiener Kongress

Nach Napoleons Niederlage nach der Völkerschlacht bei Leipzig und seiner endgültigen Verbannung wurde bis 1815 auf dem Wiener Kongress mit Frankreich nicht in dem Maße abgerechnet, wie es Anbetracht der ungehemmten Eroberungspolitik und den damit verbundenen Folgen, die gesamte europäische Gebiets- und Herrschaftsansprüche zu verändern, zu erwarten war. Während des Kongresses musste man sich erneut militärisch mit Napoleon in der Schlacht im belgischen Waterloo auseinandersetzen.

Gut 100 Jahre später hätte man sich dessen erinnern sollen, als man Deutschland zum alleinigen Kriegsverursacher verurteilte und mit dem Vertrag von Versailles demütigte. Einem weiteren Weltenbrand wurde eine Grundlage gegeben.

Napoleon konnte sich auf der Woge der Revolution von 1789 und den zerstörerischen Folgeerscheinungen der Jakobiner zum ersten Konsul putschen und dann sich selbst zum Kaiser der

Franzosen krönen. Die Franzosen hatten gesät und auch Napoleon hat trotz seiner Eroberungspolitik revolutionäres Gedankengut in seine Politik eingebracht. Der Erfolg der Befreiungskriege machte den Europäern Mut, Demokratie auf den Weg zu bringen. Die Saat keimte also und drohte gegen die herrschenden Mächte aufzugehen.

Die bestimmenden, absolut herrschenden Monarchen der Wiener Abrechnung wollten aber das revolutionäre Gedankengut ausmerzen. Die alte Ordnung vor der Revolution sollte wiederhergestellt wissen.

Natürlich war es schwierig, bei dieser Mammutveranstaltung des europäischen Kongresses in Wien die Linie zu halten. Die Interessen der Mächte konnten unterschiedlicher nicht sein. Der Rahmen dieses Kongresses sprengte daher alles bisher Dagewesene. „Schätzungsweise einhunderttausend Menschen bevölkerten über neun Monate die Donaumetropole und machten Wien zum Nabel der europäischen Welt. – Zaren und Kaiser, Könige und Großfürsten, Herzöge und Minister, Berater, Sekretäre, Händler, Dirnen, Bankiers, Bischöfe, Generäle und unendlich viele Bedienstete – kamen im September 1814 nach Wien, um an dem größten, gesellschaftlichen und diplomatischen Ereignis der neueren Geschichte teilzunehmen"[1].

Die „großen Vier" – Österreich, England, Russland und Preußen diktierten das Geschehen in Wien.

Frankreich musste bereits im Vorvertrag von Paris 1814 die Grenzen vor Kriegsbeginn von 1792 anerkennen. Die Gebiete Elsass und Lothringen, frühere deutsche Reichsgebiete und unter Ludwig XIV. erobert, verblieben jedoch bei Frankreich. Welches Wohlwollen wurde den Franzosen zu teil. Die Neuaufteilung der deutschen Gebiete sowie das Tauziehen um Polen, das den Kongress fast zum Scheitern brachte, beschäftigten alle Protagonisten. Die Franzosen sollten „nur" auf ihren Kaiser und die Eroberungen seiner Zeit verzichten. Aber die „Mittelmächte" und auch die Kleinstaaten wollten auch ihren Beuteanteil, mindestens den unter Napoleon erhaltenen Titel- und Landgewinn bzw. den Status quo der vornapoleonischen Zeit gesichert wissen. Das wusste Duc de Talleyrand, der Vertreter Frankreichs, geschickt auszunutzen, in dem er auch die Mittelmächte an verschiedenen Verhandlungstischen postieren konnte. Er, der bereits bei den Bourbonen vor, während und nach Napoleon Außenminister war, erreichte, dass die Franzosen nicht allzu viel Federn lassen mussten.

Österreich hatte mit der Kongressstadt Wien das Heimrecht, ein Vorteil, den der österreichische Staatskanzler Fürst von Metternich zu nutzen wusste. Seine Familie hatte Besitzungen in Cochem an der Mosel und wurde von Napoleon enteignet. Sie fasste aber durch böhmische Güter in Österreich wieder Fuß. Durch seinen Vater konnte er vielfältige diplomatische Erfahrungen sammeln. Die Protektion ermöglichte ihm bereits als 29-jährigen die Wahl über verschiedene Gesandtenstellen. Er entschied sich für Dresden und ab 1803 und 1805 für Berlin und Paris - die Schaltstellen der europäischen Diplomatie. In Berlin versuchte er über das preußische Königspaar Luise und Friedrich Wilhelm III. eine Antikoalition zu schmieden, scheiterte aber am König, der sich durch Verträge mit Napoleon gebunden fühlte. Ab 1809 war Metternich österreichischer Außenminister. Er hatte so - natürlich wie der Franzose Talleyrand - durch Erfahrung und Geschick die Möglichkeit, auf dem diplomatischen Parkett die erste Geige zu spielen. Die Österreicher setzten sich mit dem lockeren Zusammenschluss zum Deutschen Bund durch. Teilweise wurden bestimmte Gebiete regelrecht verschachert. Sicherheitszonen gegen zukünftige, vermeintliche Gegner wurden geschaffen.

Heutige Zeitgenossen wissen oft nur den gleichnamigen Sekt zu schätzen.

England hatte Interesse, Frankreich weiterhin zu isolieren und durch starke Partner ein Gleichgewicht der Kräfte in Europa wiederherzustellen. Man denke an die jahrelange Kontinentalsperre Napoleons.

Russland meinte, der Befreier Europas vom napoleonischen Joch zu sein. Die Aufteilung Polens unter Russland, Österreich und Preußen bis 1795 und von Napoleon durch die Gründung eines Großherzogtums Warschau teilweise rückgängig gemacht, ließen in Wien ein Königreich Polen entstehen, das unter der Oberherrschaft der Russen als Kongresspolen in die Geschichte einging. Die Zaren Alexander I. und später Nikolaus I. waren zugleich Könige von Polen. Danach wurden von den Zaren getreue Vizekönige als Gouverneure mit dem Ziel eingesetzt, langfristig eine Russifizierung anzustreben. Der Name „Polen" sollte getilgt werden. Aber die Anfangszeile der Nationalhymne von 1797 − „Noch ist Polen nicht verloren" − hielt den Freiheitswillen wach. Dieses Ergebnis wurde trotz der für die Polen niederschmetternden Festlegung erst nach langen Verhandlungen bis hin zum Abbruch erzielt; es soll sogar mit Kriegserklärungen gedroht worden sein.

Die Kirche und damit das Papsttum war der größte Verlierer. Die Säkularisation in Deutschland, von Napoleon ab 1802 umgesetzt, fand auf dem Wiener Kongress ihre Bestätigung, zu mindestens was die Enteignung des kirchlichen Besitzes betrifft. Die weltliche Herrschaft der Kirche in Deutschland war zu Ende. Das heißt aber nicht, dass das Papsttum einer politischen Einflussnahme abgeschworen hätte. Die in Wien und später gefundenen Kompromisse juristischer und finanzieller Art haben sich bis in unsere Zeit verfestigt. Der Versuch, das hier aufzuzeigen, würde zu weit führen.

Nach dem Wiener Kongress hielt sich die Begeisterung der linksrheinischen Bevölkerung durch den Wegfall der Franzosenherrschaft in Grenzen. Sie gehörten nun wieder einer preußischen Provinz an. Ab 1837 bildete die erweiterte Rheinprovinz ein zusammenhängendes Ganzes gegenüber der starken Zersplitterung vor dem Wiener Kongress. Diese Provinz hatte mit vier Millionen Einwohnern die doppelte Bevölkerungszahl gegenüber Ostpreußen und war 1930 mit 7,5 Millionen der bevölkerungs- und industriereichste regionale Landesteil Preußens.

Die Königreiche Bayern und Württemberg sowie das Großherzogtum Baden erzielten ebenso durch die Abschlüsse des Wiener Kongresses erhebliche Landgewinne.

Nicht nur die preußischen Unterhändler, auch die Vertreter aus anderen deutschen Ländern konnten mit dem Ergebnis des Wiener Kongresses nicht zufrieden sein. Sicherlich bestanden zu hohe Erwartungen. Jedoch ist nach einer objektiven Einschätzung der europäischen Lage festzustellen, dass die absolute Herrschaft der Souveräne eine erweiterte politische Gestaltung nicht zuließ. Die Zeit war einfach noch nicht „reif" dafür. Die große Hoffnung, parlamentarische Vertretungen des Volkes möglich zu machen, konnten sich nicht erfüllten.

Da der Sieg und das Erzwingen der Abdankung Napoleons nicht nur von deutschen Kräften errungen wurden, machten die Mächte England und Russland ein Mitspracherecht bei der Neugestaltung Deutschlands geltend. Auch bei den Abläufen zur Neugestaltung Deutschlands wurde viel geschachert. Es wurden Landverschiebungen, Tauschhandel, Einrichten von Sicherheitszonen (Preußen im Westen gegen Frankreich) und vieles mehr, was sich unter heutigen Bedingungen nicht mehr durchführen ließe. Ermutigt durch Reformansätze durch Hardenberg und Stein um 1807 und durch den allgemeinen Auftrieb nach dem Sieg über Napoleon, erhofften die politisch orientierten Deutschen die Errichtung eines deutschen Einheitsstaates. Auf diesem Kongress konnten sich die Unterhändler nur auf minimale Kompromisse einigen.

Immerhin ist Deutschland mit seinen teilstaatlichen Strukturen „übersichtlicher" geworden. Die deutschsprachigen Länder schlossen sich zu einem Bund zusammen, zum Deutschen Bund – ein erster Schritt zu einem einheitlichen Deutschland.

Freiheitliche Bestrebungen, die 1789 in der französischen Revolution ihren Ausgangspunkt hatten, während der napoleonischen Besetzung sich in Reformansätzen manifestierten, in den Freiheitskriegen und danach in dem „Zwischenspiel" 1813 bis 1815 immer wieder neue Impulse erhielten, sollten nun nach dem endgültigen Sieg über Napoleon - so hofften die liberalen

Kräfte Europas - nach dem Wiener Kongress zum Durchbruch kommen und festgeschrieben werden. Das Gegenteil war der Fall. Alle reaktionären Kräfte der vornapoleonischen Zeit wurden wieder aktiviert. Neben der Reaktivierung dieser restaurierten Herrschaftsbereiche galt es vor allem, diese zu sichern. Fürst Metternich war der richtige Mann, ein System zur Sicherung des politischen Gleichgewichts in Europa zu schaffen. Die Monarchen Österreichs, Russlands und Preußens schlossen sich zu einer „Heiligen Allianz" der Majestäten „im Namen der unteilbaren Dreieinigkeit" zusammen. Unter dem Deckmantel der christlichen Religion und der weiteren Annahme ihrer Berufung, durch das „Gottesgnadentum" erwählt zu sein, verbarg sich der Machtanspruch der Majestäten, des russischen Zaren Alexander I., des österreichischen Kaisers Franz I. und des preußischen Königs Friedrich Wilhelm III. Alle bürgerlichen oder nationalistischen Umwälzungen waren abzuwehren. Dieser Allianz schlossen sich auf Druck der drei Majestäten, außer Großbritannien und des Vatikans, alle auf dem Kongress vertretenen Länder an. 1818 trat auch Frankreich unter dem wiedereingesetzten Bourbonenkönig Ludwig XVIII. dem Pakt bei.

Der Deutsche Bund

Der Deutsche Bund wurde auf dem Wiener Kongress im Juli 1815 ins Leben gerufen. Das war in Anbetracht der Komplexität der Konflikte und der Interessenlagen der Verhandlungspartner als ein wesentlicher Schub in Richtung eines einheitlichen Deutschlands anzusehen.

Außenpolitisch unterstützten die Großmächte England, Russland und auch Frankreich die Gründung des Deutschen Bundes. Sie sahen darin die Möglichkeit, ein ausgleichendes Gleichgewicht der Kräfte innerhalb Europas zu garantieren. Die Vergangenheit zeigte im Falle der Schlesischen Kriege, dass ein deutscher Einzelstaat das gesamte europäische Machtgefüge ins Wanken bringen konnte. Die deutschen Einzelstaaten konnten wie im Falle der Aggression der napoleonischen Großmacht keinen Widerstand leisten. Sie blieben Spielball dieser oder anderer Großmächte. Napoleon bediente sich der Taktik bei seinen Eroberungen in Deutschland - unterwerfen und dann durch Aufwertung belohnen und damit an sich binden. Er verschob dadurch das Kräfteverhältnis in Europa entscheidend zu seinen Gunsten. Deshalb war die Installation des Deutschen Bundes auch dem Zweck geschuldet, die Aufrechterhaltung der äußeren und inneren Sicherheit Mitteleuropas nach den katastrophalen Auseinandersetzungen in der napoleonischen Zeit zu verbessern und zu sichern. Österreich machte gewisse Vorbehalte geltend und pochte auf ein lockeres Vertragssystem, wäre doch die Vormachtstellung Österreichs bei einer starken Institution des Deutschen Bundes gefährdet gewesen.

Innenpolitisch war durch die Ausweitung des Handels und des Verkehrs innerhalb Deutschlands eine verbesserte Zusammenarbeit mit den Großmächten zu erwarten. Die Strukturen der vergangenen Kaiser- bzw. Königsmonarchien blieben jedoch prinzipiell erhalten. Trotzdem kann man die Gründung dieses Staatenbundes für diese Zeit als einen epochemachenden Vorgang bezeichnen.

Herausgekommen war ein loser Staatenbund ohne Oberhaupt, in dem überwiegend Österreich und in zweiter Linie Preußen den Ton angaben; das war ein duales Staatengebilde mit den „Anhängseln" einiger mittlerer und vieler kleinerer Staaten mit unterschiedlicher Gewichtung und Religionszugehörigkeit.

Es waren 34 Fürstenhäuser und vier Freie Städte, Lübeck, Hamburg, Bremen und Frankfurt, die sich zum Deutschen Bund zusammenschlossen. Einige Gebiete wurden von Fürstenhäusern eingebracht, die nicht zum Deutschen Bund gehörten, zum Beispiel vom König der Niederlande, der Luxemburg einbrachte. Andere Gebiete, die in der Kaisermonarchie bis 1806 nicht zum Reich gehörten, blieben auch beim Deutschen Bund außen vor. Dazu gehörten Teile der preußischen Provinzen West-, Süd- und Ostpreußen; sie unterlagen weiterhin dem Vertrag von Oliva von 1660.

Österreich blieb weiterhin ein Kaiserreich. Der Kaiser von Österreich war zugleich König von Böhmen. Hinzu kamen fünf Königreiche. Preußen konnte bereits 1701 die Königskrone erlangen. Bayern, Sachsen und Württemberg erhielten die Königswürde durch Napoleon in der Voraussicht, treue Vasallenstaaten für weitere Pläne zu haben. Hannover konnte die Königskrone während des Verhandlungsverlaufs des Wiener Kongresses erlangen. Schließlich waren die Welfen Kurfürsten von Braunschweig-Lüneburg auch seit 1714 in Personalunion Könige von Großbritannien und blieben es bis 1837.

Zentrales Organ des Deutschen Bundes war die Bundesversammlung in Frankfurt, die auch Bundestag genannt wurde. Die Mitgliedsstaaten des Deutschen Bundes schickten weisungsgebundene Bevollmächtigte, Gesandte, die nur einstimmige Entscheidungen treffen konnten. Die Bundesversammlung in Frankfurt war Sprachrohr der regierenden Fürsten, vom österreichischen Kaiser über einen Herzog bis zu den Ersten Bürgermeistern der Freien Städte; das war ein ständiger Gesandtenkongress, der im weitesten Sinne eine Fortführung des Immerwährenden Reichstages darstellte bzw. mit dem heutigen Bundesrat zu vergleichen ist. Die Anzahl der Stimmen richteten sich nach der Bevölkerungszahl.

Die Bundesakte des Deutschen Bundes von 1815 schrieb für jedes Mitglied eine landesstaatliche Verfassung vor. Aber es verblieb nur der unbestimmte Wortlaut des Artikels 13 mit der Ankündigung, dass in allen Bundesstaaten eine Landsmännische Verfassung umzusetzen sei. Weder über den Inhalt der Verfassungen noch über den Zeitpunkt ihrer Einführung wurde etwas gesagt. Von 1816 bis 1818 konstituierten sich bespielhaft in den Ländern des Großherzogtums Sachsen-Weimar-Eisenach (Geheimrat Goethe) und den Königreichen Württemberg und Bayern teilweise bereits vorhandene ständische Verfassungen. Bezeichnend ist, dass Österreich erst durch die Revolution von 1848 zu einer Verfassung gedrängt werden konnte. Preußen jedoch bekam weder ein nationales Parlament noch eine nationale Verfassung. Friedrich Wilhelm IV, König von Gottes Gnaden von Preußen, regierend ab 1840, äußerte sich zu Verfassungsbestrebungen in seinem Land, „zwischen mir und meinem Volk habe kein Verfassungspapier zu stehen."

So nach und nach wurden Verfassungen jedoch in unterschiedlichen Ausführungen in weiteren Ländern konstituiert. Das Königreich Hannover zog 1833 mit einer verabschiedeten Verfassung nach. Das Großherzogtum Baden erhielt immerhin ein eingeschränktes Wahlrecht. So wurden Grundrechte auf den Weg gebracht und es kam erstmals politischer Wille von unten auf. Weiterhin wurden Landesparlamente und einheitliche Verwaltungs- und Justizstrukturen geschaffen.

Die Besitzungen des österreichischen Kaiserreiches außerhalb des Deutschen Bundes waren die Habsburger Besitzungen in Oberitalien, in Ungarn, im heutigen Slowenien und Kroatien; das waren Gebiete mit großem Konfliktpotential, das heißt, die immerhin noch als Großmacht zu bezeichnende österreichische Monarchie konnte sich nicht nur auf die deutschen Belange konzentrieren. Das österreichische Kaiserreich konnte zunächst unter Metternich, ab 1848 unter Schwarzenberg und dem jungen, aber stockkonservativen Kaiser Franz Joseph I. seine Position in Deutschen Bund bis zum Deutschen Krieg 1866 erhalten bzw. ausbauen.

Das Konglomerat von Staaten des Deutschen Bundes hatte immerhin mit vielen Zerreißproben bis zum Jahre 1866 nach dem Deutschen Krieg Bestand. Die Gründung des Deutschen Bundes von 1815 gibt jedoch Anlass, die staatliche Entwicklung Deutschlands noch einmal Revue passieren zu lassen.

Nach der Kleinstaaterei über Jahrhunderte ist aus heutiger Sicht diese Staatenkonstellation nur als eine Zwischenstation zu einem zukünftigen deutschsprachigen Einheitsstaat anzusehen. In etwa vergleichbare, überwiegend deutsche Staatsgefüge waren die Reiche der Ottonen, Salier und Staufer. Jedoch die Ausdehnung nach Italien über den deutschsprachigen Raum hinaus, die unseligen Kreuzzüge, die Machtkämpfe mit den Päpsten, die Etablierung von 30 Fürstbischöfen von Lübeck bis nach Salzburg, die Ausdehnung des Kaiserreiches unter den

Habsburgern unter Karl V. bis nach Amerika, die Auseinandersetzungen nach der Reformation bis hin zum 30-jährigen Krieg, die immerhin für Deutschland günstige Teilung der Habsburger in die spanische und österreichische Linie, aber bei gleichzeitigem, abträglichen Engagement der Letzteren in Richtung Balkan, und das Entstehen eines landesherrlichen Flickenteppichs über die Jahrhunderte, ließen die Einheit eines Deutschen Reiches in weite Ferne treten. Auch die klerikale staatliche Macht war ebenfalls Teil der Kleinstaaterei und stand im Gegensatz zu einer starken, zentralen, deutschen Machtstruktur. Die drei Schlesischen Kriege unter Friedrich II. gegen innerdeutsche Kräfte, dazu zähle ich hier auch den Verteidigungsgegner Österreich, das Deutsche Reich und die Großmächte Frankreich und Russland, hatten rückwärtsgewandte Auswirkungen. Da waren die anderen Großmächte der Welt staatlich besser organisiert. Nur Deutschland und Italien gingen in Europa einen vergleichbaren Weg der Kleinstaaterei. Der machtpolitische Einfluss des Papsttums war in Deutschland und Italien besonders wirkungsvoll und hatte sich negativ auf ein einheitliches Staatswesen ausgewirkt. Dagegen hatten andere Länder frühzeitiger zentralstaatliche Machtstrukturen.

- **Frankreich** war spätestens nach dem Westfälischen Frieden 1648 als Großmacht Europas anzusehen. Kardinal Richelieu, der bedeutendste Staatsmann unter dem Bourbonenkönig Ludwig XIII., errichtete und festigte den absolutistischen Einheitsstaat. Ludwig XIV, war die größte Inkarnation dieses Staatstyps. Der Einheitsstaat Frankreich konnte sich über alle Höhen und Tiefen der Revolutionen von 1789, 1830, 1848, 1871, der zwei Kaiserreiche mit vielen Kriegen bis heute zur V. Republik halten.

- **England** wird von Elisabeth I. beherrscht, die tatkräftige Tochter des ominösen Heinrich VIII.; eine anglikanische Kirchenverfassung wird von ihr auf den Weg gebracht. Die Grundlagen des britischen Empire wurden geschaffen. Unter Königin Victoria entfaltete sich die größte Macht des Empire. Eine konstitionelle Monarchie existierte, mit Unterbrechungen zur absoluten Monarchie, bereits seit dem 17. Jahrhundert.

- **Russland** gelang unter Iwan III., dem Großen, die Befreiung vom Mongolenjoch und 1521 die Vereinigung der russischen Fürstentümer. Als Bollwerk gegen die islamische Invasion sah er sich als Cäsar (Zar) des untergehenden oströmischen Reiches. Weitere große Zaren, Peter der Große und Katharina die Große, festigten mit großer Härte und starkem Expansionsdrang ihre absolutistisch regierten Reiche. Bis zur Februarrevolution 1917 herrschten die Zaren autokratisch von Gottes Gnaden. Im verfassungslosen, absolutistischen Zarenreich bestand die Leibeigenschaft bis ins 20. Jahrhundert. Die spätere Sowjetunion „operierte eleganter", in dem die über die Jahrhunderte annektierten ethnische Völker, mehr als 70 an der Zahl, und bis zu 16 den Status einer „souveränen" Teilrepublik erhielten.

- **Spanien** Durch die Vermählung des Königs Ferdinand II. von Aragonien mit Elisabella von Kastilien (1479) und der Vertreibung der Mauren (1492) von der Iberischen Halbinsel entstand ein mächtiges Königreich. Im gleichen Jahr entdeckte Kolumbus Amerika. Das Königreich Spanien wurde dann durch seine Kolonien reich. Der uns bekannte deutsch-spanische Kaiser Karl V. (Luther in Worms) und sein Sohn Philipp II. - jetzt nur noch spanischer König - machten Spanien ab dem 16. Jahrhundert zum mächtigsten Staat in Europa. Erste Ansätze ab 1812, eine beständige, konstitutionelle Monarchie auf den Weg zu bringen, gelangen erst in der Zeit nach dem Tod des Diktators Francisco Franco 1975.

- **Die Vereinigten Staaten** von Amerika betraten, bedingt durch den ursprünglich kolonialen Charakter, erst spät die Weltbühne. Die progressiven Kräfte Europas, vor allem Engländer, konnten hier ihre Vorstellungen umsetzen. Der erste Präsident der USA wurde bereits 1789 nach einer Verfassung gewählt. 1803 bestanden die USA aus bereits dreizehn Unionsstaaten. Die weitere Entwicklung verlief, trotz demokratischer Ansätze, gesellschaftspolitisch total gegensätzlich: Die Versklavung der negroiden Bevölkerung nach römischer Art im Süden stand dem aufkommenden Kapitalismus im Norden gegenüber - ein Anachronismus der besonderen Art. Ein verfassungsgemäßer, demokratischer

Präsidialstaat des 19. Jahrhunderts praktiziert ein Gesellschafts-system, dass „unter römisch antik" geführt worden wäre. Jedoch raufte sich die junge, entstehende amerikanische Nation zu einer imperialistischen Weltmacht zusammen. Aber auch alle hier aufgeführten Mächte verhielten sich in ihren Kolonien analog. Hinzu kommen die Staaten Portugal, die Niederlande und be-sonders Belgien. Der ehemalige Kolonialbesitz dieser Länder hat Nachwirkungen bis ins 21. Jahrhundert.

Wenn ich oben die nicht vorhandene, zusammenhängende Staatlichkeit des deutschsprachigen Raums bis zur Mitte des 19. Jahrhunderts als längst überfällig betont habe, so ist aber auch festzustellen, welche ausbeuterischen Übergriffe die Einheits-staaten mit über Jahrhunderte andauernden Machtzentren auf Völkerschaften ausgeübt haben, die diesen Mächten nichts entgegenzusetzen hatten. Die Eliten dieser abhängigen Kolonien ließen sich zu Handlangern der Ausbeutung degradieren, bzw. beteiligten sich zum eigenen Vorteil daran. Auch Deutschland und Italien beeilten sich nach der inneren Einheit schnellstmög-liche „Restgebiete" in Besitz zu nehmen. Unter dieser Prämisse nahmen mächtige Einheitsstaaten immer das Gewaltmonopol in Anspruch; das war ein großes Übel für die Völkerschaften oder Staaten mit niedrigeren Entwicklungsstufen. Dieses Übel beglei-tet die Menschen von Anfang an bis heute.

Man kann bei dem Deutschen Bund gewisse Ver-gleiche zur heutigen Europäischen Union konstatieren. Der Wille zu einem Machtblock in Konkurrenz zu ande-ren Machtzentren ist sinnvoll und macht stark; aber die Aufgabe der Einflussnahme eigener Körperschaften nimmt Identität und erweckt ambivalente Gefühle.

Der Deutsche Bund hatte 1815 eine Fläche von 630 000 km^2 mit einer Bevölkerung von ca. 29 Millionen Menschen. Bereits 1848 wuchs die Bevölkerung auf 48 Millionen. Ein Staatengebilde mit einer großen Landmasse, wenn man die heutige Bundesrepublik mit 357 000 km^2 und seinen gut 80 Millionen Einwohnern im Vergleich sieht.

Der Deutsche Bund von 1815 brachte zumindest bis 1848 für den deutschsprachigen Raum ein hohes Maß an politischer Stabilität. Gut, man hat sich wie zuvor gefetzt. Preußen und Österreich buhlten im Verbund mit wechselnden kleineren Ländern um die Vorherrschaft. Der Deutsche Bund blieb aber über das Revolutionsjahr 1848 bestehen. Nach den Auseinandersetzungen der Revolution von 1848 hatte der Bund bis 1864 ohne „ernsthafte" Kriegshandlungen Bestand. Der Machtkampf um die Führung im Deutschen Bund währte bis zum Ausschluss des Alpha-Staates, der österreichischen Monarchie - Königgrätz steht dafür.

Das war unterm Strich die positive, politische Seite des Deutschen Bundes. Konträr war die soziale Entwicklung über den gesamten Zeitraum des Bundes. Die aufbegehrende, überwiegend studentische Jugend und ein aufgeklärteres Bürgertum revoltierten gegen verkrustete Strukturen des überkommenen Feudalsystems, verbunden mit einer enormen technischen Entwicklung, die eine neue Klasse, die des 4. Standes entstehen lässt, den abhängigen Arbeiter, vom Gehaltsempfänger des Angestellten bis zum Lohnarbeiter.

Die Volksstämme in den Ländern des Deutschen Bundes

Wenn man sich die Länder im Deutschen Bund ansieht, ist oft eine Zughörigkeit zu den Großstämmen alter, nachgermanischer Zeit gegeben. Das kann von den Sachsen einschließlich der hannoverschen Niedersachsen gesagt werden, ebenso von den Falen, geläufig als Westfalen. Die Bayern sind in der Zuordnung nicht so eindeutig zuzuordnen; man sieht ihren Ursprung wohl bei den böhmischen Bajuwaren. Der bekannte Stamm der Markomannen wird ebenfalls mitgenannt; egal, die Bayern haben eine jahrhundertalte Stammesgeschichte in Deutschland, und darauf sind sie auch stolz. Die Franken haben mit den Regierungsbezirken Unter-, Mittel- und Oberfranken heute einen gebührenden Platz im bayerischen Deutschland; sie wollen aber nicht als Bayern bezeichnet werden. Sie sind eben Franken. Der Stamm der Friesen ist seit der Antike belegt. Zur A-le(a)mannischen Volksgruppe zähle ich die Württemberger, die Badener und die Schwaben. Manche weitere Volksgruppe wäre zu nennen, zu der eine germanische Stammeszugehörigkeit herzuleiten ist.

Preußen war in Deutschland zwar ein Begriff; eine Identität mit einer plausiblen Antwort zu erfragen, ist jedoch schwierig. Typisch preußische Kulturgüter wie Sprache, Kleidung, Folklore Musik und zum Beispiel Küche hat es außer der Uniform nicht gegeben. Ein schottischer Reisender bezeichnete Preußen in den 40er-Jahren des 19. Jahrhunderts als ein Königreich der „Fetzen und Flicken". Preußen war keine „Nation" im Sinne eines Volkes. 50 Prozent der Bevölkerung gehörten erst nach 1815 zum Staat Preußen. Die Zeit des Königkults wie nach der Zeit Friedrich des Großen war vorbei. In der Ära zwischen dem Wiener Kongress und der Revolution von 1848 versuchten die Könige und die Regierungen einen preußischen Patriotismus zu propagieren, der jedoch ohne Wirkung über die Jahrzehnte verblieb. Das Volk der Preußen im germanisch-politischen Sinn hat es nicht gegeben. Das Land und der Staat gehören spätestens seit 1947 der Vergangenheit an und sind nur noch Geschichte.

Was ist des Deutschen Vaterland"

Auszug von Ernst Moritz Arndt
(1769-1860)
Was ist des Deutschen Vaterland?
So nenne mir das große Land!
Ist's, was der Fürsten Trug zerklaubt?
Vom Kaiser und vom Reich geraubt?
O nein! nein! nein!
Das Vaterland muss größer sein
Was ist des Deutschen Vaterland?
So nenne endlich mir das Land!
Soweit die deutsche Zunge klingt
und Gott im Himmel Lieder singt:
Das soll es sein! Das soll es sein!
Das, wackrer Deutscher, nenne dein!
Das ist des Deutschen Vaterland,
wo Eide schwört der Druck der Hand,
wo Treue hell vom Auge blitzt
und Liebe warm im Herzen sitzt.
Das soll es sein! Das soll es sein!
Das wack're Deutschland, nenne dein
Das ganze Deutschland soll es sein!
O Gott vom Himmel, sieh darein
und gib uns rechten Deutschen Mut,
dass wir es lieben treu und gut!
Das soll es sein! Das soll es sein!

Hoffman von Fallersleben (1798-1876)
ergänzte später mit dem Spruch:

„Ein Österreicher oder ein Preuße nur;
von deutscher Freiheit keine Spur."

3. Aufbruch zu einem demokratischen Deutschland

Die Freiheitsbewegungen nach dem Wiener Kongress

In den Augen von Freiwilligenverbänden, die gegen Napoleon gekämpft haben, war das Ergebnis des Wiener Kongresses nichts weiter als das Festschreiben absoluter Macht, verbunden mit weiterer Kleinstaaterei. An einigen Universitäten, aber auch von Ernst Moriz Arndt angeregten „Lesegesellschaften", wurde die Einheit Deutschlands beschworen. Daraus gingen die Burschenschaften hervor, die sich ab 1815 gründeten. Das Wartburgfest der Burschenschaften von 1817 wurde von 500 Studenten aus elf Universitätsstädten zum 300. Jahrestag der Reformation und dem vierten Jahrestag des Sieges über Napoleon gefeiert. 1818 wurde die Allgemeine Deutsche Burschenschaft und die Bonner Universität gegründet. Die Turnbewegung vom Turnvater Jahn fällt in diese Zeit.

Weitere Rufe nach Freiheit und Demokratie wurden laut. Gefordert wurden die politische, wirtschaftliche und kirchliche Einheit Deutschlands, ein einheitliches Rechtssystem, Rede und Pressefreiheit sowie die Gleichheit vor dem Gesetz. Rot-schwarz mit goldener Einfassung wurden die symbolischen Farben des Strebens nach Demokratie und Einheit. Philosophen und Dichter forderten die Überwindung der Kleinstaaterei. Man beruft sich auf die gemeinsame Kultur, Sprache und Geschichte. Der Abgeordnete der Frankfurter Nationalversammlung, Ernst Moritz Arndt, symbolisiert in seinem „Geist der Zeit" den nationalen Aufschwung. Positive Signale der Obrigkeit sind 1817 die Gründung der Evangelischen Union der lutherischen und reformierten Kirche durch den preußischen König.

Vor der „Obrigkeit" galten dennoch demokratische und nationale Strömungen als zersetzender Zeitgeist. Die Karlsbader Beschlüsse, 1819 von Metternich inszeniert, hatten zur Folge, dass eine auf Ruhe und Ordnung zielende Politik im Deutschen Bund umgesetzt wurde. Ein schwerer Schlag gegen die Fortschrittskräfte, u.a. gegen die Burschenschaften. Die Maßregeln richteten sich vor allem gegen die Presse und die Universitäten. Aufsässige Professoren mussten den Dienst quittieren, u.a. die nationale Symbolfigur aus den Befreiungskriegen, der Freiheitskämpfer Ernst Moritz Arndt. Der Turnvater Jahn wurde mit einer mehrjährigen Festungshaft bestraft.

Der österreichische Staatskanzler Fürst von Metternich war bis 1848 der Inbegriff des Auffindens und Abwehrens progressiver Kräfte vor allem im Deutschen Bund. Nach der Revolution von 1848 musste er das Feld räumen und konnte sich nur mit der Flucht nach England dem Zorn der „Masse" entziehen. Sicher hatte er in den Jahren seiner Aktivitäten einen „Bundesnachrichtendienst" installiert, damit er auf dem „Laufenden" sein konnte. Die studentische Jugend wurde besonders unter die Lupe genommen, die 1815 mit der Gründung der Burschenschaften an elf deutschen Universitäten besonders aktiv war. Als der russische Generalkonsul August Friedrich Kotzebue als vermeintlicher „Zarenspitzel" von einem Studenten ermordet wurde, nahm Metternich diesen Mord zum Anlass, im böhmischen Karlsbad 1819 eine Geheimkonferenz von Vertretern der Heiligen Allianz einzuberufen. Die einstimmig beschlossenen Verordnungen und Gesetze waren wesentliche Einschnitte in die Rechte der Länder des Deutschen Bundes; zu diesen Gesetzen gehörten zum Beispiel eine Exekutionsverordnung und ein Universitätsgesetz.

Eine weitere Enttäuschung war, dass die Verabschiedung von Verfassungen auf die lange Bank geschoben wurde. König Friedrich Wilhelm III. hatte Preußen nach dem Wiener Kongress eine Verfassung „in Aussicht" gestellt. Zur Ausarbeitung wurde Wilhelm von Humboldt als Sonderminister in das Kabinett bestellt. Seine liberalen Standpunkte standen jedoch im scharfen Gegensatz zu den mittlerweile erlassenen Karlsbader Beschlüssen von 1819. Seine Abberufung war die Folge. Wie in Preußen hatte auch in Österreich und in Russland der Adel und der Großgrundbesitz die Macht in festen Händen. Der anfangs progressive preußische Kanzler Hardenberg wechselte ins konservative Lager. Der österreichische Strippenzieher Fürst von Metternich beherrschte in gutem Einklang mit den Russen die politische Bühne.

Es ging um die Sicherung der bestehenden Ordnung. Durch die Heirat einer Tochter der preußischen Königin Luise mit dem späteren Zar Nikolaus I. übte dieser auf seinen preußischen Schwiegervater und dem späteren Schwager Friedrich Wilhelm IV. einen großen Einfluss aus. Ruhe und Ordnung hatte erste Bürgerpflicht zu sein. Preußen war weiterhin auf das absolutistische System eingeschworen. Eine Verfassung sollte verhindert werden.

Ganz aktuell erinnert mich das Umsetzen der Karlsbader Beschlüsse mit den restriktiven Maßnahmen gegen die Presse und die Universitäten mit ihren Studenten und Professoren an Erdogans Rundumschlag vom Juli 2016. Das Ausschalten einer nicht willfährigen Judikative und Ausrichten einer eingestimmten Legislative lässt Gedanken nach 1933 aufkommen. Die von Mustafa Kemal, dem Vater der Türken, Atatürk, wie er genannt wurde, umgesetzte Laizität wird schleichend wieder von Recep Tayyib Erdogan ausgesetzt. Und das bei einem islamistisch aufgeheizten Umfeld und der Flüchtlingssituation in der ganzen Welt.

Bereits 1832 forderten auf dem Hambacher Fest südwestdeutsche Liberale zusammen mit polnischen Freiheitskämpfern auf einer Demonstration liberalere Veränderungen in Deutschland. In einem eindrucksvollen Marsch auf die Maxburg, in der Nähe des heutigen Freudenstadts, wurde eine Verfassung in Sinne einer „Vereinigung der Freistaaten Deutschlands" gefordert. Die verbotenen Farben schwarz-rot-gold, die Farben des Befreiungskampfes vom napoleonischen Joch von 1813 wurden neben polnischen Fahnen vorangetragen. Die Folge war ein Verbot von politischen Vereinigungen und Kundgebungen. Der Deutsche Bund verschärfte daraufhin per Gesetz die Zensurbestimmungen. Ferner wurde ein hartes Versammlungsverbot erlassen. Unterdrückung oppositioneller Politiker und eine Einschränkung der Lehrfreiheit an den Universitäten prägten den Alltag des politischen Lebens.

Die bedeutendste, neue politische Bewegung in der Zeit nach dem Wiener Kongress bis zur Revolution von 1848 war das Entstehen des Liberalismus und des Nationalismus. Ein Übergang vom überwiegend geprägten Agrarstaat zur beginnenden Industrialisierung zeichnete sich ab. Die sozialen Unterschiede in der Landwirtschaft setzten sich in den Industriebetrieben verstärkt fort.

Die Märzrevolution von 1848 gab der Zeit nach dem Wiener Kongress von 1815 nachträglich den Namen „Vormärz". Alle oben aufgeführten Ereignisse, von demokratischen Forderungen bis hin zur radikalen Abwehr fielen in den Zeitbegriff „Vormärz".

Die politischen Reformbewegungen

Die politischen und sozialen Veränderungen treiben die Reformbewegungen, je nach gesellschaftlicher Herkunft und politischem Standort, von der Verwirklichung bürgerlicher Freiheitsrechte in den Einzelstaaten bis zur grundlegenden Veränderung der bestehenden politischen und sozialen Ordnung in ganz Deutschland voran. Ein vorrangiges Ziel war es, die Zersplitterung Deutschlands zu beenden. Ein einheitlicher Nationalstaat sollte errichtet werden.

Drei Richtungen standen zur Diskussion:
- Die konservativen Grundherren wollten im Prinzip alles beim Alten belassen. Die fast absolutistischen Herrscher sollten in ihrem Sinne jedoch Zugeständnisse machen. Die Krone von Gottes Gnaden sollte jedoch Bestand haben.
- Die bürgerlichen Liberalen konnten sich eine konstitutionelle Monarchie vorstellen. England war das Vorbild.
- Durch die verschärfte soziale Situation war ein revolutionäres Bürgertum für eine Deutsche Republik.

Diese dritte diskutierte Version einer republikanischen Staatsbildung verursachte jedoch große Ängste der Länderfürsten. Die revolutionären Nachwirkungen der französischen Revolution 1789 und die brutalen Fehlentwicklungen in Frankreich ab 1791 waren mehr als abschreckend. Man befürchtete, dass radikale Veränderungen auch in Deutschland eine Eigendynamik entwickeln könnten, deren Folgen nicht mehr zu beherrschen gewesen wären.

Verfassungen und demokratische Willensbildung

Alle bereits erwähnten Ereignisse, seien es die Freiheitsbewegungen der napoleonischen Zeit mit den Reformen der Herren Stein, Hardenberg und W. Humboldt, die Gründung der studentischen Burschenschaft 1817, das Hambacher Fest von 1832 oder wieder die Franzosen mit den Revolutionen von 1830 und 1848, haben der demokratischen Entwicklung in Deutschland entscheidende Impulse gegeben. Verschiedene Länder des Deutschen Bundes erhielten Verfassungen, die bestimmt nicht unseren heutigen Maßstäben entsprachen; aber es waren Verfassungen in einer immer noch feudalistischen Welt mit einem nachdrängenden Bürgertum. So erhielten die Königreiche Württemberg und Bayern 1817 bzw. 1818, das Großherzogtum Baden 1819, das Königreich Hannover - bis 1837 über England war es zwar konstitionell erfahrener - nach einer Ständeversammlung von 1819 jedoch erst 1833 jeweils eine Verfassung. Immerhin wurde in einer Wiener Schlussakte des Deutschen Bundes von 1820 eine Verfassung „verfügt". Die Preußen kamen über ständische Versuche nicht hinaus. Friedrich Wilhelm III. war als Mitinitiator der Karlsbader Beschlüsse mehr als reaktionär. Sein Nachfolger und Sohn, gleichen Namens der Vierte, wollte zwischen sich und „seinem Volk kein Stück Papier gelten lassen." Als Positivum einer preußischen Initiative kann 1834 die Gründung des Zollvereins vermerkt werden, dem fast alle deutschen Länder angehörten.

Aber die genannte Reaktion der Karlsbader Beschlüsse machte viele Reformbewegungen zunichte. So wurden die Burschenschaften nach kurzer Zeit aufgelöst und verboten. Die Universitäten wurden überwacht und die Turnbewegung des Vaters Jahn verboten. Man sprach in dieser Zeit in Preußen und Österreich von einer demagogischen Verfolgung. Nach der französischen Julirevolution von 1830 und dem Hambacher Fest von 1832 wurden politische Vereine und Kundgebungen verboten. Vom Deutschen Bund – also dem Sprachrohr der überwiegend „fürst-lichen" Länder - wurde 1833 von Frankfurt aus eine zentrale Untersuchungskommission zur Verfolgung revolutionärer Um-triebe eingerichtet.

Die Zeit nach dem Wiener Kongress bis zur Märzrevolution 1848 war ein langer Weg eines demokratischen Wollens, unvoll-kommen in der Willensbildung, mit einem starken Abwehrver-halten der reaktionären Mächtegruppierungen zu einer demo-kratischen Gestaltung eines zukünftigen Deutschlands.

Die 48er-Revolutionen in Europa

Der Stimmungsumschwung in Deutschland war unverkenn-bar. Angeregt durch die Schriften von Heinrich Heine und Ludwig Börne aus dem Pariser Exil bildete sich eine weitere Gruppe junger Literaten um Georg Herwegh und Ferdinand Freiligrath. Dem „Jungen Deutschland" zugehörig war auch der Professor für Germanistik, Heinrich Hoffmann von Fallersleben. Wegen seiner „Unpolitischen Lieder" wurde er ausgewiesen. 1848 wurde auch der Text unserer jetzigen Nationalhymne von ihm geschrieben. Wir singen die dritte Strophe, denn Maas, Memel, Etsch und Belt der ersten Strophe sind für uns passee. Vertont wurde die Natio-nalhymne von Joseph Haydn.

Die öffentliche Kultur erfuhr in den 40er-Jahren eine schlei-chende Politisierung. Dazu trug bei, dass die Alphabetisierungs-rate weiter anstieg. Die Auflagen der Zeitungen nahmen ständig zu. Wer nicht lesen konnte, dem wurde zum Beispiel in den Gaststätten vorgelesen. Die Volkskalender kamen auf, die in gemischter Form Nachrichten, Erzählungen, Anekdoten und praktische Ratschläge gaben.

An dieser Stelle ist auch der Analytiker des Kapitalismus und Philosoph Karl Marx zu nennen. Er gab mit seinen Werken zusammen mit Friedrich Engels später die theoretischen Grundlagen für die Errichtung des russischen Sowjetstaates und der Volksrepublik China. Der Bund der Kommunisten wurde gegründet. Marx sollte die Aktivitäten in Deutschland vorantreiben. Die NRZ (Neue Rheinzeitung) war in den Jahren 1848/49 das Presseorgan. Chefredakteur war Karl Marx, Ferdinand Freiligrath zeitweise Mitarbeiter.

Zur Abhilfe der Not in vielen Gebieten gab es Selbsthilfevereinigungen. Friedrich Wilhelm Raiffeisen schuf z. B. im Westerwald mit 25 Gemeinden den „Brotverein", woraus sich später die Raiffeisenmärkte entwickelten. Die aufkommenden Maschinen mit den zentral angetriebenen Webstühlen nahmen den Heimarbeitern die Arbeit; es kam zu Maschinenzerstörungen. Durch die Bevölkerungsexplosion drängte die Landbevölkerung mehr und mehr in die Städte. Die dadurch entstehende Wohnungsnot verbunden mit mangelnder Arbeit oder Arbeit zu Hungerlöhnen von zwölf und mehr Stundentagen führte zu sozialen Spannungen und damit auch zu politischen Umwälzungen dieser Zeit. In den Jahren 1847/48 häuften sich die Volksversammlungen und Petitionen an die Regierenden.

Übrigens, der acht-Stundentag wurde im australischen Melbourne bereits 1856 von Steinmetzen im Streik erkämpft. In Deutschland wurde dieser erst im November 1918 für einige Branchen Gesetz, jedoch von der Arbeitgeberseite immer wieder ausgehebelt.

Paris ist im Februar 1848 wieder Ausgangspunkt sozialer Unruhen. Hungerndes, städtisches Proletariat und eine verarmte Landbevölkerung radikalisierten sich. Wieder flammte eine Revolution in Frankreich auf; die Dritte seit 1789. Nach dem selbst gekrönten Kaiser Napoleon I. folgten ab 1815 wieder die Bourbonen, 1830 dann die zweite Revolution. Karl X. dankte ab und es folgte wieder ein Bourbone, der Bürgerkönig der Großbourgeoisie, Louis Philipp. Nach der 1848er-Revolution musste auch er abdanken. Frankreich wurde wieder eine Republik.

Diese dritte französische Revolution machte weiteren Völkern Europas Mut, „auf die Barrikaden zu gehen". Österreicher, Slowaken und Tschechen, Italiener, Polen und Ungarn und nicht zuletzt die Deutschen rebellierten. In Wien kam es nach einer Demonstration am 13. März 1848 zu Kämpfen zwischen dem Militär und Arbeitern und Studenten. Fürst Mettenich, der Strippenzieher des Wiener Kongresses von 1815 und im „Vormärz" der Inbegriff eines reaktionären Staatswesens, wurde gestürzt.

Die Ereignisse in Paris und Wien lassen die Berliner nicht ruhen. Vorhandene politische und wirtschaftliche Anspannungen führten am 18. März 1848 zum Aufstand. Es waren nicht nur die politischen Verhältnisse, mangelnde Einflussmöglichkeiten auf das öffentliche Leben, wie Mitsprache in einem Parlament oder die Pressezensur, sondern insbesondere die prekären Lebensverhältnisse. So wurden in Berlin bürgerliche Aufständische mit den Forderungen der Arbeiter vereint. Barrikaden wurden errichtet. Der Militäreinsatz auf dem Schlossplatz führte auf beiden Seiten zu vielen Opfern. Die Toten in Wien und Berlin (mehrere Hundert und Tausende Verletzte) gingen als „Märzgefallene" in die Geschichtsbücher ein.

Im Volkspark Berlin Friedrichshain wurde der Friedhof für diese Toten eingerichtet. Das Gemälde von Adolf Menzel legt Zeugnis dieser Ereignisse ab.

Später wollten die Kapp-Putscher auch ihre Opfer vom März 1920 als Märzopfer führen und dort beisetzen.

Der blutige Verlauf der Märzrevolution und der momentane Eindruck der Aufbahrung der Märzgefallenen, vor denen der preußische König gezwungen wurde, sich „barhäuptig" zu verneigen. Hier offenbarte der König, um die Volksmassen zu beruhigen, einen zur Schau gestellten Sinneswandel. Er machte den Versuch, einen Schulterschluss mit seinem Volk herbeizuführen.

Der kunstsinnige, selbstbewusste Souverän Friedrich Wilhelm IV, der älteste Sohn der legendären Königin Luise, meinte, mit seinem „Gottesgnadentum" immer noch absolutistisch regieren zu können. Der König brachte jedoch mit seinen Worten: „Preußen geht fortan in Deutschland auf", gesamtdeutsche Gedanken ein. Er stimmte einer verfassunggebenden Versammlung zu. Aber es war nur ein taktisches Verhalten, indem er sich dem Volk zuwandte, und das Militär zunächst in die Schranken wies. Somit lähmte er den Elan der Revolutionäre.

Die Landbevölkerung aber stand größtenteils weiter hinter dem König. Das galt insbesondere für die ostelbischen Provinzen. Hier formierte sich auch der konservative Widerstand gegen die Revolution der Massenbewegung. Im Sommer 1848 entstanden in Brandenburg und Pommern, den alten Kernprovinzen, in denen die Bindung zu der Hohenzollernmonarchie am tiefsten verwurzelt war, eine Vielzahl konservativer Vereine, deren Mitgliederzahl 60.000 überstieg. Die Aufstände aber in Süddeutschland, besonders intensiv im badischen Großherzogtum (Freiburg, Rastatt) und der bayerischen Rheinpfalz, hielten noch bis zur Mitte des Jahres 1849 an. Demokraten, die bereits beim Hambacher Fest 1832 Wortführer waren, wollten ihre Vorstellungen für eine demokratische Republik mit Gewalt umsetzen, nach dem ihre jahrelangen Auseinandersetzungen mit der Obrigkeit zu keinem Erfolg führten.

Die Märzrevolution, nach der der „Platz 18. März" am Brandenburger Tor benannt wurde, konnte in Deutschland aber doch Erfolge verzeichnen. Parlamente wurden geschaffen. Der politische Bürger konnte sich so nach und nach in die politische Gestaltung einbringen. Jedoch waren die Regularien zur Abgeordnetenwahl der Parlamente in den einzelnen Ländern vollkommen unterschiedlich. Preußen, als größtes Bundesland war nun erstmals in der Geschichte eine konstitutionelle Monarchie. Jedoch war die Gewaltenteilung in Preußen eingeschränkt, da der Monarch die Rechtsprechung umgehen konnte. Ein Dreiklassenwahlrecht schränkte die Wahlmöglichkeit der Mittel- und Unterschicht stark ein, da 80 Prozent der Wähler auf Grund ihres

Einkommens und durch ihre Besteuerung der dritten Klasse zugeordnet wurden und damit aber nur über 1/3 der Mandate verfügen konnten. Dieses Dreiklassen-Wahlrecht in Preußen hatte nur für männliche Bürger ab dem 25. Lebensjahr bis zum Beginn der Weimarer Republik Bestand.

Die Jahre nach der Revolution verbesserten auch die Beziehungen zwischen Regierenden und Regierten. Die Pressefreiheit wurde durch Gesetze und Verordnungen verankert. Die Pressezensur, ein vorher wichtiges Herrschaftsinstrument, wurde aufgehoben.

Hier möchte ich einige Personen beschreiben, die im Zusammenhang mit der 48er-Revolution zu sehen sind:

„Erschossen, wie Robert Blum" ist ein geflügelter Satz. Der Kölner Robert Blum wurde in prekäre Verhältnisse hineingeboren. Mit viel Fleiß erarbeitete er sich eine Bildung, die ihn zum Journalisten und Redner aufsteigen ließen. Die ungerechten politischen Bedingungen und die Willkür vieler deutscher Kleinstaaten waren die Themen seiner Reden. Er gründete politische Vereine und war dann in Leipzig 1846 der Sprecher des linken Stadtverordnetenkollegiums. Auch für Blum war die Pariser Februarrevolution das Signal des Aufbruchs zu Veränderungen in Sachsen. Er forderte eine sächsische Regierung nach erfolgten Wahlen. Im verfassungsgebenden Parlament der Nationalversammlung - der Frankfurter Paulskirche - gehörte er zum linken, kompromisslosen Flügel. Die Forderung seiner Fraktion, eine Republik mit einem ständig tagenden Parlament, wurde von der Mehrheit der gemäßigten Abgeordneten jedoch abgelehnt, die einen Ausgleich mit den regierenden Fürsten anstrebten. So kann man Robert Blum auch als Synonym der gescheiterten Nationalversammlung ansehen. Als im Herbst 1848 in Wien erneut Aufstände ausbrachen, wurde Blum von seinem linken Flügel dorthin delegiert. Er ließ sich dazu hinreißen, auch als Führer an Straßenkämpfen teilzunehmen. Nach der Niederschlagung des Aufstandes kam er vor ein Kriegsgericht und wurde standrechtlich erschossen. Die Wiener Regierung wählte das Standrecht, um Fakten zu schaffen. Das führte auch zu Protesten und diplomatischen Auseinandersetzungen. Immerhin war Robert Blum Mitglied des ersten deutschen Parlaments.

Weitere Mitkämpfer dieses linken Flügels des Vorparlamentes zur Nationalversammlung waren Karl Schurz, Gustav von Struve, Friedrich Hecker und der junge Wilhelm Liebknecht. Sie waren es, die im Badischen versuchten, ihre Vorstellungen umzusetzen. Struves Parole war: Wohlstand, Bildung und Freiheit. Mit wenigen Mitkämpfern unter Gleichgesinnten waren sie der Übermacht badischer und preußischer Truppen nicht gewachsen. Nach der Verurteilung erhielten sie Haftstrafen und flohen nach Amerika. Dort nahmen sie als Führungsoffiziere am Sezessionskrieg von 1861-1865 der Nord- gegen die Südstaaten teil. Karl Schurz hatte das besondere Vertrauen des amerikanischen Präsidenten Abraham Lincolns. Er wurde Senator des Bundesstaates Missouri und später amerikanischer Innenminister. Seine Frau organisierte den ersten Kindergarten in den USA, die heute noch im englischsprechenden Raum „Kindergarten" heißen.

Bei der Niederschlagung der Märzrevolution 1848 zeigte sich der zum General der Infanterie beförderte Prinz Wilhelm, ab 1871 Deutscher Kaiser, unnachgiebig. Der Aufstand, so seine Ansicht, sei mit allen zur Verfügung stehenden militärischen Mitteln, also auch mit der Artillerie, zu zerschlagen. So wurde Prinz Wilhelm als kommandierender General bei den Kämpfen um Rastatt 1849 für sein hartes Vorgehen als „Kartätschen Prinz" verschrien. Der General wurde aus dem Sichtfeld der Revolution genommen und hielt sich fortan bis auf weiteres in London auf.

Die Nationalversammlung in der Frankfurter Paulskirche

Das Jahr der Revolutionen war 1848. Die politischen und die sozialen Umwälzungen gingen in ganz Europa mit nationalen Hoffnungen einher. Die deutschen und italienischen Liberalen wurden vom Vorbild der Schweizer inspiriert, die den Weg zur Bildung des ersten Schweizer Bundesstaates freimachten. Auch Deutschlands Einzelstaaten waren zu vereinen.

In vielen Teilen Europas sollten nationalistische Visionen verwirklicht werden, die eine Veränderung der politischen Landschaft bedingten. Die Loslösung aus dem Habsburger Vielvölkerstaat wurde angestrebt. Ungarn, Polen, lombardische, venetische, rumänische, griechische und bulgarische Patrioten, aber auch deutsche Nationalisten gingen in den Widerstand zu Habsburg.

Die Vorstellungen zu einem veränderten, vereinigten Deutschland wurden seit Ende der napoleonischen Herrschaft geweckt und erhielten mit den Befreiungskriegen einen nationalen Schub. In der nun über 30-jährigen „Bedenkzeit" wurden so mannigfaltige Vorstellungen sowohl von der revolutionären Jugend (Burschenschaften) und den bürgerlichen Liberalen (Hambacher Fest) über das „Weiter" zu Deutschland geäußert. Wie diese Vereinigung vonstattengehen sollte, war diffus. Wie war es möglich, eine Verfassung bei der staatlichen „Gemengelage" des Deutschen Bundes auf den Weg zu bringen? Von wem sollte die deutsche Union geführt werden? Von einem Deutschland oder von Österreich. Wie viel Macht sollte in der Zentralregierung konzentriert werden? Zu dieser Zeit existierten noch 41 Einzelstaaten.

Immerhin konstituierte sich ein Vorparlament am 30. März 1848 nach den blutigen Revolutionstagen. Das Spektrum der über 500 Männer, die in die Frankfurter Paulskirche einzogen, rekrutierte sich aus linken Demokraten, einer liberal-demokratischen Mitte und Konservativen. Das Vorparlament hatte die Wahl des Frankfurter Parlaments vorzubereiten.

„In dieser revolutionären Versammlung sind die einzelnen deutschen Staaten unterschiedlich stark vertreten. Ein festes Programm besitzt nur die Minderheit der demokratischen Linken unter der Führung Gustav von Struwes. Sie fordert die Errichtung einer föderativen Republik und die sofortige Übernahme der revolutionären Vollzugsgewalt durch das Vorparlament. Von solchen Forderungen ist die Mehrheit weit entfernt: sie die politische Neuordnung durch eine Vereinbarung mit den Fürsten erreichen."[2]

Es existierten in den Ländern des Deutschen Bundes noch keine politischen Parteien. Daher wurden von örtlichen politischen Vereinen oder von Wahlkomitees Kandidaten aufgestellt. Danach erfolgte eine gleiche, allgemeine und direkte Wahl und Ende April 1848 wurde in Deutschland erstmalig gewählt. In verschiedenen Bundesländern wurden die Kandidaten auch indirekt gewählt. Nur Staatsangehörige ab dem 25. Lebensjahr durften wählen.

Die erzielten Lockerungen nach der Revolution förderten die politische Willensbildung. Am schnellsten formierten sich die linken Gruppierungen um Robert Blum. Der größte Teil der Abgeordneten rechnete sich jedoch der liberalen Mitte zu. Nach dem Katholikentag im Oktober 1848 trat die katholische Gruppe zunächst sehr heterogen in Erscheinung: Von christlichen Demokraten, die sich mit der Märzrevolution verbunden fühlten, bis hin zu stockkonservativen Ansichten ging die Meinungsbildung im katholisch parlamentarischen Block. Ab diesem Zeitpunkt zeichnete sich das Entstehen einer demokratischen Parteienlandschaft ab. Die Vorläufer der politischen Parteien fielen also in diese Zeit. Es gab fünf parteiartige Gruppierungen:
- Liberale
- Demokraten
- Konservative Katholiken
- politische Katholiken und
- frühe Arbeiterbewegungen, die noch ganz in den Anfängen standen.

Die Liberalen und die Demokraten im Parlament der Paulskirche gingen aus den gemäßigten, gebildeten Kräften des „Vormärz" hervor. Die Überwindung der deutschen Kleinstaaterei, Verfassungen und demokratische Rechte, manifestiert auf der Wartburg und dem Hambacher Fest, schrieben sie jetzt auf ihre Fahnen und in ihre Schriften.

Der Begriff „Konservativ" wurde nach der 1789er-Revolution geprägt: Mit Maß das Bestehende bewahren, ohne reaktionär zu sein, so ihre Definition des Begriffs „konservativ". Die Konservativen formierten sich ab 1848 verstärkt. Sie sahen durch die

Demokratisierungsbestrebungen des Frankfurter Parlaments einen Großteil ihres Grundbesitzes gefährdet. Das Sprachrohr der Konservativen waren die Gebrüder Gerlach. Mit ihrer „Kreuzzeitung" vertraten sie die Ansichten der Großgrundbesitzer, vorwiegend im „Ostelbischen" und versuchten die Kapitalanlagen der aufkommenden Industrie in ihrer Entwicklung zu fördern und im Bestand zu sichern. Ab 1851 sprach man von der Partei der Kreuzzeitung. Der Adel verteidigte den Bestand seiner Rechte. Der Garant dieser Rechte war die Monarchie. In der nachnapoleonischen Zeit wurden die Gegner der Stein–Hardenberg-Reformen als „konservativ" eingestuft. In unserer, heute sich schnell verändernden Zeit, wird der Begriff „konservativ" eher negativ gesehen.

Im Kampf um Freiheitsrechte organisierten sich die deutschen Katholiken. Die politische Tätigkeit der Katholiken wurde bereits verstärkt nach ihrer napoleonischen Demütigung 1803 mit der Gründung des Katholischen Clubs 1848 fortgesetzt; ein loser Zusammenschluss interfraktioneller Abgeordneter im Parlament. Hier sind die parlamentarischen Ursprünge der späteren Zentrumspartei zu sehen, die den Reichskanzler Bismarck ab 1871 immer wieder herausforderten. Das zwischenzeitliche Aus dieser Partei kam 1933. Die interkonfessionelle Fortsetzung dieser Partei ist in der heutigen CDU/CSU zu sehen.

Eine Arbeiterklasse im heutigen Sinne gab es im „Vormärz" noch nicht. Verarmte Bauern, hungernde, arbeitslose Weber, rechtlose Industriearbeiter, also ein frühes Proletariat bildete die Unterschicht. Aber im „späten Vormärz" wurden Arbeitervereine gegründet. Friedrich Engels, Sohn eines Fabrikanten aus Wuppertal/Barmen, der auch die katastrophalen Erfahrungen der englischen Industrie wahrnahm und in seiner Schrift „Die Lage der arbeitenden Klasse in England" verfasste, erkannte die prekäre Situation einer immer stärker anwachsenden Arbeiterschaft. Zusammen mit Karl Marx meinte er, die Antworten in einem sozialrevolutionären Programm gefunden zu haben. Heinrich Heine war es, der Ferdinand Lassalle in Paris für eine radikale Demokratie begeistern konnte. In Deutschland kontaktierte Lassalle die Arbeitervereine. Aber erst 1863 wurde auf dem Leipziger Arbeiterkongress der „Allgemeine Deutsche Arbeiterverein" gegründet, die Vorläuferorganisation der Sozialdemokratischen Partei Deutschlands. Eine parlamentarische Kraft im späteren Reichstag konnte die SPD erst nach Auslaufen des Sozialistengesetzes und dem Abgang Bismarcks 1890 werden.

Am 18. März 1848 wird die Frankfurter Reichsverfassung verkündet und bereits am 18. Mai 1848 traten dann in der Paulskirche in Frankfurt die gewählten Abgeordneten der Nationalversammlung zusammen. Das Parlament debattierte zunächst über einen Katalog von Grundrechten. Am 21. Dezember 1848 beschließt die Nationalversammlung als Kern einer neuen Staatsverfassung die „Grundrechte des deutschen Volkes". Die Verfassung der jungen Vereinigten Staaten von 1776, die letztendlich positiven Ergebnisse der französischen Revolution von 1789 und auch das napoleonische Code Civil fanden ihren Niederschlag in der Verfassung des Frankfurter Parlaments. Mit der Grundgesetzgarantie in der Verfassung hatte das Frankfurter Parlament die legislativen Aufgaben erfüllt. Die schwarz/rot/goldenen Farben wurden Bundesfarben. Somit ist die Konstituierung eines demokratisch gewählten Parlaments in der Frankfurter Paulskirche nach Hambach ein weiterer Meilenstein zur Demokratie in Deutschland.

Die Bundesrepublik Deutschland wird der Würdigung des Gedenkens dieses historischen Ortes nicht angemessen gerecht. Die Paulskirche befindet sich im Besitz der Stadt Frankfurt. Der Bund müsste mindestens die finanzielle Verantwortung für eine würdevolle Ausstattung und Darstellung der Paulskirche übernehmen.

Eine weiterhin offene und seit langem viel diskutierte Frage war, welchen Umfang und unter welcher Leitung sollte, ich sage jetzt, das Deutsche Reich fungieren. Das Frankfurter Parlament brachte zunächst die „Großdeutsche Lösung" unter Einschluss

der deutschen und tschechisch-slowakischen Landesteile Österreichs ins Spiel. Die anderen österreichischen Staaten sollten
separat zu einer Einheit zusammengefasst werden. Österreich,
unter Kanzler Schwarzenberg, lehnte dies kategorisch ab. Damit
war das parlamentarische Experiment im Deutschen Bund für
einen „Großdeutschen" Zusammenschluss gestorben. Das Parlament wusste nun nicht mehr zu sagen, wo Deutschlands zukünftige Grenzen sich befinden sollten.

Der heute in der Bundesrepublik verankerte demokratische
Vorgang, eine Exekutive über die Fraktionen des Parlaments zu
bestimmen, wäre ein Versuch gewesen. Ein Reichsverweser
sollte das präsidiale Oberhaupt des Reiches werden. Die Abläufe
dieser Zeit zur Wahl eines Reichverwesers und seiner Kompetenzen sind symptomatisch für die uneinheitlichen und im Deutschen Bund nicht durchsetzungsfähigen Vorstellungen der Abgeordneten. Dieser Versuch hatte nur einen kurzen Bestand. Ein
zweiter Versuch wurde vom Parlament gestartet. Am 27. März
1849 stimmte die Nationalversammlung in Frankfurt für die
Annahme einer monarchistischen Verfassung und wählte den
preußischen König Friedrich Wilhelm IV. zum deutschen Kaiser.
Er nahm die Wahl zum Oberhaupt des Deutschen Bundes mit der
Begründung nicht an, das ihm die Legitimation der anderen
deutschen Fürsten fehle. Damit war auch das Verfassungswerk
der Paulskirche zum Scheitern verurteilt.

Aber nicht nur am Affront des preußischen Königs scheiterte
die erste, demokratische gewählte Nationalversammlung
Deutschlands: Das mühsam ausgehandelte Verfassungswerk der
Abgeordneten wurde von den größten Staaten des Bundes,
Österreich, Preußen, Bayern u.a. nicht angenommen.

Trotz aller Niederlagen blieb der einjährige Bestand der Nationalversammlung nicht nur eine Episode. Die demokratischen
Kräfte mobilisierten und organisierten sich. Immerhin wurde ein
Reichswahlgesetz am 12. April 1849 verabschiedet. Der eigentliche demokratische Aufbruch in den einzelnen Bundesländern mit
auf den Weg gebrachten Verfassungen fand in unterschiedlichen
Ausführungen statt. Verschiedene Länder waren Vorreiter bezüg-

lich des Zeitpunkts des in Kraftsetzen ihrer Verfassungswerke. Diese Unterschiede der Verfassungen sind noch heute bei den Bundesländern unserer Zeit festzustellen. Die Zentralgewalt des weiter bestehenden Deutschen Bundes wurde unter der bestimmenden Leitung Österreichs wiederhergestellt.

Das grundsätzliche Scheitern des deutschen Parlamentarismus nach der 1848/49er-Revolution kann man auf das mangelnde Präsenz und die fehlende Erfahrung noch nicht organisierter Parteien zurückführen. Sozialrevolutionäre „Veränderer" und fachliche Philosophen waren nicht in der Lage, eine Zentralgewalt ihres parlamentarischen Willens zu schaffen, in der staatliche „Gewalt" in ihrem Sinne zum Tragen kam. So übernahmen die alten reaktionären Kräfte, die der Anlass zur Revolution waren, das Heft des Handelns wieder an sich. Revolutionäre Kräfte emigrierten, wie Schurz und Co, andere wurden diffamiert und ausgegrenzt. Massenauswanderungen dieser Zeit, vor allem in die Vereinigten Staaten, sind z. B. im Auswandererhaus von Bremerhaven und im Auswanderermuseum in Hamburg dokumentiert. Die „Gemäßigten" engagierten sich im Aufbau von Parteien und nahmen die gegebenen Möglichkeiten in den unterschiedlichen Landesparlamenten war.

Diese Erkenntnisse und damit die ersten Schritte zur „deutschen Einheit" wurden hier auf den Weg gebracht. So kann man den „Vormärz" und die 1848/49 Revolution als „Kinderstube" unserer Demokratie bezeichnen.

4. Wirtschaftlicher Wandel

Der Kapitalismus

Die Schulbildung der DDR brachte uns die Entwicklung der Gesellschaftssysteme nahe.

Hier beginnend mit der Sklavenhaltergesellschaft in der Römerzeit, den anschließenden Feudalgesellschaften, der folgenden kapitalistischen Gesellschaft mit der weiteren Steigerung zum Imperialismus. Dann sollte der vermeintliche Höhepunkt der

Entwicklung des Menschseins folgen, der von allem ausbeuterischen Zwang befreite.

Der Mensch im Kommunismus, der über ein sozialistisches Zwischenstadium die höchste Krönung in der Entwicklung der menschlichen Gesellschaft erfährt. So, oder so ähnlich wurde es uns gelehrt, und wir haben diese Thesen in unseren Arbeiten wiedergegeben.

Die beiden letzten vom Menschen oktroyierten gesellschaftlichen Formen - also der Sozialismus und der Kommunismus - haben sich zunächst erst einmal erledigt, was nicht heißen muss, dass die Menschheit in einer humaneren Form nicht noch einmal dazu zurückfindet.

Eine perverse Mischform war das Sklavenhaltertum der Feudalherren auf dem amerikanischen Kontinent und den anliegenden Inseln der Karibik. Trotz des siegreichen Bürgerkrieges der Nordstaaten verbunden mit der offiziellen Aufhebung der Sklaverei reichen die Nachwirkungen einer arroganten weißen Rasse bis in unser Jahrhundert.

Der Kapitalismus mit seinen imperialistischen Auswüchsen hat bis heute Bestand. Die verheerenden Weltkriege des 20. Jahrhunderts waren u.a. Ausdruck imperialistischer Handlungsmaximen. In unserer Zeit hat sogar das kommunistische Stammland, die Volksrepublik China, fast revolutionsfrei die Vorzüge kapitalistischer Wirtschaftsformen übernommen, um nun mit wachsender wirtschaftlicher Stärke der Weltmacht der Vereinigten Staaten nicht nur Paroli zu bieten, sondern diese dann als führende Weltmacht mit imperialistischen Mitteln abzulösen.

In den vorkapitalistischen Gesellschaftsformen hat es immer schon Kapitalisten gegeben. Solange Gewinnmaximierung, egal, ob beim reinen Warenaustausch, oder Geld gegen Ware gehandelt wurde, wenn das Ziel ein Kapitalertrag war, konnte man von Kapitalisten sprechen.

Diese Form der Kapitalbildung aus Geld mehr Geld zu machen griff bereits im 14. Jahrhundert in den italienischen Stadtstaaten immer mehr um sich. Man erwirtschaftete mehr Kapital als man zum Leben benötigte. Eine Gewinnsucht nahm ihren Anlauf; heute spricht man von der Profitgier. Reich zu werden und sich zur Schau zu stellen ist eigentlich eine urmenschliche Eigenschaft. Aber speziell in Oberitalien hatte diese Art des „Geldvermehrens" System, welches vielleicht heute mit dem Investmentbanking zu vergleichen ist - mit geliehenem Geld weiteres Kapital anzusammeln. Der erfolgreiche Kaufmann und Händler bediente sich eines Kapitalverwalters. Die Banken hatten ihren Urstand. Die Symbiose aus Kapitalerzeuger und Kapitalverwalter war in einem größeren Maßstab schlechthin der Kapitalismus; er hatte hier seine Geburtsstunde.

Der industrielle Fortschritt ab dem 18. Jahrhundert machte im gleichen Maße die Aktivierung von Kapital notwendig, wie das zuvor die Könige und Kaiser für das Umsetzen ihrer Kriegspläne benötigten und im wahrsten Sinne des Wortes „verpulverten". Die Augsburger Welser ab dem 13. Jahrhundert und später die Fugger bis zu den Zeiten Kaiser Maximilians I. Anfang des 16. Jahrhunderts stehen für die europäischen Frühkapitalisten.

Die merkantilistische Wirtschaftsform allgemein wurde aber auch durch die technischen Neuerungen vorangetrieben. Ein intensiverer Handel jetzt über die Weltmeere, die Nachfrage nach mehr Waffen durch die verbesserten Wehrtechniken und die weiteren Überseeeroberungen mit der Bildung von Kolonien führten zur Ausweitung eines frühkapitalistischen Systems.

Die eigentliche industrielle Revolution in Europa begann aber erst mit der Erfindung der Dampfmaschine bereits in den 1830er-Jahren. Die erste deutsche Eisenbahn, das Symbol für den unaufhaltsamen technisch-wirtschaftlichen Fortschritt fuhr am 7. Dezember 1835 von Nürnberg nach Fürth. Sie wurde privat finanziert. Die bayerische Regierung mochte damit nichts zu tun haben. Die „Adler Lok" war ein englisches Fabrikat. Schon zur Jahrhundertmitte war ein weitverzweigtes Netz von 6.000 km erbaut. Mit der Eisenbahn wurde eine Entwicklung in Gang gesetzt, die nicht nur das Verkehrswesen grundlegend änderte, sondern auch die Wirtschaft revolutionierte. Der Bergbau und die eisenverarbeitenden Gewerbe erhielten nun mächtigen Auftrieb. Ein bedeutender Unternehmer dieser Zeit, der Kaufmann Friedrich Wilhelm Harkot sagte dazu: „Die Lokomotive ist der Leichenwagen, auf dem der Absolutismus und Feudalismus zum Kirchhof gefahren werden."

Die industrielle Revolution war in England, aber auch in Frankreich schneller vorangeschritten als in Deutschland. Die Zersplitterung Deutschlands und die daraus folgenden Zollschranken waren Handelshemmnisse und damit auch Fortschrittsverzögerungen. Um 1790 gab es noch 1.300 Zollschranken in Deutschland. Ein Beispiel aus dem Rheinland: Krefeld, im Königreich Preußen gelegen, wurde, wie oben beschrieben, die Samt- und Seidenstadt Deutschlands. Friedrich II. förderte, wie erwähnt, früh diesen späteren Industriezweig. Die Industrie siedelte sich schon zu dieser Zeit dort an, wo es die günstigsten Bedingungen fand. Das ist heute eine Grundvoraussetzung wirtschaftlichen Handelns. Die Zölle zum Umland wurden vom preußischen Staat subventioniert. Das zu dieser Zeit umliegende Großherzogtum Jülich wollte dem nicht folgen und blieb in der wirtschaftlichen Entwicklung zurück.

Die napoleonische Ära und die Gründung des Deutschen Bundes nach 1815 schufen die Voraussetzungen für den Abbau der Zollschranken. 1828 wurde zunächst der Preußische Zollverband gegründet, woraus 1834 der Deutsche Zollverein mit der Beteiligung fast aller deutschen Staaten entstand. Erst spät erfolgten die Beitritte des Königreichs Hannover mit den umliegenden Herzogtümern Oldenburg und Braunschweig. Schleswig-Holstein und Mecklenburg folgten erst 1867. Das Schlusslicht bildete Hamburg und Bremen 1888, bedingt durch ihre Vormachtstellung ihrer Überseehäfen.

Die Innovationen hinsichtlich der Dampfmaschine und der Schiene, die für unendlich viele weitere Entwicklungen stehen, waren jedoch bleibende Investitionen. Das eingesetzte Kapital warf gute Renditen ab. Der erhöhte Kapitalbedarf wurde durch die Ausweitung des Bankensystems ermöglicht, die wiederum machten einzubringende Sicherheiten des Geschäftsablaufes notwendig. Daher waren die Interessen der Unternehmer und der Banken abzustimmen, um erwartbare Gewinne zu zielen.

Technische Innovationen setzten Bildung voraus. Die erste deutsche Technische Hochschule wurde 1825 in Karlsruhe vom Großherzog Baden gegründet. Vorbild war das „Polytechnikum" in Paris.

Jörg Lauster lässt in „Die Verzauberung der Welt" den alten Goethe sprechen, der das untrügliche Gefühl hatte, dass in der Zeit durch den Umbruch nach dem Wiener Kongress nicht nur in Deutschland eine neue Welt heraufzog. Goethe erlebte nur die Vorboten. Seine Ahnungen jedoch wurden wahr. Gemessen an der Geschwindigkeit der menschlichen Zivilisationsgeschichte kamen die Umgestaltungen des industriellen Zeitalters über Nacht. Sie veränderten im 19. Jahrhundert das Leben der Menschen weltweit und grundlegend. Es veränderten sich die politischen und wirtschaftlichen Rahmenbedingungen, die kulturellen und mentalen Haltungen, es veränderte sich das Zusammenleben der Menschen und ihr Verhältnis zur Natur und schließlich auch ihre Einstellung zur Religion.

Heute wissen wir, dass der Unternehmergeist vieler Bürger bei gleichzeitiger Schaffung eines gemeinsamen deutschen Marktes ganz entscheidend war für die Industrialisierung Deutschlands.

Die Reformbewegung hatte viele Gesichter, auch solche, die von Elend und Not kündeten. Die Unternehmer hatten wenig Empfinden für die zunehmende soziale Not der Industriearbeiter, die durch die Bevölkerungsexplosion, die alle Industriestaaten Europas erfuhren, noch verstärkt wurde. Im Jahr 1860 lebten in den deutschen Staaten nahezu doppelt so viele Menschen wie 1815. Das war ein bis dahin einmaliger Vorgang unserer Geschichte.

Es war aber auch die Zeit der Kaufleute, Beamten, Offiziere, Zöllner und Bauern. Ebenso aber auch die Zeit der Tagelöhner, Pferdeknechte und Waschfrauen und der ständig zunehmenden

Zahl der Industriearbeiter. Sie alle wurden mehr als mäßig ent-
lohnt. Sie hatten in ihrem Leben kaum die Möglichkeit, eine
Familie zu gründen, geschweige diese zu ernähren.

Die Armut wurde ab 1830 zu einem Massenphänomen. Pau-
perismus nannten es die Zeitgenossen. Hinzu kam, dass ab 1843
Missernten und eine auftretende Kartoffelfäule landesweit zu
Hungersnöten führte. „Trotz Arbeitszeiten von 12, 14, ja 16
Stunden am Tag lebte die Masse der Bevölkerung in großem
Elend. Ein Zeitgenosse berichtet: - „Seit sieben und mehr Jahren
haben sich die Unglücklichen nicht mehr irgendein Kleidungs-
stück beschaffen können; ihre Bedeckung besteht aus Lumpen,
ihre Wohnungen verfallen, da sie die Kosten zur Herstellung
nicht aufbringen können; die missratenen Ernten der Kartoffeln,
namentlich in den beiden letzten Jahren waren sie auf die billige-
ren Wilden- oder Viehkartoffeln und auf das Schwarz- und Vieh-
mehl zur Nahrung angewiesen; Fleisch kommt nur bei einigen zu
Ostern, Pfingsten oder Weihnachten ins Haus und dann für eine
Familie von fünf oder Personen ein halbes Pfund"![3]

Immer mehr verarmte Bauern zogen in die Städte. Berlin
wuchs allein in dieser Zeit von 1816 bis 1846 von rd. 200 Tsd. auf
400 Tsd. Einwohnern. Darüber hinaus wurde die weit verbreitete
Heimarbeit durch Industriearbeit ersetzt. Das Handweben war
nicht nur in Deutschland weit verbreitet. Für einen Hungerlohn
musste die ganze Familie, einschließlich der Kinder mitarbeiten.
Nicht immer reichte es, um den Hunger zu stillen. Mit dem
Aufkommen der mechanischen Webstühle fiel auch diese Ver-
dienstmöglichkeit weg. 1844 kam es in Schlesien zu Revolten. Die
industrielle Revolution nahm ihren Anfang und forderte ihre
Opfer. Wie überall in Europa wurde nach Zuwiderhandlung der
Aufrufe zur Ordnung, sofort geschossen.

Heinrich Heines Gedicht zum Aufstand der Weber 1845 ist vielsagend.

Das Schiffchen fliegt, der Webstuhl kracht,
Wir weben emsig Tag und Nacht.
Im düstern Auge keine Träne.
Sie sitzen am Webstuhl und fletschen die Zähne:
Altdeutschland, wir weben dein Leichentuch,
wir weben hinein den dreifachen Fluch!
Wir weben, wir weben!

IV. Kapitel

Von 1848 bis zur Weimarer Republik

1. Preußen bringt sich in Stellung

Um die folgenden Abläufe in Deutschland besser einordnen zu können, ist die Entwicklung Preußens wieder in den Fokus zu nehmen. Zwischen dem König Friedrich Wilhelm IV. und seinem Volk konnte im Januar 1850 doch eine Verfassung, die eigentlich schon eine Verfassungsänderung war, verankert werden. Immerhin war das Königreich Preußen nach der Märzrevolution ab 1849 eine konstitutionelle Monarchie. Der Preußische Landtag bestand aus zwei Kammern, dem Herrenhaus und dem Abgeordnetenhaus. In den 50er-Jahren des 19. Jahrhunderte versuchten die Abgeordneten ihre Befugnisse auszuweiten. Solange der König Friedrich Wilhelm IV. noch über seine geistigen Kräfte verfügte, misslang das mehr oder weniger. Vom späteren Prinzregenten Wilhelm, seinem Bruder, wusste man, dass er aus einem anderen Holz geschnitzt war. Sein Ruf als „Kartätschenprinz" von der Niederschlagung der Revolution in Baden 1849 war noch nicht verhallt. In der Übergangsphase des Prinzregenten zum König meinte man, die parlamentarische Hoheit über das Budget zu halten, wenn nicht gar ausweiten zu können. Der Prinzregent und nach dem Tode seines Bruders, König Wilhelm I. wusste, dass er eine starke Stellung in Deutschland nur durch militärische Präsenz erreicht werden konnte. Hier spielte der preußische Landtag aber nicht mit und verweigerte sich, einer Einschränkung ihres Budgetrechts zuzustimmen. Der König berief den durch den Frankfurter Bundestag und seine Gesandtschaften in St. Petersburg und Paris gewieften Bismarck 1862 zum Ministerpräsidenten des Landes Preußen. Bismarck missachtete einfach die Beschränkungen seiner Regierung durch den Preußischen Landtag (Idemnitätsgesetz), nachdem ein Kompromissversuch scheiterte. Durch die dann erfolgte Heeresreform war

Preußen in der Lage, die folgenden „Operationen" erfolgreich durchzuführen.

Konfrontationen im Deutschen Bund

Der Deutsche Bund bestand zu diesem Zeitpunkt durch erfolgte Erbschaften und trotz einiger Souveränitätsabgaben immer noch aus 36 Staaten, darunter die vier Reichsfreien Städte.

Die revolutionären Ereignisse in Österreich und Deutschland und die Konstitution eines deutschen Parlaments führten aber auch zu vielen Auseinandersetzungen aller Institutionen innerhalb des Deutschen Bundes. Die Grundkonzeption dieses seit dem Wiener Kongress bestehenden Staatenbundes wurde einer Zerreißprobe ausgesetzt. Nach wie vor waren Österreich und Preußen die Hauptakteure des Bundes, wobei Ersteres immer wieder eine Dominanz anstrebte. Die kleineren Staaten des Bundes versuchten durch Zustimmung oder Ablehnung, je nach Vorteilslage, das Zünglein an der Waage zu spielen. Der Deutsche Bund musste nach den revolutionären Abläufen in verschiedenen Landesteilen gemäß nach den Verträgen des Wiener Kongresses wiederbelebt werden.

1850 drohte zwischen dem Machtbereich Preußen und Österreich, das von Russland unterstützt wurde, bereits ein Deutscher Krieg. Äußerer Anlass war das Kurfürstentum Kassel, (als Großherzogtum Hessen oder auch als Kurhessen bezeichnet) durch das zwei Verbindungsstraßen der preußischen Ost– Westgebiete führten. Der Hintergrund war aber, dass Österreich seine Vormachtstellung im Deutschen Bund demonstrieren wollte. Die preußische Mobilmachung war angesagt. In der Ölmützer Punktation wurde der Konflikt jedoch beigelegt. Österreich hatte sich weiterhin mit der Wahrnehmung seines Führungsanspruchs im Deutschen Bund durchgesetzt. Für die Anhänger des Unionsprojektes war die Ölmützer Punktation ein herber Rückschlag. Auch die Konservativen der preußischen Führungselite sahen darin eine Niederlage. Der Deutsche Bund wurde danach aber mit nur geringen Modifikationen wiederhergestellt.

Preußen bemühte sich zunächst weiterhin, eine deutsche Politik zu führen, da Wien große Mühe hatte, seine Besitzungen außerhalb Österreichs zu verteidigen. Preußen trieb das Projekt der deutschen Einheit sowohl volkstümlich als auch monarchisch voran. Österreich sollte aber nicht verärgert werden. Preußen scheiterte aber letztendlich an den Machtkämpfen zwischen den progressiven und konservativen Kräften in der preußischen Kamarilla, die der König, - noch Friedrich Wilhelm IV. - um sich geschart hatte; er ließ sich von beiden Seiten beeinflussen.

Nach der Ablehnung einer „Großdeutschen" Lösung nur mit Einschluss der tschechisch-slowakischen Landesteile Österreichs, strebte Preußen die „Kleindeutsche" Option an; ein langfristiges Objekt, ein deutscher Bundesstaat ohne Österreich. Von 1851 bis 1859 war Bismarck preußischer Abgeordneter im Bundestag, wohlgemerkt in der Länderkammer des Deutschen Bundes. Hier konnte er seine Gegner studieren und einschätzen. Seine Vision einer „Kleindeutschen" Lösung konnte er nach 20 Jahren einlösen.

Aber auch die partikularen Kräfte übriger Staaten blockierten mehr oder weniger das Projekt der Kleindeutschen Union. Unter anderem befürchteten sie Machtverluste und gingen verstärkt auf Österreich zu, da sie dort durch die außerösterreichischen Probleme für sich geringere Widerstände erhofften. Darüber hinaus verstand es Österreich meisterhaft, die bewährte Seite des Deutschen Bundes herauszustellen, die aber ausschließlich dem eigenen Machterhalt diente. Der österreichische Kanzler Schwarzenberg stand hinter dieser Politik. Union ja, aber Österreich sollte auf Kosten Preußens das Sagen haben. Diese Politik zog sich in gleicher Weise durch die 50er-Jahre des 19. Jahrhunderts. Es bedurfte also einer Macht mit dem Willen zur deutschen Einheit, die gegen die anderen Mächte vorgehen konnte.

Die Schleswig-Holsteinische Konstellation

In der Zeit nach 1815 ging Preußen allen militärischen Konflikten aus dem Wege, so die internationale Kritik. Und doch gelang es Preußen dann, die Welt von 1864 bis 1870 mit einer Reihe „militärischer und politischer Großtaten" in Erstaunen zu versetzen. Die Schlagkraft seiner Armee wurde wiederhergestellt. Österreich wurde aus Deutschland vertrieben, respektive ausgegrenzt, die militärische Macht Frankreichs gebrochen und ein neuer Nationalstaat errichtet, sowie die europäische Machtbalance radikal verändert.

Im Einzelnen war der Ablauf wie folgt: Die dänische Frage wurde zu einem Kristallisationspunkt für die sich noch in der Paulskirche konstituierende Nationalversammlung. Die Herzogtümer Schleswig und Holstein standen in einem dubiosen Verhältnis zum Deutschen Bund und zum dänischen Königreich. Beide Herzogtümer hatten vor dem 15. Jahrhundert ein eigenes Herrscherhaus. Als es dann ausstarb, wählten sie den dänischen König zu ihrem Herzog mit einem Vertrag, der besagte, dass die Herzogtümer unteilbar bleiben müssen (up ewig ungedeelt), aber niemals von Dänemark einverleibt werden dürfen. Beide Herzogtümer waren also in Personalunion mit dem dänischen Königshaus verbunden. 1815 wurde Holstein in den Deutschen Bund aufgenommen. Damit war der dänische König als Holsteiner Herzog Repräsentant der Länderkammer des Deutschen Bundes.

Die Dänischen Kriege (1848-1864)

Die revolutionären Bewegungen ab 1848 in Europa waren auch in dieser Region mit ursächlich dafür, dass die oben beschriebene Konstellation in Schleswig-Holstein durch den bereits schwelenden Konflikt eskalierte. Ein erst kurzzeitig inthronisierter dänischer König war noch unbedarft, so dass die Schleswig-Dänischen Nationalisten, die „Eiderstätter", Oberwasser bekamen und meinten, eine Verfassung durchzusetzen zu können, in der Schleswig und Holstein Teil des dänischen Königshauses zu sein hatten. Vertreter der überwiegend deutschsprechenden Bevölkerung favorisierten jedoch Schleswig und Holstein als ein Land des Deutschen Bundes. Deutschgesinnte Ständevertreter von Schleswig und Holstein forderten daraufhin von den Dänen ultimativ, auch Schleswig in die Verwaltung des Deutschen Bundes einzubinden. Die revolutionäre Stimmung im europäischen Umfeld ermunterte auch die deutschen Holsteiner in Kiel, eine provisorische Regierung zu bilden. In Rendsburg ergriff diese Regierung die Initiative. Es kam zu Kampfhandlungen. Über Holstein war auch der Bund involviert. Daraufhin beschloss die Nationalversammlung des Deutschen Bundes, fast ausschließlich preußische Truppen gegen Dänemark zu schicken. In einem über dreijährigen, halbherzig geführten Krieg, der immer wieder durch Waffenstillstände unterbrochen wurde, um nicht andere Großmächte, wie Russland oder England auf den Plan zu rufen. Nach der Intervention dieser kam es zunächst in Berlin im Juli 1850 zu einem Frieden. Holstein blieb in Statthalterschaft beim Deutschen Bund; Schleswig wurde gemeinsam von Dänen, Preußen und Briten verwaltet.

Die provisorische Regierung in Kiel konnte sich mit dem Ergebnis des Berliner Friedens nicht abfinden und kämpfte mit ihrer schleswig-holsteinischen Armee aufopferungsvoll - jedoch verlustreich - weiter. Eine Befriedung der Kampfhandlungen gelang erst durch die preußischen und österreichischen Bundestruppen. Im Juli 1852 kam es zu einem endgültigen Waffenstillstand, festgehalten im Londoner Protokoll. Unterzeichner waren Russland, Großbritannien, Frankreich und Preußen. Warum nicht der Deutsche Bund? Das Nationalparlament war zu diesem Zeitpunkt schon außen vor. Österreich als zweite Großmacht des Deutschen Bundes hatte nicht das Interesse, sich an der Konfliktbeseitigung im hohen Norden zu beteiligen. Nur die Unterzeichner des Londoner Protokolls von 1852 hatten ein vitales Interesse, die Seewege durch die dänischen Inseln vertraglich zu sichern. Man sprach auch vom „Bosporus der Ostsee". Der Status quo von 1815 wurde im Prinzip wieder manifestiert, d.h., die Herzogtümer Holstein und Lauenburg blieben Teil des Deutschen Bundes. Schleswig fungierte als dänisches Reichslehen; jedoch blieben alle drei Herzogtümer im Verband des dänischen Königshauses.

Dieses Protokoll war ein fauler Kompromiss. Die Zugehörigkeit der Herzogtümer Holstein und Schleswig zu divergierenden Herrschaftsbereichen und teilweise nationalen Unterschieden musste zu weiteren Auseinandersetzungen führen.

Mancher Leser wird sich wundern, warum ich diesem Konflikt diesen Raum gebe. Die weiteren Abläufe bis 1870 hatten im Londoner Kompromiss ihre Ursache. Preußen und Österreich schufen 1864 Fakten, die wieder mit faulen Kompromissen endeten. Der Deutsche Krieg 1866 war das Ergebnis. Der Sieger dieses Krieges schuf das Preußen, das in neuer Stärke die Franzosen herausforderte.

Der Ablauf im Detail ist ganz interessant. Als Christian IX. aus dem Hause Schleswig-Holstein-Sonderburg-Glücksburg 1863 den Thron bestieg, also ein Schleswiger auf dem Dänischen Thron, erklärte er Schleswig zur dänischen Provinz und strebte danach, die deutsche Sprache und Kultur zurückzudrängen. Zur Stärkung seiner Staatsmacht unterstellte er das Herzogtum Schleswig direkt dem Königreich Dänemark.

Das widersprach aber den langjährigen Verträgen und dem Londoner Protokoll von 1852. Der Deutsche Bund hatte jetzt den Willen und die Macht die Einhaltung der Verträge durchzusetzen. Die Truppen des Deutschen Bundes marschierten 1864 gegen Dänemark. Die Düppeler Schanzen in der Nähe von Glücksburg in Schleswig stehen dafür. Das kleine Dänemark hatte gegen die preußischen und österreichischen Truppen keine Chance. Der Krieg dauerte neun Monate. Im Frieden von Wien wurden die Herzogtümer Holstein und Schleswig dem Deutschen Bund übertragen.

Der Deutsche Krieg (1866)

Und wieder waren es die Festlegungen innerhalb des Deutschen Bundes nach dem Dänischen Krieg, die die folgenden Kriege auslösten. Der Anlass des Kriegsausbruchs: Nach dem Sieg über Dänemark 1864 verwaltete Preußen Schleswig und Österreich Holstein. Beide Mächte hatten gleiche Rechte auf die

Herzogtümer. Das war eine konfliktgeladene Vereinbarung. Darüber hinaus brachte Bismarck in den Frankfurter Bundestag den preußischen Vorschlag ein, ein deutsches Parlament durch allgemeine direkte Wahlen wählen zu lassen. Dieser Antrag stellte quasi eine Bundesreform dar, die nicht im Sinne Österreichs sein konnte.

Der Krieg im Juli 1866, der als Deutscher Krieg mit der Entscheidungsschlacht bei Königgrätz in die Geschichte einging, war für Mitteleuropa eine ganz entscheidende Zäsur. Sie ist viel tiefer anzusehen als die eigentliche Reichsgründung 1871 nach dem Krieg gegen Frankreich. Ohne Königgrätz wäre der folgende Krieg gegen Frankreich 1870 nicht geführt worden und die Gründung des Deutschen Kaiserreiches 1871 hätte zu diesem Zeitpunkt ebenso wenig stattgefunden. Das „alte" Deutschland wurde danach in seiner inneren und äußeren Ordnung entscheidend verändert.

Auf Bismarcks Agenda stand auf Grund seiner Erfahrungen als Gesandter Preußens im Bundestag in Frankfurt in den 50er Jahren die Vorherrschaft Österreichs im Deutschen Bund zu brechen. In der diskutierten „Großdeutschen" Lösung mit Österreich wäre Preußen weiterhin Juniorpartner im Deutschen Bund geblieben. Bismarck konnte daher nur die „Kleindeutsche" Lösung ohne Österreich anstreben, denn es ging letztendlich um die politische und wirtschaftliche Vorherrschaft in Deutschland. Daher suchte Bismarck zur Lösung der deutschen Frage den Konflikt in Schleswig-Holstein. Er verkündete bereits im Februar 1865, dass Preußen beide Herzogtümer als preußische Satelliten zu betrachten beabsichtige.

Eine „selbstherrliche" Verwaltung Holsteins durch die Österreicher war dann der Anlass, den Konflikt eskalieren zu lassen. Preußen marschierte in Holstein ein; die Österreicher zogen sich auf das „Hannoversche" zurück. In der Plenarsitzung der Bundesversammlung in Frankfurt stellte der österreichische Gesandte den Antrag, das Bundesheer gegen Preußen zu mobilisieren. Das, was der Deutsche Bund auf seine Fahnen geschrieben hatte, nämlich vorbeugende, mit Krieg verbundene Auseinandersetzungen nicht nur innerhalb des Bundes, sondern womöglich unter Hineinziehen weiterer europäischer Großmächte in kriegerische Auseinandersetzungen zu verhindern, wurde nun durch das größte deutsche Mitgliedsland, das Königtum Preußen, selbst ausgelöst. Der Antrag wurde mit einer großen Mehrheit angenommen. Der preußische Gesandte erklärte daraufhin, dass der Bundesvertrag gebrochen und damit erloschen sei. Es kommt 1866 zum Krieg. Da Italien auch die Gunst der Stunde nutzte, um Österreich aus italienischen Teilländern zu vertreiben, waren insgesamt 1,1 Mill. Soldaten an den Schlachten beteiligt. Das Morden forderte über 80.000 Tote und Verwundete.

Die süddeutschen Bundesländer Bayern, Württemberg, aber auch Sachsen, Hannover und Kurhessen (ursprünglich Landgrafschaft Hessen-Kassel), die Freie Stadt Frankfurt und weitere, kleinere Staaten schlossen sich Österreich an. Aber nur das Königreich Sachsen schickte ein Armeekorps zur Verstärkung der Österreicher. Die übrigen deutschen Staaten verhielten sich Preußen gegenüber abwartend. Im Notfall wollten sie ihre Landesgrenzen verteidigen. Diese Positionierung der deutschen Teilstaaten führte historisch dazu, dass die eigentliche Auseinandersetzung zwischen den führenden Ländern des Deutschen Bundes, dem Königreich Preußen und Kaiserreich Österreich, dann als Deutscher Krieg geführt wurde.

Die entscheidende Schlacht fand im Böhmischen bei Königgrätz am 3. Juli 1866 statt. Die Österreicher wurden entscheidend besiegt. Die Zersplitterung der mit den Österreichern verbündeten Kräfte führte zum Sieg der preußischen Armee. Die Kampfmoral der Österreicher war gering, da im Gegensatz zu den Preußen sich diese aus vielen Nationalitäten zusammensetzte.

Der Deutsche Krieg mit der Schlacht bei Königgrätz beendet den Dualismus innerhalb des Deutschen Bundes. Der protestantische Hohenzollernstaat und das katholische Habsburgerreich gingen bis auf weiteres getrennte Wege.

Der geistige Vater des Sieges war der Generalstabschef Helmuth Graf Moltke d. Ältere. Technisch war die preußische Armee mit modernen Zündnadelgewehren ausgerüstet, die gegenüber den alten Vorderladern eine schnellere Schussfolge erlaubte (sieben zu zwei Schuss pro Minute). Diese „Feuertaktik" der Preußen war der entscheidende Vorteil. Darüber hinaus kamen logistische Aufmarsch- und Bewegungsmöglichkeiten großer Truppenteile durch die Eisenbahn sowie durch die verbesserte Kommunikation der Telegrafie zu logistischen Standortbestimmungen zum Tragen.

Direkt nach der Schlacht konnte sich Bismarck entscheidend durchsetzen. Die Militärs, an der Spitze der König und der Kronprinz, wollten die Stadt Wien einnehmen und die Donaumonarchie zusätzlich demütigen. Durch Bismarcks Durchsetzungsvermögen wurde von der Einnahme Wiens Abstand genommen. Bismarcks Kalkül war, dass sich mit jeder eigenen Machtzunahme das europäische Gleichgewicht verschieben würde. Ein zukünftiger, österreichischer Verbündeter in der Mitte Europas kann sehr wertvoll sein. 1879 konnte ein Zweibund mit Österreich geschlossen werden, der sich langfristig jedoch mehr als negativ auswirkte.

Im Frieden zu Prag wurde festgesetzt, dass Schleswig, Holstein, das Königreich Hannover, Kurhessen, Hessen-Nassau und die Freie Stadt Frankfurt/a.M. Preußen zu geschlagen wurden. Der Oberbürgermeister von Frankfurt beging Selbstmord. Preußen gelang die Landverbindung zwischen der Rheinprovinz bzw. Westfalen und den brandenburgischen, pommerschen und ostpreußischen Gebieten. Das Reich der Welfen, das Königreich Hannover, entsprach überwiegend dem heutigen Niedersachsen, das nach dem Wiener Kongress mit dem Kurfürstentum von Braunschweig-Lüneburg vereinigt, zum Königreich erhoben wurde. Bereits ab 1714 repräsentierten die Welfen mehr als 120 Jahre in Personalunion die britische Krone. Diese Parteinahme für das österreichische Kaiserreich fand trotz dieser Tradition ein jähes Ende. Das Königreich Hannover wurde Preußen zugeschlagen.

Dieser Sieg hatte dann aber jedoch außenpolitische, europäische „Nachspiele". Der französische Kaiser Napoleon III. nahm den innerdeutschen Krieg zum Anlass, die Kriegsbindung Österreichs in Deutschland zur Gebietserweiterung in Oberitalien zu nutzen. Die Schlacht bei Solferino und Henry Dunant finden noch Erwähnung.

Um die Motivation der Franzosen in ihrem Verhalten zu den Deutschen Reichen - bis hin zum „Dritten" Reich - vielleicht besser beurteilen zu können, könnte man weit in die Historie beider Völker zurückgehen. Es reicht aber hier aus, Kaiser Napoleon III. und sein Umfeld zu betrachten. Kein Herrscher kann zu anderen politischen Organen und der öffentlichen Meinung eine gleichgültige Haltung einnehmen. So war auch dieser Napoleon ein mit Vorstellungen Versehener zum Machtgehabe Frankreichs in Europa einerseits und andererseits ein Getriebener, der auch zum Erhalt seiner Macht den überwiegenden öffentlichen Meinungsvorstellungen gewogen sein musste.

So hat also besonders Napoleon III. nicht unwesentlich zum Entstehen des Deutschen Kaiserreiches „beigetragen", obwohl das seinen politischen Machtvorstellungen widersprach. Frankreich fühlte sich am „Wohlsten", wenn ein „zahlreicher" deutscher Nachbar in einem in sich zerstrittenen Flickenteppich verblieb. Jahrhundertelang waren die Deutschen in ihrer Kleinstaaterei manipulierbar und eine deutsche Einflussmöglichkeit in Europa und der Welt war kaum gegeben. Es stellt sich jedoch die Frage, ob ein starker deutscher Nationalstaat in der Mitte Europas dieser Verantwortung eines nachbarschaftlichen Zusammenlebens auch gerecht werden kann?

Durch den Wiener Kongress wurde Preußen wieder gestärkt, baute aber erst unter König Wilhelm I. und vor allem mit seinem Ministerpräsidenten Bismarck ein deutsches Machtgefüge auf. Aber jeder kann nur so weit gehen, wie seine Nachbarn das zulassen. So musste der Deutsche Krieg 1866 nicht nur innerdeutsch „aufbereitet" werden. Satisfaktionen, Versprechungen und Belohnungen - diplomatisch garniert - waren im Vorfeld die Regel zur Teilnahme oder zumindest zum Wohlverhalten auch der europäischen Nachbarn. Im Friedensschluss von Prag meinte Frankreich, dass sein Wohlverhalten zum Krieg nicht die erwartete Unterstützung in der ausgeschauten „Be-Ne-Lux-Beute" fand. Das Großherzogtum Luxemburg war nämlich zu diesem Zeitpunkt Eigentum der niederländischen Krone. Frankreich wollte Belgien vereinnahmen und Luxemburg käuflich erwerben. Beides wurde verhindert. Bismarck hatte daran wohl auch einen wesentlichen diplomatischen Anteil. Frankreich war „sauer" und hielt Ausschau nach anderen nicht nur diplomatischen Möglichkeiten einer Machterweiterung.

Mit dem preußischen Sieg ging die lange Geschichte des österreichisch-preußischen Zweikampfes um die Hegemonie über die deutschen Staaten zu Ende. Das war ein Deutscher Krieg, der auch so in die Geschichte einging. Preußen wird noch mächtiger. Österreich musste aus dem Deutschen Bund ausscheiden. Der Norddeutsche Bund entstand.

Mit der Entscheidung der Schlacht bei Königgrätz war Österreich aus einem großen, geeinigten Deutschland außen vor. Kaiser Franz Joseph I. orientierte sich entsprechend seiner Möglichkeiten neu. Ein Ausgleich mit Ungarn kam zustande. Die kaiserlich-königliche Doppelmonarchie, kurz k. & k. wurde ab 1867 zum Begriff.

Im gleichen Zeitfenster mutierte nun auch der kaiserliche Teil des ehemals Deutschen Bundes zu einer konstitutionellen österreichischen Monarchie. Außer dem kurzen verhängnisvollen „Intermezzo" ab März 1938 bis zum Kriegsende 1945 gingen beide Staaten von nun an eigene Wege.

Dieser Krieg hatte auch seinen Grund in den sich über Jahrzehnte hinziehende politische Auseinandersetzung zwischen Österreich und Preußen. Das Geschlecht der Habsburger stellte überwiegend über Jahrhunderte nicht nur die Kaiser des Römischen Reiches Deutscher Nation, sondern war darüber hinaus europaweit vertreten und an vielen politischen Konflikten beteiligt. Dass dieses Land, das mit seinem Herrschergeschlecht auch weiterhin den Anspruch geltend machte, nicht nur in Deutschland dominierend zu sein, ist nachvollziehbar. Der Preuße Friedrich II. war der Erste, der innerdeutsch dem alten Kaisergeschlecht, zwar mit viel Glück erhebliche Niederlagen, nicht nur militärische zufügte. Dann kam Napoleon, der dem Römischen Reich Deutscher Nation den Todesstoß versetzte. Die Habsburger zogen sich auf ihre Hausmacht zurück und waren nur noch Kaiser von Österreich. Der nachfolgende Wiener Kongress löste europaweit weitreichende politische Veränderungen aus. Die Kaiser von Österreich wussten mit ihren Kanzlern Metternich und Schwarzenberg neben dem Zaren von Russland wieder in Europa eine bedeutende Stellung einzunehmen. Die Preußenkönige Friedrich Wilhelm III. und IV. waren Mitglied der „Heiligen Allianz" und schlossen sich dem restriktiven Kurs der anderen Herrscher nahtlos an. Alle anderen deutschen Fürsten regierten unter „ferner liefen". Bismarck war es, der mit der Rückendeckung des preußischen Prinzregenten, ab 1861 König Wilhelms I., die entscheidenden „Anstöße" zu politischen Veränderungen in Deutschland gab.

Auch die Staaten in Deutschland, die sich dem Deutschen Krieg auf die Seite Österreich schlugen, wurden gedemütigt. Aber wie schon zu Zeiten Napoleons, waren sie wankelmütig und „näherten" sich eher hin zu einem vermeintlich Stärkeren, oder realistischer ausgedrückt, wo sie sich mehr Eigenstaatlichkeit erhofften. Die Preußen mit ihrem „Zuchtmeister" Bismarck standen nicht dafür. Die landsmännischen Vorbehalte und „Frotzeleien" der Süddeutschen zu den Preußen und umgekehrt bis in unsere Zeit sind wohl hier zu finden.

Der 150. Jahrestag (2016) des Jahrestages von Königgrätz erfährt nicht die öffentliche Aufmerksamkeit wie 1870/71 der deutsch-französische Krieg. Königgrätz hat nicht die Symbolik wie Sedan. Aber für Deutschland war diese Auseinandersetzung ein weiterer, wichtiger Meilenstein hin zu einem einheitlichen Staat. Dass Österreich nicht einbezogen werden konnte, ist bedauerlich. Mehr als kritisch ist festzustellen, dass diese positiven Veränderungen in Deutschland nicht nach Verhandlungen möglich waren. Die beschriebenen historischen Abläufe ließen eine diplomatische, deutschsprachige Einheit nicht zu.

2. Der Weg zum Deutschen Kaiserreich

Der Norddeutsche Bund

Der Norddeutsche Bund wurde der erste föderativ organisierte deutsche Staat; dieser Bund war wie das spätere Kaiserreich eine konstitutionelle, jedoch keine parlamentarische Monarchie. Das war eine historische Vorstufe, die mit der Reichsgründung zur deutschen Nationalstaatsbildung verwirklicht wurde. Dieser Bund war ursprünglich nach dem Sieg über Österreich bei Königgrätz von 1866 als Militärbündnis unter preußischer Führung angelegt und umfasste 22 Länder nördlich der Mainlinie. Dieser Bund erhielt 1867 eine Verfassung. Bismarck nutzte damit den Sieg auch innenpolitisch. Die Ereignisse von 1866 spalteten zunächst die Liberalen. Die Mehrheit der Liberalen gab dann aber ihre bisherige Opposition hinsichtlich der Bismarck'schen Politik auf und ordneten sich dem nationalen Gedanken unter. Noch im Herbst 1866 entsteht die nationalliberale Fraktion, auf die sich Bismarck mehr als ein Jahrzehnt stützen konnte. Die Verfassung des am 16. April 1867 gegründeten Norddeutschen Bundes ist größtenteils Bismarcks persönliches Werk. Sie wird weitestgehend 1871 nach der Reichsgründung übernommen. Das Bundespräsidium steht erblich dem König von Preußen zu und der vom König ernannte Bundeskanzler ist nur ihm gegenüber verantwortlich. Berlin hatte das Sagen in allen militärischen und politischen Angelegenheiten. König Wilhelm I. sagte über den Norddeutschen Bund, „das er nicht mehr sei als der verlängerte Arm Preußens." Die Fürsten und die Repräsentanten der Freien Städte waren im Bundesrat vertreten und ab 1867 gewählte Abgeordnete des Norddeutschen Bundes - wie schon beim Deutschen Bund bemerkt - mit dem heutigen Bundesrat vergleichbar. Der Norddeutsche Bund besaß ein Parlament, den Norddeutschen Reichstag. Alle männlichen Bürger der Mitgliedsstaaten über 25 Jahre konnten wählen. Antipreußisch-gesinnt blieben viele Bürger der annektierten Staaten, wie die Hannoveraner und die der Reichsstadt Frankfurter a/M.

Bismarck war zum Zeitpunkt der Konstituierung des Norddeutschen Bundes bereits der Ansicht, dass dieser Bund nur eine
„Zwischenlösung" zum einheitlichen Deutschland sein konnte.
Daher war es seiner Ansicht unbedingt notwendig, den weiteren
Weg mit einer möglichst großen Geschlossenheit der norddeutschen Länder zu beginnen. Durch sein besonderes diplomati-
sches Geschick war es ihm gelungen, die strittigen Herzogtümer
Schleswig und Holstein in den Norddeutschen Bund zu integrieren.

Der deutsch-französische Krieg (1870/71)

Ich gehe auf die folgenden Ereignisse wieder näher ein, weil
die für die weitere Entwicklung Deutschlands folgenreich waren.
Schon hier kann man bis Hitler ursächliche Abläufe sehen.

Das Ziel für Deutschland war Bismarck seit den 1850er-Jahren
in Frankfurt klar: eine deutsche konstitutionelle Kaisermonarchie
mit einem preußischen Souverän an der Spitze. Nur in dieser
Konstellation konnte Deutschland mit den europäischen Großmächten gleichziehen.

Innerhalb Deutschlands zeigte sich bei den Staaten, die nicht
zum Norddeutschen Bund gehörten, wie Bayern und Württemberg, eine antipreußische Koalition. Besonders der politische
Katholizismus in diesen Staaten wurde zu einem ernstzunehmenden Gegner für den von Bismarck angestrebten friedlichen
Vereinigungsprozess unter preußischer Führung zum deutschen
Kaisertum.

Nach dem Wiener Kongress, auf dem über die Folgen der
Niederlage Napoleons I. verhandelt wurde, wurde Frankreich von
der „Heiligen Allianz" unter eine „Europäische Beobachtung"
gestellt.

Diese Allianz der Staaten Russland, Österreich und Preußen
achteten also in den Jahren ab 1820 in ihrer Politik schon darauf,
dass Frankreich isoliert blieb. Das änderte sich, als ein Neffe
Napoleons (Sohn seines Bruders Louis Bonaparte, König von
Holland) 1848 Präsident wurde und durch einen Putsch mit

nachgeschobenem Plebiszit sich zum Kaiser Napoleon III. ausrufen ließ. Der Sohn des ersten Napoleon, war als Kinderkönig von Rom bekannt. Er verschwand mit dem Abdanken seines Vaters von der politischen Bühne und verstarb 1832 mit 21 Jahren.

Bald darauf profilierte sich der französische Kaiser Napoleon III. im Krimkrieg gegen Russland, indem er die Türken unterstützte (1853-1856), in Norditalien Piemont-Sardinien gegen Österreich zur Seite sprang und Österreich in der Schlacht von Solferino die Lombardei verlor, sowie half, den päpstlichen Kirchenstaat wieder herzustellen. Zur Absicherung seiner europäischen Interessen wurde 1859 ein Neutralitätsvertrag mit Russland abgeschlossen. Diese Erfolge Napoleons III. hatten auch innenpolitisch für den Imperator sehr positive Auswirkungen. Jedoch wirkten sich seine Interventionen in Mexiko von 1861 bis 1867, die mit der Hinrichtung des von Frankreich eingesetzten Kaisers Maximilian I. endeten, sowie wirtschaftliche Probleme im Innern auf die Gesamtlage Frankreichs sehr negativ aus.

Ein Abstecher zur Einheit des italienischen Staates. Wie kam es zu Gründung des Roten Kreuzes? Im Kampf um die italienische Einheit wurde ein verlustreicher Krieg zwischen Frankreich, Savoyen und Sardinien einerseits und Österreich andererseits geführt. 1859 fand bei dem Städtchen Solferino, südwestlich vom Gardasee ein großes Morden statt. Für den Schweizer Henry Dunant der Anlass, das Rote Kreuz zu gründen. Als Heereslieferant wollte er Napoleon III. treffen und gute Geschäfte machen. Er war von den Gräueln so geschockt, dass er Frauen der umliegenden Orte zur Versorgung der zahllosen Verwundeten organisierte. 300.000 Mann der beiden Kriegsparteien waren im Kampfeinsatz. 40.000 Tote waren zu beklagen, von den Verwundeten ganz zu schweigen.

Die Art des souveränen Sieges der Preußen im Deutschen Krieg 1866 beschwor die Gefahr herauf, dass Preußen sich zu

einem ernstzunehmenden Rivalen in Europa entwickeln könnte.
Mit der Gründung des Norddeutschen Bundes unter der Führung
Preußens war eine weitere politische Verstärkung dieser Macht
verbunden. Napoleon III. war daher davon überzeugt, dass
Preußen eine Gefahr für die französischen Interessen darstellte.
Bismarck wusste diese Situation gut einzuschätzen und ließ keine
Gelegenheit aus, aus der französischen Stimmung Situationen zu
fördern, die eine Auseinandersetzung mit Frankreich nicht aus-
schloss. In Bismarcks Überlegungen spielte wohl auch der Gedanke eine Rolle, dass sich die Einigung Deutschlands durch die
Bedrohung seitens Frankreichs möglicherweise beschleunigen
ließe, denn seine bis 1870 immer größer werdenden innenpolitische Probleme sowohl innerhalb des Norddeutschen Bundes als
auch im übrigen Deutschland verstärkten sich. Im Norden wurden die Ergebnisse von 1866 und die Zukunftsaussichten vor
allen Dingen von katholischer Seite mehr und mehr negativ
beurteilt. Im Süden machte sich verstärkt eine antipreußische
Stimmung breit. Bei einer Konzentration auf einen außerdeutschen, vermeintlichen Widersacher, könnten die innerdeutschen
Probleme schwinden, so eine mögliche Interpretation seines
situationsabhängigen Vorgehens.

Ein erster Anlass für Bismarck zu intervenieren war, als Frankreich Anstalten machte, das Großherzogtum Luxemburg einzunehmen. Bismarck ließ diese Absicht Napoleons III. an die Presse
durchsickern, wohl wissend, dass dadurch nationale Emotionen
der Deutschen gegen Frankreich hochkommen würden. Auf einer
internationalen Konferenz wurde diese Krise beigelegt.

Ein nächster Anlass, Kapital aus den Spannungen mit Frankreich zu schlagen, eröffnete die Kandidatur eines Hohenzollern
auf den spanischen Thron. Nach der Entmachtung der Königin
Isabella in der spanischen Revolution von 1868 benannte die
neue Regierung in Madrid Prinz Leopold von Hohenzollern–
Sigmaringen zu einem potentiellen Thronnachfolger. Napoleon
III. sah seine Einflusssphäre gefährdet, und er intervenierte beim
preußischen König Wilhelm. Die Franzosen meinten wohl, wenn
sie schon nicht auf die innere preußische Politik Einfluss nehmen

könnten, so müsse zur Wahrung des europäischen Gleichgewichts nach außen eingeschritten werden. In Wahrheit war es
aber die Machtpolitik des französischen Staates mit ihrem Kaiser
Napoleon III. an der Spitze. Der preußische König als Oberhaupt
der Hohenzollerndynastie war durchaus bereit, die Kandidatur
nicht mehr zu unterstützen. Bismarck intervenierte bei seinem
König, da die spanische Offerte an das Haus Sigmaringen weiter
Bestand hatte. Das Haus Hohenzollern würde durch die Verbindung mit der spanischen Krone mit dem Haus der Habsburger
gleichziehen, so Bismarck. Mögliche Verwerfungen mit Frankreich wurden seitens Bismarcks bei seiner Befürwortung bei
seinem königlichen Herrn nicht angeführt, wohl aber wissend,
dass die Franzosen einen König aus dem Hause Hohenzollern
nicht akzeptieren würden. Als die Kandidatur des Hohenzollern
für den spanischen Thron bekanntgegeben wurde, kam es zu
eindeutigen und massiven Drohungen seitens Frankreichs. Die
Spanier knickten ein, auch auf die Intervention Großbritanniens
und Russlands. Der französische Außenminister suchte König
Wilhelm I. in Bad Ems auf, wo er zu dieser Zeit kurte. König
Wilhelm besänftigte den französischen Außenminister bezüglich
der spanischen Thronfolge mit dem Hinweis, dass dies zwar
Sache der Sigmaringer-Hohenzollern sei, er sei aber bereit, seine
Unterstützung der Kandidatur zurückzunehmen. Trotz des Erfol-
ges des französischen Außenministers beim preußischen König
verstiegen sich die Franzosen in der Forderung, eine Zustimmung
auf alle Zeiten auszuschließen. König Wilhelm übermittelte das
Ergebnis der Verhandlung mit dem französischen Außenminister
Bismarck (seiner Regierung per Depesche; Emser Depesche), der
diese derart lakonisch - weitere Verhandlungen ausschließend -
veröffentlichte. Napoleon und seine bereits aufgeladene Regierung waren wohl derart brüskiert und eine Blamage der öffentlichen Meinung befürchtend, dass im Juli 1870 der Mobilma-
chungsbeschluss erfolgte. Frankreich erklärte Deutschland den
Krieg.

Es ist nicht auszuschließen, dass Bismarck über einen langen
Zeitraum zielgerichtet auf „seine" Einheitskriege hinarbeitete.

Die jeweiligen Operationen waren wohl sicherlich situationsbedingt angelegt. Bei den drei Kriegen – Dänische-, Deutsche- und Französische Krieg - waren keine außerdeutschen Mächte beteiligt; vielleicht war das ein Erfolg der Diplomatie im Vorfeld.

Bis heute führen verhältnismäßig geringfügige Anlässe zum Ausbruch von Kriegen. In diesem Fall unverständlich! Nur in etwa nachvollziehbar, wenn man die über Jahre aufgeladene Stimmung einbezieht. Ein Gewitter braut sich zusammen; der erste Blitz führt zum Ausbruch des Unwetters.

Ganz Deutschland reagiert auf die Kriegserklärung seitens Frankreichs am 19. Juli 1870 mit Empörung, so die Berichterstattung dieser Zeit. Bismarck war ein Meister im gezielten Streuen von Nachrichten, die die Stimmung der Öffentlichkeit gegen auszuschaltende Gegner aufheizt. Er muss sich der militärischen Stärke und der logistischen Überlegenheit auf Grund der wichtigsten Mitstreiter, des Generalstabschefs Graf Moltke d. Ä. und des Kriegsministers Roon, sicher gewesen sein, dieses Vabanquespiel weiter zu treiben. Grundlage dieser Sicherheit waren natürlich die gewonnenen Kriege gegen Dänemark und Österreich. Man war wegen dieser eingeschätzten, zeitlich begrenzten Kriegsführung auch der Überzeugung, dass diese Kriege beherrschbar waren. Ziel war die deutsche Union. Deutschland müsse als Großmacht in der Mitte Europas mitmischen können, so die öffentliche Meinung. Nach der Kriegserklärung veröffentlichte Bismarck in der „Times" sein immerwährendes Bestreben, mit Frankreich zu einem Ausgleich zu kommen. Frankreich war angeboten worden, die Herrschaft über Luxemburg und Belgien ausüben zu können. Im Gegenzug sollte Frankreich die Einheit der deutschen Staaten billigen. So stand Frankreich in der europäischen Öffentlichkeit als Kriegstreiber da. Man kann den Times-Artikel auch als Darlegung einer Unschuld auslegen. Trotz weitreichender Angebote an Frankreich, folgt eine Kriegserklärung. Wer ist wohl der Kriegstreiber in Europa, ist die Frage an die europäische Öffentlichkeit?

Diese Glorifizierungen der Kriege in den Schulen: „Auf in den Kampf für Gott und Vaterland" haben das Kriegführen der Verantwortlichen wohl erleichtert. Das Realienbuch, das Universallehrbuch unserer Väter von 1912, schreibt zur Mobilmachung der Armee in Berlin: „Mit dem Gesange: Lieb Vaterland, magst ruhig sein, fest steht und treu die Wacht am Rhein! zog sie nach Westen Auch die Süddeutschen (Bayern, Württemberger und Badener) griffen begeistert zu den Waffen. So einig hatte man das deutsche Volk noch nie gesehen".[1] Mit dem Schlachtbeginn bei Weißenburg im Elsass am 4. August 1870 und dem Kampf bei Sedan am 2. September 1870 war der Krieg zugunsten der Deutschen so gut wie entschieden. Der Krieg dauerte 190 Tage, wenn man die Gefechte um Paris mit der Folgerepublik Frankreich mit einbezieht. Der 2. September war zukünftig der Tag von Sedan und wurde bis 1945 entsprechend gefeiert. Weiter heißt es im Realienbuch, als sich der Kampf in einer kritischen Phase befand: „Nicht weiter zurück, hier sterben wir." Ob sich die Losung des alten Fritz so in „seinem" Volk verinnerlicht hatte?

„Hätt' ich mehr als ein Leben,
ich wollt es für mein Vaterland geben!"

In dem Realienbuch steht aber nichts über Leid und Tod. Frankreich hatte 80.000 und Deutschland über 40.000 Tote zu beklagen. Das zweite, „glorreiche" Kaiserreich Napoleons, - diesmal des III. - war beendet. Er konnte ins englische Exil gehen.

Das Elsass - und Lothringen mit 14.500 km^2 mit ca. 1,9 Mill. Einwohnern wurde annektiert. Frankreich hatte eine hohe Reparationssumme zu zahlen. Selbst Bismarck bekannte im Nachhinein, dass die Annexion dieser französischen aber zeitweise deutschen Provinzen falsch war. Aber die Militärs Roon, Moltke und der König setzten sich durch. Man gab auch der deutschen Öffentlichkeit nach. Die deutschen Fürsten waren mit Zugeständnissen zu einem Kaiserreich unter Führung Preußens bereit.

König Ludwig II. von Bayern, der Märchenkönig, ließ sich besonders hofieren. Sicherlich kassierte er Millionen für seine Schlösser, wo nicht nur wir heute noch gerne hin pilgern.

König Wilhelm wurde von den deutschen Fürsten zum Kaiser gekrönt. Der König meinte vor der Krönung, dass wäre das Ende Preußens. Wie Recht er hatte. Die nationale Einheit durch eine „Revolution von oben" hatte Bismarck in einem neuen deutschen Fürstenbund umsetzen können. Der Traum der erstarkten liberalen Kräfte in Deutschland, eine parlamentarischverantwortliche Monarchie zu schaffen, erfüllte sich nicht. Weitere 48 Jahre vergingen, wiederum mit viel Leid verbunden, bis dieses Ziel, jedoch diesmal von sozialdemokratischen Kräften und zunächst provisorisch, umgesetzt wurde.

Bismarck mahnte immer zur Mäßigung der Sieger. Auch ein Verlierer ist irgendwann wieder ein Verhandlungspartner in der Zeitgeschichte der europäischen Völkergemeinschaft. Wie vorausschauend. Die Kaiserproklamation im Spiegelsaal von Versailles war ein weiterer Affront gegen das französische Volk. Die Retourkutsche kam nach dem Ersten Weltkrieg mit dem Versailler Vertrag, der uns die ganzen 20er-Jahre des neuen Jahrhunderts verfolgte und war mit Anlass, dem braunen Terror die Grundlage zu geben.

Dieser Krieg gegen Frankreich wurde ausführlicher in Ursache und Wirkung geschildert, da sich daraus weitreichende Folgen nicht nur für Europa ableiten lassen.

Nach den allumliegenden Kontinentalstaaten, die in Europa Größe und Bedeutung hatten, wie Frankreich, England, Spanien und Russland, die vereint ihre Macht auch in der Welt zur Geltung kommen ließen, wurde aus Deutschland über das Jahrtausend ein wahrer Flickenteppich. Selbst die relativ kleinen Staaten, wie die Niederlande und Portugal zum Beispiel, hatten durch ihre Kolonien zur damaligen Zeit verhältnismäßig große Machtpositionen.

Es grenzt an ein Wunder, dass im Prinzip trotz aller Partikularinteressen der deutsche Grundgedanke nicht verloren ging. Das größte Bindeglied war die deutsche Sprache. Aber nach Otto I.

um 1000 bis zum Bruchdrucken um 1450 und nochmals 70 Jahre später bis zur Bibelübersetzung ins Deutsche war es ein weiter Weg. Was hielt uns zusammen? Die Bayern im Süden und die Ostfriesen, wenn sie ihre Mundart bzw. Platt sprechen, haben wir heute noch Verständigungsprobleme. Aber das Schriftdeutsche hielt uns zusammen.

Der Bedeutung der Gründung eines deutschen Nationalstaates mit einem Kaiser an der Spitze war eine große Verantwortung für uns in Europa. Wir liegen in der Mitte des Kontinents, sind wirtschaftlich aufstrebend und damit auch Rivale unseres Umfeldes. Österreich und Frankreich sind gedemütigt und mindestens auf einen Ausgleich ihrer Demütigung bedacht. Russland war dabei im Kaukasus und in die asiatischen Steppen und Gebirge vorzustoßen, die zu dieser Zeit bereits überwiegend von einer islamischen Bevölkerung bewohnten wurden. Im sibirischen Osten stießen die Russen bis an die östlichen Ozeane vor, wo sie erst 1905 durch einen verloren gegangenen Krieg gegen Japan unter Abgabe der Mandschurei gestoppt wurden. Russland will sich aber auch nicht nehmen lassen, massiv auf der europäischen Bühne mitzuspielen. Der Kampf um den Zugang zum Mittelmeer für kürzere Wege zu den Weltmeeren, führte immer wieder zu Auseinandersetzungen mit dem Osmanischen Reich.

England hatte zu dieser Zeit im Weltenspiel die günstigsten Karten und konnte seine Trümpfe gezielt ausspielen. Königin Victoria, die immerhin 64 Jahre bis 1901 regierte, bestimmte ihr Zeitalter. Nebenbei war sie auch noch Kaiserin von Indien und stand mit dem Britischen Empire der größten Kolonialmacht der Weltgeschichte vor und – um einmal in das Familiäre der Dynastien vorzustoßen - war sie auch die Großmutter unseres letzten Kaisers. Aber diese Familienbande haben uns nicht vor dem nächsten Krieg bewahrt.

In dieses Weltbild tritt nach ca. 1.000 Jahren wieder ein Deutsches Reich auf die Bühne. Bismarck war sich dieser Verantwortung bewusst. Seine Nachfolger nicht.

Der nüchtern beobachtende Philosoph Friedrich Nietzsche schrieb 1873 in seinen „Unzeitgemäßen Betrachtungen - dass ein

Sieg manchmal gefährlicher sein kann als eine Niederlage. Kein Sieg ist verderblicher als der, den jene, die ihn errungen, falsch deuten". Die Franzosen haben Sedan und Versailles bis 1914 nicht vergessen können. Danach haben sie den gleichen Fehler begangen und ein weiteres Weltleiden mit ausgelöst. Der deutsche Dichter Georg Herwegh schrieb nach dem Sieg über Frankreich:

> „Schwarz, weiß und rot! um ein Panier
> (die Preußenfarben)
> vereinigt stehen Süd und Norden;
> du bist im ruhmgekrönten Morden
> das erste Land der Welt geworden
> Germania, mir graut vor dir."

Abschließend zu den „Einheitskriegen" 1848 bis 1871 ergibt sich die Fragestellung, wäre eine friedliche, diplomatische Lösung zur Einheit Deutschlands möglich gewesen? Der Militärwissenschaftler Carl von Clausewitz prägte mit seiner philosophischen Aussage mögliche Ansätze zu Konfliktlösungen: „Der Krieg ist eine bloße Fortsetzung der Diplomatie mit anderen Mitteln, die auch die Aufforderung der Handelnden beinhaltet, alle Möglichkeiten der Diplomatie auszuschöpfen."

Die „Heilige Allianz" und die Karlsbader Beschlüsse der drei Majestäten gaben dem Deutschen Bund in Europa eine gewisse Stabilität. Bis 1848 war der Bund politisch relativ stabil. Aber durch die Restriktionen dieser Allianz politisch steril. Herwegh, Heine, Marx und viele andere prangerten diese obrigkeitsabhängige Machtpolitik unermüdlich an. Durch die zunehmende soziale Schieflage wurde das Konfliktpotential mehr und mehr in die politische Ebene getragen.

Das Erstarken des preußischen Staates führte zur zunehmenden Rivalität zu Österreich. Bismarck hatte sicher in seiner preußischen Gesandtenzeit im Frankfurter Bundestag die diplomatischen Möglichkeiten einer „Kleindeutschen" Lösung austesten können. Da die österreichische Seite mit ihren Vorstellungen zu einer „Großdeutschen Lösung" in der Bewertung von außerdeutschen Gebieten sich über die Jahrzehnte kompromisslos verhielt, entschloss sich wohl Bismarck, die Fortführung der Diplomatie „mit anderen Mitteln" umzusetzen. Den Österreichern die alleinige Schuld des Versagens der Diplomatie zum Einheitsdeutschland zuzuschieben, mag wohl vermessen sein.

Der letzte Krieg der Befreiung 1813 galt als „glorreich". Man hatte sich vom französischen Joch befreit. Der Blutzoll war gerechtfertigt, so die Erinnerung der Deutschen. Nachdem die folgenden Waffengänge vor allen Dingen für die Preußen siegreich verliefen, wurde die Glorifizierung der Siege bei den Düppeler Schanzen, Königgrätz und Sedan zum Lebenselixier. Diese Siege wurden von Kathedern, Kanzeln und von der Presse euphorisch gewürdigt und gefeiert. Die Sedan-Straßen gibt es heute noch. Mit einer starken Kriegsmaschinerie lassen sich Konflikte schnell und vor allen Dingen ruhmreich lösen, so die Erkenntnisse dieser Zeit. Diplomatische Verhandlungen sind Sache der Bedenkenträger und Zauderer. So in etwa könnte sich die öffentliche Meinung nach 1871 bewegt haben.

Verdun und Stalingrad lagen noch in weiter Ferne.
Visionäre sagten ihr Kommen voraus.

Noch ein Wort zu den über Jahrhunderte andauernden Kämpfen um die Vormachtstellung der Päpste mit den weltlichen Herrschern und dem Machtverlust der Päpste bis in das 20. Jahrhundert. Der Vatikan kam nach seiner Machtentfaltung nun durch die italienische Einheitsbildung in die Bredouille. Der Pontifex Maximum wurde unter Druck gesetzt. Die Interessenlage der militärischen Schutzstaaten des Vatikans, beide durch die Schlacht bei Solferino geschwächt, Österreich nach 1866 (Königgrätz) und Frankreich nach 1871 (Sedan), hatten sich nach diesen verlustreichen Kriegen zu Ungunsten des Vatikans verändert. Giacomo, Kardinalstaatssekretär von Papst Pius IX. soll am 3. Juli 1866 ausgerufen haben: „Casca il mondo, - Die Welt bricht zusammen". Durch den Befreiungskrieg Garibaldis konnte schließlich die Einheit Italiens im März 1861 proklamiert werden. Aber erst 1871 wurde Rom Hauptstadt. Der Vatikan wehrte sich über ein halbes Jahrhundert, wurde dann aber territorial und politisch entmachtet. Erst die Lateranverträge von 1929 mit dem Faschisten Mussolini regelten das Verhältnis zwischen Vatikan und dem Staat Italien.

Dieser politische Abgang des Katholizismus ist selbstredend. Von Canossa 1076 des fränkischen Saliers Heinrich IV. und die späteren Folgen für den Papst, über die Papstjahre in Avignon bis hin zur territorialen Reduzierung des Papsttums auf den heutigen Vatikanstaat und der Minderung seiner politischen Einflussmöglichkeiten war es ein weiter Weg.

> Der geistliche Einfluss auf die Menschen kann aber durch das Papsttum nur wiedergewonnen werden, wenn sich die Kirche auf den ursprünglichen Auftrag des Jesu Christi besinnt.

3. Das Deutsche Kaiserreich (1871 - 1918)

Bismarck und das Kaiserreich Wilhelm I. (1861-1888)

Bereits 1851 betrat der Junker von Bismarck die politische Bühne. Um diesen späteren Vollblutpolitiker verstehen zu können, wollen wir zunächst Herkunft und Werdegang dieses Mannes betrachten. Bismarck entstammt einer Adelsfamilie aus der Altmark, geboren in Schönhausen an der Elbe, in der Nähe von Stendal. Nach dem Jurastudium in Göttingen und Berlin arbeitete er nur kurz als Regierungsreferendar in Aachen und Potsdam und nahm den Militärdienst als Einjährig-Freiwilliger bei den Gardejägern in Potsdam wahr. Schon als Gymnasiast ließ er seinen Vater in einem Brief wissen, was er beruflich nicht vorhabe, dass er nämlich weder Harfe noch die erste Geige spielen wolle, sondern er die Musik mache. Zunächst genoss er das Leben des Landadels und bewirtschaftete das elterliche Gut in Schönhausen. 1849 Jahren ließ er sich in die zweite Kammer des preußischen Landtages wählen und machte durch seine Rede zur Öl mützer Punktation erstmalig politisch auf sich aufmerksam.

Ab 1851 wurde Bismarck vom König Friedrich Wilhelm IV. zum preußischen Gesandten des Bundestages in Frankfurt/Main berufen. Er musste wohl im preußischen Landtag durch seine Reden und durch sein Auftreten weiterhin auf sich aufmerksam gemacht haben, so dass er zu dieser Zeit das Vertrauen seines Souveräns zur langfristigen Durchsetzung preußischer Interessen im Deutschen Bund hatte. Preußen war neben Österreich im Deutschen Bund das Land mit dem größten Interessenpotential.

1865 wurde Bismarck vom König Wilhelm I. in den Grafenstand erhoben, 1871 in den Fürstenstand (der gleichnamige Korn) und 1890 erhielt Bismarck das reichsunmittelbare Herzogtum Lauenburg überschrieben. Heute entspricht das Herzogtum in etwa dem gleichnamigen Landkreis. In Friedrichsruh, im Sachsenwald vor den Toren Hamburgs, ist sein Grabmal zu finden.

König Wilhelm I. konnte eine für notwendig erachtete Heeresreform beim preußischen Landtag nicht durchsetzen. Es kam zum Verfassungsstreit. In dieser Situation berief der König Bismarck zum preußischen Ministerpräsidenten und Außenminister Preußens. Bismarck regierte gegen das Parlament und konnte die Heeresreform nachträglich 1866/67 vom Parlament absegnen lassen. Damit half er dem König aus der Verfassungskrise. Ab 1867 wird er Bundeskanzler des Norddeutschen Bundes. Bismarck bestimmte daraufhin die Geschicke Deutschlands und Europas.

Bismarck war wohl schon in seiner Frankfurter Zeit als Abgeordneter Preußens im Bundestag nach 1851 klar, dass es ein Deutsches Reich nur ohne Österreich geben kann. Österreich hatte mit seinen Eroberungen auf dem Balkan und in Oberitalien außerdeutsche Bindungen, die sich mit der angestrebten Einheit der deutschen Länder nicht vereinbaren ließen. Da er in den Jahren 1859 bis 1862 auch als Botschafter in Paris und Moskau tätig war, wusste er um die Empfindlichkeiten der Großmächte.

Mit dem Sieg über Frankreich setzte Bismarck das „Kleindeutsche" Reich ohne Österreich um. Nachdem es ihm gelang, auch die süddeutschen Staaten im November 1970 mit in das Boot des Norddeutschen Bundes zu nehmen, war nun der Weg frei zu einer konstitutionellen Monarchie für Deutschland. Der preußische König Wilhelm I. wurde mit 74 Jahren im Januar 1871 in Spiegelsaal von Versailles zum Deutschen Kaiser gewählt. Diese Proklamation des preußischen Königs zum Deutschen Kaiser war ein symbolischer Vorgang der deutschen Fürsten. Das Kaiserreich Österreich, das über Jahrhunderte mit den Habsburgern überwiegend die Römischen Kaiser deutscher Nation stellte, hatte sich durch sein Anspruchsverhalten, die alleinige deutsche Führungsmacht zu sein, selbst ausgeschlossen.

Das Deutsche Kaiserreich war eine Konföderation souveräner Fürstentümer. Ein Bundesstaat, zu der 26 Staaten gehörten; vier Königreiche, sechs Großherzogtümer, fünf Herzogtümer, sieben Fürstentümer, drei Freie Reichsstädte (Hamburg, Bremen u. Lübeck) und das „Reichsland" Elsass-Lothringen. Frankfurt a/M hatte seine Freie Reichsunmittelbarkeit durch die Stellungnahme für Österreich im Deutschen Krieg eingebüßt. Die Fürsten des Bundesstaates bildeten zwar den Bundesrat, der aber im Gegensatz zum jetzigen Bundesrat der Berliner Republik nie seine Vollmachten ausspielen konnte. Das lag fast ausschließlich an der herausragenden Stellung des preußischen Staates und seines Ministerpräsidenten, der auch zugleich Reichskanzler, Außenminister und Vorsitzender des Bundesrates war. Der Reichskanzler wurde vom Kaiser ernannt. Welche Machtfülle eines Souveräns und seiner „Rechten Hand".

In der Verfassung des Kaiserreiches war als Volksvertretung der Reichstag verankert. Der Reichskanzler benötigt jedoch zum Regieren, das heißt zum Absegnen des Haushalts und der von der Regierung eingebrachten Gesetze die Mehrheit des Reichstages und des Bundesrates.

„Durch die Institutionen des Reichstages und des Bundesrates besaß die Bundesregierung Gesetzgebungsgewalt in den Bereichen der Handels- und Zollpolitik, der Flottenpolitik, des Verkehrs- und Informationswesens, der Bankenkontrolle, des Münzwesens und des internationalen Zahlungsverkehrs, der

Festsetzung von Maßen und Gewichten, des Patentrechts, des konsularischen Rechts und auf weiteren für Deutschlands wirtschaftliches Wohlergehen, wichtigen Gebieten".[2]

Größter Einzelstaat war Preußen. Mit seinen 40 Mill. Einwohnern und seinen 350.000 km^2 hatte Preußen fast die Größe der heutigen Bundesrepublik. 1910 hatte das Deutsche Reich 65 Millionen Einwohner und umfasste eine Fläche von 540.900 km^2.

Die Hegemonie des preußischen Staates wirkte sich auch im Bundesrat aus. Obwohl Preußen über weniger als 1/3 der Stimmen im Bundesrat verfügte, war eine Änderung der Reichsverfassung ohne Preußen nicht möglich. Man spricht hier von einem hegemonialen Föderalismus. Die Einzelstaaten hatten aber über wichtige Dinge des täglichen Lebens die Entscheidungshoheit. Bildung, Gesundheit und das Polizeiwesen sind noch heute Länderhoheit. Die Mitgliedsstaaten behielten ihre eigenen Legislativen und Verfassungen. Die entstandene Reichsverfassung war ausdrücklich dezentral. Die Vollmacht, direkte Steuern (z.B. Einkommensteuer) festzusetzen und zu erheben, blieb ausschließlich den Mitgliedssaaten vorbehalten und nicht dem Reich, dessen Einnahmen waren in erster Linie indirekte Steuern (z.B. Energiesteuer).

Die lang ersehnte Einheit Deutschlands war jedoch eine Einheit von oben. Die Souveränität lag nicht beim Volk, sondern bei den Länderfürsten und den Freien Reichsstädten. Viele Wünsche der Liberalen und weiterer demokratischen Bewegungen seit 1815 und dem Vormärz bis 1848 blieben weiterhin offen.

Der Reichskanzler war politisch dem Kaiser unterstellt und nicht dem Reichstag verantwortlich. Die Reichsverwaltung wurde vom Reichskanzler organisiert. Der Reichskanzler schlägt dem Kaiser die Ernennung der Staatssekretäre vor (heute Minister). Man sprach von der Kanzlerdiktatur. Das Militär unterstand dem Kaiser, dass durch ihn einen großen Einfluss auf viele Machtbereiche sowohl in der Innenpolitik, der öffentlichen Wahrnehmung durch die Presse und auch in der Außenpolitik ausübte. Das war im Vorfeld des Ersten Weltkrieges entscheidend.

Der Reichstag ging aus allgemeinen, gleichen, direkten und geheimen Wahlen hervor. Alle Männer ab 25 Jahren hatten das Wahlrecht. Diäten für die Reichstagsmitglieder gab es nicht. Damit konnten untere, einkommensschwache Teile der Bevölkerung die Reichstagsmitgliedschaft kaum wahrnehmen. Der Reichstag übte keine gesetzliche Kontrolle über den Kanzler aus. Frauen hatten erst 1919 in der Weimarer Republik das Wahlrecht. Trotzdem buhlte Bismarck immer wieder um wechselnde Mehrheiten des Reichstages. Er musste mit seiner Politik als Reichskanzler beim Kaiser durchsetzungsfähig erscheinen. Viele Konservative hatten sich der Reichsgründung widersetzt. Die liberalen Gruppen jedoch setzten ihre Hoffnung auf ein starkes Reich, um am Gewinn des Welthandels teilnehmen zu können.

„Der politische Einfluss des Reichstages beschränkte sich auf das Gebiet der Gesetzgebung. Nicht das parlamentarische Prinzip wird verwirklicht, d.h. die Abhängigkeit der Regierung von einem starken souveränen Parlament, sondern die Regierung über den Parteien, für die schon damals das Schlagwort von der Kanzlerdiktatur aufkommt. Während 1848 ein nationaldemokratischer Verfassungsstaat nach dem Prinzip der Volkssouveränität erstrebt wurde, ist das Reich von 1871 ein nationalmonarchistischer Obrigkeitsstaat."[3]

Waren die Deutschen nun eine Nation? Ich würde sagen, dass das Volk auf dem Weg zum „Werden" einer deutschen Nation war. Leider waren es immer Kriege oder revolutionäre Auseinandersetzungen, die die Deutschen diesem Ziel näherbrachten. Die Befreiungskriege, die Revolution 1848 und die drei „Einigungskriege" sind hier zu nennen.

Aber auch andere Kulturen haben uns geprägt. Die französischen Hugenotten brachten fortschrittliche Ideen mit ein. Die Juden waren ein wesentlicher intellektueller Teil von uns. Später kamen die Polen aus den annektierten Ostgebieten und der Übersiedlung in die Industriegebiete dazu. Letzteres gilt für viele Europäer und Türken nach dem Zweiten Weltkrieg.

Die Flagge des Deutschen Kaiserreiches war offiziell erst ab 1892 Schwarz / weiß / rot, obwohl bereits 1867 für den

Norddeutschen Bund konzipiert. Eine deutsche Nationalhymne mit dem Deutschlandlied der Deutschen mit drei
Strophen wurde erst 1922 vom Reichspräsidenten Ebert
festgelegt!

Die Innenpolitik Bismarcks

Der Kulturkampf

Diese Bezeichnung wurde von dem berühmten Arzt und linksliberalen Abgeordneten Rudolf Virchow geprägt. In diesem
Kampf wollte Bismarck die Autonomie des Staates stärken. Doch
die katholisch-konfessionellen Interessen der Kirche wurden
erbittert verteidigt.

Hardliner der katholischen Kirche, wie der Erzbischof Clemens
August von Droste zu Vischering, unterstützt vom Papst Gregor
XVI., führte wieder den schriftlichen Erziehungsauftrag ein,
wonach bestätigt werden musste, dass Kinder aus Mischehen
katholisch getauft werden mussten. Das war mit dem preußischen Recht nicht vereinbar. In den Augen der Liberalen war die
Doktrin der päpstlichen Unfehlbarkeit ein unhaltbarer Zustand.
Deutschland wurde gegen den Willen dieser Herren Wirklichkeit,
so die Meinung der Liberalen. Aber es war nicht nur eine kultur-
politische, sondern auch eine staats- und parteipolitische Auseinandersetzung. Der Vatikan mit den Armverlängerungen über
Bischöfe und Priester versuchte die protestantisch-monarchische
Grundauffassung des Kaisertums zu unterlaufen. Das wollte
Bismarck in seinem Sinne ändern.

Der Kirche wurde 1872 im Land Preußen mit dem Schulauf-
sichtsgesetz die Schulinspektion entzogen und die Aufsicht über
alle Schulen dem Staat unterstellt. Ebenso bezog sich die Aufsicht auch auf private und kommunale Schulen im Land Preußen.
Religiösen Orden wurde untersagt, im staatlichen Schulsystem zu
unterrichten. Die Jesuiten wurden aus dem Deutschen Reich
ausgewiesen. Preußen war nicht der einzige europäische Staat,

in dem in dieser Ära wegen konfessioneller Fragen Spannungen ausbrachen.

Als es zu keiner Einigung kam, wurde der Erzbischof von Köln verhaftet. Die königliche Machtvollkommenheit musste gegenüber der katholischen Kirche demonstriert werden. Gleiche Vorgänge spielten sich in Gnesen und Posen ab. In den preußischen Ostprovinzen kam es durch den sehr hohen Anteil der polnisch-katholischen Bevölkerung jedoch zu Demonstrationen und Zusammenstößen mit preußischem Militär. Die starke katholische und national-polnische Minderheit und in manchen Ostgebieten auch Mehrheit, hatte eine große Bindung zum Papsttum, die noch heute besteht. Kritiker des Klerus meinten, dass es sicherlich auch an der Abneigung des evangelischen Bismarck zur Partei des „Zentrums" lag, die wohl als der politisch verlängerte Arm des Papsttums galt. Kirche und Staat hatten nach Bismarcks Ansicht, klare Abgrenzungen in der Aufgabenstellung zu haben. Über die überwiegend katholischen Länder, die durch den Zusammenschluss zum Kaiserreich hinzukamen, wie Bayern, aber auch durch die Rheinprovinzen und die katholisch geprägten polnischen Gebiete in Oberschlesien, versuchte der Vatikan seine alten Privilegien in der Schulbildung und in der Besetzung der Priester und Bischöfe zu verteidigen. Die Zentrumspartei war das Sprachrohr der eigentlich katholischen Minderheit im Kaiserreich (1890 waren ca. 35 Prozent katholisch). Parteipolitisch wusste sich die Zentrumpartei unter ihrem Führer Ludwig Windthorst durchzusetzen. Er wurde in dieser Zeit der härteste Gegner Bismarcks. Das Zentrum zog sich dadurch nicht nur den Unwillen des Kanzlers zu. Bismarck setzte zur Durchsetzung seiner Ziele sein ganzes Machtregister ein.

„Er hatte etwas gegen die Existenz einer konfessionell ausgerichteten Partei, weil diese in seinen Augen an eine andere Verantwortung gebunden war als an die gegenüber dem Staat; und sein schlimmster Argwohn wurde bestätigt, als im Frühjahr 1871 ein Brief des Mainzer Bischofs Wilhelm von Ketteler an den Vatikan zu einer öffentlichen Erklärung des päpstlichen Sekretärs

Antonelli führte, in welcher die Kurie ihre Solidarität mit der Zentrumspartei bekundete".[4]

Das war der Ausgangspunkt für massive Interventionen des Kanzlers. Ziel war es, Staat und Kirche zu trennen, gegen katholische Bildungseinrichtungen vorzugehen und in Preußen die zivile Ehe einzuführen. Der Kulturkampf Bismarcks hatte aber nichts mit seiner Einstellung zum christlichen Glauben zu tun. Die Partei des Zentrums unter ihrem Führer Windthorst war das Bollwerk gegen Bismarcks umzusetzenden Gesetze der Trennung von Kirche und Staat, beginnend mit einer staatlichen Schulaufsicht.

Der Unionspolitiker Heiner Geisler, lange Generalsekretär unter der Ägide Kohl, mit dem er sich später überwarf, war Mitglied des globalisierungskritischen Netzwerk Attac, sagte zum Herrschaftsanspruch der katholischen Kirche über Jahrhunderte: „Wenn Religion so eingesetzt wird, dass es eine Allianz zwischen Macht und Altar gibt, dann hat Marx recht, wenn er sagt 'Religion ist Opium für das Volk'."

Besonders in Preußen versuchte man mit dem so genannten Kanzelparagraphen, kirchliche Einflussnahme auf staatliche Angelegenheiten unter Strafe zu stellen. Die Hälfte der katholischen Bischöfe wurde inhaftiert. Geistliche, die gegen den Kanzelparagraphen verstießen, wurden in entlegene östliche Gebiete versetzt.

Der Volksmund quittierte die Auseinandersetzungen mit dem Satz: „Hier bei uns im Preußenlande ist der Preußenkönig Herr; durch Gesetz und Ordnungsbande stänkert man nicht kreuz und quer."

Bismarck war die eigentliche Triebkraft dieser Aktionen. Bereits als Gesandter im deutschen Bundestag 1851 war er zu der Überzeugung gelangt, dass der politische Katholizismus der „größte Feind" Preußens in Süddeutschland sei. Er wusste bei diesen Vorstößen genau, dass er eine breite Unterstützung seitens der Nationalliberalen erfuhr, denn der Antikatholizismus zählte in Preußen und in großen Teilen Deutschlands sowie in Europa zu den wichtigsten Merkmalen des Liberalismus am Ende des 19. Jahrhunderts. Bismarck verlangte nicht mehr und nicht weniger als bedingungslose Loyalität zum Staat. War man jedoch nicht bereit diese zu geben, war es opportun, sie zu erzwingen. Die Kampagne Bismarcks schlug jedoch fehl. Er hatte gehofft, eine breite protestantische, liberal-konservative Lobby zu schaffen, mit deren Hilfe er Gesetze zur Konsolidierung des neuen Reiches verabschieden könnte.

Dass der Staat es nicht vermochte, sich gegen die katholische Kirche durchzusetzen, spüren wir heute noch. Die Einflussnahme der Kirche auf die schulische Bildung bis zum Abitur ist noch in der Bundesrepublik festzustellen. Konfessionsschulen waren nicht die Ausnahme, eher die Regel. In einer NRZ - Kompakt kurz und bündig - Meldung vom 18.11.2017 heißt es: „Das Ruhrbistum hat sich festgelegt. Als Träger von vier Gymnasien wird sich das Bistum Essen dem neuen Weg zu G 9 anschließen. (…). In Duisburg betreibt das Bistum das St. Hildegard Gymnasium und das Abteigymnasium in Hamborn, in Essen das Mariengymnasium und das Gymnasium Am Stoppenberg".[5] Das im 21. Jahrhundert noch Relikte aus früheren Jahrhunderten zum Tragen kommen, ist vielsagend. Die Schulleitungen unter katholischer Verwaltung haben weder das Recht noch die Kraft, dass vom Schulministerium ausgegebene Wahlrecht G 8 oder G 9 wahrzunehmen. Das Bistum war bestimmend.

Bismarck versuchte mit seinen innenpolitischen Maßnahmen die Minderheiten im Reichsgebiet, besonders die Polen, bürokratisch zu integrieren. Bereits 1872 wird Deutsch die alleinige Unterrichtssprache. Die Polen waren im Reichstag nur mit 14 von 395 Abgeordneten bis 1914 vertreten. 1908 wird ein Enteignungsgesetz geschaffen. Im Rahmen der Germanisierungspolitik konnten polnische Güter enteignet werden. In dieser Hinsicht übernahm das Deutsche Kaiserreich bereits eine Vorreiterrolle des späteren „Dritten Reiches" ein.

Auch der Versuch, die „Reichslanddeutschen" in Elsass-Lothringen zu integrieren, gelang nicht. Die Elsass-Lothringer wissen die französische Verfassung zu schätzen und fühlten sich als Deutsche zweiter Wahl.

Trotz dieser massiven Auseinandersetzungen war die Alphabetisierungsrate im Deutschen Reich gegenüber anderen Großmächten wie England, Frankreich und vor allem Russland bedeutend höher. Ob die unterschiedliche Förderung in den jeweiligen Bundesländern die Ursache sein könnte, ist nach den heutigen Ergebnissen anzuzweifeln.

Sicherlich ist die immerhin seit Wilhelm von Humboldts Zeiten frühe und intensiverfolgte Bildungsoffensive dafür ursächlich als in den anderen Zentralstaaten. Wirkte sich dieser Bildungsvorsprung auch auf die enormen technischen und medizinischen Innovationen aus, die bis zum Ersten Weltkrieg für das Kaiserreich bezeichnend waren?

Als sehr positiv sind die Initiativen der interkonfessionellen Kirchen trotz der Auseinandersetzung besonders mit der katholischen Kirche in diesen Jahren festzustellen. Die katholischen und evangelischen Kirchen richteten karitative Vereine für Gesellen und Arbeiter ein. Zu nennen sind Adolph Kolping, Bischof Ketteler und Friedrich von Bodelschwingh mit den ins Leben gerufenen Anstalten für Menschen, die einer Hilfe bedurften.

Nach den „Einheitskriegen" machte sich zwischenzeitlich eine wirtschaftliche Flaute breit. Verständlich, denn die Waffenproduktion musste zurückgefahren werden. Daher sind die Friedensjahre nach 1871 zunächst auch Krisenjahre. Neben großen wirtschaftlichen Entwicklungen wirkte sich eine Agrarkrise nachteilig aus. Im Kampf gegen billige Importe kamen Forderungen nach Schutzzöllen und Steuerreformen zugunsten des Reiches auf.

Der Zuzug aus den landwirtschaftlichen Ostgebieten hielt unvermindert an. Die Arbeiter verdienten mehr als auf den Gütern „Ostelbiens"; die Lebensbedingungen in den Städten jedoch waren mehr als katastrophal. Unwürdige Notbehausungen entstehen zum Beispiel in Berlin mit Barackensiedlungen und nicht wenigen vielfachen Hinterhausbebauungen.

Die industrielle Entwicklung setzte sich über die Jahre im Kaiserreich verstärkt fort; diese Entwicklung war jedoch überwiegend ein technischer Wandel. Großstädte und ganze Industriegebiete, wie an der Ruhr, in Lothringen, an der Saar und in Oberschlesien entstanden. Eine Arbeiterklasse mit neuem Selbstbewusstsein entwickelte sich. Der hohe Bevölkerungsüberschuss führte aber zu keinen wirtschaftlichen Wachstumssteigerungen. Eine Aufbruchstimmung im jetzt endlich vereinigten Deutschen Reich wollte sich nicht breitmachen. Der Druck auf Arbeitsplätze, Wohnungen und Auskommen in den unteren Schichten erhöhte sich. Bis 1890 wanderten um die eine Million Menschen überwiegend nach Amerika aus.

Die Bismarck'sche Politik erzeugte keine positive öffentliche Meinung. Von außen wurde eine Kriegsgefahr immer wieder heraufbeschworen. Zunächst wurden die wiedererstarkten Franzosen genannt, die trotz hoher Reparationszahlungen bald wieder als ein Gegner dargestellt wurden. Darüber hinaus gab es heraufbeschworene Kriegsgefahren durch Koalitionen der anderen Großmächte. Im Innern zermürbten der so genannte „Kulturkampf" den Reichsfrieden sowie eine immer wieder herbeigeredete „Revolutionsgefahr", von der man meinte, dass nur die harten Sozialistengesetze die richtige Antwort wären.

Die Sozialistengesetze

Der Wuppertaler Fabrikantensohn Friedrich Engels setzte sich bereits in Manchester in den 1840er-Jahren im Zweigwerk seines Vaters mit den sozialen Problemen der Arbeiter auseinander. Diese Erkenntnis schlug sich in der sozialkritischen Zeitschrift mit dem Titel: „Die Lage der arbeitenden Klasse in England" nieder. 1847 wurde zusammen mit Sozialtheoretiker Karl Marx das „Kommunistisches Manifest" herausgegeben, das immerhin zu einer „Urschrift" des gesellschaftlichen Wandels in der späteren

Sowjetunion, und damit des späteren Ostblocks, Chinas und anderen kommunistischen Ländern der Welt wurde. Die praktischen Erkenntnisse von Engels und der theoretischen Ausarbeitung von Marx fanden nun auch im deutschen Arbeitsleben vielseitige Beachtung und Bestätigung. Bereits 1863 wurde der „Allgemeine Deutsche Arbeiterverein" von Ferdinand Lassalle gegründet. 1869 gründete sich die Sozialdemokratische Arbeiterpartei aus der 1875 in der Vereinigung dieser Parteien nach der Aufhebung der Sozialistengesetze 1890 im Grundkonsens die heutige Sozialdemokratische Partei Deutschlands unter August Bebel und Wilhelm Liebknecht hervorging.

Damit existierte mit der Sozialdemokratischen Partei Deutschlands eine Organisation, die hauptsächlich aus Industriearbeitern bestand. Das ländliche Proletariat war zu verstreut aufgestellt und hatte oft noch ein „familiäres Verhältnis" zum Arbeitgeber als ein wo mögliches konträres Potential. Die Erfahrungen der heimgekehrten adligen Offiziere des 1870er-Krieges mit dem niedergeschlagenen Aufstand der Pariser Kommune durch das preußische Militär sowie durch die bürgerliche französische Regierung waren derart niederschmetternd und löste Befürchtungen aus, dass ähnliche Abläufe sich in Deutschland ausbreiten könnten. Als Hauptverdächtige im Hinblick auf eine mögliche Auslösung einer sozialen Revolution wurden die Sozialdemokraten ausgemacht.

Die Abwehrreaktion der herrschenden Klasse war die Erlassung der Sozialistengesetze ab 1878, die erst 1890 aufgehoben wurden. Damit waren alle sozialistischen Vereinigungen und deren Druckschriften verboten. Warum meinte Bismarck, die sich verstärkt organisierenden Sozialisten im Reich ausgrenzen zu müssen und über den Reichstag das Verbot der Partei der SPD und ihrer Sprachorgane wie Zeitschriften und sonstigen Publikationen durchsetzen zu müssen? Seit der Revolution von 1848 fand man in stockkonservativen Kreisen, speziell in den oberen, preußischen Militärkreisen die Losung „gegen Demokraten helfen nur Soldaten". Bismarck war nicht dieser Meinung. Er suchte eine Verständigung mit der Mehrheit der Abgeordneten.

Welcher Regierungschef will das nicht. Nachdem er bereits mit dem katholischen Zentrum seine liebe Not hatte, war zu erwarten, dass die Sozialisten schlechthin ein weiterer Gegner des monarchischen Systems mit dem vorhandenen Übel des verfassungsgemäßen Parlaments sein werden. Er fand für die Sozialistengesetze im Reichstag eine Mehrheit, die sich aus konservativen Kräften, u.a. den ostelbischen Agrariern, den bürgerlichen Vertretern der neuen besitzenden Klasse und aus dem Lager der Universitäten zusammensetzte. Bismarck erklärte daher die Sozialdemokraten neben der Macht des Katholizismus zum zweiten Feind des Deutschen Reiches. Die alten feudalen Großgrundbesitzer und die sich in der Blüte befindlichen kapitalistischen Unternehmungen meinten, eine sozialistische Gefahr bis hin zum Aufruhr bzw. Revolutionen - wie 1789 bis 1871 in Frankreich und 1848 u.a. in Deutschland - zu sehen. Bismarck bekämpfte daher den Wandel in der Gesellschaft aus Sicht der herrschenden Klassen, die er als einen Angriff auf die natürliche, von Gott bestimmte Ordnung, sah. Dieser Kampf fand unter dem Vorzeichen der sozialen Folgen der industriellen Revolution statt. Adlige Großgrundbesitzer und Anhänger der Krone wollten jedoch die „gottgewollte Ordnung" erhalten, d.h. ihre politischen und wirtschaftlichen Privilegien waren durch die Administration des Staates zu sichern. Der gesellschaftliche Wandel ab den 1870er Jahren wollte nicht zur Kenntnis genommen werden.

Mit ursächlich für die Durchsetzung der Sozialistengesetze im Reichstag waren die blutigen Auseinandersetzungen vornehmlich in Paris, die nach dem Krieg 1870 bis weit in das Jahr 1871 andauerten. Der SPD-Führer August Bebel sah den Aufstand der Kommune, nämlich eines Großteils der Pariser Bevölkerung gegen die deutschen Besatzungstruppen und gegen das eigene Großbürgertum als Vorpostengefecht im Kampf des europäischen Proletariats gegen die gesellschaftliche und wirtschaftliche Ordnung in Europa an. Das Proletariat als eine neue Klasse des vierten Standes formierte sich.

Das Sozialistengesetz griff allumfassend. Nicht nur, dass die Führung der SPD ihre wenigen Parteisitzungen in der Schweiz durchführen musste. Arbeiter, von denen man meinte, dass sie der Partei nahestanden, wurden denunziert, vom Arbeitgeber entlassen und ihnen somit die Existenzgrundlage genommen. Trotz dieses um sich greifenden, vergifteten Sozialklimas in Deutschland lag es der verdeckt operierenden SPD-Führung fern, eine revolutionäre Stimmung zu erzeugen, die als Gegenreaktion nur die konservativen Kräfte, vor allem in der Militärführung stärken würde. Die Sozialistengesetze von 1878 bis 1990 beeinträchtigten die Entwicklung der deutschen Arbeiterbewegung im Sinne der herrschen Klasse wirkungsvoll. Jedoch mit der industriellen Revolution dieser Jahre wuchs auch das Bewusstsein des Proletariats, so dass die Abgeordneten im Reichstag der SPD nach der Aufhebung des Sozialistengesetzes ab 1890 enorm zunahmen. Waren 1887 gerade elf SPD-nahe Abgeordnete im Reichstag, so erhöhte sich die Zahl bis 1912 auf 110 Abgeordnete. Freie sozialistische Gewerkschaften, die sich ab 1878 in größerem Maße bildeten, hatten 1912 im Dachverband der „Generalkommission" bereits 2,5 Millionen Mitglieder, der stärkste Verband Europas.

Bismarck scheiterte also auch mit seiner Innenpolitik im Kampf gegen die Sozialdemokraten; das war neben dem verlorenen Kulturkampf eine zweite innenpolitische Niederlage. Nach seinem Rücktritt 1890 wurde das Sozialistengesetz nicht verlängert.

Die Staatliche Sozialpolitik

Die Staatliche Sozialpolitik in den 1880er-Jahren war das Gegenstück zum Sozialistengesetz. Auf der einen Seite wurde die Sozialdemokratische Partei durch das Verbot total ausgegrenzt und diffamiert, andererseits wurde eine Sozialgesetzgebung auf den Weg gebracht, die der großen Masse der Besitzlosen suggerieren sollte: ‚der Staat weiß schon, wo bei der arbeitenden Bevölkerung unterstützend einzugreifen ist, ihr braucht keine sozialistische Partei. Wir treffen für euch die nötige Vorsorge'. Die Arbeiterschaft sollte von der sozialdemokratischen Bewegung entfremdet werden. „Es ist viel über sein (Bismarcks) raffiniertes Prinzip geschrieben worden, denjenigen den Köder des Zuckerbrots anzubieten, die man vorher mit der Peitsche mürbe gemacht zu haben glaubte. Man würde Bismarck gerechter werden, wenn man sagte, dass es sein Wunsch war, zu demonstrieren, dass der Staat der Arbeiterklasse mehr zu bieten hatte als die Sozialdemokraten – davon war er zutiefst überzeugt – und dass er die Erwartung hegte, die Nutznießer seiner Sozialpolitik würden zur richtigen Einsicht kommen und sich von ihren falschen Freunden abwenden".[6]

Bismarck brachte sein Sozialprogramm 1883 mit dem Krankenversicherungsgesetz, 1884 mit dem verbesserten Unfallversicherungsgesetz und 1889 mit einem Alters- und Invalidengesetz durch den Reichstag. Die sozial eingestellten Abgeordneten stimmten den Gesetzen im Prinzip zu. Wie konnten sie auch dagegen stimmen? Sie versuchten jedoch darüber hinaus durch entsprechende Zusätze für die Arbeiterschaft noch bessere Bedingungen in das gesetzliche Regelwerk einbringen zu können. Die Versicherungen kamen bei den Arbeitnehmern zum Tragen, bei denen mindestens über 30 Jahre eine Drittelzahlung von Arbeitnehmern, Arbeitgebern und der staatlichen Steuerfinanzierung gegeben war.

Ich glaube, in der heutigen Beurteilung steht allein Bismarck als Derjenige da, der den Grundstock für eine soziale Fürsorge geschaffen hat. Mit dem Sozialistengesetz wurden die sozialen Triebkräfte ausgeschaltet, deren substantielles Anliegen es war, Sozialgesetze in den Reichstag einzubringen und durchzusetzen. Bismarck konnte daher die Lorbeeren und den Nachruhm auf seiner Habenseite bis in unsere Tage verbuchen. Entscheidend war jedoch, dass mit der Einführung dieses Gesetzwerkes der Grundstein der heutigen Gesetzlichen Sozialversicherung auf den Weg gebracht wurde.

Erst 1957 erfolgte eine Rentenreform unter Bundeskanzler Adenauer durch einen umlagefinanzierten Generationenvertrag.

Zollverein, Gesetze, Gründerzeit, Wirtschaftskrach
und der Antisemitismus

Einer der wichtigsten Männer im Kabinett Bismarck war der Kanzleramtsminister Rudolf von Delbrück. Schon in den 1860er-Jahren kämpfte er erfolgreich gegen den Widerstand Österreichs für einen deutschen Zollverein. „Im Zollverein hatte Delbrück - nach Ansicht des großen sozialdemokratischen Publizisten Franz Mehring - mehr für die Einigung Deutschlands bewirkt als ein Dutzend Generäle und Diplomaten.[6] (...) In dieser Stellung leitete Delbrück eine fruchtbare Zusammenarbeit mit den Nationalliberalen und den Freikonservativen ein, die in der Folge zur Verabschiedung von 48 Gesetzen und 40 Handelsverträgen führte; diese bemerkenswerte gesetzgeberische Leistung schloss u.a. ein: die Vereinheitlichung von Maßen und Gewichten, die Errichtung eines Obersten Handelsgerichts in Leipzig, ein neues Arbeitsrecht, das den Arbeitern die Vereinigungs- und Vertragsfreiheit einräumte und ein Gesetz, das den Aktiengesellschaften die Ausweitung der Geschäftätigkeit über das gesamte Bundesgebiet gestattete, ohne dass sie an besondere Auflagen örtlicher Behörden gebunden waren".[7]

Ein einheitliches Strafgesetzbuch wurde 1872 eingeführt. Die Einführung des Bürgerlichen Gesetzbuches folgte 1900. Beide sind noch heute teilweise novelliert in Kraft.

Nach dem Sieg über Frankreich und Erhebung Deutschlands zu einem Kaiserreich spricht man von der Gründerzeit. Nach einer anfänglichen Rezession nach dem Kriegsjahr wurde eine große, enthusiastische Phase im Wirtschaftsleben eingeläutet. Durch die französischen Reparationszahlungen standen immerhin fünf Milliarden Franc plus Zinsen zur Verfügung. Diesen Betrag überwies Frankreich in verhältnismäßig kurzer Zeit. Große Teile wurden vom Reich in Bauvorhaben und militärische Anlagen investiert. Der Rest wurde auf die Länder verteilt. Begünstigt wurde dieser Vorgang durch Deregulierungen in der Wirtschaft und durch Gesetze, die die Gründung von Kapitalgesellschaften erlaubten. Der Bauboom sprengte alle Grenzen. Zur Landgewinnung wurden Teile des Grunewalds abgeholzt. Lied und Tanz des Rheinländers „Im Grunewald, im Grunewald ist Holzaktion" stammt aus dieser Zeit. Die wirtschaftliche Spekulation nahm überhand. Man hatte in diesen Jahren noch keine Erfahrung mit einer „überhitzten Konjunktur". Der Boom verpuffte in einem gewaltigen Wirtschaftskrach. Nur die Großen überlebten und schluckten die Kleinen. Die Unternehmen Krupp/Thyssen z. B. gibt es noch heute als vereinigtes Unternehmen. Weiterhin trat eine in Deutschland und nicht nur hier, sondern in ganz Europa immer wiederkehrende Erscheinung auf: Dem Wirtschaftskrach schob man den Nationalliberalen und den Juden in die Schuhe. Der Börsenkrach von 1873 fügte dem Judenklischee noch einen Aspekt hinzu. Der Antisemitismus breitete sich wieder stärker aus.

Die Außenpolitik Bismarcks

Was Bismarck in der Innenpolitik nicht gelang, konnte er außenpolitisch weitestgehend umsetzen.

Mitte der 70er-Jahre ist immer wieder ein Präventivkrieg gegen Frankreich und England angedacht worden. Dem Weltbild der Militärs zufolge war Deutschland umzingelt; sie argumentierten in den 80er- Jahren nicht mehr mit einer gegenwärtigen, sondern mit einer möglichen, zukünftigen Gefahr. Ein schwerwiegenderer Grund war jedoch, dass durch eine Bündnispolitik es zu großräumigen Nationenkriegen mit todbringenden Techniken und zu nicht mehr beherrschbaren Konflikten europaweit kommen könnte. Bismarck erkannte diese Gefahr und sprach vom Alptraum der Allianzen. Er brachte eine sich neutralisierende Bündnispolitik auf den Weg.

Sebastian Haffner spricht in „Von Bismarck zu Hitler" von einem strengen Verzicht und führt fünf Punkte Bismarck'scher Politik auf:
- „Verzicht auf jede territoriale Vergrößerung in Europa

- Niederhaltung aller expansionistischen „großdeutschen" Bestrebungen
- Anschlusswünsche insbesondere der baltischen und österreichischen „Deutschen" sind zu „entmutigen".
- Strikte Nichtbeteiligung an einer überseeischen Kolonialpolitik
- Aktive Verhinderung innereuropäischer Kriege".[8]

Bis auf die Beteiligung an der Kolonialpolitik, auf die er bald kein weiteres Augenmerk richtete, hatte sich Bismarck an die obigen Grundlinien seiner Politik gehalten. Sein Hauptaugenmerk richtete sich auf die politische Landschaft Europas. Auf dieser Grundlage konnte Bismarck seinen größten Prestigeerfolg als „ehrlicher Makler" auf dem Berliner Kongress 1878 aufbauen. Er vermittelte zwischen den divergierenden Mächten England und Russland in der Türkenpolitik am Bosporus einerseits und wiederum zwischen Russland und Österreich in der Balkanfrage andererseits.

Wenn von der „Türkenpolitik" die Rede ist, ist es angebracht, näher auf das damalige Osmanische Reich einzugehen, zumal die Türken schlechthin in der Jetztzeit sowohl in der ethnologischen als auch in der religiösen Vielfalt eine nicht unbedeutende Rolle spielen.

Das Kleinasien der Antike und die Türkische Republik1 heute hatten und haben für uns eine immer größer werdende Bedeutung. 2016 stellen die Türken, wobei ich die Kurden mit einbeziehe, die größte Migrantengruppe in der Bundesrepublik dar. Da die Türken immer stärker in unser Gesichtsfeld treten, nehme ich diese Tatsache auch zum Anlass, zur Geschichte dieses Volkes, seines Landes und deren Auswirkungen und Veränderungen vor dem Ersten Weltkrieg hier mit einzubinden. Die heutige Türkei ist ein Urlaubsparadies nicht nur für uns Deutsche. Das orientalische Flair der Millionenmetropole Istanbul, die frühchristlichen Stätten der Westtürkei und Kappadokiens im anatolischen Hinterland mit ihren in den Sandstein geschlagenen Kirchenräumen sowie die Hotelketten der türkischen Riviera um Antalya erfreuen sich großer Beliebtheit.

Zunächst zu Kleinasien, dem anatolischen Kernland und seiner Geschichte, das vielleicht wieder in unser Bewusstsein zu rufen ist. Dieses Land ist immerhin ein Frühchristliches.

Zu Zeiten des Kaisers Augustus und Jesus von Nazareth hatte das kleinasiatische Land viele römische Provinzen, aber auch einige fürstliche Vasallenstaaten. Kappadokien und Armenia sind vielleicht begrifflich noch nachvollziehbar. Die Besiedlung war sicherlich durchmischt. Die Griechen siedelten im Westen über die Inselwelt der Ägäis bis weit in das kleinasiatische Land.

In dieses von mir kurzgezeichnete Land wanderte Paulus auf seinen Reisen nach Griechenland. Die Verbreitung des Glaubens des Jesu von Nazareth nahm seinen Weg über Kleinasien und Griechenland bis nach Rom. Die Städte Antiochia im nordsyrischen Land und Ephesus (südlich von Izmir) hat Paulus nachweislich aufgesucht. Immerhin lagen zwei der vier Weltstädte der damaligen Zeit neben Rom und Alexandria mit Ephesos und Nicaea in diesem Land. Später reihte sich Byzanz - dann nach dem römischen Kaiser Konstantin Konstantinopel genannt - als fünfte antike Weltstadt ein. Sie wurde die Hauptstadt eines der beständigsten Reiche dieser Zeit; es hieß, sie sei das zweite Rom.

Erst nach dem Besuch des Petrus in Antiochia, als er auf dem Weg nach Rom war, sprach man von den Christen. Betrachtet man sich die historische Karte ab dem 1. Jahrhundert, ist im kleinasiatischen Raum eine Vielzahl an christlichen Gemeinden festzustellen. Das vom Kaiser Konstantin in Antiochia 325 einberufene Konzil dogmatisierte das Glaubensbekenntnis, dass Gottvater und Sohn wesensgleich seien. Die bisherige Lehre des Arius von Alexandria hingegen wurde der Häresie bezichtigt, in welcher nur von einer Wesensähnlichkeit die Rede war.

Nach dem Niedergang des Weströmischen Reiches konnte sich das Oströmische Reich noch weitere neun Jahrhunderte halten. Bereits im Jahre 537 hatte Kaiser Justinian die Hagia Sophia, die Heilige Weisheit, erbaut lassen; ein Bauwerk und „ein Denkmal und Zeugnis unserer eigenen Geschichte". Justinian unternahm den Versuch, wieder ein gesamtrömisches Reich zu errichten.

„In Byzanz, trafen griechische, römische und orientalische mit christlichen Wirkkräften zusammen. Verschiedenartige Volks- und Kulturelemente auf dem toleranten Pflaster einer Großstadt im Rahmen eines toleranten Staatsgebildes – das führt zu großartigen Resultaten".[9]

Im Jahre 1054 trennte sich die Kirche des byzantinischen Reiches von der römischen Kirche. Der Papst wurde aber weiterhin als Pontifex Maximus von allen Kirchen wahrgenommen.

Der erste und der fünfte Kreuzzug führten durch die kleinasiatischen Gebiete in das „Heilige Land". Kaiser Friedrich I. Barbarossa ließ sein Leben dort. Diese Kreuzzüge trugen eher zur Stärkung der auf dem Vormarsch befindlichen seldschukisch-türkischen Eroberer Anatoliens bei, als dass sie das Christentum in Palästina wiederbeleben konnten.

Seldschuk (um 1000), war ein Feldherr eines türkischstämmigen Nomadenvolkes aus den Steppen östlich des Kaspischen Meeres, wo sich heute die Staaten Turkmenistan, Usbekistan und Kasachstan befinden. Seldschuk nahm zu seinen Lebzeiten mit seinem Volk den islamischen Glauben an. Seine Söhne und Enkel eroberten das korrupte Kalifenreich der Buyiden mit der Hauptstadt Bagdad. Mit dem Hintergrund der Nachfolge der omajjadisch-abbasidischen Kalifen und ihren Zentren in Damaskus und Bagdad ist die sunnitische Glaubensrichtung des Islam der Türken zu sehen. Sie nahmen jedoch den Herrschertitel eines Sultans an. Durch weitere Eroberungen des heutigen Iran und Irak spricht man vom Reich der Großseldschuken. Im elften Jahrhundert fielen sie in das Byzantinische Reich ein und legten den Grundstein zur heutigen Türkei. Auch die oben aufgeführten, überwiegend von den Päpsten inszenierten Kreuzzüge, trugen dazu bei, dass das Byzantinische Reich geschwächt wurde. Die Kreuzzügler waren bei ihrem Durchzug auf die Unterstützung der Staaten bzw. der Bevölkerung angewiesen. Was sie nicht bekamen, wurde genommen. In Konstantinopel wurde bei einer Eroberung durch die Kreuzzügler gebrandschatzt und gemordet.

Ende des 13. Jahrhunderts rief dann der Türkenfürst Osman I. zum Glaubenskampf gegen die orthodoxen Christen des Byzantinischen Reiches auf. Das Osmanische Reich bekam seinen Namen. Vor und nach diesem für die christliche Welt historischen Fall Konstantinopels erfolgte ein beispielloser Eroberungskampf der Türken. Mit dem Fall Konstantinopels 1453 war das Ende des seit 400 unserer Zeit bestehenden Oströmischen und später nach der Stadt Byzanz bezeichneten Reiches besiegelt. Vor der Eroberung Konstantinopels befanden sich bereits europäische Gebiete bis zum heutigen Bulgarien im Besitz des Osmanischen Reiches. Nun stand einer weiteren Eroberung des größten Teils des Balkans und Ungarns nichts mehr im Wege.

Das Jahr 1517 ist auch im arabischen Raum als historisch anzusehen. Der osmanische Sultan eroberte ein von den Mameluken seit 1249 regiertes Reich, das in seiner Hochzeit Ägypten, weitere Teile Nordafrikas, Palästinas und Syriens sowie den westlichen Küstenstreifen der arabischen Halbinsel umfasste. Die Mameluken waren eine aus ehemals türkischen und tscherkessischen Sklaven bestehende Leibgarde. Die Türken waren nun auch die Herren über die Heiligen Stätten mit den islamischen Hochburgen Mekka und Medina. Den osmanischen Anspruch, den islamischen Glauben über ihren Sultan zu repräsentieren, fand bei den führenden Vertretern der arabischen Stämme jedoch keine Zustimmung. Sie sahen in der osmanischen Herrschaft immer die Fremden, die keinen Bezug zum Propheten Mohammed hatten. Es begann die Zeit der über vier Jahrhunderte andauernden Unterdrückung der Araber. Immerhin hatten die Araber in der Zeit ihrer blühenden Kalifate bis hin zur Iberischen Halbinsel die Wissenschaft, (algebraische Mathematik, Medizin, Baukunst usw.) führend entwickelt, von der die Europäer maßgeblich profitierten und auch mit dazu führte, dass die Europäer erfolgreich ihren Aberglauben besiegen konnten. Der Autor Gerhard Konzelmann meint in „Die Araber", dass die Türken die medizinischen Erkenntnisse der Araber zerstört haben. Arabien verfällt den wissenschaftsfeindlichen Religionsfanatikern bis in unsere Zeit.

Die osmanischen Sultane verfügten nun über ein riesiges Territorium: Eben die heutige Türkei, den gesamten Balkan sowie

Ungarn, die Küstenregionen des Schwarzen Meeres (Chanat der Krimtartaren und am Kaukasus), die heutigen Kurdengebiete Irans und Iraks, den gesamten Nahen Osten, die historischen Kernlande des Islam mit Mekka und Medina, Nubien und Oberägypten sowie Libyen bis Tunesien.

Die osmanischen Sultane strebten nun nicht danach, die arabische Halbinsel, Ägypten und weitere, afrikanische Gebiete intensiver zu beherrschen und wirtschaftlich zu nutzen. Teilweise wurden abhängige Protektorate eingerichtet. Man konzentrierte sich vielmehr auf weiteren europäischen Land- und Beuteerwerb. Die Kernbereiche der Habsburger waren das Ziel, denn die Residenz Wien versprach reiche Beute. Kaiser Karl V. hatte im Reich alle Hände voll zu tun, den katholischen Glauben nach Luthers Reformation wieder zu stabilisieren. Die Bauernkriege tobten seit 1525. Außerdem führte Karl V. gegen den französischen König Franz I. bis 1529 Krieg. Eine günstige Gelegenheit für die Türken in diesem Jahr mit einem Riesenheer Wien anzugreifen und die erhoffte Beute mit tausenden Lastkamelen abzutransportieren. Danach sah es eher nach einem Beutezug als nach weiterem Landerwerb aus. Ein früher Wintereinbruch rettete die Wiener.

Gut 150 Jahre später starteten die Osmanen einen weiteren Anlauf und konnten erst 1683 auf dem Kalenberg vor Wien gestoppt werden, nachdem der polnische König mit seinem Heer die Entscheidung erzwang. Aber es bestand permanent die Gefahr, dass das Osmanische Reich weitere europäische Staaten angreifen und sich einverleiben würde. Daher gründeten unter dem Protektorat des Papstes 1684 der Kaiser des Heiligen Römischen Reiches, die Polen und der Stadtstaat Venedig „Die Heilige Liga" gegen türkische Einfälle. Prinz Eugen von Savoyen, „Prinz Eugen, der edle Ritter" schlug unter kaiserlicher Fahne erfolgreich die Türken bei Zenta an der Theiß in Ungarn (1697) und Belgrad (1716). Das weitere Vordringen der Türken war zunächst gestoppt. Den weiteren Weg des Osmanischen Reiches schildere ich unter „Die Protagonisten des Ersten Weltkrieges".

Die Rückversicherungsverträge

Die Rückversicherungsverträge waren ab 1887 notwendig, da das bestehende Dreikaiserbündnis Deutschland – Österreich - Russland durch Rivalitäten der Letzteren auf dem Balkan zerbrach. Daher schloss Bismarck mit Russland, ein mit einem hohen Risiko verbundenes, drei-seitiges, geheimes Stillhalteabkommen ab. Geheim und risikobehaftet, weil andere mit Verträgen abgesicherte Länder über diesen Deal mit Russland nichts erfahren durften. Der Rückversicherungsvertrag besagte, falls Russland von Österreich-Ungarn oder Deutschland von Frankreich angegriffen werden sollten, würden sich die Vertragspartner in der Unterstützung kriegerischer Aktivitäten zurückhalten. Die Machtbalance der umgebenden Staaten sollte so austariert werden. Bismarck verglich die Balance der europäischen Großmächte mit einem Spiel mit fünf Bällen. England (1) war mit seinen Besitzungen weltweit vertreten, Frankreich (2) war auf Korrekturen der Niederlage von 1870/71 aus, Russland (3) war bestrebt, die slawischen Interessen auf dem Balkan zu vertreten und kollidierte daher mit Österreich (4). Italien und Deutschland (5) hatten durch die späte Einheit ihrer Länder Nachholbedarf bei der imperialen Aufteilung der Erde. Die Vereinigten Staaten musste Bismarck bei seinem Kalkül noch nicht mit einbeziehen.

Eine weitere Quintessenz Bismarcks ließ sich auf eine einfache Formel bringen: „Alle Politik lässt sich in die Formel fassen, versuche zu dreien zu sein, solange die Welt durch das unsichere Gleichgewicht von fünf Großmächten regiert wird".[10] Bei Ausbruch des Ersten Weltkrieges war Deutschland nur eine von zwei Mächten und hatte England, Frankreich und Russland gegen sich.

Die Formel der zurückhaltenden Vermittlung fand im Vorfeld des Ersten Weltkrieges von allen beteiligten Mächten nicht die notwendige Berücksichtigung. Wie vorausschauend Bismarcks Sicht zum Zeitraum der Rückversicherungsverträge war, ist einem Brief im Jahre 1886 an den Kriegsminister zu ersehen: „Wenn wir nach Gottes Willen im nächsten Krieg unterliegen sollten, so halte ich es für zweifellos, dass unsere siegreichen

Gegner jedes Mittel anwenden würden, um zu verhindern, dass wir jemals oder doch im nächsten Menschenalter wieder auf eigene Beine kommen, (...) nachdem diese Mächte gesehen haben, wie stark ein einiges Deutschland ist".[11]

1890, zwei Jahre nach der Thronbesteigung Wilhelm II., hieß es nicht mehr, mit fünf Bällen zu spielen, wobei keiner runterfallen durfte, sondern es hieß: „Mit Volldampf voraus."

Die Meinung des katholischen Rheinländers Adenauer dazu über seinen „Vorgänger" als Kanzler: „Er sei ein guter Außenpolitiker, aber ein sehr schlechter Innenpolitiker gewesen." Winston Churchill sagte später: „Der Preis der Größe heißt Verantwortung." Diese Verantwortung hat auch heute die Bundesrepublik Deutschland.

Das Dreikaiserjahr (1888) und Bismarcks Abgang (1890)

Die Politik wurde weitestgehend sowohl in Preußen als auch später im Reich von Bismarck bestimmt. In der Beziehung zwischen Reichskanzler Bismarck und Kaiser Wilhelm I. behielt der Kanzler im Allgemeinen die Oberhand. Noch als preußischer König lehnte Wilhelm I. den Krieg gegen Österreich 1866 ab. Auch, dass er zur Annahme der Deutschen Kaiserwürde geradezu gedrängt werden musste, spricht für seinen konservativen, preußischen Charakter. Die politische Kampagne gegen die Katholiken lehnte er ebenso ab. Bismarck setzte sich gegen ihn aber immer wieder durch. Der Historiker Christopher Clark bezeichnete Wilhelm I. als ehrbaren und weithin bewunderten Menschen, der bis ins biblische Alter von 90 Jahren eigentlich preußischer König blieb.

Sein Sohn, Kronprinz Friedrich Wilhelm, regierte als Kaiser Friedrich III. nur 99 Tage. Er ließ die liberalen Kräfte Deutschlands hoffen. Er war jedoch schon bei seinem Regierungsantritt 1888 durch Kehlkopfkrebs vom Tode gezeichnet. Er wird als „charismatischer Mann mit guten Verbindungen zur deutschen Bewegung beschrieben. 1888 ging als „Dreikaiserjahr" in die Geschichte ein.

Zwei Jahre versuchten es der alte, grantige und schon lange nur noch schwer genießbare Bismarck und der junge 29-jährige Kaiser, jetzt Wilhelm II. miteinander. Dann hatte der alte Haudegen sein Rücktrittsgesuch einzureichen, an dem er mehrere Tage feilte.

4. Die Zeit der Großeltern

In die Zeit des wieder entstandenen deutschen Kaiserreichs ab 1871 wurden unsere Großeltern hinein geboren. Daher möchte ich hier zu ihrem Herkommen und Leben etwas berichten.

Die Großeltern kamen aus vier Regionen des Reiches. Damals, und weit bis in die Jetztzeit, hat man kaum „über den Berg hinweg" geheiratet. Der Kinderreichtum und die geringen Erwerbsmöglichkeiten in landwirtschaftlich geprägten Gegenden zwangen die Menschen nicht nur innerhalb Deutschlands sich eine Existenz suchen zu müssen. Auch die industrielle Revolution konnte den enormen Bevölkerungszuwachs nicht auffangen. Die Auswanderung nach Nordamerika erreichte in den Jahren nach der Reichsgründung einen Höhepunkt. Unsere Vorfahren blieben im Lande. Der Großvater väterlicherseits wurde 1874 in Priemhausen im damaligen Kreis Naugard in Hinterpommern geboren.

Zunächst einige Sätze zu Pommern, wo doch nur Vorpommern als Teil des nördlichen Bundeslandes ein Begriff ist. Nach Bonner Lesart und im bundesdeutschen Schulatlas von 1960 hießen die Gebiete, die nach 1945 an Polen fielen, „Ostgebiete des Deutschen Reiches; z. Z. unter polnischer Verwaltung". Die Erinnerung an diese Gebiete ging nicht nur auf die Erzählungen der Flüchtlinge zurück. Die Oder/Neiße-Grenze wurde von den Offiziellen der DDR als „Friedensgrenze" bezeichnet und war in ihrem Bestand unantastbar. Was dahinter lag, war halt Polen, sanktioniert im Potsdamer Abkommen. Für die ehemaligen DDRler hatte Pommern, egal ob Hinter- oder Vorpommern, überhaupt keine Relevanz. Wir kannten nur Mecklenburg als nördlichstes Land der Sowjetischen Besatzungszone und der

Deutschen Demokratischen Republik ab 1949. Es war auch wichtig, dass die ganze Bezeichnung der Republik ausgesprochen wurde, von wegen DDR. Im Juli 1952 wurde im Rahmen eines Beschlusses zum Aufbau des Sozialismus eine Verwaltungsreform durchgeführt. Ein Teil dieser Reform war, dass die DDR in Verwaltungsbezirke eingeteilt wurde. Vierzehn an der Zahl; Ostberlin wurde nach DDR-Lesart mit einem Sonderstatus versehen: „Hauptstadt der Deutschen Demokratischen Republik". Der Norden der DDR wurde durch die Bezirke Rostock, Schwerin und Neubrandenburg abgedeckt. Hinterpommern wurde im Sprachgebrauch der DDR getilgt. Möglicher Grund? Pommern war ein Teil des „militaristischen Preußens", und das wurde 1947 als Land ausgelöscht. Hinterpommern ist nun ein Teil Polens, Wojewodschaft Westpommern. Hier einige Sätze zur Historie Pommerns.

Zu Zeiten der Staufer (12. Jhdt.) regierten die Herzöge von Pommern als Lehnsherren des Deutschen Kaiserreiches. 1231 wurden diese durch die zunächst brandenburgischen Markgrafen aus der askanischen Linie abgelöst. In dieser Zeit entwickelte sich auch die überwiegend slawische Sprache durch „westliche" Siedler immer mehr zum niederdeutschen Sprachraum hin. 1173 wurden das nahegelegene Kloster Kolbatz von dänischen Zisterziensern und 1253 die Stadt Stargard nach Magdeburger Recht (größere Freiheiten und Rechte innerhalb der Stadtmauern) gegründet. Kirchlich reformiert wurde das Gebiet bereits 1534. Im Dreißigjährigen Krieg wurde Pommern - wie viele weitere Länder Deutschlands - Kampfgebiet zwischen der katholischen Liga und der protestantischen Union mit den bekannten Folgen. Nach dem Friedensvertrag von Münster und Osnabrück 1648 wurde Hinterpommern auch vertraglich Teil des brandenburgischen Kurfürstentums.

Heute heißt der Ort Priemhausen Przemocze und liegt etwa 20 km östlich von Stettin. Der Ort gehörte bis 1945 zur Provinz Pommern des Landes Preußen, landschaftlich in etwa durch die Oder unterteilt in Vorpommern - heute Teil des bundesdeutschen Landes Mecklenburg-Vorpommern - und Hinterpommern in Polen.

Der Großvater war der Sohn eines soliden Handwerkers. Er war Stellmacher und Büttner. Die Stellmacher stellten u.a. Fuhrwerke und Leitern für die Bauern her. Der Büttner war ein Fassbauer, z. B. für Pökelfleisch oder Sauerkraut. Ob ältere Brüder den Beruf des Vaters im wo möglich eigenen Betrieb fortgeführt haben, ist mir nicht bekannt. Der Großvater ließ sich zum Förster ausbilden. Bestimmt musste er nach seiner Ausbildung an verschiedenen, auch-weit entfernten Orten auf Stellensuche gehen.

Sicherlich hat er in dieser Zeit unsere 1875 geborene Großmutter im mecklenburgischen Brüel kennengelernt. Dieser Ort ist immerhin in etwa 200 km von seinem Heimatort entfernt. Brüel, ein kleines Ackerbürgerstädtchen, liegt ca. 15 km östlich des nördlichen Teils des Schweriner Sees.

Politisch gehörte das Städtchen, damals wie heute in der Einwohnerzahl zwischen 2.000 und 3.000 schwankend, zu den sechs Großherzogtümern im Kaiserreich, Mecklenburg-Schwerin mit 640.000 Einwohnern und 13.000 km^2, um 1910 noch eins der Größeren. Heute ist das Städtchen im Norden dem Landkreises Ludwigslust-Parchim zugehörig und wird vom Amt „Sternberger Seenlandschaft" verwaltet.

Auf dem alten Burgberg wurde 1878 ein Schulgebäude errichtet, das unsere Großmutter wohl auch besucht hat. In Erinnerung ist noch, wenn der Vater erzählte, dass im Städtchen morgens immer der Ruf vom Hirten: „Ziegen rut" erscholl. Wie bei den Bergleuten im Ruhrgebiet war wohl in Brüel die Ziege die Milchkuh des Ackerbürgers. Die Ziegen waren in der Haltung anspruchsloser und oft unterblieb eine Besteuerung in einigen norddeutschen Gemeinden.

Was hatte ein Mädchen aus diesem kleinen Städtchen von der Zukunft wohl schon zu erwarten? In einem bessergestellten Haushalt zu dienen, oder eben zu heiraten. Da war die Partie mit dem Förster Paul Erdmann aus Pommern bestimmt angemessen.

Unser Vater hat mit drei seiner Kinder – zwei Schwestern und mir - 1950 auf einer Fahrradtour zur Ostsee das Städtchen Brüel besucht. Aus Vaters Verwandtschaft existierten noch ein Bäckermeister und ein Besitzer einer kleinen Ziegelei.

Opa Erdmann hatte dann mit seiner Frisch-Angetrauten wieder ca. 70 km Richtung Süden zu seiner neuen Heimstatt zu überwinden. Er bekam eine Anstellung als Gutsförster im kleinen Dorf im heutigen Landkreis Perleberg.

Die Prignitz ist eine alte Landschaftsbezeichnung seit den frühen Tagen der Mark Brandenburg. Sie bildet die nordwestliche Landesgrenze des Landes Brandenburg zu Mecklenburg-Vorpommern und Niedersachsen. Die Großeltern bekamen von ihren „Herrschaften" ein kleines Fachwerkhäuschen mit einem Garten, etwas außerhalb des Ortes zugewiesen. Dieses Häuschen wurde nach der „Wende", wohl in den 90er-Jahren, privat erworben und zu einem kleinen Schmuckkästchen umgestaltet, wobei die Grundsubstanz erhalten blieb.

Zum 40-jährigen Dienstjubiläum erhielt Opa Paul von seinem Dienstherrn eine silberne Uhr. Bestimmt war es ein erfülltes und dankbares Leben, eine Familie mit drei Söhnen an einem Ort durch die Wirren der ersten Hälfte des 20. Jahrhunderts bringen zu können. Unsere Großeltern lebten sehr bescheiden. Sicher halfen ihnen der Garten oder die Naturalien vom Gutshof im Ersten Weltkrieg und danach, um über die Runden zu kommen. Als nach dem Zweiten Weltkrieg die Sowjets die Szenerie in Ostdeutschland beherrschten, wurde es für unsere Oma sehr kritisch. Marodierende Russen drangen in das Haus ein. Oma versuchte aus dem Fenster zu fliehen und verletzte sich schwer. Sie lebte daher nach dem Tode des Großvaters 1948 bis zu ihrem Tode 1955 in unserer Großfamilie. Die Sparsamkeit unserer Großmutter bekamen wir Kinder noch zu spüren, und wir mussten mehr als „knapsen". Aber die Oma zeigte immer wieder Unverständnis, wenn wir ihrer Meinung nach, z. B. mit dem Zucker, wir waren halt Naschkatzen, zu verschwenderisch umgingen.

Zwei Söhne, darunter unser Vater, traten in die Fußstapfen des Vaters und wurden Förster. Der Großvater gab seinen Söhnen den Ratschlag, sich als Förster nicht in gutsherrliche Dienste

zu begeben, was beide auch beherzigten und preußische Forst-
beamte wurden, und dies wohl auch nicht bereuten. Der Dritte,
mittlere Sohn, erlernte wie sein Großvater den handwerklichen
Beruf des Stellmachers.

Auch die Eltern mütterlicherseits wurden Mitte der 70er-
Jahre bzw. Anfang der 80er-Jahre geboren. Auch sie verließen
ihre Heimatdörfer und fanden in Berlin zueinander. Mutters
Vater wurde in Gläsendorf, heute Szklana in Niederschlesien
geboren. Dass er sich als junger Mann in Berlin als Offiziersbur-
sche anstellen ließ, bringt zum Ausdruck, dass er auf Grund
seiner sozialen Stellung selber sehen musste, „wie er zurecht-
kam".

Mit welchem Blutzoll Niederschlesien preußisch wurde, habe
ich oben unter Friedrich II. beschrieben. Eine historische Bege-
benheit, die unserer Familiengeschichte einen ganz anderen
Verlauf hätte geben können, wenn Prinz Heinrich diese letzte
Schlacht des Krieges bei Freiberg verloren hätte. In diesem Fall
waren die Grafschaft Glatz und umliegende Gebiete an Österreich abzugeben. Ob unser Großvater dann nach Berlin gegangen
wäre, ist die Frage? Im Verlustfall wäre Wien naheliegender
gewesen. Spekulation mit vielen Konjunktiva!

Bereits 1348 wurde Schlesien Teil des Heiligen Römischen
Reiches. Das Herzogtum Schlesien war Teil des österreichischen
Kaiserreiches mit einer überwiegend deutschsprachigen Bevölkerung. Wie oben beschrieben, konnte der preußische König Friedrich II. ab 1740 bis 1763 in drei schrecklichen Kriegen Schlesien
annektieren. Bis 1945 war der größte Teil Schlesiens preußisches
Staatsgebiet.

Etwa zur gleichen Zeit hat sich unsere Großmutter, in einem
kleinen Dorf bei Pritzwalk in der Prignitz geboren, ebenfalls nach
Berlin auf den Weg gemacht. Sie verdiente dort in einem Milch-
laden ihren Unterhalt. Beide zogen wohl um 1900 nach Seilershof, einem kleinen Dorf zwischen den Städtchen Gransee und
Fürstenberg/Havel in der nördlichen Mark Brandenburg. Dort
eröffneten sie zunächst eine Gaststätte. Der Ort war günstig
gelegen, wie sich später zeigen sollte. Durch die Bahnlinie Berlin

Fürstenberg – Neustrelitz und weiter bis zur Ostsee an der Station Dannenwalde war Seilershof über ca. 3 km günstig zu erreichen. Der Ort war durch die Bahnlinie für betuchte Berliner nicht nur ein idealer Zweitwohnsitz. Opa Scholz erwarb später ein großes Grundstück am kleinen Wentowsee, der über den großen Wentowsee mit der Havel verbunden war. Ein Trumpf für seine weiteren Aktivitäten. Dort errichtete er bis 1913 ein kleines Hotel mit Gaststätte und zwölf Hotelzimmern. Der Ersten Weltkrieg, die nachfolgende Inflation und die große Weltwirtschaftskrise waren für das Bestehen des Hotels bestimmt nicht immer einfach. Der schwerste Schlag traf Opa jedoch, als unsere Oma nach langer schwerer Krankheit bereits 1929 verstarb. So musste er seinen kleinen Hotelbetrieb allein durch die Wirren des Dritten Reiches führen. In der Vorkriegszeit wurde noch gut verdient. Die Berliner Hautevolee mobilisierte sich, baute Zweitwohnsitze und fuhr „ins Grüne". Der Hotelbetrieb und das ausgebaute Ausflugslokal florierten.

Nach Kriegsende brachen auch in Seilershof schlechte Zeiten an. Der einzige Sohn kam beinamputiert und seelisch schwer angeschlagen aus dem Krieg zurück. Er konnte in den Nachkriegsjahren keine große Stütze für seinen Vater sein. Seine Schwiegertochter führte mit großer Energie das Geschäft weiter. 1947 verstarb unser Großvater.

In den frühen DDR-Jahren übernahm die ostdeutsche Reichsbahn die Hotelanlage für ihren Ferienbetrieb. Unsere Cousine führte mit ihrem Mann als Objektleiter mit tatkräftiger Unterstützung ihrer Mutter den Betrieb durch die DDR-Jahre. Nach der Wende wurde das Objekt wieder erworben. In der Aufbruchstimmung wurde die Hotelanlage großzügig auf den neuesten Stand gebracht, konnte aber leider, trotz großer Anstrengungen, auch unter Einbindung der Kinder unserer Cousine nicht gehalten werden. Selbst die Banken hatten Probleme, den Betrieb des Objekts weiterzuführen. Ein Berliner Unternehmer erwarb die Hotelanlage kürzlich, so dass die Anlage vor dem Verfall bewahrt werden konnte.

Wenn man das Leben unserer Großeltern verfolgt, ist festzustellen, dass sie um die Jahrhundertwende in jungen Jahren ihr mehr als kleinbürgerliches Umfeld gezwungenermaßen aufgegeben haben und in die „Fremde" zogen. Alle hatten in ihrer Heimat ihre Familien und ein soziales Umfeld. Der Großvater aus Hinterpommern hatte wohl keine Chance, eine Anstellung als Förster zu bekommen. Immerhin hatte er sich noch in der preußischen Prignitz niederlassen können und mit einer Mecklenburgerin eine Familie gegründet. Ein Berufsleben, verbunden mit einem Alterssitz am gleichen Ort bis zum Lebensende, wünscht sich heute so mancher Zeitgenosse.

Der niederschlesische Großvater kam wahrscheinlich aus einer abhängigen Bauernfamilie. Er hatte jedoch unternehmerische Qualitäten und brachte es immerhin zu einem bescheidenen Wohlstand in einer Zeit der vielen Umbrüche.

5. Die Zeit nach Bismarck

Die Reichskanzler

Nach der Ablösung Bismarcks wurde Graf Caprivi (ab 1890) vom Kaiser zum Reichskanzler ernannt. Als ehemaliger Chef der Admiralität natürlich mehr ein Mann des Militärs als ein Staatsmann. Schon mit dieser Ernennung wurde die neue Staatslinie vorgegeben. Caprivi war bewusst, dass er als Nachfolger Bismarcks ein schweres Erbe antrat. Bei allem Durchsetzungsvermögen in seiner Funktion als Chef der Admiralität fehlte es Caprivi sowohl an innenpolitischen- als auch im außenpolitischen Bereich an Erfahrungen. Daher war die Annahme der Ernennung zum Reichskanzler der preußischen Berufungspflicht geschuldet.

Mit der Entlassung Bismarcks verlor das Außenministerium auch seinen kundigsten Staatssekretär, Bismarcks Sohn Herbert. Caprivi musste sich auf andere Berater verlassen. Eine neue außenpolitische Marschlinie wurde vorgegeben. Der auslaufende Rückversicherungsvertrag mit Russland wurde nach vielen Abwägungen 1890 nicht erneuert. Das ausgeklügelte Bündnissystem beinhaltete zusätzlich, wie oben beschrieben, zum Dreibund mit Wien und Rom eine geheime Rücksicherung mit Petersburg. London hatte Verträge ebenfalls mit Wien und Rom. Diese geheime Rückversicherung mit Petersburg war gegenüber den anderen Partnern zwar riskant, jedoch war das Gleichgewicht in Europa zwar risikobehaftet, aber einigermaßen abgesichert. Der für Deutschland seit 1870 unversöhnliche französische Gegner stand zu dieser Zeit bei den Bündnissystemen außen vor.

Nicht wenige Historiker gehen nach heutiger Beurteilung davon aus, dass dieses Auslaufen des Geheimvertrages mit Russland eine neue, engere Staatenkonstellation, nämlich Russland mit Frankreich auf den Weg brachte, die letztendlich die Entscheidung zum Ersten Weltkrieg erleichterte. Großbritannien schloss sich diesem Bündnis später an. Mit Russland fiel für Deutschland eine weitere der fünf Kugeln aus dem Gleichgewichtssystem der europäischen Großmächte, nachdem die Kugel Frankreich für Deutschland schon seit 1871 am Boden lag. Die Funktion des Gesamtsystems mit seinen Abhängigkeiten wurde über die Jahre nach Bismarck nicht verstanden. Der Kaiser hatte zwar die Macht, aber nicht das Vermögen, seine Nation durch die Klippen der Machtausweitung aller Großmächte zu lotsen. Mit der Stärkung der Industrie gegenüber dem Agrarsektor setzte das Wettrüsten ein. Der Wirtschaftsimperialismus in Europa und der Welt bekam auch vom deutschen Kaiserreich einen verhängnisvollen Schub.

Das Sozialistengesetz lief 1890 aus und wurde nicht verlängert. Die SPD konnte sich nun offiziell konstituieren und wurde bald im Reichstag stärkste Partei. 1907 bekam sie 11,6 Prozent und 1912 bereits fast 29 Prozent der Reichstagssitze. Jedoch stimmten die „unteren" Schichten bald in die nationalistischen Gesänge mit ein. August Bebel, 1913 verstorben, ein charismatischer Parteiführer der SPD, konnte diese Tendenzen nicht mehr beeinflussen.

Heute unvorstellbar, Helgoland gehörte seit der napoleonischen Kontinentalsperre zu England. In die Zeit des Reichskanzlers Caprivi erfolgte der Tausch gegen die, der deutschen Kolonie

Deutsch-Ostafrika vorgelagerten Insel Sansibar. In diesem Zusammenhang ist der Name Caprivi mit dem Caprivi-Streifen bis
heute eine touristische Besonderheit. Es ist ein schmaler Land-
streifen in einem Flusssystem im Nordosten Namibias (damals
Deutsch Südwestafrika) in dem Vierländereck Sambia, Simbab-
we, Botswana und eben Namibia war eine Verbindung zur Kolonie Deutsch-Ostafrika angedacht, mehr kam aber auch nicht
zustande. Das Grab des Grafen Caprivi befindet sich in Namibia.

Der Bau des Reichstages wurde zwar 1871 beschlossen, jedoch in oft heftigen Auseinandersetzungen von Wilhelm I. und II.
mit Paul Wallot geplant und gebaut. Die Einweihung konnte
endlich unter Caprivis Nachfolger Ende 1894 stattfinden.

Dem Nachfolger Fürst zu Hohenlohe-Schillingsfürst gelang es
ebenfalls nicht, die Kluft zwischen Regierung und Reichstag zu
schließen. Beide Nachfolger „verfügten nicht über einen Funken
der unheimlichen Willenskraft Bismarcks oder seiner glänzenden
Fähigkeit, Komplexität zu reduzieren und Ordnung herzustellen.
Sie vermochten der Öffentlichkeit und den politischen Parteien
weder Begeisterung noch Zuversicht einzuflößen". [12]

In weiteren Zitaten wird offenbar, unter welchen Umständen
die Nachfolger Bismarcks beurteilt und vom Kaiser ernannt
wurden. „Unter Hohenlohe setzten sich die Hofintrigen und die
verderblichen Machtkämpfe unter den einzelnen Regierungsstel-
len fort, die für die letzten Amtsjahre Caprivis kennzeichnend
gewesen waren; ja sie nahmen so zu, dass sie die Entwicklung
jeder vernünftigen politischen Initiative bedrohten". [13]

Die Gesinnung des Kaisers zum Kanzler, zu den Parteien und
zum Reichstag wird in einem Brief an den zukünftigen Staatssekretär offenbar. „Der Fürst (Hohenlohe) ist zu alt, er kann nicht
mehr sowohl die Außenpolitik als auch das Staatsministerium
leiten, und der gegenwärtige Vizekanzler (Boetticher) ist ein
feiges Würstchen. Bülow wird mein Bismarck werden, und so wie
dieser und mein Großvater Deutschland äußerlich zusammen-
hämmerten, so werden wir zwei im Innern den Dreck des Parla-
ments- und Parteienapparats wegräumen (…).Sie können diesen
Brief Bülow gegenüber ins Spiel bringen". [14]

Es ist aus heutiger Sicht schwer nachvollziehbar, wie Kanzler „abberufen" wurden und welchen Stellenwert der Reichstag beim Souverän des Deutschen Reiches hatte. Mit dem „diskreten" Hinweis an den Adressaten, den Brief an Bülow weiterzugeben, ist die Aussage des Kaisers als offiziell anzusehen.

So ernannte also der Kaiser Graf Bülow (ab 1900) zum Reichskanzler. Seine Liebedienerei zum Kaiser ließ diesen noch eitler und vollkommen überzogen in seinen Handlungen werden. In seiner Kanzlerschaft konnte sich das so genannte Militärkabinett entwickeln. Bülow und Admiral Tirpitz waren dafür verantwortlich, dass Aufrüstung (zweites Flottenprogramm) und Zuspitzungen der internationalen Lage eintraten. Als Chef der Admiralität griff Tirpitz aktiv in die Politik ein. Das Amt der Reichsmarine wurde in eine Propagandazentrale umgewandelt. Das Scheitern der deutsch-englischen Verhandlungen in Bezug auf die Flottenpolitik, die seit 1898 geführt wurden, war die Folge. Die Entfremdung zu Russland und Großbritannien wurde immer größer. Aber auch innere Schwierigkeiten traten stärker in den Vordergrund. Finanzprobleme wurden durch Anleihen „gelöst". Die Interessenkonflikte zwischen rechten und linken Parteigruppierungen im Reichstag fanden keinen Ausgleich. Höhere Steuern waren im Reichstag nicht durchsetzbar. Die Länder waren nicht bereit, eine veränderte Steuerverteilung zu regeln. Zu dieser Zeit war auch durch einen Zerfall der mehrheitlichen Koalition eine Lösung der Finanzverteilung zwischen dem Reich und den Ländern nicht in Sicht.

In diese Zeit fiel auch die „Daily Telegraph Affäre". Der Kaiser hatte in besagter Zeitung in einem Interview die Beziehungen zu Großbritannien und Russland als beeinträchtigt bezeichnet. Bülow hatte die Chance versäumt, dieses Interview vor der Veröffentlichung gegenzulesen. Daraus ergab sich ein Sturm der Entrüstung im Reichstag, der auf den Reichskanzler niederging.

Der Hang zu rednerischen Übertreibungen war kennzeichnend für die wilhelminische Ära. Das Fehlen eines konkreten politischen Zieles ließen die Reichstagsdebatten, an die die deutsche öffentliche Meinung große Hoffnungen geknüpft hatte, wirkungslos verpuffen.

Ein neuer Kanzler musste her. Graf, mittlerweile Fürst Bülow kapitulierte. Der Kaiser ernannte einen neuen Kanzler.

Der Historiker Fritz Stern urteilt hinsichtlich zum kaiserlichen Deutschland dieser Zeit: „Die Widersprüchlichkeiten des kaiserlichen Deutschlands sind bekannt. Wirtschaftlich ein Riese, Vorbild einer disziplinierten Gesellschaft, Modell für Tüchtigkeit, Nährboden für Begabungen aller Art – und doch eine Nation, die im Umgang mit anderen Nationen leichtfertig auf Vorsicht verzichtete, eine herrschende Klasse, die unter der neurotischen Angst litt, dass Deutschland im Innern von Subversion (Umsturz) und von außen durch Einkreisung bedroht werde. Der Begriff der „Einkreisung", von Bülow geprägt, wurde zum Synonym einer notwendigen aggressiven Außenpolitik späterer Jahre. Fritz Stern weiter: „Dieses Hin und Her zwischen Anspruch und Angst lastete schwer auf manchen Deutschen und vielen Nichtdeutschen".[15]

In die Zeit der Kanzlerschaft Bülows wurde 1906 eine Affäre publik, die die höchsten Kreise bis zum Kaiser stark belasteten und den gesellschaftlichen Umgang dieser offenbarte. Ich meine die „Fürst Eulenburg Affäre". Das vorgeschobene Opfer war Philipp Fürst zu Eulenburg-Hertefeld, Graf von Sandels. Der Kaiser und sein Kanzler Bülow sollten in ihrem Ruf beschädigt werden. Der Fürst wurde in die gesellschaftliche Bedeutungslosigkeit katapultiert. Das Szenario, das in den folgenden Regierungsformen der Herabwürdigung von Persönlichkeiten des öffentlichen Lebens bis heute immer wieder zur Ausübung kommt (Friedrich Ebert, Christian Wulf), war im „Fall Eulenburg" besonders perfide.

Der Staatssekretär des Äußeren, Friedrich von Holstein, reichte regelmäßig seine Demission ein, wenn er sich mit seinen Vorstellungen beim Kanzler, oder genauer beim Kaiser nicht durchsetzen konnte. Als einem seiner vielen Demissionsgesuche dann doch stattgegeben wurde, meinte er, sich an seinen Brotherrn rächen zu können, wenn er seinen alten Freund, aber auch kaiserlichen Einflüsterer, den Fürsten Eulenburg diskreditieren würde, wie es bis heute über die Presse so üblich ist. Kaum versteckte, zweifelhafte Anschuldigungen in dem Journal „Die Zukunft" über angebliche Abläufe in der „Liebenberger Tafelrunde" wurden zum Besten gegeben. Den angestrengten Prozess zur Entkräftung konnte der Fürst Eulenburg aus gesundheitlichen Gründen nicht durchstehen. Er war gesellschaftlich erledigt. Der Kaiser, auch Pate von Eulenburgkindern, brach alle Beziehungen zur fürstlichen Familie ab. Die perversen Methoden im politischen Leben zur Ausschaltung „misslicher" Personen waren auch hier typisch.

Ich schreibe über diese Affäre deshalb so ausführlich, da es für mich einige Bezüge zum Landgut des Fürsten in Liebenberg und zumindest ein Interesse an den Besitzungen des Zusatznamens „Hertefeld" gibt.

Seit 1992 wohnen wir im Landkreis Kleve. Das niederrheinische Städtchen Weeze an der Niers steht überörtlich nicht nur für den ehemaligen britischen und jetzigen nicht unbedeutenden Touristen-Flughafen, sondern auch für das über Jahrhunderte Besitztum derer von Hertefeld; heute teilweise eine Schlossruine in einem herrlichen Park gelegen. Nach dem Krieg war dieser Besitz nach dem Verlust von Liebenberg ein Halt und mühsamer Neubeginn eines alten Adelsgeschlechts.

Das Gut Liebenberg, nahe der Bahnstation Löwenberg der Linie Berlin-Fürstenberg- Neustrelitz gelegen, hatte in seinen besten Zeiten ca. 5000 ha Ackerfläche und Wald mit entsprechenden Förstereien. „Reichsjägermeister" Hermann Göring aus dem nahen „Karinhall" bekam vom derzeitigen Fürsten zu Eulenburg einige Male einen starken Rothirsch zum Abschuss. Bei einem dieser Besuche Görings wurde einer Cousine des Schlossherrn für ihren Mann Schulze-Boysen eine Stelle im Berliner Luftfahrtministerium zugesprochen. Diese Position konnte der deutsche Leiter der „Roten

Kapelle" als Widerständler effektiv nutzen. Mit viel Glück konnte der Sohn des damaligen Schlossherrn diese nicht bekannte Verknüpfung zum Widerstand der „Roten Kapelle" in seinem dadurch ausgelösten „extremen" Kriegseinsatz überleben.

In der DDR-Zeit wurden wir Schüler regelmäßig im Herbst auf den Gütern, auch in Liebenberg mit dem nahen Außenwerk Häsen, zur Kartoffelernte eingesetzt. Das Schloss Liebenberg selbst wurde für vielseitige, öffentliche Einrichtungen genutzt, vom Kindergarten, Gemeindeverwaltung bis zum Kulturhaus. Bei unseren Fahrradausflügen von Zehdenick kamen wir oft an dem immer noch sehr repräsentativen Schloss vorbei.

Das noch vor dem ersten Weltkrieg errichtete Seehaus am nahegelegenen Große-Lanke-See wurde von der höchsten Politprominenz der DDR als Urlaubsdomizil genutzt. Die Tochter des Verwalters dieses Hauses war in der Oberschulzeit meine Klassenkameradin.

Zurück zur Politik der Kaiserzeit im neuen Jahrhundert. Theobald Bethmann Hollweg (1909-1917) war der nächste Reichskanzler. Der Historiker Craig beurteilt ihn wie folgt: „Er verfügte über alle guten und schlechten Eigenschaften eines preußischen Bürokraten, (...) aber wie Caprivi, so fehlte auch ihm das schöpferische Talent, und sein intellektueller und politischer Horizont war beschränkt. Außenpolitisch war er, wie wir von Bülow gehört haben, reichlich unbedarft, und seine militärstrategischen Kenntnisse waren minimal; so fehlte es ihm in zwei Bereichen, die für die Zukunft Deutschlands entscheidend waren, gänzlich an Selbstvertrauen. Weiter Craig: „Angesichts des merklichen Linksrutsches in der deutschen Politik, der mit dem Auseinbrechen des Bülow-Blocks einsetzte, bedeutete dies, daß Bethmann nach einigen erfolglosen Versuchen, seinen parlamentarischen Rückhalt zu verbreitern, in wachsendem Maß von außerparlamentarischen Kräften abhängig wurde: vom Hof, von der Verwaltung und vom Militär-".[16] Trotz der oben genannten Mängel des Kanzlers konnte er mit seinem fähigen Staatssekretär Adolf Wermuth lange nach der Devise regieren: - „keine Ausgabe ohne Deckung".

Nach der Reichstagswahl 1912 waren die Sozialdemokraten die stärkste Reichstagsfraktion. Theoretisch konnten sie den Reichstag beherrschen. Aber keiner wollte mit der SPD koalieren. Reaktionäre Kräfte warnten vor einer Überdemokratisierung. Die Militärs, allen voran Tirpitz, konnten sich beim Kaiser mit erhöhten und nicht gegenfinanzierten Militärausgaben durchsetzen. Reichskanzler Bethmann Hollweg gab nach. Sein harter Staatssekretär Wermuth reichte den Rücktritt ein. Bei der Aufrüstung des Heeres verschaffte sich der Oberst Ludendorff politisch bereits zu dieser Zeit beim Kaiser Gehör, der noch, wie später zu berichten ist, bis in die 20er-Jahre für Schlagzeilen in Deutschland verantwortlich war.

Zur Finanzierung der Militärausgaben nach 1912 konnten nach Billigung durch die Länder erstmalig direkte Steuern auf Wertzuwachs ererbten Grund und Bodens vom Reich eingenommen werden. Ungeachtet ihrer langen Tradition billigte auch die SPD 1913 die Finanzreform und den fast ausschließlichen Einsatz für das Militär. Die SPD argumentierte nach dem Motto, dass es wichtiger sei, einer reichsunmittelbaren Vermögensteuer zum Durchbruch zu verhelfen, als ein Heeresvermehrungsgesetz zu Fall zu bringen.

Weitere Kanzler, die nur vollständigkeitshalber aufzuführen sind:
- Georg Michaelis
- Georg von Hertling; (parlamentarisch ernannter Reichskanzler)
- Prinz Max von Baden (1918 bis zur Revolution) kann man als Übergangskanzler für die ersten Schritte hin zur Weimarer Republik bezeichnen.

Wilhelm II. (1888-1918)

Wilhelm II. hatte im Vergleich zu seinem Großvater einen völlig anderen Führungsstil. Er betrachtete sich als Persönlichkeit des öffentlichen Lebens. Heute würde man sagen, er wäre der geborene Publik Relation Manager, wenn er die richtigen Berater gehabt hätte, und wenn er sie gehabt hätte, auch die Gabe zu haben, auf sie zu hören. Das hatte er alles nicht. Einer der Ratgeber, der Graf Waldersee, verglich ihn mit einem Kind, das schreit, um sich Mut einzuflößen. Er war weitestgehend beratungsresistent. Dazu war er von sich zu sehr überzeugt. Bei seinem sprunghaften Wesen, seinem Charakter und seinem Verhalten war eine kontinuierliche Politik nicht möglich. Im Gegenteil. In der Außenpolitik war das, wie sich im neuen Jahrhundert zeigen sollte, nicht nur gefährlich, sondern für das Kaiserreich tödlich. Er würde heute gut in die Zeit der Schönen und Reichen passen. Eine Kamera war bei jeder Gelegenheit dabei. Kein Monarch der Hohenzollern hatte jemals so häufig und so direkt vor großen Versammlungen gesprochen. Es gab sogar ein hölzernes Redebrett, bestimmt der Vorläufer des heutigen Prompter im Fernsehen. Der kaiserliche Monarch stellte sich nachdrücklich als Garant der Einheit des Reiches dar. Seine überzogene Ausdrucksweise erzeugte nicht nur in den süddeutschen Ländern Hohn und Spott. „Wahrscheinlich war es ein Ventil für die Feststellung, dass er sich in einer Situation der politischen Entmachtung befand und hatte oft ein theatralisches Gehabe", wie es Walter Rathenau 1919 in seiner tiefsinnigen Reflexion befand. Sein übertriebener Stolz wurde von Beobachtern als Mischung aus Selbstüberschätzung und Unsicherheit ausgelegt. Aber er war auch leicht beeinflussbar. So, wie er aussah, so war er auch; großspurig, selbst verliebt und selbstherrlich, der letzte Kaiser des Deutschen Reiches.

Als Repräsentant der heutigen Bundesrepublik mit den Vollmachten eines Bundespräsidenten hätte die Presse ihn vielleicht zurechtgestutzt; man hätte den Schaden für Deutschland eventuell in Grenzen halten können.

Die Militärs

Wilhelm Vogt: ‚Der Mensch fängt beim Leutnant an', sagt die Figur in „Der Hauptmann von Köpenick" von Heinz Rühmann und später von Harald Juhnke in einer zweiten Verfilmung wunderbar dargestellt; ursprünglich war es ein Theaterstück von Carl Zuckmayer. Das Gehabe des letzten deutschen Kaisers mit seinen für jeden Auftritt mehrmals am Tage wechselnden Uniformen hat vielleicht auch einen allgemeinen Uniformtick ausgelöst. Der unscheinbare Schuhmacher Vogt mit seinen O-Beinen, kleinem Buckel, aber in Hauptmannsuniform, der einen Bezirksbürgermeister von Köpenick Befehle erteilen konnte, war die Persiflage dieses Verhaltens der militärischen Gesellschaft.

Mit Kaiser Wilhelm II. bringt man auch den preußischen Militarismus in Verbindung, wohl wegen seiner kraftstrotzenden Reden und seiner Vorliebe, sich in prachtvollen Uniformen zu repräsentieren. Den Ursprung könnte man beim Soldatenkönig Friedrich Wilhelm I. sehen, der ohne Kriegsführung, aber durch Drill und Disziplin der preußischen Armee die Grundlage ihres Ansehens in Europa schuf. Oder bei seinem Sohn, dem Großen Friedrich, der in vielen Schlachten und mit viel Fortune, aber auch Glück, Preußens Ruhm begründete. Der Begriff des Militarismus kam aber erst in den 1860er- Jahren auf, als dem preußischen Parlament ein Votum zur Mitbestimmung über die Militärausgaben in der Verfassung eingeräumt wurde, und es bei der Heeresreform, wie oben aufgeführt, zur Staatskrise kam. Auch wegen der in Preußen gegenüber den anderen deutschen Staaten praktizierten Wehrpflicht ließen sich die süddeutschen Staaten über den preußischen Militarismus aus. Andererseits war es in diesem Staat für junge Menschen aus den unteren Schichten interessant, zu einer uniformierten Einheit zu gehören. Sie waren etablierter und angesehener als vielleicht ein Landarbeiter oder ein Handwerksgeselle. Später war es auch Mode, sich in Uniform fotografieren zu lassen.

Aber dieses Verhalten steht noch nicht für „Militarismus". Die gefährliche Entwicklung der Armee, die in den letzten Jahren der

Kriege im 19. Jahrhundert ihren Anfang nahm, nämlich dass keine Kontrolle durch das Parlament gegeben war, wurde in den „Kaiserjahren Wilhelm II." noch verstärkt. Der Kaiser war der oberste Kriegsherr zu „Lande und zu Wasser". Die militärischen Befehlsstrukturen gewannen unter den Reichskanzlern, besonders unter Bethmann-Hollweg immer mehr die Oberhand. Das war für die weitere Entwicklung Deutschlands verhängnisvoll. Der „Vorgeschmack" zeigte sich bei der alliierten Niederwerfung (acht Staaten) des chinesischen „Boxer"-Aufstandes. Die chinesischen Aufständischen rekrutierten sich aus „Kampfkunstschulen", daher der abgeleitete Name. Anlässlich der Einschiffung der deutschen Interventionstruppen hielt Wilhelm II. seine oft zitierte und verwerfliche „Hunnenrede", in der die Deutschen aufgefordert wurden, gnadenlos vorzugehen. Gefangene waren nicht zu machen, wie es Attila/Etzel beim Hunneneinfall anno 375 praktiziert haben soll. Nicht anders ist die Niederschlagung der Herero in Deutsch–Südwestafrika, dem heutigen Namibia, in den Jahren 1904 bis 1907 zu bewerten. Der später von Berlin beorderte Militärbefehlshaber beendete den Aufstand trotz massiver Intervention des zuständigen zivilen Gouverneurs dieser Kolonie mit dem Völkermord an diesem afrikanischen Volk. Die Herero wurden zusammengeschossen, und der verbliebene Rest zum Verdursten in die Wüste getrieben. Hier wurde das Militär für die Interessen der herrschenden Gesellschaft durch Kriege zur Eroberung und Sicherung von Absatzmärkten eingesetzt.

Damit wurde daraus nach unserem heutigen Verständnis der Militarismus schlechthin. Dieser Ausbau der imperialen Macht führte zur Gesellschaftsform des Imperialismus. Nur haben die Nachbarstaaten Russland, Großbritannien sowie weitere so getan und heute die Amerikaner, Chinesen und die Russen wieder so, als wäre der böse preußische Militarismus das alleinige Grundübel der letzten Kriege gewesen. Nach dem Deutschland als Großmacht spät auf die Weltbühne trat, meinte man in Deutschland, bei der Verteilung der kolonialen Beute Nachholbedarf zu haben. Alle damaligen Großmächte in Europa, England, Russland und Frankreich und viel früher Spanien, Portugal und die Niederlande hatten sich bis zur Wende des 19. zum 20. Jahrhundert ihre Beute bereits in der ganzen Welt gesichert. Sogar das kleine Belgien verfügte mit Belgisch Kongo, wie es damals hieß, über einen riesigen Privatbesitz des belgischen Königs Leopold. Und diese Besitzungen galt es zu verteidigen.

6. Der Weg zum Ersten Weltkrieg

Die Gründe für beide Weltkriege sind in den Jahren von 1871 bis 1914 zu suchen. Daher muss man sich mit den politischen und gesellschaftlichen Gegebenheiten maßgeblicher Staaten - sowohl großer als auch kleinerer - in Europa beschäftigen. Die Fokussierung auf Deutschland ist nicht ausreichend, um die Tragödien des 20. Jahrhunderts einigermaßen verstehen zu können. Hier noch einmal zusammengefasst, was oben schon aufgeführt wurde.

Deutschland trat erst ab 1871 als Großmacht auf die europäische Bühne. Als junger Staat war Deutschland von Mächten umgeben, die über Jahrhunderte ihren Platz in Europa und der Welt erkämpft hatten. Diesen errungenen Platz wollten sie nicht nur erhalten, sondern auf Kosten anderer Staaten ausbauen. Bis 1890 gelang es Bismarck einigermaßen die europäische Mächtebalance zu erhalten. Hinzu kam, dass in diesen Jahren in ganz Europa ein immenser Wandel durch technische Innovationen stattfand. Die Landbevölkerung wanderte zu Millionen in die Städte. Das Industrieproletariat nahm in der Gesellschaft eine zunehmende Stellung ein.

Die Protagonisten

- **Frankreich** Der Zentralstaat wurde im Gegensatz zu Deutschland in der Zeit der Bourbonen, trotz einiger Revolutionen, zwei Kaiserreichen und bürgerlichen Parlamentsregierungen ausgebaut und gefestigt. Der Ruf nach „Freiheit, Gleichheit und Brüderlichkeit" von 1789 wurde über diese Zeiten bis heute bewahrt.

Für die Franzosen sind die napoleonischen Kaiserzeiten heute noch immer „Hochzeiten", obwohl beide mit Niederlagen, nicht nur für die Usurpatoren endeten. Der Blickwinkel der Franzosen ist für diese Zeiten noch immer verklärt. Die Grande Nation fand hier ihre Geburt.

Die „Empfindlichkeiten" zwischen den Nationen Deutschland und Frankreich wurden besonders unter Kaiser Napoleon III. genährt. Der für Frankreich fehlgeschlagene „Be-Ne-Lux-Deal" wurde erwähnt. Der nächste Anlass wurde bereits mit der „Emser Depesche" beschrieben. Die Folge war der Deutsch-Französische Krieg. Durch den Sieg über Frankreich 1870/71 stieg Deutschland erst zu einer vereinten Großmacht in Europa auf. In Frankreich wurde diese Niederlage über Jahrzehnte in dem Maße gepflegt, wie Deutschland sich an seinen Siegen berauschte. Der Sedantag steht dafür. Mit dem Sieg gegen Frankreich 1870 wurde der Sedantag auch in den Schulen jährlich zum Ärger der Franzosen gefeiert. Nach 44 Friedensjahren waren vielleicht nur noch „glorreiche" Siege à la Sedan in der Erinnerung der Deutschen. Nun brachte Deutschland auch noch das Elsass und Teile Lothringens wieder in die deutschen Grenzen ein. Hier hatte sich die militärische Militärkamarilla mit Roon und Moltke d. Ä. um den preußischen König gegen Bismarck durchgesetzt.

Diese Gebiete gehörten zwar seit der Teilung des Karolinger Reiches (870) zum Ostfränkischen Reich und damit zum späteren Heiligen Römischen Reich Deutscher Nation, doch durch die Ethnien und die Sprachen war es immer deutsch-französisches Grenzland mit vielen positiven Verbindungen zu beiden Seiten. Selbst der Dreißigjährige Krieg hatte an der Zugehörigkeit dieser Gebiete nichts Grundlegendes verändert. Erst der Sonnenkönig Ludwig XIV. verschob durch seine aggressive Eroberungspolitik 1681 die Grenze des Elsass bis an den Rhein. Die Franzosen zogen mit großem Pomp in Straßburg ein.

Das Beispiel Elsass-Lothringen zeigt, dass das Eingreifen in eine immerhin über mindestens zwei Jahrhunderte gewachsene, politische Landschaft nur Unheil für die Betroffenen bringen kann. Das als Reichsland bezeichnete Elsass-Lothringen nach

1871 wurde schlecht verwaltet. Die Integration ins Deutsche Reich war unvollkommen. Die Munition der nationalistischen Kreise hatte daher ausreichend Konfliktpotential, Frankreich gegen Deutschland wieder in Stellung zu bringen.

Ein weiterer Affront war die bereits erwähnte Kaiserkrönung im Spiegelsaal des Versailler Bourbonenschlosses. Diese Kaiserproklamation am 18. Januar 1871 zelebrierte dem in Paris noch kämpfenden französischen Volk den ganzen Hochmut der siegreichen Deutschen. Die Grande Nation der napoleonischen Zeiten wurde tief gedemütigt. Und auch das wurde über Jahrzehnte gepflegt.

Frankreich hatte sich zuvor zwar als Kolonialmacht etabliert (Algerien, große Teile Westafrikas, Madagaskar und Teile Indochinas mit Vietnam und Laos), versuchte aber, weitere Gebiete unter seine Kontrolle zu bringen. Am Beispiel Marokkos versuchte Deutschland, bei Gebietserweiterungen anderer Mächte ein gewisses Mitspracherecht zu erlangen. So entstanden die Marokkokrisen 1905 und 1911. Deutschland musste diplomatische Niederlagen hinnehmen. Frankreich wollte sichergehen, dass Deutschland nicht zu mächtig wurde. Man suchte den Schulterschluss mit England. Bereits ab 1904 bestand die „Entente Cordiale" (herzliches Einverständnis), die in den Krisen eine Intensivierung fand. Frankreich war neben dieser Verbindung bestrebt, auch Russland auf seine Interessen einzustimmen und gewährte Russland günstige Darlehen, mit der diplomatischen Maßgabe, in die Aufrüstung Gelder zu investieren. Der Ausbau eines zweigleisigen Schienennetzes gegen die deutsch-österreichische Grenze wurde angeraten, um die Aufmarschgebiete bei möglichen Auseinandersetzungen mit Deutschland schneller überbrücken zu können. Ab 1907 entstanden dann die Verträge zwischen Paris und Petersburg sowie zwischen London und Petersburg. Die „Entente Cordiale" Frankreich-England besiegelte einen Dreibund mit Russland. Nach der Ermordung des Thronfolgerpaares in Sarajewo und der Entscheidungsfindung gegen Deutschland und Österreich-Ungarns im Juli 1914 hatte sich Frankreich verhältnismäßig früh für einen Waffengang entschlossen. Kurz vor

Kriegsausbruch hielt sich der französische Präsident Poincare in Petersburg auf und stimmte noch schwankende russische Entscheidungsträger, vor allem Zar Nikolaus II., gegen den Zweibund Deutschland-Österreich/Ungarn ein.

Bezüglich dieser historischen Begebenheiten stufe ich Frankreich als den Staat ein, der sich von allen Mächten in der vorbereitenden Kriegsinszenierung am Weitesten aus dem Fenster gelehnt hatte. Die Regie führte der französische Präsident Raymond Poincare.

- **England** war hauptsächlich in der Zeit der Königin Victoria zur absoluten Großmacht der Welt aufgestiegen, sowohl im zivilen Handel als auch als militärische Seemacht der Welt. Das Königreich Großbritannien hatte sich „rechtzeitig" dem Einfluss der Römischen Kirche entziehen können. Mit der Church of England wurde die Anglikanische Mutterkirche bereits unter Heinrich VIII. 1531 ins Leben gerufen. Eine konstitutionelle Monarchie konnte über die Jahrhunderte auf den Weg gebracht werden. England eroberte in der Viktorianischen Zeit mit dem britischen Empire seinen Spitzenplatz in der Welt.

Als Deutschland als Gesamtstaat auf die Weltbühne trat, gab es nicht mehr viel zu verteilen. Dann blies der deutsche Kaiser lauthals zur Offensive. Als er die Parole: „Deutschlands Zukunft liegt auf dem Wasser" ausgab, läuteten besonders in England die Alarmglocken. Ein Wettrüsten mit dem Schwerpunkt der Kriegsflotte begann. Das verschlafene holsteinische Kiel wurde zum bedeutenden Kriegshafen ausgebaut. England wäre noch am ehesten für eine Neutralität gewesen, solange die geopolitischen Interessen des Landes nicht beeinträchtigt worden wären. Aber diese Chance konnte die deutsche Diplomatie nicht nutzen. Der englische Außenminister, ein Hardliner, setzte sich mit seiner Politik durch, und man band sich vertraglich mit Russland. In „(...) in England herrsche die Überzeugung vor, daß das bestehende Kriegsgleichgewicht in Europa erhalten bleiben sollte. Man würde auf der Insel eine Niederlage Frankreichs oder eine Vereinigung der gesamten europäischen Macht in den Händen eines einzigen Staates nicht hinnehmen".[17]

- **Russland** wurde, wie beschrieben, seit Iwan dem „Schrecklichen" absolutistisch zentral regiert. Peter und Katharina, die Großen, und alle Nachfolger wussten diese Regierungsform zum Erhalt und Ausbau der Macht und Gebietserweiterung einzusetzen. Im Laufe der Jahrhunderte hatte Russland seinen Machtbereich über Teile Polens, (die beschriebenen drei Teilungen ab 1772 bis 1795), über das Baltikum und Finnland und des Weiteren bis an die östlichsten Meere (Ochotskisches- und Beringmeer), mit Zugang zum Pazifischen Ozean sowie Alaskas auf dem amerikanischen Kontinent, ausgedehnt. Weiter grenzte Russland an Österreich/Ungarn, Rumänien, an das Osmanische Reich, Persien (Iran), Afghanistan, Indien, China, Mongolei und Korea (japanische Besetzung). Ein riesiges Reich. Aber immer noch nicht war der Machthunger gestillt. Im fernen Osten bestand ein großes Konfliktpotential mit Japan. (Mandschurei und Teile Chinas). 1904 kam es zum Krieg. Die Russen wurden vernichtend geschlagen. Die Japaner blockierten ohne Kriegserklärung die russischen Häfen Wladiwostock und Port Arthur (heute Lüschun-Kou in China).

Der Zugang Russlands zum Mittelmeer war trotz der Kriege zu Peters und Katharinas Zeiten sowie drei Kriegen im 19. Jahrhundert weiterhin durch das Osmanische Reich besetzt. Russische strategische Überlegungen im Vorfeld des Krieges einen Angriff im Westen gegen die Mittelmächte zu führen und sich gleichzeitig den Zugang zum Mittelmeer zu erobern, wurde vom Generalstab mangels ausreichender Ressourcen verworfen. Die Voraussetzung, den Mittelmeerzugang zu kontrollieren, war ein Sieg im Westen, so der Schluss der russischen Kriegsplaner.

Da das Osmanische Reich auch weite Teile des Balkans seit Jahrhunderten besetzt hatte, aber immer mehr durch die Doppelmonarchie Österreich-Ungarn (Bosnien-Herzegowina und Dalmatien) und durch die aufstrebenden Balkanstaaten selbst (Serbien, Rumänien, Bulgarien und Griechenland) in Bedrängnis geriet, versuchte das Zarenreich, hier Fuß zu fassen, also indirekt über die Balkanstaaten den Durchgang zum Mittelmeer zu gewinnen. Der russische Botschafter in Belgrad hetzte Serbien gegen Österreich-Ungarn auf, die über die serbische Volksgruppe in Bosnien Herzegowina, genau wie heute, vertreten waren.

- **Italien** trat 1882 als Dritter dem Bund der Mittelmächte bei. 1902 und wiederum 1912 wurde der Dreibund mit Deutschland und Österreich erneuert; gleichzeitig aber in diesen Jahren ein geheimer Rückversicherungsvertrag mit Frankreich abgeschlossen. Italien würde im Kriegsfall der Mittelmächte mit Frankreich neutral bleiben.

Italien hatte aber durch die Afrikapolitik in Libyen einen Stein ins Rollen gebracht, der mit zum unseligen Kriegsausbruch beitrug. Im Juli 1911 überfiel Italien das osmanische Protektorat Libyen. Bevor die Okkupation Tripolitaniens erfolgte, streckte Italien die Fühler bei den Engländern, Frankreich und Russland aus, um deren Verhalten nach erfolgtem Angriff einschätzen zu können. Alle drei Mächte brachten „Wohlverhalten" zum Ausdruck, da sie Einflussabsichten an der „Pforte" hatten. Das Deutsche Reich jedoch war mit der Türkei wirtschaftlich (Bau der Bagdad Bahn) und militärisch durch Schulungen des Militärs (von der Goltz Pascha) eng verbunden.

Christopher Clark sagt in „Die Schlafwandler" dazu: „Die Kaskade von Kriegen, die den Balkan ins Unglück stürzten, nahm in Afrika ihren Anfang. Eben der italienische Angriff auf Libyen im Jahr 1911 machte den Weg frei für den massiven Angriff auf die Peripherie des Osmanischen Reiches auf dem Balkan. (...) Der völlig grundlose Angriff auf diese letzten osmanischen Besitzungen in Afrika „brach das Eis" für die Balkanstaaten".[18] Der libyesche Kampf gegen die italienische Besatzung zählte zu den maßgeblichen, frühen Katalysatoren beim Aufkommen des modernen arabischen Nationalismus

Italien muss daher hier als Störenfried der mühsam ausbalancierten Interessengruppen genannt werden. Serbische, bulgarische, griechische und montenegrinische Verbände gingen gegen das Osmanische Reich vor und brachten es arg in Bedrängnis. Zum Wohlwollen Russlands, das nun die Möglichkeiten erkannte, einem selbstbestimmten Zugang zum Mittelmeer näher zu kommen. Dieser Krieg ermöglichte auch der russischen Elite mit ihren „panslawistischen" Tendenzen, verstärkt auf dem Balkan Einfluss zu nehmen. Diese Konflikte konnten in zwei Balkankriegen 1912/13 nur mühsam durch die europäischen Großmächte eingegrenzt werden. Dem Deutschen Reich ist in dieser Balkankrise zugute zu halten, dass es sich für die Belange des Osmanischen Reichs einsetzte.

Mit Albanien entstand ein moslemischer Staat. Immer wieder gab es serbische Übergriffe vom serbischen Kosovo auf den Staat Albanien. Österreich/Ungarn und Deutschland hatten in mühsamer Abstimmung mit England und Frankreich schon zu diesem Zeitpunkt eine Eskalation auf dem Balkan verhindern können. Aus dieser Schilderung am Beispiel der russischen Machtinteressen mit der Auswirkung der Veränderung der Verhältnisse auf dem Balkan kann man ersehen, wie abhängig die Großmächte miteinander „verbunden" waren. Eine Gesamtstrategie innerhalb der Konfliktzonen war zu dieser Zeit nicht umsetzbar.

Die Probleme sind heute noch nicht gelöst. Nach dem Zerfall des jugoslawischen Staates nach Tito kamen die alten ethnischen und religiösen Gegensätze in einem grausamen Krieg ab 1991 wieder zum Ausbruch. Der Kosovo, moslemisch, aber mit orthodoxen Serben durchsetzt, muss bis heute international befriedet werden. Ähnliche Zusammensetzungen lagen und liegen heute noch in Bosnien-Herzegowina vor. Hinzu kommt, dass die Ethnie der katholischen Kroaten in einigen Teilen der umstrittenen Territorien auch nicht zur Befriedung der Gesamtregion beiträgt.

Das Königreich Italien, obwohl ein „Lawinenauslöser" des Krieges, wollte in einen abzusehenden Krieg der europäischen Großmächte nicht mit einbezogen werden; damit war aus Sicht der Mittelmächte Italien ein unsicherer Kantonist. Italien bewahrte die Neutralität, solange es nicht angegriffen wurde. Als die Alliierten das Angebot von Gebietserweiterungen im Falle eines Sieges unterbreiteten, erklärte Italien dann Österreich-

Ungarn im Mai 1915 - und nur dort konnten Landgewinne erzielt werden (Venetien, Istrien, Triest, Südtirol) - sowie Deutschland im August 1916 den Krieg.

- Österreich/Ungarn Die Habsburger herrschten seit Jahrhunderten als Römische Kaiser, später Deutscher Nation und noch später als Kaiser von Österreich mit Unterbrechungen ab 1218.

Napoleon war durch seine siegreichen Feldzüge (Schlacht bei Austerlitz 1805) der Auslöser dafür, dass die Habsburger ihr altes Mandat der Deutschen Kaiser zurücknahmen und sich nur noch Kaiser von Österreich nannten, d.h., sie zogen sich auf ihre alten Kernländer zurück, wozu sie auch Böhmen und Mähren zählten. Nach dem Wiener Kongress 1815 war dieses Staatengebilde, wie oben schon beschrieben, Teil des Deutschen Bundes. Von 1848 bis 1916 regierte Kaiser Franz Joseph I. 1866 zerschlug sich ein großdeutsches Reich unter der Führung Österreichs nach Königgrätz im Deutschen Krieg endgültig. Ab 1867 kam das Königreich Ungarn mit einer großen Selbstbestimmung dazu (k. & k. Doppelmonarchie). Das Osmanische Reich wurde durch die selbstbewussteren Balkanstaaten wie Rumänien (1881 Königreich), Bulgarien (1908 unabhängiges Königreich), Montenegro (1910 Kgr.) und Serbien (1882 Kgr.) immer weiter vom Balkan vertrieben. Österreich konnte sich das heutige Kroatien mit Dalmatien einverleiben. 1878 wurde Bosnien Herzegowina mit der Hauptstadt Sarajewo von Österreich besetzt und 1908 annektiert. In diesem Einflussgebiet war der Serbenanteil nicht unerheblich. Nationalisten, die im serbischen Geheimdienst Unterstützung fanden und auch von der serbischen Regierung geduldet wurden, versuchten ständig, in Bosnien Herzegowina Unruhe zu stiften. Auch fanden diese Nationalisten Unterstutzung im serblschen Bevölkerungsanteil des durch Österreich annektierten Bosnien-Herzegowinas. In dieser Staatenkonstellation galt das Kaiserreich Österreich bei den anderen Großmächten Europas als ein „Auslaufmodell".

Die ethnischen Konflikte, verbunden mit religiösen Problemen, hervorgegangen aus den übernommenen osmanischen Altlasten, sowie die ungarische, fast selbstständige Mitbestimmung in der Doppelmonarchie, schränkte den Handlungsspielraum dieses zusammengewürfelten Reiches sehr stark ein. Durch die enge Verbindung mit den Ungarn - man sprach vom „Ausgleich mit der ungarischen Reichshälfte" – wurde eine gravierende Benachteiligung der slawischen Bevölkerungsteile innerhalb der Monarchie zunehmend ausgelöst. Tschechen, Kroaten, Slowaken, Polen und viele mehr setzten große Hoffnungen auf den österreichischen Thronfolger, den Erzherzog Franz-Ferdinand, ein Neffe des Kaisers Franz Joseph. Sie hofften, dass sich ihre Situation innerhalb der Völkergemeinschaft verbessern würde. Für die Serben wurde aber genau das als massive Bedrohung empfunden, da dadurch die serbische Führerschaft innerhalb der übrigen slawischen Völker in Mittel- und Osteuropa in Frage gestellt wurde. Der Enkel des letzten österreichischen Kaisers, Karl von Habsburg-Lothringen (*1961) schreibt dazu: „Es ist eine Ironie des Schicksals, dass der österreichische Thronfolger durch die Hand eines serbischen Attentäters sterben musste, eben, weil er sich für mehr Rechte der slawischen Völker einsetzte".[19]

- **Serbien** - als Initialzünder. Die Ermordung des österreichischen Thronfolgerpaares am 28.6.1914 in Sarajewo, der Hauptstadt der von Österreich-Ungarn annektierten Provinz Bosnien-Herzegowina, löste die Tragödie aus. Österreich-Ungarn stellte Serbien ein hartes Ultimatum mit einer geringen Option zur Akzeptanz. Serbien versuchte zu lavieren, deutete Nachgiebigkeit an, um sich zunächst des nochmaligen Beistands seiner russischen Unterstützer in dieser kritischen Situation zu versichern und natürlich auch, um Zeit zu gewinnen. Die serbische Antwort ist aber für Österreich-Ungarn vollkommen unakzeptabel. Deutschland erteilt voreilig die Beistandszusage. Auch das deutsche offizielle Signal, Österreich-Ungarn bedingungslos zu unterstützen, machte die Entscheidung zur Kriegserklärung leichter. Der greise Kaiser Franz Joseph unterschrieb die Kriegserklärung Österreich-Ungarns am 28. Juli 1914. Im 2. Kriegsjahr 1916, nach 68 Regierungsjahren, 86jährig, überließ er die Nachwelt ihrem Schicksal.

Mittlerweile war nach dem Attentat ein Monat vergangen. Es bestand noch die Chance, den Konflikt zu entschärfen oder gar beizulegen. Alle beteiligten Mächte haben diesen Zeitraum nicht genutzt. Der deutsche Kaiser reagierte auf die Depesche zum Attentat auf das Thronfolgerpaar ungehalten und die erste Reaktion war, dass er über seinen Botschafter in Wien erbost war, der Österreich riet, erst einmal Ruhe zu bewahren. Sinngemäß soll er geraunzt haben, dass es Sache Österreichs sei, er solle sich da raushalten. Mit den Serben müsse aufgeräumt werden, und zwar bald, so Kaiser Wilhelm. Anschließend ging er wie immer zu dieser Zeit für drei Wochen auf Segeltour in nordische Gewässer. Aktiv griff er nicht in die sich abzeichnende Krise mit der enormen Kriegsgefahr ein.

Der französische Präsident Poincare besuchte mit seinem Ministerpräsidenten per Kriegsschiff Petersburg und stimmte (nur der Präsident) seine russischen Bündnispartner weiterhin auf einen harten Kurs gegen Österreich- Ungarn ein. Gemeint war aber der harte Kurs gegen Deutschland.

Großbritannien und speziell deren Außenminister, machten sich nicht einmal die Mühe, den aktuellen Konfliktablauf, Serbien gegen Österreich-Ungarn, zu prüfen und daraus Schlussfolgerungen zu ziehen. Damit entzogen sie sich auch aktiver, zu diesem Zeitpunkt notwendiger Eingriffsmöglichkeiten. ‚Wenn Deutschland die belgische Neutralität bei einem Angriff verletzen würde, (ihnen war eine mögliche Stoßrichtung gegen Frankreich über Belgien bekannt) könnten die Briten nicht mehr neutral bleiben‘, so ihre Warnung. Damit stehen sich Deutschland und Österreich - Ungarn einerseits und England, Frankreich und Russland andererseits gegenüber. Italien, obwohl im Dreibund mit Deutschland und Österreich liiert, berief sich darauf, dass der Dreibundvertrag ein Defensivbündnis ist. Der Bündnisfall sei nicht gegeben.

- Das Osmanische Reich der Türken war in einigen Belangen den Interessen der europäischen Großmächte ausgesetzt. Die heutigen Probleme im vorderasiatischen Raum (Irak, Syrien, Ägypten, Palästina und in den Golf- und Maghreb-Staaten) geben Anlass, das Entstehen und den Verfall des osmanischen Reiches in Verbindung zum geschilderten Umfeld umfangreicher darzustellen, als es der Bedeutung des Protagonisten im Ersten Weltkrieg zukam.

Die Balkankonflikte und die strategische Priorität der Meeresverbindungen, nicht nur für das Zarenreich, wurden aufgeführt. Speziell Großbritannien und Frankreich, aber auch das Deutsche Reich versuchten „Eckpunkte" im kleinasiatischen Raum einzunehmen. Die Dekadenz des niedergehenden osmanischen Reiches gab jedoch dem imperialen Machtstreben der europäischen Großmächte Auftrieb. Das hochverschuldete Osmanische Reich wurde von diesen Staaten mit Kapital abgedeckt. Militärberatungen waren die nächste Stufe, um Abhängigkeiten zu schaffen. Anfang des 20. Jahrhunderts waren auch erste erkundete Ölvorkommen ein Motiv, weitere Einflussnahme auf das Osmanische Reich herzustellen.

Mit der vorübergehenden Widergeburt eines Kalifats in einen Islamischen Gottesstaat (IS) versuchten ab 2014 irakische und syrische Sunniten in den Wirren des postirakischen und syrischen Konflikts mit mittelalterlichen Herrschaftsmethoden an die ursprünglichen Strukturen der arabischen Kalifate anzuknüpfen.

Als Europa nach dem Wiener Kongress 1815 eine Neuordnung erfuhr, hatte das Osmanische Reich der Türken seine größte Ausdehnung. Konstantinopel wurde zum Zentrum der islamischen Welt. Der mittlerweile neunte Krieg von 1853 (Krimkrieg) mit Russland offenbarte aber auch die ökonomischen und verwaltungstechnischen Defizite des Reiches. Man sprach vom „kranken Mann am Bosporus".

Neben der inneren Schwäche des Verwaltungsapparates, der Vetternwirtschaft und der Korruption, eben der Dekadenz eines dem Verfall ausgesetzten Staatswesens, belasteten ab der zweiten Hälfte des 19. Jahrhunderts enorme außenpolitische Abläufe das Osmanische Reich.

Lange bevor der italienische Überfall 1911 auf das libyesch-türkische Protektorat mit der Auswirkung erfolgte, das Gleichgewicht der Staaten auf den Balkan aus der Balance zu bringen, gab es historische Ereignisse, die das schwächelnde Osmanische Reich weiter in die Enge trieben:

Der Suezkanal wurde von dem Franzosen Ferdinand Lesseps geplant. Das Osmanische Reich mit seinem ägyptischen Protektorat war nicht in der Lage dieses Projekt zu stemmen. Nachdem Napoleon III. die Ausführung durchsetzte, wurde der Kanal 1869 eröffnet. Zwischenzeitlich intrigierte Großbritannien und behinderte zunächst aus Eigeninteresse, wie auch immer, die Umsetzung des Kanalbaus. Der türkisch-ägyptische Vasallenstaat verschuldete sich daraufhin derart, dass Großbritannien „hilfreich" in die Bresche sprang, mit dem Ergebnis, dass in der Konvention 1888 von Konstantinopel England als Schutzmacht nicht nur dieses internationalen Kanals bis nach dem Ende des zweiten Weltkrieges fungieren konnte, sondern quasi über einen Vizekönig die Macht in Ägypten ausübte. Frankreich war durch den Krieg 1870/71 mit Deutschland erst einmal abgemeldet. Großbritannien hatte sich in Ägypten festgesetzt. Man denke auch an die Operationen des „Lawrence von Arabien" im Ersten Weltkrieg, die von hier inszeniert wurden.

Russland besiegte 1877/78 die Türkei und stand 80 km vor Konstantinopel. Es war der zehnte Krieg in den letzten Jahrhunderten. Vorausgegangen waren Aufstände der Völkerschaften auf dem Balkan. Russland unterstützte hauptsächlich die panslawistischen Bestrebungen der Bulgaren und der Serben. Ein weiteres, jahrhundertealtes Ziel waren die Durchgänge zum Mittelmeer. England wollte dem Zugritt begegnen und drohte, „wenn (...). dann (...)"! Russland hielt sich daraufhin zurück.

Auf dem Berliner Kongress von 1878 gelang es Bismarck als „ehrlicher Makler", dass die Großmächte den Konflikt beilegten und einlenkten. Das osmanische Reich wurde weniger „geschröpft" als der russische Sieg dies ermöglicht hätte. Russland lenkte zur Zufriedenheit der Engländer ein. Trotzdem wurde die Türkei bis auf Reste im thrakischen Vorland Konstantinopels von

Europa verdrängt. Die Konstellation der europäischen Großmächte hatte für Bismarck erste Priorität. Die „Verstimmungen" des türkischen Reiches waren zweitrangig. So der Stand 1878.

Russland hatte nach weiteren Fehlversuchen in Sachen „selbstbestimmter Zugang der Meere" den Willen, seine Ziele endlich zu erreichen. Das Osmanische Reich jedoch hatte Schlachtschiffe der Extraklasse (Dreadnought) bei den Engländern bestellt. Dem hatte Russland nichts entgegenzusetzen Außerdem unterhielt Großbritannien eine Militärmission im Osmanischen Reich und hatte darüber hinaus den Oberbefehl über die türkische Flotte; ein Anachronismus und zugleich Ausdruck der Schwäche.

Dass Russland um die Jahrhundertwende noch immer das Ziel hatte, die Durchfahrt vom Schwarzen Meer durch den Bosporus, Marmarameer und Dardanellen zum Mittelmeer zu erzwingen und diese beherrschen wollte, ist nachvollziehbar. Jedoch eine nicht zu beherrschende Besetzung Konstantinopels am Bosporus stand dem wohl im Wege. Diese Metropole hatte zu diesem Zeitpunkt bereits eine Einwohnerzahl von einer Million Menschen. Der größte Bevölkerungsanteil befand sich auf der europäischen Seite.

Das Deutsche Kaiserreich setzte schon 1898 seine strategischen Interessen hinsichtlich des Osmanischen Reiches mit der Finanzierung und dem Bau der Bahnlinie von Konstantinopel über Ankara bis ins anatolische Konya um. Den Weiterbau bis Bagdad wollten sich Großbritannien und Frankreich nicht entgehen lassen. Die drei Staaten schlossen in der Finanzierung und dem Bau einen Kompromiss. Der Ausbruch des Krieges vereitelte die Fertigstellung, die erst 1940 zur Strategie der Alliierten gehörte.

Nach der Niederlage 1912/13 gegen den Balkanbund (Serbien, Bulgarien Griechenland und Montenegro) übernahmen „Jungtürken" die Führung der Armee und entließen viele der alten Offiziere. Die „Falken" waren am Ruder. Sie erhofften sich mit einem Bündnisvertrag mit Deutschland vom 2. August 1914 und der Kriegsteilnahme den Machtbereich auf dem Balkan wieder zu gewinnen.

Vor Ausbruch des Ersten Weltkrieges verblieben dem Osmanischen Reich in etwa die heutige Türkei mit Konstantinopel und einem nördlichen Umfeld in Thrakien, der Nahe Osten (Aleppo, Damaskus, Amman, Palästina mit Jerusalem) und in der südlichen Verlängerung schmale Gebiete zu beiden Seiten des Roten Meeres sowie Teile vom Irak (Mossul, Bagdad, Basra).

Und nicht zuletzt sind auch die **Vereinigten Staaten von Amerika** zu nennen, die zwar erst ab 1917 aktiv als Kriegsgegner der Mittelmächte eingriffen, jedoch im Vorfeld speziell Großbritannien mit Waffen unterstützten. Schon vor dem Krieg gab es imperialistische Ambitionen der USA, in Europa Brückenköpfe für eurasische Aktionen zu installieren. Die USA analysierten die Kräfteverhältnisse der möglichen Kriegsgegner. Das Deutsche Kaiserreich wurde dabei als stark eingeschätzt und als ein möglicher Gegner eingestuft.

Im Hintergrund meiner Ausführungen sollte ja immer die Frage stehen: Inwieweit waren die aufgeführten Staaten am Ausbruch des Krieges beteiligt? Das Osmanische Reich war beim „Vorspiel" des Krieges auf Grund seiner Größe, aber auch seiner Schwäche durch die Interessenlage der anderen Großmächte Spielball und Getriebener zugleich.

In Deutschland hatte Bismarck in den 1880er-Jahren immer wieder versucht, durch die Verkettung mit Österreich sich nicht einseitig auf dieses Bündnis festzulegen. Großbritannien und oder Russland waren bei allen Abkommen bzw. politischen Maßnahmen einzubinden. Das französische Vorhaben nach 1871, Deutschland mit Hilfe der übrigen Großmächte zu schwächen bzw. zu gefährden, wollte das Deutsche Reich verhindern. Der Bündnispartner Österreich wurde durch die Aktivitäten auf dem Balkan nicht nur geschwächt, sondern geriet dadurch auch in den erweiterten Konfliktbereich des Zarenreiches. Diese von Bismarck erkannte Gefahrensituation einer schlechten bzw. gefährlichen Bündnissituation führte letztendlich in den Ersten Weltkrieg. Der Bismarck'sche Rückversicherungsvertrag mit

Russland war eine der Maßnahmen, damit das Deutsche Reich Handlungsspielraum zu den anderen großen Reichen hatte. Der Kaiser und Bismarcks Nachfolger in der Reichskanzlei haben durch eine Vielzahl von Verträgen und Maßnahmen Deutschland in das unselige Zweierbündnis manövriert.

Benötigte Finanzmittel für einen wo möglichen Krieg waren durch den Reichstag abzusegnen. Insgesamt wurden seit der ersten Bewilligung bis Kriegsende 100 Milliarden Reichsmark ausgegeben, die zwei Drittel der deutschen Kriegskosten abdeckte. Weitere Mittel wurden über Anleihen bei der Reichsbank aufgenommen. Kriegsanleihen waren festverzinsliche Wertpapiere als Kredit, die nach Ausgang des Krieges eingelöst werden sollten – also eine Wette auf Sieg. Durch die Niederlage und die nachfolgende Inflation Anfang der 20er-Jahre wurden die Anlageforderungen wertlos. Trotzdem gab es nicht wenige Kriegsgewinnler.

Auf Grund ihrer Mehrheit hätte die SPD die Möglichkeit gehabt, ein Veto zur Bewilligung der Kriegsanleihen einzulegen. Sie stimmte mit ihren 110 Sitzen, (28,9 Prozent von 380, stärkste Partei, Zentrum 91) der Bewilligung der Kriegskredite zu (vier Enthaltungen). Bei der Abstimmung zur Bewilligung der Kriegskredite kurz vor Kriegsbeginn entschlossen sich alle Parteien für einen „Burgfrieden". Karl Liebknecht, der dem linken Flügel der SPD angehörte und sich später mit Rosa Luxemburg über die Unabhängige Sozialdemokratische Partei (USPD) und daraus folgend über den Spartakusbund zur KPD abspaltete, war der einzige Abgeordnete, der der Bewilligung weiterer Kriegskredite im Reichstag Ende 1914 nicht zustimmte. Die SPD hatte es also durchaus im wahrsten Sinne des Wortes in der Hand, einen möglichen Krieg zu verhindern.

Mit dieser finanziellen Grundlage konnte das Wettrüsten verstärkt fortgeführt werden, zumal bei der Kriegsflotte gegenüber Großbritannien Nachholbedarf bestand. Frühere Versuche unter Bethmann-Hollweg, ein Flottenabkommen mit Großbritannien zu erzielen, scheiterte daran, dass die Maßgaben zu hoch angesetzt wurden, und man nicht zu verhandlungstechnischen Abstrichen bereit war. Das Marineamt unter Tirpitz - und der hatte die Unterstützung des Kaisers - ließ das nicht zu.

Und so konnte die Rüstungsindustrie von Krupp und Co. so richtig loslegen. Kruppstahl wurde in Mammutkanonen und Panzerkreuzern verbaut. Durch die Aufrüstung der Flotte verdankt Kiel seine Bedeutung als spätere Landeshauptstadt von Schleswig-Holstein, obwohl eigentlich Lübeck immer eine größere historische Tradition zum Beispiel zu Zeiten der Hanse hatte. Das Ruhrgebiet wurde das größte industrielle Zentrum Europas. Die Stellung Großbritanniens als potenzieller Gegner verstärkte sich zunehmend.

Russlands Agrarprodukte wurden durch hohe Zölle ausgesperrt. Man gab dem Druck der Großagrarier nach. So hatte man auch die Russen gegen sich aufgebracht.

Bei den deutschen-nationalen Großunternehmern und Großagrariern kam natürlich Freude auf. ‚Präventivkriege solle man führen. So wie der „Alte Fritz" seinen Gegnern immer voraus war'. Das war die über die Presse „ins Volk" gebrachte öffentliche Meinung, die ins Land getragen wurde. Der letzte Krieg lag lange zurück. Über 44 Jahre wurde der Sieg bei Sedan glorifiziert.

Stefan Zweig schrieb zum Zustand der Massen zum Ausbruch des ersten Weltkrieges: „Und dann, was wussten 1914, nach fast einem halben Jahrhundert des Friedens, die großen Massen vom Kriege? Sie kannten ihn nicht, sie hatten kaum je an ihn gedacht. Er war eine Legende, und gerade die Ferne hatte ihn heroisch und romantisch gemacht. Sie sahen ihn immer noch aus der Perspektive der Schullesebücher und der Bilder der Galerien: blendende Reiterattacken in blitzblanken Uniformen, der tödliche Schuss jeweils großmütig mitten durchs Herz, der ganze Feldzug ein schmetternder Siegesmarsch. (...) Und nur der Wahn, nicht das Wissen macht glücklich. Darum gingen, darum jubelten damals die Opfer trunken der Schlachtbank entgegen, mit Blumen bekränzt und mit Eichenlaub auf den Helmen, und die Straßen dröhnten und leuchteten wie bei einem Fest".[20]

„Aber auch fast alle Probleme, die auch heute noch eine Rolle spielen, gab es in den Jahren 1914: Großmannssucht, Profitgier,

Ausländerhass, Antisemitismus, Nationalismus, Volksverhetzung, Spießbürgertum; die Reichen werden noch unermesslich reicher, die Armen rutschten unter das Existenzminimum, wenn sie dort nicht schon waren, Spekulanten können sich ihre Zigarren mit Geldscheinen anzünden. In Berlin bauen die Millionäre ihre Paläste so dicht wie möglich an ihren Kaiser heran", so Dieter Hildebrandt 1992 über die Jahre vor dem ersten Weltkrieg.[21]

Alle von Dieter Hildebrandt aufgeführten Aussagen lassen sich in unser 21. Jahrhundert übertragen. Diesmal stehen wir zwar „am Rande" des Weltgeschehens, sind kein Aktivfaktor anno 1914, aber die Gefahrenzone ist analog und akut und kann noch schrecklicher ausgehen.

Und Kaiser Wilhelm setzte immer noch eins obendrauf. Natürlich waren die weiteren Entwicklungen bis hin zum Krieg nicht nur die Schuld des Kaisers. Aber durch Wort und auch Tat hat er diejenigen Kräfte in Deutschland ermuntert, Deutschland zu einer waffenstarrenden, gefürchteten Großmacht hochzupuschen.

Die Militärkabinette wurden vom Kaiser zu stark gefördert. Diese führten zum Leidwesen der zivilen Kanzler ein Eigenleben. Aber als oberster verantwortlicher militärischer und ziviler Souverän hatte er die Möglichkeiten, wie von Bismarck vorgegeben, einen ausgleichenden Kurs Deutschlands in Europa zu steuern. Der „Neue Kurs" ist jetzt: „Weltpolitik als Aufgabe, Weltmacht als Ziel, Flotte als Instrument", so seine Reden. Dieses Großmachtgehabe lässt Engländer und Franzosen in der „Entente Cordiale" zusammen gehen. Der Nährboden für zukünftiges Blutvergießen war vorhanden. 1914 war die Begeisterung groß. Man meinte, Ruhm und Ehre ernten zu können.

Alle Völker Europas befanden sich bereits vor 1914 in einem Zustand der Überreizung. Andererseits ist festzustellen, dass in keinem anderen Land die Friedensbewegung so stark war wie in Deutschland. In vielen deutschen Städten kam es nach 1910 zu großen Friedenskundgebungen. Allein in Berlin versammelten sich am 3. September 1911 im Treptower Park mehr als 250.000 Menschen.

Die deutsche Öffentlichkeit reagierte keineswegs, wie für gewöhnlich allgemein behauptet wird, mit einhelliger Begeisterung für den Krieg. Die große Mahnerin in Europa war Bertha von Suttner. Ihre Besitzung in Böhmen lag in der Nähe des Schlachtfeldes von Königgrätz anno 1866, des Deutschen Krieges. Dieses schreckliche Erlebnis hat sie in ihren unermüdlichen Mahnrufen geprägt. Aber die Massen waren im Rausch des Patriotismus.

In den Julitagen des Jahres 1914 nach dem Attentat von Sarajewo gab es noch viele Möglichkeiten die Zündschnur eines Weltbrandes zu löschen. Wilhelm II. hatte auch die Chance, aber er war sich der Verantwortung nicht bewusst, als er auf seiner jährlichen Norwegenkreuzfahrt, großspurig wie immer, der österreichischen Diplomatie in Berlin beim Vorgehen gegen die serbischen „Brandstifter uneingeschränkten" Beistand bescheinigte. Das war ein Steilvorlage für die die k & k- Monarchie. Dass er die Kriegskamarilla vor und während des Krieges als oberster Befehlshaber nicht verantwortungsvoll für Deutschland führte, war sein Versagen; die Machtmittel hatte er.

Trotz allen „wichtigtuerischen „Sich-in-Stellung-bringen" der europäischen Großmächte hatte Deutschland neben Großbritannien den geringsten Grund seine Positionen in Europa zu diesem Zeitpunkt „zu verbessern". Als Mittelmacht war für Deutschland diese Position „nur" zu verteidigen und damit zu erhalten. Großbritannien hatte den Zenit einer Großmacht erreicht, den es ebenfalls zu erhalten galt. Die Drohgebärden der Zange Ost – Russland und West – Frankreich waren aber nicht von der Hand zu weisen. Materiell, sprich Land, war für Deutschland bei einem möglichen Krieg nichts zu gewinnen. Zurückhaltung war innenpolitisch bei der euphorisch-aufgeheizten Stimmung wohl aber nicht angebracht, daher Angriff ist die beste Verteidigung!?

Die Kriegstreiber waren „die Zangennationen", die einen Zugewinn (Bosporus, Balkan) und Rückgewinn (Elsass-Lothringen) in ihrem Blickwinkel hatten. Deutschland mobilisierte Anfang

August 1914 fast vier Millionen Soldaten. Über den gesamten Kriegsverlauf kamen mehr als 13 Millionen deutsche Männer und nicht wenige Frauen zum Einsatz.

**Kriegserklärungen zum ersten Weltkrieg
vom 28. Juli bis zum 12. August 1914 und am 6. April 1917**

- 28.7.1914 Österreich-Ungarn an Serbien,
die russische Generalmobilmachung war die Folge
- 1. 8. Deutschland an Russland,
die französische Mobilmachung war die Folge
- 2. 8. Bündnisvertrag des Osmanischen Reiches
und Deutschland
- 3. 8. Deutschland an Frankreich. England warnt Deutschland,
die Souveränität Belgiens zu verletzen
- Deutschland greift Frankreich über Belgien an
- 5. 8. Großbritannien und Belgien an Deutschland
- 6. 8. Österreich-Ungarn an Russland und
Russland und Serbien an Deutschland
- 11.8. Frankreich und Großbritannien an Österreich,
es folgen:
- Serbien an Deutschland und
- Großbritannien und Frankreich an Österreich-Ungarn
- Japan an Deutschland
- Russland, Großbritannien und Frankreich
an das Osmanische Reich
- 2. 11. Osmanisches Reich an Russland
- 6. 4. 1917 USA an Deutschland und weitere Staaten
im Ablauf des Krieges durch die Folgen des
totalen U-Boot-Kriegs

Aus einem europäischen Krieg wurde der Erste Weltkrieg.

Unter „Jubel" zog man im August 1914 in den Krieg und glaubte den trügerischen Parolen, Weihnachten wieder zu Hause zu sein.

Lloyd George, vor Ausbruch des Ersten Weltkrieges britischer Premier sagte: „Wir sind in den Krieg hineingestolpert."

Nach dem verlorenen Krieg und seinen Folgen und zu den Waffen- und Friedensbedingungen sagte der Vater des verstorbenen Altbundespräsidenten Richard v. Weizsäcker sofort: „Daraus entsteht der nächste Krieg; die Kinder werden ihn ausfechten müssen."

Der Verlauf des Krieges ist was für Kriegsberichterstatter. Der junge Ernst Jünger gibt in seinen Erlebnissen „In Stahlgewittern" Aufschluss über die Kriegsereignisse. Für den Ersten Weltkrieg steht stellvertretend die lothringische Stadt Verdun. Entscheidend jedoch ist, wie dieser Krieg zu Stande kam. Noch entscheidender ist, wie man mit Friedensverhandlungen umgeht und immer an eine gemeinsame Zukunft der ehemaligen Gegner denkt. In allen Punkten haben die Gegner versagt.

Der verantwortliche Militär in den letzten Kriegsjahren war Paul von Hindenburg als Kommandierender der Obersten Heeresleitung (OHL), der Sieger von Tannenberg 1914 über die Russen. Er wurde zur Gallionsfigur hochstilisiert. Er wurde auch zur entscheidenden Figur der historischen Abläufe zur Zeit der Weimarer Republik und des Übergangs zum „Dritten Reich". Der eigentliche Kopf im Hintergrund, jedoch mit Intrigen und starken politischen Ambitionen war Erich Ludendorff, als so genannter Generalquartiermeister. Der Kaiser und sein Kanzler wurden in den letzten Kriegsjahren weitestgehend von den beiden kaltgestellt.

Die Kriegslage für Deutschland schien günstiger, als nach der verlustreichen Offensive Russland ab Juni 1916 zum Ende des Jahres Verhandlungsbereitschaft signalisierte. Aber wieder waren es die Militärs (Ludendorff, Tirpitz), die immer noch meinten, ein Großgermania schaffen zu können. Polen und Litauen standen zur Disposition. Die Revolutionen im Februar und Oktober 1917 in Russland begünstigten Friedensverhandlungen mit Russland. Überzogene Forderungen Deutschlands, erzwungen durch das Militärkabinett, die Schwäche des mittlerweile bolschewistischen Russlands, dass um seinen Aufbau und seine

Existenz im Lande kämpfte, führten erst im März 1918 mit dem Abschluss von Brest Litowsk zum Frieden. Dieser geschlossene Friedensvertrag war das Versailles der Russen. Ein solcher Friedensvertrag wurde nicht einmal ein Jahr später den Deutschen aufgedrückt. Da auch die Polen und zunächst die Ukrainer Gewinner dieses Vertrages waren, mussten sie unter Stalin einen hohen Blutzoll zahlen.

Dieser Blutzoll lässt sich über die ganzen Sowjetjahre bis in unsere Zeit des Ukrainekonflikts ab 2014 verfolgen. Ein Ausgleich ist trotz unablässiger Bemühungen Deutschlands und Frankreichs und weiterer Staaten durch das Abkommen von Minsk nicht absehbar. Die weiteren, überwiegend durch Russland verursachten Eskalationsstufen, wurden vom Westen, außer vielleicht von den USA, nicht folgerichtig interpretiert. Stolpern wir wieder in eine Weltkriegsfalle? (Juni 2023)

Im Verlauf des Krieges versuchten die Engländer über Ägypten eine vom Süden aufrollende Front gegen das Osmanische Reich, aber vor allem eine dritte Front gegen die Mittelmächte aufzubauen. Zur Unterstützung dieser Front bot sich der „Sherif" der Stämme der Arabischen Halbinsel mit dem Ziel an, die osmanischen Besatzer loszuwerden und darüber hinaus den Traum verwirklichen zu können, einen arabisch-muslimischen Staat aus den befreiten Gebieten mit Hilfe der Briten schaffen zu können. Dieser Staat hätte neben der arabischen Halbinsel, entlang der persischen Grenze alle Gebiete eingeschlossen, die nördlich davon bis zur heutigen türkischen Südgrenze liegen. Mittelsmann dieser Option bis hin zu einem für die Araber verbindlichen Abkommen war der bereits genannte Edward Lawrence, der sich für die arabischen Interessen bis zur Selbstaufgabe einsetzte, irgendwann aber wohl wissend, dass die arabischen Vorstellungen durch die kolonialen Interessen der sich inzwischen einschaltenden Franzosen nicht umzusetzen waren. Das gemeinsame

Interesse der Alliierten im Krieg gegen die Mittelmächte und gegen das Osmanische Reich hatte erste Priorität. Zunächst war dieser Krieg zu gewinnen. Wie man die Araber dann abspeisen kann, wird nach dem Krieg zu entscheiden sein. Vorstellungen wurden von dem englischen Parlamentarier Sykes und dem französischen Attaché Picot an der Botschaft in London fixiert und 1916 in einem geheimen Abkommen vereinbart. Die Sykes-Picot-Linie wurde gezogen und nach Kriegsende eine willkürliche, interessenabhängige Staatenbildung festgelegt.

Kriegsbeschreibungen sind mir fremd. Aber in der Folge werden Personen und Abläufe genannt, die noch heute ihre Nachwirkungen haben. Jedoch ein Kriegsverlauf am Eingang zum Marmarameer auf der Halbinsel Gallipoli ist mit Nachwirkungen bis heute erwähnenswert.

Nachdem der Kampf um die Passage zum Schwarzen Meer oder in Gegenrichtung zum Mittelmeer über Jahrhunderte andauerte, erreichte diese Auseinandersetzung im Kriegsverlauf 1915 auf der Halbinsel Gallipoli (heutige Türkei) ihren Höhepunkt. Die Alliierten wollten den Plan des Marineministers Winston Churchill umsetzen und über die Meerenge der Dardanellen sollte Konstantinopel erobert werden, um mit Russland eine zweite Front gegen die Mittelmächte aufbauen zu können. Sowohl die Passage der alliierten Kriegsschiffe als die Erstürmung des höherliegenden Umlandes der Halbinsel Gallipoli durch fast 500.000 Mann, überwiegend australische und neuseeländische Einheiten, endeten in einer Katastrophe. 250.000 Mann, jeweils auf beiden Seiten, fielen oder wurden verwundet. Der befehlende General auf türkischer Seite: Marschall Liman von Sanders, aus der „Liman Affäre", wie beschrieben und der Oberst Mustafa Kemal, der spätere Gründer der Türkischen Republik als Atatürk bekannt, machten sich hier besonders verdient.

Die Schlacht von Gallipoli hat noch heute in der Türkei einen hohen Stellenwert, der so weit geht, dass Kinder in der Uniform des Osmanischen Reiches diese Schlacht zum Jahrestag nachzuvollziehen suchen. So geschehen in einer Herforder Moschee auf Betreiben des örtlichen Elternbeauftragten der DITIB (Türkische-Islamische Union der Anstalt Religion) im April 2018. Die DITIB ist eine der muslimischen Religionsvertretungen in Deutschland, die besonders dem direkten Einfluss der Türkischen Republik unter seinem Präsidenten unterliegen soll.

Nach der verlustreichen Abwehr des Durchgangs zum Schwarzen Meer startete die türkische Armee eine Offensive über die „Bastion" des Kaukasus, um Russland vom Süden her anzugreifen. Die Aktion scheiterte mit hohen Verlusten. Die Türken machten die Armenier für diese Niederlage verantwortlich. Inwieweit die Armenier den Türken zu dieser Annahme Anlass gaben, oder einen Vorwand suchten, die „Ethnie der armenischen Christen" im Land zu eliminieren, sei dahingestellt. Das armenische Volk, das den christlichen Glauben angenommen hatte und über fast 2000 Jahre diesen Glauben in diesem Land leben konnte, wurde von den Türken 1915/16 aus Anatolien vertrieben. Die Vertreibung wurde mit Schändung, Galgentod und Abschieben in Gebiete begleitet, wo den Menschen der Tod sicher war. Man spricht heute von einem Genozid mit Opfern zwischen 300.000 und 1,5 Millionen Menschen, je nach Sichtweise. Soweit zu diesem Ablauf mit Nachwirkungen bis in unsere Zeit. Zurück zum deutschen Kriegsschauplatz.

Versuche durch Kanzler Bethmann Hollweg, die USA 1916 als Vermittler mit den Westalliierten zu gewinnen, wurden vom „Militärkabinett" hintertrieben. Die Hardliner setzten sich durch. Der U-Bootkrieg wurde von den Hardlinern entgegen allen Mahnungen der zivilen Reichsregierung (Bethmann-Hollweg) „total" durchgesetzt. Die Vereinigten Staaten hatten nun einen Grund, in den Weltkrieg aktiv einzugreifen. Wieder waren weder der Kanzler noch der Kaiser Herr der Lage. Wilhelm II. musste Kanzler Bethmann Hohlweg entlassen.

Der Historiker Friedrich Meinecke schreibt an einen Freund im Oktober 1918: „Wir hätten im Verlauf des Krieges den Verständigungsfrieden haben können, wenn nicht die maßlosen Ansprüche des alldeutsch-militaristischen-konservativen Konzerns ihn unmöglich gemacht hätten. Es ist furchtbar und tragisch, dass dieser Konzern erst durch die Niederlage des ganzen Staates gebrochen werden konnte".[22]

Von gebrochen konnte nicht die Rede sein. Die Herren hatten ihre Hochzeit noch vor sich. 1918 konnte noch nicht voraus gesehen werden, dass diese Herren (Ludendorff, Hindenburg) sich erneut des Verbrechens schuldig machten würden, die Dolchstoßlegende verbreiteten, dem geschundenen Volk die Schuld in die Schuhe schoben, deren Söhne vier Jahre lang abgeschlachtet und zu körperlichen und seelischen Krüppeln gemacht wurden, putschten, um die alte Macht wieder zu errichten und sich dann auch - demokratisch legitimiert - zum Reichspräsidenten wählen zu lassen, im Greisenalter als pensionierter Feldmarschall erster Ordnung einen hergelaufenen, schwadronierenden „böhmischen Gefreiten" zum Reichskanzler zu ernennen, dessen demagogische Fertigkeiten und Absichten („Mein Kampf") 1933 hinlänglich bekannt waren, dies, ist aus heutiger Übersicht, nicht nachvollziehbar. Bismarck und sein greiser Kaiser hätten sich nicht in diese aussichtslose Lage manövrieren lassen.

Im zivilen Hintergrund operierten liberale Kräfte, die dem Kaiser zunächst einen neuen Kanzler schmackhaft machen wollten, der dann in der Lage sein sollte, eine Regierung mit demokratischen Kräften zu besetzen. Kaiser Wilhelm hatte den Ernst der Lage aber noch nicht erkannt und sah noch immer einen Sieg als möglich an. In der gespielten Dokumentation „Kaisersturz" wurden die Abläufe gut dargestellt. Der Erbprinz des Großherzogtums Max von Baden, der nur auf Drängen der Liberalen und Sozialdemokraten (Ebert) sich entschloss, die Kanzlerschaft zu übernehmen, konnte diese aber nur wahrnehmen, da der Kaiser sich bereits völlig im Abseits befand und von allen ausmanövriert wurde. Der Vorsitzende der Sozialdemokraten, Friedrich Ebert, übernahm die entscheidende, verantwortungsvolle Position, als er sich sowohl in der Überzeugung zum auserkorenen Reichskanzler als auch bei seinen revolutionären Genossen (Scheidemann) durchsetzte. Er war in der Übergangsphase des am Abgrund stehenden Kaiserreiches zu einer demokratisch legitimierten Regierung die entscheidende Figur. Zu einem Waffenstillstand stand die Tür nun offen.

Rein ökonomisch war dieser Krieg von den Mittelmächten auf Grund des enormen Bedarfs an Ressourcen und deren anschließender Vernichtung in den Material- und Menschenschlachten nicht zu gewinnen. Die Alliierten hatten allein durch ihre Kolonien den Vorteil, über einen bedeutend größeren Anteil an Rohstoffen und Menschen zu verfügen. Der Versuch Deutschlands, diesen Nachschub über die U-Bootwaffe zu dezimieren, war mörderisch und nicht ausreichend, zumal durch diesen Einsatz die Kriegserklärung der Vereinigten Staaten u.a. die Folge war. Der Eintritt der USA verschob das Kräfteverhältnis vor allem im Materialbereich trotz der zusammengebrochenen russischen Ostfront derart, dass selbst die unverbesserlichen Kriegstreiber das Ende der Kriegshandlungen einleiteten.

Die Vereinigten Staaten betraten mit dem Kriegseintritt die Weltbühne und beherrschen diese Bühne, jedoch mit abnehmender Tendenz, bis heute.

Der Waffenstillstand

Teile der Heere im Osten der Mittelmächte wurden durch die Oktoberrevolution in Russland weitestgehend frei für einen Einsatz im Westen. Die Amerikaner hatten die Rekrutierung und die Ausrüstung zum europäischen Feldzug noch nicht abgeschlossen. Diese Chance nutzten Hindenburg und Ludendorff für eine geplante, durchschlagende Offensive vom März bis Juli 1918. Das Jahr 1918 sollte den Sieg bringen. Nach teils spektakulären Anfangserfolgen gelang letztendlich kein nachhaltiger Durchbruch; im Gegenteil, 1918 wurde zum Schicksalsjahr für Deutschland. Die erfolgreichen Gegenoffensiven der Alliierten, jetzt mit verstärkter Unterstützung der Amerikaner, veranlasste die Oberste Heeresleitung (OHL) Ende September 1918 ein Waffenstillstandsgesuch auf der Basis der 14 Punkte des amerikanischen Präsidenten Woodrow Wilson vom Januar 1918 umzusetzen. Die OHL, Hindenburg und Ludendorff und der Kaiser, beschlossen auf Vorschlag der zivilen Reichsregierung den Alliierten einen „demokratischen Verhandlungspartner" zu präsentieren.

Bereits ab Juni 1917 forderten die Parteien - der SPD, des Zentrums und der Fortschrittlichen Volkspartei - über einen interfraktionellen Ausschuss die Parlamentarisierung des Kaiserreichs ein. Jetzt, unter dem Druck des militärischen Scheiterns, wurde in einem Gesetzgebungsverfahrens die Regierungsvorlage zur Verfassungsänderung dadurch erweitert, dass der Reichskanzler nur noch dem Parlament, also nicht mehr dem Kaiser, verantwortlich zeichnet.

Die Militärs erkannten ihre Chance, die Abwicklung und damit zugleich die Verantwortung der sich abzeichnenden Niederlage dem Parlament und damit einer neuen Regierung zu überlassen. Die Mitverursacher, Kriegstreiber und Verhinderer eines für Deutschland noch rechtzeitigen Friedensabkommens schämten sich dann in den 20er-Jahren nicht, Regierung und Teile des Parlaments als Volksverräter zu brandmarken und das politische Klima der Weimarer Republik bis hin zur Nazidiktatur zu vergiften.

Der Kaiser autorisierte letztendlich das Parlament, eine parlamentarische Regierung zu ernennen. Der liberale Prinz Maximilian von Baden wurde aus der großen Anzahl der sozialdemokratischen sowie der linksliberalen und Abgeordneten des Zentrums am 3. Oktober 1918 zum Reichskanzler und damit parlamentarisch ernannt; für Kaiser Wilhelm der erste Schritt seiner Entmachtung. Das Angebot zum Waffenstillstand erfolgte anderntags. Die verantwortlichen Militärs konnten durch dieses Ereignis die Chance wahrnehmen, womöglich demütigende Friedensverhandlungen auf zivile Parlamentarier abzuwälzen.

Die Vereinigten Staaten richteten am 5. November 1918 die Waffenstillstandsnote an Deutschland auf der Grundlage der genannten 14 Punkte.

Der französische Marschall Foch bestimmte nach wochenlangem Notenwechsel den Ort des alliierten Oberkommandos in einem Eisenbahnwaggon in Compiègne, in dem die deutsche Verhandlungsdelegation die Bestimmungen der „Siegermächte" am 6.11.1918 entgegenzunehmen hatten. Auf deutscher Seite stand der Staatssekretär mit Sondervollmachten des Reichskanzlers, Mathias Erzberger, der während des Krieges für einen „Siegfrieden" war, dann aber im Endstadium des Krieges für einen „Verständigungsfrieden" plädierte. Der Reichskanzler beauftragte für den militärischen Part einen Generalmajor. Die Bedingungen zum Waffenstillstand waren:
- Alle Feindseligkeiten sind binnen sechs Stunden einzustellen.
- Die deutschen Truppen sind binnen 15 Tage aus allen besetzten Gebieten (190 Div.) einschließlich aus Elsass-Lothringen abzuziehen.
- Zustimmung zur Besetzung der linksrheinischen Gebiete.
- Annullierung des Vertrages von Brest-Litowsk mit den Russen.
- Die britische Seeblockade wird nicht aufgehoben.
- diverse Materiallieferungen sind auszuführen:
  - 5.000 Lokomotiven 150.000 Eisenbahnwaggons,
  - 5.000 Geschütze, 25.000 Maschinengewehre,
  - 3.000 Minenwerfer, 1.700 Flugzeuge,
  - Die Abgabe aller Kriegsschiffe sowie diverses Kriegsmaterial.

Die deutsche Hochseeflotte musste sich fast in ihrer Gesamtheit auf Befehl der Alliierten „entrüstet" zur Übergabe an die Alliierten in der Bucht von Scapa Flow der Orkneyinseln (atlantische Schottlandküste) sammeln. Im Juni 1919 wurde auf Befehl des deutschen Befehlshabers durch Öffnen der Seeventile nahezu die gesamte Flotte versenkt.

Frankreich, durch Marschall Foch vertreten, bestimmte das Geschehen. Die deutschen Vertreter waren nur noch Befehlsempfänger. Ihnen sollte jegliche Möglichkeit der Fortsetzung des Krieges genommen werden. „Sie sind uns aus Gnade oder Ungnade ausgeliefert", so Foch. Der war Rückzug des deutschen Heeres aus dem ausländischen Territorium war kein außergewöhnlicher Vorgang. Die Besetzung aller linksrheinischen Gebiete schon nicht mehr, ebenso wenig die Forderung, den Frieden von Brest - Litowsk zu annullieren. Ein Waffenstillstand hat eigentlich nur das weitere Procedere der Heeresmaschinerie abzuwickeln, eben wenn die Waffen „still-stehen".

Mathias Erzberger legte diese Bedingungen zum Waffenstillstand der Reichsregierung vor und diese gab sie zur Einsicht und Beurteilung an die Oberste Heeresleitung weiter. Die OHL kam zu dem Schluss, dass der Waffenstillstand angenommen werden müsse, da eine Weiterführung der Kampfhandlungen nicht möglich sei. Erzberger unterzeichnete die Waffenstillstandsbedingungen am 8. November 1918.

Die Reichsregierung hätte darauf bestehen müssen, dass Hindenburg und sein Adlatus Ludendorff zu den Waffenstillstandsverhandlungen mit den Alliierten delegiert worden wären. Ludendorff wurde aber entlassen. Ein hauptverantwortlicher Kriegstreiber war aus dem Schneider. Hindenburg machte wohl auch keine Anstalten, sich einzuschalten. Für beide Heerführer war die Entlassung (Ludendorff) und die Zurückhaltung (Hindenburg) ein herbeigeführter oder gewollter Schachzug, um im Falle eines Scheiterns oder für Deutschland ungünstigen Verlaufs, die Verantwortung abschieben zu können. Es hätte Deutschland gut angestanden, wenn dem arroganten Foch adäquate deutsche Heerführer gegenübergestanden hätten. Der Reichskanzler Max von Baden hätte sie in die Verantwortung nehmen müssen.

Eine andere Option zielt auf die Frage, warum die OHL Ende September 1918 nicht die Möglichkeit wahrgenommen hat, sich auf die deutschen Grenzen zurückzuziehen und aus dieser „besseren" Position im Falle der Erpressung durch die Alliierten sowohl mit dem noch verhältnismäßig intakten Heer als auch mit einer möglichen Unterstützung der Öffentlichkeit moderate Friedensabschlüsse zu erzielen. Die Nachkriegsdiskussion in der Weimarer Republik hätte eine andere sein können. Hätte, wäre, war sie aber nicht. Nachträgliche Konjunktiva haben jedoch nur einen spekulativen Charakter aus Sicht meiner über einhundertjährigen Nachkriegspertektive.

Deutschland wurde nicht nur zum alleinigen Verursacher dieser Urkatastrophe abgestempelt - wurde aber im klassischen Sinn auch nicht besiegt. Frankreich und Großbritannien gerieten durch die vierjährige Menschen- und Materialvernichtung genauso weit über die eigenen Grenzen der möglichen aufzubringenden Ressourcen hinaus wie ihre Kriegsgegner. Bis auf die USA, die bereits vor ihrem Kriegseintritt ihre späteren Alliierten kräftig mit Finanzmitteln und Kriegsmaterial unterstützen, waren alle Kriegsteilnehmer am Ende ihrer Kräfte. Deutschland hatte zuerst die Hand als Zeichen einer längst überfälligen Aufgabe gehoben.

So wie das 20. Jahrhundert begann, so setzte es sich fort mit wenig Einsicht zum Unglück, das über die Welt hinweggebraust war. Böse Buben wurden gesucht und gefunden, obwohl sich alle Protagonisten schuldig gemacht hatten. So war der weitere Ablauf der Menschheitstragödie „nur" eine Fortsetzung der historischen Uneinsichtigkeiten.

Nach dem Waffenstillstand vom November 1918 agierten so innerhalb von zwei Monaten linke und rechte Kräfte. Die SPD versuchte in der Mitte einen Ausgleich. Zum Machtaufbau bediente sie sich zunächst noch funktionierender Teile der Streitkräfte und verprellte so zugleich ihre Anhängerschaft.

Der Aufruf von Käthe Kollwitz: „Nie wieder Krieg" verhallte schnell. Vollkommen unverständlich und schwer erklärbar ist, dass das Schlachten nach gut 20 Jahren mit noch erhöhter Intensität weiter ging.

Die Folgen: Der Blutzoll des Ersten Weltkrieges:
Mehr als neun Millionen Soldatenopfer;
Die zivilen Opfer werden auf sechs Millionen geschätzt.

Die Verlierer, die von der Bildfläche verschwanden:
- Die drei Kaiserreiche – Russland, Österreich, Deutschland und das Osmanische Reich

- Die Abwicklung der Nachfolgereiche - Irak, Syrien etc. sind die Probleme von heute.
- Die zwei herabgestuften demokratischen Weltstaaten, Frankreich und Großbritannien, mit einem unermesslichen Schuldenstand.

7. Das Ende des Kaiserreiches

Kaiser Wilhelm II. war in den letzten Kriegsmonaten weitestgehend kaltgestellt. Hindenburg und Ludendorff bestimmten, wie beschrieben, die Szenerie. Der Hass der Alliierten war dem Kaiser ebenso gewiss wie der Spott vieler Deutscher. Der Kaiser hielt der Demütigung des Machtverlusts und der sich abzeichnenden Niederlage des Krieges nicht stand. Er wurde von Hindenburg gedrängt, abzutreten. Der Kaiser ging zunächst ins holländische Exil und unterschrieb am 28. November 1918 die Abdankungsurkunde. Damit war auch das Schicksal des Königreichs Preußen besiegelt. Alle deutschen Reichsfürsten folgten dem Kaiser in diesem Schritt. Verwunderlich, dass diese Herren, deren Geschlechter das Deutsche Reich über Jahrhunderte wesentlich mitgeprägt hatten, so sang- und klanglos ins private Leben verschwanden. Bei den bayerischen Wittelsbachern hat das Volk nachgeholfen; der König floh und der Freistaat Bayern wurde am 8.11.1918 ausgerufen. Mit der Abdankung des Kaisers und der Länderfürsten brach der gesamte Obrigkeitsstaat zusammen.

Das zweite deutsche Kaiserreich und dessen Niedergang und Zerfall am Ende des Ersten Weltkrieges von 1871-1918 ist einer kurzen Nachbetrachtung wert:

Was mit viel Euphorie im Spiegelsaal von Versailles 1871 auf den Weg gebracht wurde, endete bis dato ohnegleichen in einer militärischen und zivilen Niederlage. Das Lebenswerk Bismarcks, die Vereinigung aller deutschen Länder in einem Kaiserreich, wurde mit nationalem Großmachtgehabe in historisch kurzer Zeit verspielt.

Über Jahrhunderte waren die Fürsten die bestimmenden Mächte in Deutschland. Kaiser Otto I. gelang es, diese Mächte zu einem Deutschen Reich zusammen zu führen. Aber schon er und die jeweils regierenden Nachfolger erweiterten ihr Land durch Machthunger auch außerhalb des deutschen Sprachraums und schwächten damit eine zentrale Staatsgewalt. Partikularinteressen der weltlichen und geistlichen Länderfürsten und so mancher Eingriff des Papsttums trugen über Jahrhunderte das Ihrige dazu bei, eine deutsche Zentralgewalt zu schwächen bzw. zu verhindern. Besonders intensiv praktizierten die Habsburger bis in das 20. Jahrhundert hinein Gebietserweiterungen außerhalb Deutschlands. Die Besitzungen in Italien und auf dem Balkan ließen eine immer wieder angestrebte „Großdeutsche Lösung" ab etwa 1850 des Reiches nicht zu. Die Bismarck'sche „Kleindeutsche" Lösung wurde über die Kriege 1866 und 1871 „abgeschlossen." Das „zweite" Deutsche Kaiserreich, jetzt unter der Führung der Hohenzollern, war das Ergebnis. Die nun immer mehr erstarkende deutsche Großmacht in der Mitte Europas wurde ihrer Verantwortung mit viel Geschick und Wagnisverträgen ihres Staatenlenkers bis 1890 gerecht.

Die Fürstengeschlechter, die sich über Jahrhunderte entfaltet hatten und sich in dieser Zeit zu behaupten wussten, verschwanden nun ab 1918 in der Versenkung. Der Kern des Kaiserreiches, die Militärmaschinerie, löste sich auf. Es verblieb jedoch ein immer noch bewährtes, jetzt aber eingeschränktes, Berufsbeamtentum. Konservative Reste der besiegten Führungselite sammelten sich in Freikorps und kämpften in einigen Städten gegen revolutionäre Volksmarinedivisionen.

Der Aufstieg der Sozialdemokratischen Partei war seit Ende des Sozialistengesetzes 1890 unablässig, wenn auch mit dem Makel belastet, den Kriegsbeginn nicht verhindert und später den Kriegsverlauf durch ihre linken Kräfte unterlaufen zu haben. Der verhängnisvolle Zusammenbruch des Kaiserreichs über alle Institutionen ließ ein gefährliches Machtvakuum entstehen. Die gemäßigten Sozialdemokraten nutzten die Chance und übernahmen im Gegensatz zu anderen Parteien und Machtgruppen

Verantwortung für Deutschland. Zunächst jedoch war eine Legitimation über durchzuführende Wahlen erforderlich. In der Übergangsphase bis zu den Wahlen und einer Regierungsbildung wurde mit Hilfe militärischer Kräfte versucht, die öffentliche Ordnung in dieser desolaten Situation des Staates in den Griff zu bekommen.

Deutschland versuchte sich unter schwersten Bedingungen neu zu finden. Es gelang nicht. Wenn in Deutschland trunken gesungen wurde: „Wir wollen unseren alten Kaiser Wilhelm wieder haben", dann dachte man bestimmt an den biederen, aber verantwortungsvollen Großvater des letzten deutschen Kaisers, der mit seiner Wahl im Januar 1871 im Spiegelsaal von Versailles den Untergang Preußens erahnte. Dort wurde Deutschland nun ab 1919 an Haupt und Gliedern gestutzt. 1945 in Potsdam durch eigene Schuld enthauptet und zu Grabe getragen. Geteilt, aber wieder auferstanden aus Ruinen. Zunächst Spielball und Aufmarschgebiet für die neuen Weltmächte.

Eine gute, sarkastische Nachbetrachtung zur kaiserlichen Vorkriegszeit gelang Erich Maria Remarque in seinem Buch „Der schwarze Obelisk", als ein goldenes Zwanzigmarkstück der Kaiserzeit auftauchte und der Autor folgende Bemerkung zum Besten gab: „Frieden herrschte, Sicherheit regierte, Majestätsbeleidigungen wurden noch mit Festungshaft gesühnt, der Stahlhelm war unbekannt, unsere Mütter trugen Korsetts und hohe Kragen an ihren Blusen mit eingenähten Fischbeinstäbchen, Zinsen wurden gezahlt, die Mark war ebenso unantastbar wie Gott, und vierteljährlich schnitt man geruhsam die Coupons von den Staatsanleihen ab und bekam sie in Gold ausbezahlt"[23]. Im Umfeld der „galoppierenden" Inflation von 1923 waren das wahrhaft „goldige" Zeiten.

Am 18. Januar eines jeden Jahres jährt sich immer wieder die Gründung des Deutschen Kaiserreiches. Nun, im Jahre 2021, zum 150. Mal. Ein positives Gedenken findet kaum statt, da dieses Reich oft für alle nachfolgenden Niedergänge der deutschen Nation mitverantwortlich gemacht wird. Daher ist es sinnvoll, auch einige positive Seiten des Kaiserreichs zu skizzieren, jedoch

mit zugleich eingestreuten negativen Seiten der Zeit zu verknüp-
fen, um die notorischen Kritiker zufriedenzustellen. Manches
wurde erwähnt, vieles ist hinzuzufügen. Die Jahre des Kaiserreichs entsprachen in gewisser Weise auch einer globalen Fort-
schrittsgeschichte:

+ Das Ruhrgebiet wurde zum Leben erweckt. Die Zuwanderung
war nicht nur der östlichen Landflucht geschuldet. Vorhandene
Arbeit und neuer Lebensraum in veränderten Gemeinschaften
ließ auch die Bevölkerung wachsen.

+ Der Bevölkerungsüberschuss wurde so groß, dass er nur durch
mögliche Auswanderungen nach Amerika kompensiert werden
konnte.

+ erste Ansätze in der verbesserten Behausung, man denke an
die Bergarbeitersiedlungen, waren ein großer Fortschritt.

- wobei die „Mietskasernen" und mit dem überdimensionalen
Wachstum in den Großstädten mit ihrem Milieu nicht
unerwähnt bleiben sollen.

+ Die Arbeitszeiten wurden nach und nach reduziert.

- Sie sind mit der heutigen Stundenzahl nicht vergleichbar.

+ Die ersten sozialen Leistungen der Bismarck'schen Sozialrefor-
men war ein Riesenfortschritt.

- Bismarck hat ein Sozialpaket eingeführt, um den Sozialdemokraten das Wasser von den Mühlenrädern des sozialen Miss-
stands abzugraben und ihnen damit auch den Wind aus den
Segeln zu nehmen.

+ Die Anhebung der Löhne durch erste gewerkschaftliche Aktivitäten war ein Erfolg.

- Von einem auskömmlichen Wohlstand für die Familien konnte
aber nicht die Rede sein.

+ Nicht nur eine politische Vereinslandschaft konnte sich ausbreiten, zum Beispiel fanden sich u. a. aber auch Brieftauben-
züchter und Sportvereine.

– Das waren alles gezüchtete Kriegsflieger.

+ Deutschland wurde zu dieser Zeit schon Exportweltmeister.

– Der Einstieg zum globalen Imperialismus war gegeben.

+ Den Engländern, die unsere Waren diskreditierten,

haben wir es zu verdanken, dass „Made in Germany"
zu einem weltweiten Qualitätsbegriff wurde.

- Der Neid anderer Nationen führte zu internationalen Spannungen.
+ Wir wurden durch unsere Forschungen zur Apotheke der Welt.
– Die Apothekenpreise wurden jedoch sprichwörtlich.
+ Die „Wohltätigkeit" der Charité ist heute noch ein Begriff
und hat ihre Bedeutung.
- Die Gründung geht jedoch auf den absolutistischen
Preußenkönig Friedrich I. zurück, ein glamouröser
Verschwender.
+ Die Institute Paul Ehrlich und Robert Koch haben ihren Ursprung in der Kaiserzeit.
- Sie sind mit ihren Meldungen in der Zeit der Corona-Pandemie
entweder informativ oder für die Verweigerer der verlängerte
Arm staatlicher Willkür.
+ Das Volk wird zunehmend politischer; dies hatte positive
Auswirkungen für die Entwicklung der Sozialdemokraten.
- Diese Politisierung führte jedoch zum Nationalismus und
letztendlich zum Krieg.
+ Demokratie und Sozialstaat entwickelten sich stetig im Nationalstaat.
- Die Auswüchse des Nationalstaates führten jedoch zum Faschismus.
+ Die Frauen emanzipierten sich zunehmend. Sie haben jedoch
im 21. Jahrhundert immer noch einen Nachholbedarf.

Ich meine für fast jeden Betrachter dieser Zeilen die
zwei Seiten mehrerer Medaillen aufgeführt zu haben.
Ist das nicht lebendige Demokratie?

Die Kriegsprotagonisten nach dem „Waffengang"

Nach dem ich den Versuch gemacht habe, die Kriegsteilnehmer vor Ausbruch des Krieges bezüglich ihrer Beweggründe zu beschreiben, muss man sich fragen, wie die Bilanzen dieser

Länder nach dem Kriege aussahen. Wenn man die Millionen Toten, die seelisch und körperlich Verkrüppelten, die Vernichtung von Ressourcen in zigfacher Milliardenhöhe einmal außer Betracht lässt, was sehr schwerfällt, dann haben sich alle Beteiligten über Generationen verschuldet.

- **Die Vereinigten Staaten von Amerika** waren nicht nur finanziell Kriegsgewinnler; sie stießen auch einen Flügel der Weltenbühne auf. Die USA haben immense Mengen an Kriegsmaterial geliefert. Gute Geschäftsleute, die sie nun einmal sind, liefern sie nichts umsonst. Die Einschätzung, dass die USA imperialistische Ambitionen zum eurasischen Festland haben, konnte nach Kriegsende bestätigt werden.

- **Großbritannien und vor allem Frankreich** konnten ohne regulative Eingriffe der USA ihre vergiftenden Maßnahmen gegen Deutschland ausführen. Sie wurden nach dem Krieg zu Hauptschuldnern und kalkulierten im Falle des Sieges, sich diese Beträge von Deutschland wiederholen zu können. So war auch das Diktat von Versailles bezüglich der Reparationen konzipiert. Der Nationalökonom John Maynard Keynes, der der englischen Verhandlungsdelegation angehörte, verließ diese aus Protest, als die einseitigen Verträge gegen Deutschland auf dem Tisch lagen. Deutschland hätte nie eine Chance gehabt, alleine nur die finanziellen Forderungen zu tragen, zumal weitere Bedingungen Erschwernisse aufbauten, die das Tilgungsproblem noch potenzierten. Aber auch Deutschland hatte teilweise den Krieg mit Dollars finanziert. Die USA erkannten, dass unter diesen Bedingungen eine gedeihliche Erholung der Weltwirtschaft nicht möglich war. So haben Frankreich und England aus engstirnigen Erwägungen ihren Niedergang von der weltpolitischen Bühne eingeleitet. Anfangs wurden überharte Forderungen gestellt. Besonders durch Frankreich, die in Deutschland dazu beitrugen, sowohl nach innen als nach außen die alten Feindbilder der Vor- und Kriegszeit beizubehalten bzw. zu verstärken. Gewonnen haben die beiden Länder, Frankreich und Großbritannien, im Ersten Weltkrieg nichts. Ihre Weltmachtstellung mussten sie nach und nach abgeben. Unterm Strich waren auch sie Kriegsverlierer.

Ihre über Jahrhunderte erworbenen kolonialen Ansprüche versuchten sie jedoch zu erhalten. Wurden Kolonialreiche aufgegeben, oder wo Regelungen aus Nachlassprovinzen anstanden, wie im Falle des untergegangenen Osmanischen Reiches, versuchte die „Altentente" das in ihrem Sinne zu regeln.

Die in Nahost geschaffenen Protektorate nach dem Sykes-Picot Abkommen von 1916 und die später daraus entstandenen Staaten belasten die Weltbühne bis in das 21. Jahrhundert. Hundert Jahre danach wird dieses Abkommen als die Wurzel des Nahostkonflikts bezeichnet.

Heutige Historiker, Ökonomen und Sozialwissenschaftler kommen teilweise darüber hinaus aber auch zu der Einschätzung, dass weitere Momente für die desolaten Zustände in einigen Nachfolgestaaten ursächlich sind. Sicherlich war die Ausgangslage dieser arabischen Staaten durch die willkürlichen Grenzziehungen nach dem Krieg keine gute Voraussetzung für die Entwicklung gedeihlicher Staaten.
Hinzu gekommen sind:
- Uneinig agierende Führungseliten der arabischen Welt.
- Islamische Religionsrichtungen, die mit den Auseinandersetzungen des Christentums nach der Reformation zu vergleichen sind.
- Bevölkerungszuwächse, die jede Volkswirtschaft überfordern muss und ein
- gelebter Koran, der keinen Aufbruch in eine „Moderne"
der Gesellschaft zulässt.

Großbritannien und Frankreich fühlten sich zwar als Sieger, waren später jedoch, im Gegensatz zu den USA, nur noch bei den USA hochverschuldete Mittelmächte. Sie versuchten sich beim Deutschen Reich zu sanieren. Frankreich, ein Hauptverursacher des Krieges, gebärdete sich bis weit in die 20er-Jahre als unversöhnliche Siegermacht, so dass die Vereinigten Staaten bei allen Verhandlungen zur Mäßigung der Forderungen rieten und sogar Großbritannien auf Distanz zum alten Waffenbruder ging.

Diese Gangart Frankreichs war dann auch mit Wasser auf die Mühlen der nationalistischen und später nationalsozialistischen Auswüchse in Deutschland.

- **Das russische Zarenreich** wurde durch die Revolutionen im Februar und Oktober 1917 zerschlagen. Russland mutierte von der Zarendiktatur zur kommunistischen Parteiendiktatur, der Sowjetunion. Das gewaltsame Aufbegehren der über Jahrhunderte unterdrückten Arbeiter und vor allem der Bauern ist verständlich. Die Gnadenlosigkeit des herrschenden zaristischen Despotismus ließ das Pulverfass explodieren. Der Zar und seine Familie wurden von den Bolschewiki ermordet.

Die Frontlinie der Mittelmächte reichte nach der Machtübernahme der Bolschewiki in einer Zwischenoffensive im Februar 1918 von Rostow am Asowschen Meer im Süden bis zur Ostgrenze des heutigen Estlands. Das war ein gewaltiges Unterpfand bei den Friedensverhandlungen von Brest-Litowsk vom März 1918. Die spätere Beurteilung dieses Vertrages fällt für das Russland der Bolschewiki härter aus als der von Versailles für Deutschland. Zu diesem Zeitpunkt träumten die Verantwortlichen des Deutschen Reiches immer noch davon, im Osten Land annektieren zu können. Eine Million Soldaten der Mittelmächte wurden im Osten noch gehalten, um die Option einer Landnahme offen zu halten, während im Westen die Frühjahrsoffensive 1918 gegen die vereinigten Armeen Frankreichs, Großbritanniens und den Vereinigten Staaten gestartet wurde.

Russland musste die Hoheitsrechte Polens, die Gebiete im Baltikum und Finnlands anerkennen. Die Westalliierten annullierten dann aber in den Pariser Verträgen den harten Vertrag von Brest-Litowsk, obwohl ihnen im eigenen Vertragswerk gegen die Mittelmächte auch nichts „Vernünftiges" einfiel. Der russische Nachfolgestaat, die Union der Sowjetrepubliken, gerierte sich mittlerweile als erklärter Feind der bürgerlichen, kapitalistischen Gesellschaften, so dass die Westmächte ein Umdenken in ihrem Verhalten zu diesem im Aufbau befindlichen Staat als notwendig erachteten. Die Theorie der deutschen ideologischen Vordenker, Karl Marx und Friedrich Engels, war die Grundlage des Pragmatikers Wladimir Iljitsch Uljanow, der sich Lenin nannte. Ein Staat von Arbeitern und Bauern, ohne Ausbeutung des Menschen durch den Menschen, so der vereinfachte umzusetzende Grundsatz der Bolschewiki, sollte entstehen. Jedoch entbrannte ein Bürgerkrieg. Die Konsolidierung der Sowjetrepubliken zog sich bis in die Mitte der 20er-Jahre hin. Die alte feudale und großbürgerliche Gesellschaft wehrte sich vehement gegen den Verlust ihrer Privilegien. Die Rote Armee musste sich einer Armee der Weißgardisten stellen, die verdeckt durch ausländische Einheiten unterstützt wurde. Im Freiraum dieser Umwälzungen suchten am Rande des alten Russlands ca. sechs Millionen Polen, Litauer und Letten, darunter viele Juden eine neue Bleibe.

Wie schon aufgeführt, war Deutschland Geburtshelfer, als Lenin durch die verantwortlichen Militärs (wieder Ludendorff) seinen Weg nach St. Petersburg geebnet bekam. Das zaristische Russland wurde dann nach zähen Kämpfen und Millionen geopferter Landsleute durch die Bolschewiki unter Stalin zur Sowjetunion. Deutschland war dann wiederum 1941 durch den Überfall auf die Sowjetunion der Wegbereiter zum Aufstieg zur Weltmacht.

Und wieder steht die polnische Nation im Brennpunkt. Dieses Volk musste über Jahrhunderte viele Schicksalsschläge über sich ergehen lassen und ist trotzdem, nicht wie viele andere Nationen, zerrieben worden oder in anderen aufgegangen. Die „Raubstaaten" der polnischen Teilungen bis 1795 - Deutschland, Österreich und Russland - wurden nun nach 1918 entmachtet und waren weitgehenden Veränderungen ausgesetzt. Polen bekam nach dem Vertrag von Versailles die volle Staatssouveränität zurück. Bevor die Mächte im Osten und Westen sich wieder etablierten, nutzte Polen die Gunst der Stunde und verlagerte die östlich-festgelegte Grenze des Staatsgebietes, benannt nach dem britischen Außenminister, die sogenannte Curzon-Linie, um ca. 200 km ostwärts bis kurz vor Minsk. Die Revision dieser Ostgrenze nahm Stalin im Pakt mit Hitler bis in etwa zur Curzon-Linie im August 1939 vor.

- **Das Kaiserreich Österreich-Ungarn** erfuhr eine vergleichbare Zäsur wie Deutschland. Ungarn wurde aus dem Staatenverbund ausgelöst. Aus den Gebieten des Kaisers und Königs von Böhmen und Mähren wurde die Tschechisch-Slowakische Republik. Alle Besitzungen in Oberitalien, wo über Jahrhunderte zur Machterweiterung und Erhalt (nach der Schlacht bei Solferino fiel die Lombardei über Frankreich an Sardinien) viel Blut geflossen war, gingen an das Königreich Italien. Österreich wurde auf sein „Kernland gestutzt", wie es heute noch prinzipiell existiert.

Kaiser Franz Joseph I. prägte „sein" Land wie kein anderer Herrscher ab 1848 über 68 Jahre. Zwei Jahre nach seinem Ableben hatten er und seine Nachfolger alle über die in Jahrhunderten erkämpfte Macht und allen Einfluss in Europa verspielt und seinen in „Nibelungentreue" ergebenen Nachbarn Deutschland mit in den Abgrund gerissen. Das ganze Erwachen erfolgte 1918. Das „Großdeutsche Intermezzo" von 1938, ausgelöst durch einen ehemals österreichischen Bürger, ging im „Weltenbrand" unter. Die k & k Monarchie wurde auf ca. 10 Prozent ihres alten Gebietes reduziert. Die uns heute liebe, überwiegend vom Tourismus lebende,- „Alpenrepublik"- entstand.

Die serbischen Brandstifter vereinigten sich mit den Slowenen und Kroaten 1918/20 zu einem Königreich, das sich ab 1929 Königreich Jugoslawien nannte und diktatorisch regiert wurde.

Das „kluge" Taktieren der **Italiener** in der Vorkriegs-und Kriegsphase „zahlte" sich aus. Italien bekam den Zuschlag für Südtirol, der bis heute umstritten ist. Aber bereits Anfang der 20er-Jahre radikalisierte sich in Italien der Faschismus Mussolinis.

- **Das Osmanische Reich** ist noch neben einigen anderen Kriegsteilnehmern zu nennen. Der Waffenstillstand wurde bereits am 30.10.1918 geschlossen. Die anschließenden Verträge in dem Pariser Vorort Sevres sahen eine Besetzung der Türkei durch die Siegermächte vor. Es drohte eine Aufteilung des Landes analog zu den Plänen der übrigen Landesteile außerhalb des heutigen türkischen Staatsgebietes gemäß den Vorstellungen der Herren Syke und Picot von 1916. Der Sultan war schon weitestgehend entmachtet. Mustafa Kemal (Atatürk) organisierte jedoch mit seinen Mitstreitern eine Befreiungskampagne. Die Widerstandskämpfe führten schließlich im Jahre 1923 im Vertrag von Lausanne zum jetzigen Gebiet der Türkei. Es wurde auf das heutige kleinasiatische, anatolische Staatsgebiet gestutzt. Nur die Großstadt Konstantinopel mit dem vorgelagerten Gebiet rettete den europäischen Teil des alten Reiches der Osmanen. Als einzigem Staat ist es der Türkei gelungen, die Versailler Verträge schon im Vorfeld zu mildern. Nationale Kreise in Deutschland bewunderten das Vorgehen der Türken.

Auf dem Gebiet der heutigen Türkei lebten im Osmanischen Reich ca. 20 Prozent der Bevölkerung der Ethnien der Armenier und der Griechen. Das Schicksal der Armenier wurde beschrieben. Die erfolgten „Umsiedlungen" der griechischen Ethnie in der Westtürkei und den türkisch beherrschten Inseln sowie der Türken im thrakischen Griechenland in den Jahren 1922/23 betrugen ca. 1,7 Millionen Menschen; 1,3 Millionen Griechen und 400.000 Türken. Bis zur Gründung der Türkischen Republik am 29.10.1923 war der „Austausch", oder anders ausgedrückt, die jeweilige Vertreibung im Wesentlichen abgeschlossen. Der letzte Akt dieses „Abgleichs" der griechisch-türkischen Ethnien findet seit 1974 bis heute auf der Insel Zypern statt. Das Ende des Ausgleichs bleibt offen. Noch heute schauen die jeweiligen Familien mit Wehmut auf die Gebiete zurück, aus denen sie vertrieben wurden.

Alles oben Gesagte zum Protagonisten „Osmanisches Reich" habe ich auch unter der Prämisse aufgeführt, dass Abläufe in dieser Region von vor hundert Jahren bis heute ihre Auswirkungen haben und die Ausführungen dazu vieles vielleicht transparenter erscheinen lassen.

Bereits auf dem Wiener Kongress versuchte der österreichische Staatskanzler Metternich und sein britischer Amtskollege dem Osmanischen Reich eine europäische Zukunft in Aussicht zu stellen. Auf der Pariser Friedenskonferenz 1919 gelang es dem Großwesir des Osmanischen Reiches, eine Eingliederung in das europäische Staatensystem vertraglich zu fixieren. Die Verhandlungen mit der Europäischen Union der heutigen Zeit wurden immer halbherzig geführt. Die Türkei fühlt sich verschaukelt.

Der Streit zum Völkermord an den Armeniern geht bis in unsere Zeit. Der Nachfolgestaat des Osmanischen Reiches, die Türkische Republik, spricht von „kriegsbedingten Deportationen". Einige Staaten und ihre Parlamente haben diese „Vertreibungen" als Genozid bezeichnet, so auch der Bundespräsident Gauck 2015 und der Bundestag 2016. In der momentan angespannten Situation tragen die Bekundungen des Bundespräsidenten und des Bundestages - Syrienkrieg, Flüchtlingsdrama, türkisches Referendum mit Auswirkung auf die in der Bundesrepublik lebenden Türken – nur zu einer weiteren Verschärfung bei.

8. Die Novemberrevolution 1918/19

Nicht nur 1918 war der 9. November für Deutschland ein geschichtsträchtiger Tag. Leid und Freude wechselten sich an diesem Tag der Jahre 1938 mit dem Judenpogrom und 1989 mit dem Fall der Mauer ab. Im November 1918 hatte jedoch die Revolution alle Länder des Reiches erfasst.

Aus meiner Schulzeit in der DDR sind mir noch die Namen Reichpietsch und Köbis in Erinnerung. Diese Matrosen waren die ersten Köpfe, die bereits im Sommer 1917 auch wegen ihrer schlechten Versorgunglage im Gegensatz zu den Offizieren auf den Kriegsschiffen revoltierten. Sie wurden nicht nur durch die Ereignisse der Skagerrak-Schlacht im Mai/Juni 1916 zu Kriegsgegnern. Kriegsgericht und Tod im September 1917 waren die Folge.

Am 24.10.1918 erließ die kaiserliche Marine ohne Rücksprache mit der Heeresleitung einen Befehl zum Auslaufen der in Wilhelmshaven liegenden Hochseeflotte. Die Admiralität wollte nach den tatenlosen Jahren nach der Skagerrak-Schlacht eine Entscheidung erzwingen, nachdem die Forderung bestand, dass im Falle eines Waffenstillstands die gesamte Hochseeflotte den Alliierten auszuliefern war.

Die Befehlsverweigerung der Matrosen in Wilhelmshaven war die Initialzündung für einen Aufstand, der in eine Revolution von Kiel bis München um sich griff. Arbeiter aus den Fabriken schlossen sich an. Am 14.11.1918 kommt es zu Straßenkämpfen in Berlin. Arbeiter- und Soldaten regierten in München; die Revolution uferte in Berlin und weiteren Städten aus. Nach dem Vorbild der Sowjets (die Räte) in Russland übernahmen Arbeiter- und Soldatenräte die Führung der Aufstände.

Natürlich hatte die Matrosenrebellion auch einen politischen Hintergrund. Die katastrophale Versorgung der Bevölkerung und auch der Mannschaften auf den Schiffen war ein Grund dafür, kriegsmüde zu sein. Dazu bedurfte es keiner weiteren Anregung durch politische Parteien der Gewerkschaften. Aber die hatten sich längst mobilisiert. Die sich aus der SPD abgespalteten unabhängigen Sozialdemokraten waren besonders aktiv. Die politischen Gegner in den Revolutionstagen 1918/19 stellten sich wie folgt auf:

Die Sozialdemokraten hatten die Befürchtung, dass ihnen die „revolutionäre Masse" der Arbeiter- und Soldatenräte das Handeln vorweg abnähme. Kurzentschlossen übernahm der Sozialdemokrat Philipp Scheidemann, der zweite Mann in der SPD-Parteihierarchie nach Friedrich Ebert, die Führung und rief am 9. November 1918 von einem Balkon des Berliner Reichstages: „Der Kaiser hat abgedankt! Es lebe das Neue! Es lebe die Deutsche Republik!" Ein reiner Notruf – der Kaiser hatte noch nicht abgedankt und eine Deutsche Republik gab es zu diesem Zeitpunkt auch noch nicht. Der letzte Reichskanzler des Kaiserreiches, Prinz Maximilian von Baden, gab jedoch am gleichen Tag dieses Amt ab. Die Sozialdemokraten übernahmen nun mit Ebert an der Spitze zunächst die Regierungsgeschäfte. Beschlossen wurde von einem Reichrätekongress, schnellstmöglich freie Wahlen zu einer Nationalversammlung durchzuführen. Zum Aufbau eines demokratischen Staates waren Ruhe und Ordnung für die SPD unabdingbar. Zur Umsetzung dieser Ziele ernannte die Partei mit

Gustav Noske einen Volksbeauftragten für Heer und Marine, den späteren Reichswehrminister bis 1920, der noch unter dem alten Reichskanzler Max von Baden die aufständischen Matrosen in Kiel zur Ruhe ermahnen sollte. Die Toten der „Weihnachtskämpfe" 1918 um das Berliner Stadtschloss, wo reguläre Truppen auf Befehl der Volksbeauftragten der SPD (u.a. Ebert) gegen eine Volksmarinedivision kämpfte, wurden später Noske angelastet. Ebert und Genossen bedienten sich für den Machtaufbau der noch vorhandenen Befehlsgewalt des neuen Generalquartiermeisters Wilhelm Groener (Ebert-Groener-Pakt). Oswald Spengler, Geschichtsphilosoph, schrieb 1919: „Es ist ohne Beispiel, sie hatten plötzlich, was sie seit 40 Jahren erstrebten, die volle Gewalt, und empfanden sie als Unglück."

Bereits 1915 formierte sich ein harter Kern von Kriegsgegnern aus linken SPD-Kreisen. Diese Gruppe war international aufgestellt und propagierte ihre Thesen ab 1916 in den illegalen „Spartakusbriefen". Diese Gruppe wurde daher danach als Spartakusbund bezeichnet. Im April 1917 trennten sich Unabhängige von der SPD zur USPD, die mit ihren Vorstellungen mit dem Spartakusbund oft übereinstimmten, aber als linke Gruppe in den Revolutionstagen teilweise separat agierte. Karl Liebknecht und Rosa Luxemburg übernahmen die politische Führung des Spartakusbundes. Der Aufruf Karl Liebknechts auf dem Vorplatz des Berliner Schlosses, nur wenige Stunden nachdem Philipp Scheidemann die Republik ausgerufen hatte, also auch am 9. November, eine freie sozialistische Republik (später sprach man von der Räterepublik) zu gründen, sollte umgesetzt werden.

Ab dem 1. Januar 1919 wurde der Spartakusbund zur **Kommunistischen Partei** Deutschlands. Die KPD paktierte Anfang Januar mit den „Unabhängigen" der Sozialdemokraten, bildete einen Revolutionsausschuss und rief für den 7. Januar zum Generalstreik auf. Der 50-köpfige Ausschuss konnte sich jedoch nicht auf ein einheitliches Vorgehen einigen. Verhandeln (USPD), oder mit Waffengewalt den Rat der Volksbeauftragten absetzen, (Liebknecht, aber nicht Luxemburg) das waren die gegensätzlichen Meinungen. Die USPD verhandelte ergebnislos mit den

Volksbeauftragten der Übergangsregierung. Radikale Aufrufe beiderseits verhinderten eine weitere Verhandlungsmöglichkeit. Daraufhin erteilte Ebert den Befehl zum militärischen Eingreifen an Noske. Wichtigste Aufgabe, so Friedrich Ebert, sei es, „die chaotische Phase der Revolution schnell durch einen Akt zu beenden, die Regierungsgewalt zu legitimieren und die öffentliche Ordnung wiederherzustellen." Eine Brigade unter Leitung des Berliner Stadtkommandanten eroberte in Kriegsausrüstung das verschanzte, spartakistische Parteibüro in Spandau. 156 Todesopfer forderte der Aufstand auf beiden Seiten, der unter „Spartakusaufstand" in die Geschichte einging. Das brutale Vorgehen führte im Endstadium der Auseinandersetzungen auch zur Ermordung von Karl Liebknecht und Rosa Luxemburg am 15. Januar 1919. Die SPD-Führung soll die Ermordung der Anführer des Aufstandes, Liebknecht und Luxemburg, im Januar 1919 „geduldet" haben.

1848 hatte der preußische König Friedrich Wilhelm IV. auf revolutionäre Kräfte u.a. in Berlin schießen lassen. 1919 bediente sich eine sozialdemokratische Übergangsregierung des Militärs und lässt auf revolutionäre Arbeiter und Soldaten schießen. Mit der Niederschlagung des „Spartakusaufstandes" waren die Schicksale der beiden Führer Rosa Luxemburg und Karl Liebknecht besiegelt.

Ich habe immer noch die Melodie und Text des Kampfliedes im Kopf, das wir bei der FDJ in der DDR gesungen haben:

„Zum Kampf sind wir geboren,
auf, auf zum Kampf, zum Kampf!!
Dem Karl Liebknecht, dem haben wir's geschworen,
der Rosa Luxemburg reichen wir die Hand."

Zu Luxemburg und Liebknecht ist noch einiges zu sagen, gehörten sie doch zu den schärfsten Kriegsgegnern, und davon gab es in der Kriegseuphorie bis zum Jahr 1914 nur Wenige. Rosa

Luxemburg war neben Karl Liebknecht die Wortführerin der Linken der SPD. Sie war eine polnische Jüdin und erwarb durch Heirat die deutsche Staatsbürgerschaft. Durch massive Proteste gegen Militarismus und Krieg musste sie sich verschiedenen Haftstrafen unterziehen. Sie versuchte in weiteren Ländern über den proletarischen Internationalismus, Bundesgenossen zu gewinnen. Als Redakteurin der „Roten Fahne", der Zeitung des Spartakusbundes, war sie mit der Forderung, - alle Macht den Räten - konträr mit den SPD-Politikern, die eine angestrebte Regierung der aufständischen Arbeiter und Soldaten durch ernannte oder gewählte Räte auch mit Waffengewalt zu verhindern suchten.

Karl Liebknecht, Sohn des sozialdemokratischen Politikers Wilhelm Liebknecht, promovierter Jurist, der mit seinem Bruder eine Anwaltskanzlei in Berlin führte, war Mitglied der SPD seit 1900, Mitglied der Berliner Stadtverordnetenversammlung von 1901 bis 1913 und ab 1912 Abgeordneter des Reichstages. Er war also ein deutscher Bildungsbürger. Karl Liebknecht gehörte dem äußersten linken Flügel der SPD an. Er vertrat eine radikal-antimilitaristische Position. Um den Militarismus zu stoppen, war der Generalstreik für ihn ein Kampfmittel. Nachdem sich Liebknecht zu Beginn des Krieges noch der Parteidisziplin unterwarf, verweigerte er, wie schon erwähnt, im Dezember 1914 als einziger Abgeordneter des Reichstages die Zustimmung zu weiteren Kriegskrediten; ein einsamer deutscher Kämpfer unter den knapp 400 Reichstagsabgeordneten. Als preußischer Landtagsabgeordneter sowie als Abgeordneter des Reiches sah er seine Stimme in diesen Parlamenten „als Bühne zur Agitation und Volksaufklärung" an. „Parlamentarische Aktionen bedürfen einer außerparlamentarischen Verstärkung, etwa durch Massenstreiks", so Christoph Diekmann in „Die Zeit" zum 150. Geburtstag Karl Liebknechts.

Trotz Verbots politischer Tätigkeiten während seiner Militärzeit verstand es Liebknecht, die „Gruppe Internationale" zu vergrößern und die Kriegsgegnerschaft über das Reich auszuweiten. Als Führer einer Antikriegsdemonstration am 1. Mai 1916 rief Liebknecht: „Nieder mit dem Krieg, nieder mit der Regierung"! Seine Verhaftung und der Prozess führten zur Stärkung der Kriegsgegner. Ein Solidaritätsstreik mit 50.000 Menschen war die Folge. Im Oktober 1918 wurde Liebknecht begnadigt und er reorganisierte sofort den aus der „Gruppe Internationale" hervorgegangenen „Spartakusbund".

Je mehr Karl Liebknecht eine Antikriegskoalition aufbaute, desto weiter entfernte er sich von den Genossen der SPD, die immer noch einen Siegfrieden auf ihren Fahnen vorantrugen. Die Wirren der Novemberrevolution, die mit der äußersten Steigerung im aussichtslosen Spartakusaufstand ihren Höhepunkt erreichten, führten für Karl Liebknecht zusammen mit Rosa Luxemburg zur tödlichen Gegnerschaft mit der Altpartei. Letztendlich war im Januar 1919 die Führung der SPD, die mithilfe der „Ordnungswehrmacht" unter Groener für den Aufbau und Erhalt ihrer Macht kämpfte, für die Ermordung dieser Gallionsfiguren der Antikriegsbewegung verantwortlich. Hätten beide Geschichtsfiguren die Chance bekommen, ihren eingeschlagenen Weg fortzuführen, ist nicht auszuschließen, dass die deutsche kommunistische Führung unter dem charismatischen Liebknecht sich nicht im Fahrwasser des stalinistischen Terrors bewegt hätte. Wer weiß!

Die Konservativen blieben durch die Abdankung des Kaisers und durch die sich abzeichnenden Folgen der Beendigung des Krieges zunächst im Hintergrund. Sie bekamen aber in ihrem Vorgehen durch die Bildung der Arbeiter und Soldatenräte wieder Auftrieb und mischten sich in die aufgestellten und von der Ebert-Regierung des Übergangs tolerierten Freikorps ein. Dieser Pakt war für die Sozialdemokraten mehr als zweischneidig. Einerseits versuchten sie die Revolution mit den Arbeiter- und Soldatenräten in ihrem Sinne zu kanalisieren, andererseits wurden militärische Kräfte auf den Weg gebracht, deren Tun man nicht kontrollieren konnte. Revolutionen haben immer einen Verlauf, deren Ausgang ungewiss ist. So auch hier. Der Jahreswechsel 1918/19 war chaotisch. Die folgenden Abläufe hatte auch ein Groener nicht unter Kontrolle. Die aufgestellten Freikorps hatten große Bindungen zur alten Militärführung und führten bald ein Eigenleben. Die im Baltikum agierenden Freikorps (Grenzschutz Ost und Baltikumer), ursprünglich Ende 1918 noch von der OHL zum Schutz der Ostprovinzen (Ostpreußen) gegen womöglich vordringende Truppen der Bolschewiki aufgestellt, gehorchten letztendlich nur noch ihren befehlenden Offizieren mit teilweise marodierenden Auswirkungen der Truppen. Der Kapp-Lüttwitz-Putsch im März 1920 war einer dieser konterrevolutionären Nachwirkungen von Freikorpsangehörigen im Startfeld der Weimarer Republik.

Zu einer grundlegenden politischen und gesellschaftlichen Neuordnung in Deutschland ist es in der Revolution 1918/19 nicht gekommen. Das bisherige System der konstitutionellen Monarchie wurde zwar erst einmal zerschlagen, jedoch erfolgte nach dem Historiker Friedrich Meinecke „keine völlige Revolution der Staats- und Gesellschaftsordnung." Mit der nun erfolgten Gründung der „Weimarer Republik" wurde eine parlamentarische Demokratie ins Leben gerufen. Aber zum Zeitpunkt der Gründung zeigte sich schon, dass die reaktionären Kräfte des alten Systems diese ungeliebte Republik nicht anerkannten und letztendlich dazu beitrugen, dass die Republik 1933 wieder zu Grabe getragen wurde. Darüber hinaus ging den abgespaltenen Teilen der SPD, die sich dann Unabhängige Sozialdemokraten (USPD) nannten und dann im Januar 1919 zur Kommunistischen Partei (KPD) wurden sowie großen Teilen der nach der spontanen Auflösung des deutschen Heeres und der Marine mit den streikenden Arbeitern der Fabriken gebildeten Arbeiter- und Soldatenräte die Maßnahmen um die Mehrheitssozialisten (MSPD) um Ebert nach der Revolution nicht weit genug. Jedoch war das Umfeld von Ebert bestrebt, ein postrevolutionäres langjähriges Chaos wie es zu dieser Zeit in Russland herrschte möglichst auszuschließen. Die alten Eliten in der Wirtschaft, des Beamtentums und des sowieso schon in missliebiger Kritik stehenden Militärs waren zum Aufbau eines demokratischen möglichst behutsam einzubinden.

V. Kapitel

Die Weimarer Republik

1. Die Weimarer Nationalversammlung

Zunächst muss die Frage beantwortet werden, warum wir von der Weimarer Republik sprechen? Die verfassungsgebende Nationalversammlung konstituierte sich am 6. Februar 1919 im Deutschen Nationaltheater in Weimar. Das Hoftheater von Goethe und Schiller wurde eigens dafür umbenannt. Weimar, ein kleines Beamtenstädtchen des ehemaligen Regierungssitzes des Großherzogtums Weimar-Eisenach, war überschaubar.

Der stattfindende Reichsrätekongress im Dezember 1918, auf dem die „Mehrheitssozialisten" (MSPD) um Friedrich Ebert eben auch die Mehrheit hatten, bestätigte die Festlegung der Wahl zur Nationalversammlung und damit zu einer parlamentarischen Demokratie. Das war die Entscheidung gegen einen Staat der Arbeiter- und Soldatenräte, einer Räterepublik. Die Wahl zur verfassungsgebenden Nationalversammlung fand am 19. Januar 1919 statt und trat erstmals am 6. Februar 1919 in Weimar zusammen, da nach dem Spartakusaufstand in den Januartagen des Jahres 1919 noch immer die politische Szene in Berlin unsicher war. Ab September 1919 fanden die Sitzungen der Nationalversammlung jedoch wieder in Berlin statt und am 24. Juni 1920 konstituierte sich der erste Reichstag der Weimarer Republik. So hat die verhältnismäßig kurze Sitzungsperiode der verfassungsgebenden Nationalversammlung vom Februar bis zum September 1919 einer deutschen demokratischen Republik den Namen gegeben. Der Name dieser deutschen Republik war mit Weimar aber genauso in dem Maße verbunden, wie man heute von der Bonner- bzw. von der Berliner Republik spricht.

Erstmals konnten auch Frauen ihre Stimme abgeben. Von der hohen Wahlbeteiligung mit 83 % kann die Bundesrepublik heute nur träumen. Die SPD wurde mit 37,9 % stärkste Partei. Zusammen mit der Partei des Zentrums (CVP 19,7 %) und der Deutschen Demokratischen Partei (DDP 18,5 %) bildete sie die erste Koalition der Weimarer Republik. Auf heutige Verhältnisse bezogen, entspräche das einer Koalition von SPD, CDU und FDP mit einer respektablen Mehrheit von 76 Prozent. Diese „Weimarer Koalition" wählte dann bereits am 11. Februar 1919 Friedrich Ebert zum Reichspräsidenten. Es wurde wieder traditionsgemäß ein deutscher Bundesstaat gegründet, der aber jetzt über eine größere Reichsgewalt verfügte.

Aber was für ein Wandel für die SPD. Die Partei, die unter Bismarck geschmäht, ausgegrenzt und zu „Reichsfeinden" erklärt wurde, sich dann aber mit großem Erfolg bis zum Ersten Weltkrieg im Reichstag konstituieren konnte, jedoch keine gebührende Anerkennung fand und vom Kaiser in dieser Zeit als „vaterlandslos" beschimpft wurde, sah nun ihre Chance, ihre jahrelang gehegten sozialdemokratischen Forderungen umsetzen zu können. Diese parlamentarische Bedeutungszuwachs, die Präsenz (Reichspräsident) und die exekutive Regierung (Reichskanzler) der SPD kann nicht genug hervorgehoben werden. Das sah auch Sebastian Haffner so: (...) „eine Parlamentarisierung der Regierung, also die Möglichkeit des Reichstages Reichskanzler und Minister durch ein Misstrauensvotum zu stürzen".[1]

Am 11. 8. 1919 wurde die Weimarer Reichsverfassung für die erste, demokratische Republik Deutschlands verkündet. Der wesentlichste Kernsatz der Verfassung war und ist: „Die Staatsgewalt geht vom Volke aus." Dieser Satz musste aber auch von Allen verinnerlicht, verstanden und angemessen umgesetzt werden. Das war ein historischer Umbruch nach der obrigkeitshörigen, monarchischen Kaiserzeit. Die Verfassung knüpfte in wesentlichen Punkten an die liberale, demokratische Tradition von 1848 an. Weitere Vorbilder waren die westlichen Demokratien der Vereinigten Staaten, Englands und Frankreichs mit ihren Verfassungen. Der weitere Kernsatz der deutschen Verfassung lautete: „Alle Deutschen sind vor dem Gesetz gleich". Das Land Preußen setzte als erstes Bundesland am 23. Juni 1920 diese Vorgabe um. Die Preußische Landesversammlung beschloss das „Gesetz über Aufhebung der Standesrechte des Adels und die

Auflösung der Hausvermögen". Das Vorrecht der Erstgeborenen und
ihrer Linie (Primogenitur) entfiel damit. Übrig blieben nur die Adelstitel ohne landesherrschaftlichen Anspruch. Deutsche regierende Könige und Großherzöge waren Geschichte. Übrige deutsche Bundesländer übernahmen das Gesetz in ähnlicher Form.

Ein weiterer entscheidender erster Ansatz dieser Verfassung war das Recht der betrieblichen Mitbestimmung und der damit verbundenen Aufstellung von Betriebsräten.

Das Wahlalter für Männer, und jetzt auch für Frauen, wurde von 25 auf 20 Jahre abgesenkt. Daraus ergab sich ein wesentlich höheres Wählerpotential. Die Frauen lagen jedoch in der Wahlbeteiligung zurück, vielleicht aufgrund einer noch fehlenden Kenntnis und des eventuell nicht ausgeprägten Bewusstseins des noch neuen Rechts, wählen zu dürfen.

Der Reichspräsident wurde dann in den Folgejahren direkt durch die wahlberechtigte Bevölkerung mit einer Amtszeit von sieben Jahren gewählt. Friedrich Ebert ernannte mit Philipp Scheidemann zum Reichskanzler und Gustav Noske zum Wehrminister zwei weitere Sozialdemokraten in die wichtigsten Posten der jungen Republik. Der Reichspräsident war mit weitreichenden Kompetenzen ausgestattet. Er war Oberbefehlshaber der Reichswehr und konnte unter bestimmten Umständen Volksentscheide herbeiführen und den Reichstag auflösen. In Krisenzeiten stand ihm die Notverordnung mit Artikel 48 zur Verfügung. Diese verlieh dem Staatsoberhaupt geradezu diktatorische Vollmachten. Im Unterschied zum Kaiser konnte dieser aber abgewählt werden. In der schweren Anfangszeit versuchten jedoch acht verschiedene Reichskanzler mit zehn verschiedenen Reichskabinetten das „republikanische Staatsschiff" zu steuern.

Die Weimarer Republik kann man in drei vollkommen unterschiedliche Perioden aufteilen. Bis 1924 war die Republik wirr konstituiert und durch wiederholte Putsche und politisch motivierte Morde unterbrochen. Die Inflation und laufend wechselnde Regierungen waren weitere Merkmale dieser Periode. In der

Zeit bis 1929 hatte sich die junge Republik scheinbar gefestigt. Wenn man von den „goldenen zwanziger Jahren" spricht, ist wohl diese Zeit gemeint. Dann folgt schon zum Ende der Republik die Zeit der Auflösung. Die gegensätzlichen Parteien, die Kommunisten Deutschlands (KPD) und die Nationalsozialisten (NSDAP), radikalisierten sich immer stärker.

Der Hauptgegner dieser radikalen Parteien waren die Sozialdemokraten. Die KPD musste im Januar 1919 hinnehmen, dass ihre Vorstellungen einer Räterepublik sowohl von reaktionären Kräften als auch von der verantwortlich sozialdemokratisch geführten Regierung zu Nichte gemacht wurden. Das Vorbild der Kommunisten dieser Zeit waren die russischen Sowjets. Wenn man eine Gesellschaft radikal wandeln will, so ihre Meinung, sind „entsprechende" Maßnahmen unabdingbar, d.h. eine Revolution und das „Abschneiden der alten Zöpfe".

Bereits im Februar 1920 wurde die Nationalsozialistische Arbeiterpartei Deutschlands gegründet, die aus der Deutschen Arbeiter Partei (DAP) hervorging und Adolf Hitler bereits 1921 zu ihrem ersten Vorsitzenden wählte. Sein Name und sein Umfeld sprechen schon zu dieser Zeit für Radikalität. Darüber wird noch ausführlich zu berichten sein. Hauptsächliche Angriffsthemen der NSDAP zu dieser Zeit waren die katastrophale Auflösung der Front in Verbindung mit den revolutionären Vorgängen in Deutschland (Novemberverbrecher) und die Annahme der Bedingungen des Versailler Vertrages sowie das devote Verhalten der Reichsregierungen in den 20er-Jahren.

Die politische Startposition der jungen deutschen, demokratischen Republik hätte zu Beginn des Jahres 1919 ungünstiger nicht sein können. Die katastrophalen Nachwirkungen des Krieges mit Toten, Verkrüppelten, die Toten durch die Spanische Grippe und der Hunger in den „Rübenwintern" waren nicht nur in Deutschland Alltag. 1918 wurde noch einmal alles hochgepusht. Der Zusammenbruch machte, je nach Erwartungshaltung, betroffen, ewig Siegesgewisse waren überrascht, aber der große Teil der Bevölkerung war über das Ende des Krieges erleichtert. „Endlich vorbei", und die große Frage war, „wie soll es nun weitergehen?" Sollten die Eliten des Kaiserreiches Verantwortung übernehmen? Das Abtreten der regierenden Fürsten machte diese Version gegenstandslos. Die Militärs mit Hindenburg und Ludendorff an der Spitze verschwanden zunächst auch in der Versenkung und leckten sich ihre Wunden. Die Vertreter der Wirtschaftsverbände und der Agrarier, ob groß oder klein, hatten im Krieg gut verdient. Diese Gruppe blieb in der Wartestellung. Die Bedingungen eines Friedensvertrages waren noch nicht in Sicht. Die Beamten, die Gutbürgerlichen, das Lehrpersonal, ob an den Schulen oder Universitäten, hatten wohl so viel, dass sie nicht hungern mussten. Sie konnten Eigentum versetzen. Der überwiegende Teil der Bevölkerung hatte jedoch nichts zum Umsetzen.

Worin lag nun das Problem bzw. die Schwäche dieser Weimarer Republik?

Der Übergang von einem monarchisch-feudal-kapitalistischen Kaiserreich zu einer demokratischen, bürgerlichen kapitalistischen Republik war nach dem verlorenen Krieg enormen Belastungen ausgesetzt. Nach dem Sieg über Frankreich (1870) wurde über mehr als 40 Jahre der deutsche Nationalismus gepflegt und über Gebühr gehuldigt. Der Kaiser vorneweg mit seinen großspurigen Äußerungen. Noch anno 1917 sprach man in verantwortlichen Kreisen von Annexionen im Osten, wie über Teile der baltischen Staaten und im Westen von Belgien und Teilen der Niederlande. Desto größer war Absturz nach der Kapitulation. Millionen waren im Krieg geblieben oder verkrüppelt in eine hungernde Heimat zurückgekehrt. Hunderttausende waren nicht nur im Hungerwinter 1917, sondern insgesamt in den Kriegsjahren an Unterernährung gestorben. Die Frauen hatten In den Munitionsfabriken geschuftet und mussten nun sehen, wie sie größtenteils allein die Familie durchzubringen hatten. Die Spanische Grippe, die weltweit zwischen 1918 und 1920 Millionenopfer forderte, trug zum allgemeinen Elend bei. Allein in Deutschland wurde die Zahl der Toten auf über 400.000 geschätzt. Auch wenn die Männer unversehrt heimkehrten, war ein Neuanfang sehr schwierig. Das war das Elend der großen Masse der Bevölkerung im Innern.

Von außen war es der aufoktroyierte Versailler Vertrag, der sowohl katastrophale materielle Langzeitwirkungen als auch psychologische Belastungen für das junge Staatswesen hatte.

So waren die Voraussetzungen für das Gelingen der Demokratie der jungen Republik sehr schlecht. Die Gegensätze zwischen den ehemaligen imperialen Machthabern, sprich Großbourgeoisie und feudalen Großagrariern, und den von ihnen ungeliebten Liberalen sowie den schon immer bekämpften Sozialdemokraten, die die Verantwortung für das Staatswesen übernommen hatten, konnten nicht größer sein.

Die Schwäche der Weimarer Republik und damit des Parlaments lag u.a. im Verhältniswahlrecht, (Bundestag heute: Erststimme Mehrheitswahlrecht; Zweitstimme Verhältniswahlrecht) sowie in der fehlenden Deckelung von kleinsten Parteien. Die Zersplitterung der Parteien wurde dadurch gefördert und regierungsfähige Mehrheiten oft verhindert. Sie waren auch nicht zu demokratischen Grundsätzen bereit und verpflichtet und damit hatten tragfähige Koalitionen keine Dauer.

Schon Bismarck hatte trotz seiner weitreichenden Vollmachten als Reichskanzler seine liebe Not mit dem Reichstag. Immerhin mussten eingebrachte Gesetze mit Mehrheiten im Reichstag angenommen werden. Er verschaffte sich mit viel Überzeugungskraft, Durchsetzungsvermögen aber auch mit Winkelzügen notwendige Mehrheiten, oder auch nicht. Das letzte Mittel war dann die Auflösung des Reichstages mit anschließenden Neuwahlen.

Und so war trotz der Machtfülle eines demokratisch gewählten Reichspräsidenten die Weimarer Republik mit all ihren Unzulänglichkeiten, ihrer inneren Zerstrittenheit der Parteien, laufend wechselnden Mehrheiten mit daraus resultierenden schwachen Regierungen sowie den äußeren Rahmenbedingungen durch den Versailler Vertrag der Nährboden für die größte Katastrophe nicht nur der deutschen, sondern auch der Weltgeschichte gegeben

2. Der Friedensvertrag von Versailles

Die Friedenskonferenz der „Siegerstaaten" begann am 18. Januar 1919 im Spiegelsaal von Versailles. Es war das gleiche Datum und der Ort, an dem 1871 der preußische König Wilhelm I. zum Deutschen Kaiser gewählt wurde. Diese Schmach war zu löschen.

Frankreich unter Clemenceau, das nur darauf bedacht war, Deutschland als Konkurrent in Europa auszuschalten, war unerbittlich. Die Forderung Clemenceaus war, festzuschreiben, falls Deutschland wiederum Frankreich angreifen würde, dass Großbritannien und die Vereinigten Staaten automatisch mit Deutschland im Kriegszustand wären. Die letztendlichen Friedensverträge von Paris wurden vom Kongress der Vereinigten Staaten daraufhin in dieser Form nicht ratifiziert. Clemenceau war in diesem Punkt mit seinem Vorhaben gescheitert. Großbritannien war zwar einsichtiger, gab aber dem öffentlichen Druck aufgrund anstehender Wahlen nach und schloss sich Frankreich an. Der spätere Reichskanzler und gleichzeitige Außenminister (ab 1923) Gustav Stresemann sagte dazu: „Das ist der Ausfluss des politischen Sadismus."

Kriegsschuld

Deutschland wurde die alleinige Kriegsschuld aufgebürdet. In dem ausdrücklichen Artikel 231 des Versailler Vertrages heißt es: „Die alliierten und assoziierten Regierungen erklären, und Deutschland erkennt an, dass Deutschland und seine Verbündeten als Urheber für alle Verluste und Schäden verantwortlich sind, die die alliierten und assoziierten Regierungen und ihre Staatsangehörigen infolge des Krieges, der ihnen durch den Angriff Deutschlands und seiner Verbündeten aufgezwungen wurde, erlitten haben".[2]

Die deutschen Militärs hielten sich aus den Verhandlungen heraus. Bei den späteren Untersuchungsausschüssen zur Klärung der Kriegsschuld gaben sich die Verantwortlichen wie Hindenburg und Ludendorff als unbesiegt aus. Man gab den zivilen Kräften die Schuld, sprach von „Novemberverbrechern" und brachte die „Dolchstoßlegende" in Umlauf – zum Schaden der entstehenden Republik. Auf Erzberger, als Befürworter des Versailler Vertrages und als Reichsfinanzminister (Lohnsteuer noch heute als direkte Steuer) konzentrierte sich der Hass der rechtsextremen Kräfte. Marineoffiziere der ehemaligen Brigade Erhardt ermordeten Erzberger im August 1921.

Aber noch heute ist diese Deutschland zugesprochene Kriegsschuld heftig umstritten. Schon während der Weimarer Republik wurde diese „Kriegsschuld" von rechten Kräften zu Propagandazwecken gegen Politiker eingesetzt, die einen Ausgleich mit den ehemaligen Kriegsgegnern anstrebten (Rathenau, Erzberger). Erst recht haben die Nationalsozialisten vor und nach 1933 entsprechende Kampagnen gestartet. Die eingeleiteten Maßnahmen zur Vorbereitung des Zweiten Weltkrieges wurden teilweise auch als Korrektiv der deutschen Alleinschuld angesehen. Nachdem nach dem zweiten Weltkrieg eine Reihe namhafter Historiker die deutsche Alleinschuld verneinte oder in Frage stellte, wurde der Streit in den 60er-Jahren nach der Publizierung der Fischer-Thesen erneut losgetreten, die wohl den Nachweis erbringen sollten, dass sowohl die militärischen (Wilhelms Militärkabinett) als auch die zivilen Kräfte (Reichskanzlei) einen Eroberungskrieg vorbereiteten und durchführten, und damit das Deutsche Reich allein als schuldhaft anzusehen sei. Meine Meinung: Allenfalls kann man dem Deutschen Reich eine Mitschuld geben. Die Motive aller Kriegsgegner wurden beschrieben.

Besonders der „Kriegsschuldartikel" führte zu Anschuldigungen an die verantwortlichen Politiker, die sich mit den Folgen auseinandersetzen mussten. So war die Atmosphäre der jungen Republik von Anfang an vergiftet. Erfüllungspolitiker, Novemberverbrecher sind noch nicht die schlimmsten Beschimpfungen für die jeweils Regierenden. „Der Feind steht rechts", so der damalige Reichskanzler Wirth. Die Rechtsextremen ermordeten verantwortliche Politiker, die aus der Malaise noch etwas Positives auf den Weg bringen wollten: Wie Matthias Erzberger ereilte

Walter Rathenau, als Außenminister um Friedenverträge mit Russland in Rapallo bemüht, 1922 das gleiche Schicksal.

Landverlust

Das Kaiserreich verfügte bis Ende des ersten Weltkrieges über eine Fläche von ca. 540.000 km^2. Abzutreten waren:
Elsass–Lothringen, das Reichsland, das 1871 annektiert wurde, ging an Frankreich zurück. Die Annexion von Elsass-Lothringen 1871 war schon zu Bismarcks Zeiten umstritten und das „Reichsland" war nie so richtig im deutschen Kaiserreich angekommen.
Westpreußen und Posen waren bei den drei Aufteilungen Polens Ende des 18. Jahrhunderts an Preußen gefallen, wurden dem wieder erschaffenen polnischen Staat angegliedert. Der so genannte Korridor entstand erneut, der das Land Preußen, und zwar Hinterpommern sowie die jetzt Freie Stadt Danzig von Ostpreußen trennte und den es bis zur ersten Teilung Polens 1772, also zu Zeiten des großen Friedrich bereits gab. Der wieder geschaffene „Korridor" war jedoch ein wesentlicher Einschnitt in die östlichen Gebiete.
Oberschlesien fiel nach einer umstrittenen Volksabstimmung mit wesentlichen Anteilen der Kohleförderung an Polen, obwohl fast 60 Prozent der Bevölkerung für die deutsche Zugehörigkeit Oberschlesiens stimmten. Die Reichsregierung protestierte und erkannte die Ostgrenze in Oberschlesien nicht an.
Danzig, eine Stadt, die schon zu Zeiten des Deutschen Ordens immer wieder Polen zuneigte, weil es sich vom polnischen Staat einen größeren Freiraum versprach, wurde eine dem Völkerbund unterstellte Stadt.
Das Memelgebiet, zunächst von 1920 bis 1923 unter alliierter Verwaltung, wurde letztendlich Litauen zugeschlagen sowie weitere kleine Teilgebiete im Osten.
Nordschleswig fiel nach einer Volksabstimmung an Dänemark.
Das Saargebiet wurde von 1920 bis 1935 von Frankreich verwaltet und danach nach einer Volksabstimmung wieder Deutschland zugesprochen.

Deutschland verlor in der Summe mehr als 70.000 km^2, in etwa die doppelte Fläche des heutigen Nordrhein-Westfalens; das entsprach ca. 13 Prozent des Kaiserreiches bis 1918.

Im Gegensatz zu der brutalen Vertreibung und teilweisen Vernichtung der Bevölkerung aus den Ostgebieten durch die Sowjetunion im und nach dem Zweiten Weltkrieg, gingen die Alliierten hier humaner mit einem Zeitfenster der Umsiedlung vor. Trotzdem war diese Umsiedlung mit dem Verlust der Heimat, unter erheblichen finanziellen Verlusten und einem schwierigen und langwierigen Suchen nach einer neuen Bleibe verbunden.

Geopolitisch von „oben" betrachtet, waren diese Gebietsverluste aus heutiger Sicht verkraftbar. Ein großer Teil der im Osten verloren gegangenen Gebiete entsprach den drei Teilungen Polens 1772 unter Friedrich II. und 1793 und 1795 unter seinem Nachfolger Friedrich Wilhelm II.

Wenn das mit „Verkraften" dieser Gebiete hier einfach so abgetan wird, ist das vielleicht auch unter dem Gesichtspunkt der Verluste nach dem Zweiten Weltkrieg und dem ganzen Elend der Flucht und Vertreibung der Generationen zu sehen, die dort seit Jahrhunderten zu Hause waren.

Die Kolonien mussten abgegeben werden. Prinzipiell wurden aber nur die „Herrschaften" ausgetauscht.

In Afrika – Deutsch-Südwest (heute Namibia), Deutsch Ostafrika (heute überwiegend Tansania), sowie in Westafrika Kamerun, Togo.

In Asien - Deutsch Neuguinea, die Samoainseln und das Pachtgebiet Kiautschou, ein Küstenstrich in China. Der „Verlust" dieser Gebiete sollte uns 100 Jahre danach nicht mehr nachdenklich machen.

Reparationen

Im Vertrag von Versailles wurden neben den Gebietsabtretungen nicht unerhebliche Forderungen der Wiedergutmachung gestellt. Eine Reparationskommission tagte, in der festgelegt wurde, dass bis April 1921 einmalig 20 Milliarden Goldmark und ab Mai Reparationsforderungen in Höhe von insgesamt 132 Milliarden Goldmark, zahlbar in jährlichen Raten von zwei Milliarden aufzubringen sind. Bei Ausfall der Zahlung sollte das Ruhrgebiet besetzt werden. Diese Summen überstiegen die Wirtschaftskraft des Reiches bei Weitem. Der deutschen Delegation wurden im Wald von Compiègne in einem Eisenbahnwaggon die Verhandlungsbedingungen ultimativ mitgeteilt.

Die deutsche Delegation setzte sich aus Zivilisten unter der Leitung von Matthias Erzberger zusammen. Sie musste mit ihrer Unterschrift für etwas geradestehen, was für viele Deutsche nicht akzeptabel war. So waren diese Verhandlungen von Anfang an mit einer schweren Hypothek belastet.

Das Rheinland als Unterpfand

Die linksrheinischen Gebiete wurden direkt nach der Kapitulation als Faustpfand besetzt und waren zu entmilitarisieren. Frankreich brachte einen rheinischen „Mittelstaat" in die Diskussion ein, um sich zukünftig besser vor Deutschland wappnen zu können. Die USA und Großbritannien lehnten das ab. Hinterrücks versuchten sie in den 20er-Jahren deutsch-rheinische Politiker zu ködern, diese Absicht umzusetzen. Der Kölner Oberbürgermeister Adenauer gehörte erfolglos zu dieser Zielgruppe Frankreichs.

Das Rheinland wurde in drei Zonen eingeteilt, die zeitlich unterschiedlich besetzt wurden. Im Norden waren es die Gebiete um die Städte Duisburg bis Bonn (1926), das Aachener Gebiet (1929) und im Süden das Gebiet der Pfalz (1930). Darüber hinaus wurde von den Alliierten eine entmilitarisierte Zone eingerichtet, die von der niederländischen Grenze im Norden (Ahaus) über Dortmund, Limburg, Hanau, Stuttgart bis nach Waldshut im Süden des Schwarzwalds sich erstreckte und in einem Abstand bis zu 60 km zur neuen französischen Landesgrenze verlief.

Als die nachdem Versailler Vertrag geforderten Reparationsmengen in Goldmark und Wirtschaftsmengen nicht geliefert werden konnten, besetzten französische und belgische Truppen im Januar 1923 auch das Ruhrgebiet. Die Inflation stieg ins Unermessliche. Eine offene Konfrontation gegen diese Besetzung war weder möglich noch angebracht. Von der Reichsregierung wurde ein passiver Widerstand in Szene gesetzt. Es kam zum Generalstreik. Nichts lief mehr. Weitere fällige Reparationslieferungen wurden ausgesetzt. Das war ein Höhepunkt in der Auseinandersetzung der alliierten Reparationsforderungen. In dieser Besetzungspolitik der politischen Erpressung war Frankreich der treibende Keil. Dem passiven Widerstand schlossen sich viele zivile Kräfte an. Es war nicht nur ein „Ruhrkampf". Die Kumpel des Ruhrgebiets sahen sich dem Ertrag ihrer Arbeit beraubt. Aber auch die Bürger des Reichs riefen zum Widerstand gegen die Besatzungsmächte auf. Die Situation eskalierte. Links- und rechtsradikale Gruppierungen verübten Anschläge. Das Drehkreuz der Kanäle in Henrichenburg wurde gesprengt. Der passive Widerstand ging in einen offenen Kampf über und es waren 137 Tote zu beklagen. International machte diese Besetzung Schlagzeilen. Die Verursacher wurden unter Druck gesetzt. Die Ruhrbesetzung und ihre Folgen lösten auch einen verstärkten Inflationsschub aus. Die Ausfallgelder der Beschäftigten übernahm die Reichsregierung, was nicht lange durchzuhalten war.

Die Reichsregierung unter Kanzler Stresemann verfügte, diesen Widerstand zu beenden. Der Schaden der Volkswirtschaft ging zwar in die Milliarden Goldmark, jedoch wurde immerhin ein moralischer Sieg errungen. Auf Betreiben der Vereinigten Staaten, die zu der Erkenntnis kamen, dass die begrenzte Wirtschaftskraft Deutschlands bei den zukünftigen Tilgungsraten der Kriegsschulden zu berücksichtigen sei, wurde im Herbst 1923 mit dem Dawes Plan neue Zahlungsmodi vereinbart. Auch Frankreich signalisierte Einsicht und kam zu einem entspannteren Verhältnis zu Deutschland. Dieser Plan wurde auch von der Reichsregierung mitgetragen. Zur Eindämmung der Inflation wurde die Rentenmark eingeführt. Immerhin hatten diese Geldmittel als Grundschuldschutz einen Bestand bis 1948.

Durch die „Pfänderpolitik" der Einforderer des Faustpfands Ruhrgebiet - Frankreich und im Schlepptau Belgien - wurde auch der Rechtsradikalismus in Deutschland geradezu herausgefordert. Der Hitler-Ludendorff Putsch in München erfolgte im November im gleichen Jahr 1923. Eine Folge, diese rechtsextremen Bestrebungen einzudämmen, war das Verbot Hitlers Nationalsozialistischer Partei und auf der anderen Seite des politischen Spektrums, der Kommunistischen Partei.

Mit der Weltwirtschaftskrise 1929 musste zur Einhaltung der Reparationszahlungen der Dawes Plan von dem Amerikaner Young überarbeitet werden. Die letzte Rate wäre **1988** fällig gewesen.

Untrennbar mit dem katholischen Rheinland ist ein junger Politiker zu nennen, der mit 41 Jahren zum Oberbürgermeister von Köln gewählt wurde, Konrad Adenauer. Er wurde 1876 geboren, hat in vier unterschiedlichen politischen Zeiten aktiv gelebt und in dreien davon entscheidend politisch gearbeitet. Als junger Kölner Anwalt wurde über ihn gesagt, dass er zwar in seinen Reden nicht mit Brillanz glänze, aber seine Reden wirkten auf die Richter so eindringlich wie ein Landregen, der sanft und stetig alle gegnerischen Einwände aufweicht. Im Kriegsjahr 1917 wurde er Oberbürgermeister der damals 800.000 Einwohner großen Stadt Köln. Er hat im unermüdlichen Einsatz die Bevölkerung durch den Hungerwinter 1917/18 gebracht. Sein Spitzname war „Graupenauer" wegen der ausschließlichen Nahrung aus Graupen und Steckrüben. In dieser Zeit ließ er sich das von ihm entwickelte Maisbrot patentieren. Diese Erfahrung brachte er auch nach Nachkriegsende 1945 wieder in Köln ein. Lange Jahre war er Vorsitzender des Preußischen Staatsrates, ab 1920 eine Vertretung der preußischen Provinzen des Landes Preußen. Dieser Staatsrat tagte im Berliner Herrenhaus, wo heute der Bundesrat seinen Sitz hat. Zur Gesetzgebung und Verwaltung hatte er in jeder Beziehung politische Erfahrung. 16 Jahre als Oberbürgermeister von Köln haben seinen politischen Gestaltungswillen geprägt; d.h., er war mit allen Wassern gewaschen. Wer sich so lange im Kölner Klüngel behaupten konnte, hatte es bestimmt faustdick hinter den Ohren. Mir ist noch die nicht gerade schmeichelhafte Bezeichnung „Großmutter aller Füchse" in Erinnerung.

1933 wurde er sofort abgesetzt. Mit viel Glück, kluger Zurückhaltung und Freunden hat er die zwölf braunen Jahre überlebt.

Von seinen Gegnern wurde Adenauer immer wieder auch nach dem Zweiten Weltkrieg nachgesagt, dass er das Rheinland vom Reich in den 20er-Jahren abtrennen wollte. Seine Bestrebungen zu dieser Zeit waren jedoch, wie es auch später in der Bundesrepublik umgesetzt wurde, ein föderales Land aus Westfalen und Rheinland mit einer größeren Gestaltungsmöglichkeit im Hinblick auf die Berliner Zentralregierung des noch existierenden Landes Preußen zu schaffen. Das Land Nordrhein-Westfalen hatte Adenauer Anfang der 20er-Jahre also schon in seiner Vorstellung. In seiner Funktion als Vorsitzender des Preußischen Staatsrates hatte er sich für einen schnellen Ausgleich mit Frankreich eingesetzt. Er ließ erkennen, dass ihm europäische Lösungen wichtiger waren als kleindeutsches Denken.

Erlaubte Bewaffnung

Es wurde ein Berufsheer von maximal 100.000 Mann in den Pariser Verträgen festgelegt, davon höchstens 4.000 Offiziere. Ein Generalstab war unzulässig. Panzer, Schlachtschiffe und schwere Waffen ab einem bestimmten Kaliber unterlagen dem Verbot. Die Marine wurde auf 15.000 Mann begrenzt. Das Betreiben einer Luftwaffe wurde ebenfalls verboten. Für das Millionenheer aller immer noch existierenden Waffengattungen war das ein schwerer Schlag.

Schon früh versuchte die Reichswehr unter der Führung des Generals von Seeckt diese harten Bedingungen zu unterlaufen. Sowjet-Russland, das sich im Abwehrkampf gegen Polen befand, suchte Unterstützung in Taktik und Ausbildung. Russland erklärte sich bereit, dass Deutschland auf russischem Gebiet Militärübungen unter Umgehung der Versailler Verträge durchführen konnte. Aus dieser gemeinsamen Interessenlage entwickelten sich auch diplomatische Beziehungen zwischen beiden Staaten, die letztendlich zu den Verträgen von Rapallo führten. Nachdem der Vertrag von Brest-Litowsk durch die Pariser Verträge für nicht existent erklärt wurde, war der Rapallo Vertrag eine ausgleichende Annäherung zwischen die vom ersten Weltkrieg gebeutelten Staaten. Vordergründig führte der Vertrag zur gegenseitigen Anerkennung der Grenzen und auf den Verzicht von Reparationen. Immerhin kann das als ein Befriedungsversuch im Gegensatz zu dem unnachgiebig fordernden Frankreichs gesehen werden.

3. Herausforderungen in der Weimarer Republik

Rechtsextreme Umtriebe

Zur Aufrechterhaltung der öffentlichen Ordnung wurden von der Reichsregierung Hilfsverbände der aus dem Krieg zurückkehrenden militärischen Einheiten aufgestellt. Die Alliierten verlangten in der Folgezeit, dass diese Hilfsverbände aufgelöst und in die nach oben begrenzte Reichswehr von 100.000 Mann integriert werden sollten. Diese entwickelten jedoch bald ein Eigenleben und starteten ihre Unternehmungen überwiegend in Bayern und in den östlichen Landesteilen. Dies betraf gemischte Verbände und baltische Milizen. Daraus erwuchsen örtliche Schutzverbände. Diese Vereinigungen begannen im März 1920 einen Sturz der republikanischen Regierung in die Tat umzusetzen. Der General Lüttwitz und der bis dato nicht in Erscheinung getretene Politiker Kapp waren dafür verantwortlich. Berlin wurde von aufständischen Truppen besetzt. Die Reichsregierung musste zunächst nach Dresden und dann weiter nach Stuttgart ausweichen. Ein Generalstreik beendete diesen Spuk. Dieser Umsturzversuch ging als Kapp-Putsch in die Geschichte ein.

Auch die aufgestellte Reichswehr unter dem General von Seeckt konnte später von der Reichsregierung nicht unter die notwendige politische Kontrolle gebracht werden. Als Folge des Kapp-Putsches wurde der sozialdemokratische Ministerpräsident in Bayern abgesetzt. Die neue Münchner Landesregierung unter Kahr versuchte sich von der reichsrepublikanischen Regierung in Berlin abzugrenzen. Die Folge dieser Abläufe war, dass die Bevölkerung das Vertrauen in die Reichsregierung verlor. Bei den Wahlen 1920 schlug das Pendel nach rechts. Die Parteien der Regierungskoalition erlitten eklatante Verluste und der sozialdemokratische Reichspräsident Ebert traf die folgenschwere Entscheidung, dass die SPD sich aus der Regierungsverantwortung zurückzog. Der Weg war nunmehr frei für die erste bürgerliche Regierung in Deutschland. Ebert blieb Reichspräsident bis zu seinem Tod 1925.

Aus den Absetzbewegungen der bayerischen Landesregierung entstand auch der Putschversuch Hitlers im November 1923. Hitler setzte sich hier zum ersten Mal in Szene. Mit Ludendorff und dem ersten Weltkriegsflieger Hermann Göring bildeten sie die Spitze des Aufstandes. Der bayerische Ministerpräsident wurde gezwungen, am militärischen Umsturz teilzunehmen. In einer späteren freien Entscheidung widerrief er seine Unterstützung. Sein Stellvertreter erteilte der bayerischen Polizei Schießbefehl gegen die Putschisten. Am 9. November brach der Aufstand mit vielen Toten und Verletzten zusammen. Wie auch später sehr oft, hatte Hitler Glück. Er wurde zu fünf Jahren Festungshaft verurteilt und saß in Landsberg/Lech ein. Nach nur wenigen Monaten wurde er wegen „guter Führung" entlassen. Für die Verurteilung Hitlers wäre das Reichsgericht in Leipzig zuständig gewesen. Wegen der Verstrickung des bayerischen Ministerpräsidenten in die Putschabläufe zog das Volksgericht München den Prozess an sich. Hitler fand die Zeit, seine späteren Pläne hier in Landsberg zu entwickeln.

Die Inflation

Um die Hyperinflation in ihrem katastrophalen Ausmaß verstehen zu können, führe ich nochmals die Aufnahme der benötigten Kriegskredite an. Die Mittelmächte und Russland hatten vor, über Anleihen den Krieg zu finanzieren, d.h., das Volk konnte Anleihen kaufen, die verzinst oder auch unverzinst vom Staat nach dem Sieg auf Kosten des Gegners zu tilgen wären. England und Frankreich drehten an der Steuerschraube und liehen sich darüber hinaus fehlende Mittel von den USA. Das Reich legte gleich zu Beginn des Krieges den so genannten „Goldanker" auf, mit einer Dritteldeckung der Goldmark. Der Goldmarkkurs veränderte sich wie folgt zum Dollar: - ausgehend von 4,20 (1914), über 8,90 (Januar 1919), 192 (Juli 1922) stieg er auf die Spitze von 4,2 Billionen Reichsmark auf den Dollar; von Gold konnte sowieso keine Rede mehr sein. Schon während des Krieges machte der Spruch die Runde „Gold gab ich für Eisen". Nach Kriegsende war natürlich weder an Rückzahlungen der Anleihen zu denken, noch konnten die Reparationsauflagen der „Siegermächte", die in Goldwährung, Devisen und Sachgütern zu zahlen waren, beglichen werden. Internationalen Finanzökonomen war klar, dass die deutsche Volkswirtschaft diesen Auflagen nicht nachkommen konnte; das war ein Unding. Dass die Deutschen nach dem Krieg auch noch etwas zum Leben benötigten, war wohl nicht so wichtig. Besonders Frankreich drang darauf, die Versailler Verträge mit aller Vehemenz durchzusetzen. Die Besetzung des Ruhrgebiets war dann zur Durchsetzung ihrer Forderungen durch Frankreich und Belgien 1923 die Folge.

Die deutsche Fiskalpolitik wurde nun darauf ausgerichtet, dass Deutschland seinen Verpflichtungen nachkommen konnte. Die Notenpresse war schon während des Krieges eine bewährte Maschinerie. Jetzt liefen die Notenpressen an weiteren Standorten. Die Inflation „galoppierte" und führte 1922/23 zu einer Dauerinflation mit tiefgreifenden sozialen Verwerfungen. Alle deutschen Geldvermögen, die vielleicht die Kriegszeit noch überstanden hatten, wurden quasi vernichtet. „Doch während die Inflation in den Jahren 1923 nur die Geldvermögen hingerafft hatte, wurden jetzt auch die in Geld ausgezahlten Einkommen entwertet. (...) Es gab im Grunde genommen für Arbeit kein Geld mehr – jedenfalls nur Geld, das eine Stunde später schon nichts mehr wert war. Es herrschten chaotische Zustände in Deutschland. Sie führten im Herbst 1923 auch zu einer politischen Existenzkrise. Im Herbst 1923 stand das Deutsche Reich am Rande seiner politischen Existenz".[3]

Die Industriebarone an Rhein und Ruhr, die schon durch den Krieg ihr Vermögen vermehren konnten, gewannen noch mehr an Einfluss und wirtschaftlicher Macht. Krupp, Thyssen, Flick und Stinnes stehen dafür. Flick kaufte alles, was er kriegen konnte; ihm gehörten bald 25 Prozent der Industrie in Deutschland. Die Reichsregierung sah dieser Inflation zunächst auch - bis auf das Drucken von Geld - tatenlos zu. Sie sah diesem Ablauf auch durchaus zunächst zweckdienlich zu: Deutschland hatte keine international annehmbare Währung mehr und entzog sich auf „kaltem" Wege der Reparationszahlung.

Der Bundesbankpräsident Jens Weidmann (ab 2011) heute zur damaligen Situation: „Die Regierung hat die Notenbank zur Sicherung der Solvenz des Staates missbraucht, anstatt die Geldwertsicherung, die eigentliche Aufgabe der Notenbank, sicherzustellen."

Eine Große Koalition beschloss im Oktober 1923 durch das Ermächtigungsgesetz die Einführung der Rentenmark. Umgetauscht wurden **eine** (1) Billion in **eine** Rentenmark.

Die kriegführenden Länder England und Frankreich hatten mit Krediten der USA den Krieg finanziert. Die Reparationszahlungen gingen also indirekt an die USA-Gläubiger. Kohle und Stahl aus dem Ruhrgebiet jedoch kamen England, Frankreich und Belgien direkt zugute. Die Alliierten hatten – u.a. auch durch die Besetzung des Ruhrgebiets - zur Kenntnis nehmen müssen, dass sie ihre Reparationsforderungen überzogen hatten.

Die Weltwirtschaftskrise

Die Wirtschaftskrise ab 1929 war kein üblicher, die kapitalistischen Länder immer wieder heimsuchender Konjunktureinbruch, keine zyklisch-einbrechende größere Wirtschaftsflaute. Die Wirtschaftskrise war vor allem zunächst eine Finanzkrise, die, wie in unseren Tagen anno 2001 und 2009, von der Wallstreet, der New Yorker Börse am so genannten „Schwarzen Freitag" dem 24. Oktober 1929 zu uns herüberschwappte. Das Kapital des billigen Geldes machte die Gewinnerwartungen unermesslich, und, wie man meinte, risikoarm. Bis die Finanzblase platzte. Schlagartig zogen die überseeischen Finanziers ihr Kapital für den benötigten Eigenbedarf aus Europa in großen Umfang ab. Die durch den Weltkrieg hochverschuldeten Länder England, Frankreich und Deutschland bekamen kein neues Kapital. Der Anleihefluss, das betraf im besonderen Deutschland, wurde gestoppt. Im Gegensatz zu heute wurden falsche Maßnahmen ergriffen. Der amerikanische Präsident Hoover, erst kurz im Amt, wusste wohl nach heutigen wissenschaftlichen Erkenntnissen noch nicht die Möglichkeiten des bereits 1913 gegründeten (FED)-Federal Reserve Systems einzusetzen, indem durch eine Geldmengenregulierung derartige Krisen eingeschränkt bzw. hätten wo möglich verhindert werden können.

Deutschland traf die Weltwirtschaftskrise mit besonderer Wucht. Durch die hohen Reparationszahlungen über die ganzen 20er-Jahre besaß Deutschland sowohl vom Wirtschafts- und Finanzplatz als auch vom Staatshaushalt her eine zu geringe Liquidität, um diesen Herausforderungen begegnen zu können. Die deutschen Entscheider, Reichskanzler Brüning und Reichsbankpräsident Luther meinten, durch Notverordnungen bzw. durch Auslösen einer Superinflation die Finanzkrise eindämmen zu können und erreichten durch ihre Maßnahmen eine zusätzliche Verschärfung der Finanzkrise mit unermesslichen Folgen menschlicher, wirtschaftlicher und politischer Art. Eine allgemeine Kürzung der Löhne und Gehälter griff um sich. Die Arbeitslosigkeit erreichte bald Rekordzahlen und die Kassen der Arbeitslosenversicherungen waren schnell geleert. Nun setzte eine Radikalisierung weiter Kreise der Bevölkerung ein. Ein Volksbegehren gegen den so genannten Young-Plan, der die Frage deutscher Reparationsleistungen ab Dezember 1929 neu regeln sollte, formierte sich bereits im Sommer 1929. Die Tilgung sollte nach diesem Plan „1988" auslaufen.

Die wachsende Arbeitslosigkeit von über drei Millionen Menschen, die zunehmende Radikalisierung von links und von rechts hatte zur Folge, dass der Reichspräsident das Vertrauen in die Reichsregierung verlor und Reichskanzler Hermann Müller (SPD) mit seinem Kabinett abberief. Damit endete die letzte Regierung der Weimarer Republik, die durch entsprechende Koalitionen eine parlamentarische Mehrheit hatte. Erstmals entstand eine deutschnational-völkische Einheitsfront. Die Folge war eine Polarisierung, die zur politischen Krise führte. Teile der Industrie, der Hochfinanz und der traditionell Rechten bedienten sich der bisher in der Isolierung befindlichen NSDAP unter Hitler.

Die Parteien

In der Weimarer Republik hatten nicht weniger als 14 Parteien die Möglichkeit, sich an einer Regierungsbildung zu beteiligen.

Die Verfassungsväter der Bundesrepublik zogen daraus die Lehren. Die Grundlage zum Einzug in das Parlament und einer Regierungsbeteiligung ist, dass eine Partei mindestens fünf Prozent der Wählerstimmen erhalten muss. Zurzeit wird diese Deckelung mit 3 Prozent zur Europawahl der deutschen Parteien vom Bundesverfassungsgericht wieder außer Kraft gesetzt. Unverständlich!

Der Historiker Craig stellt zur Parteienlandschaft und den daraus resultierenden Regierungsbildungen fest: „Bedenkt man das Wesen der fünf führenden Parteien und die ihnen wirksamen Tendenzen, so ist man überrascht, zu erfahren, dass zwischen Februar 1919, als Philipp Scheidemann der erste Kanzler der Republik wurde, und Juni 1928, als Hermann Müller sein Kabinett zusammenstellte, 15 verschiedene Regierungen die politische Bühne betraten und verließen, von denen keine länger als 18 Monate im Amt blieb und manch eine schon nach drei Monaten wieder in der Versenkung verschwand".[4] Damit ist zu dieser Republik vieles gesagt.

Die stabilste Regierung innerhalb der Weimarer Republik hatte das Land Preußen mit seinem Ministerpräsidenten Otto Braun von 1920 bis 1932 (1921 mit einer Unterbrechung). Im so genannten Preußenschlag wurde Braun bereits 1932 aus dem Amt gejagt und kommissarisch vom Reichskanzler von Papen ersetzt. Leider verzichtete Otto Braun von der SPD nach dem Ableben Friedrich Eberts 1925 auf die Reichspräsidentenkandidatur. Wie beschrieben, zog er das Amt des Ministerpräsidenten des Landes Preußen vor. Vielleicht wäre der deutsche Weg ein anderer geworden, wenn Braun sich für die Reichspräsidentschaft entschlossen hätte.

Welche Parteien hatten in der Weimarer Republik Bestand? **Die Sozialdemokraten**, die vor dem Ersten Weltkrieg knapp 29 % der Abgeordneten des Reichstages stellten, konnten in der Weimarer Republik ihren Sitzanteil trotz Aderlass, zunächst an die Unabhängige Sozialdemokratische Partei (USPD bis 1924) sowie an die daraus teilweise hervor gehenden Kommunistischen Partei (KPD), um die 30 Prozent bis 1928 halten. Trotzdem konnte die stärkste Fraktion im Reichstag diese politische Willensbekundung der Wähler in keine produktive Regierungsarbeit überführen. Bis 1920 fungierten drei SPD-Kanzler unter einem Reichspräsidenten, dem durch die Verfassung auch eine präsidiale Machtstellung zur Verfügung stand. Bereits 1920 war die SPD nicht mehr in der Lage, eine Regierung zu bilden. Führende SPD-Politiker zogen sich aufgrund der schwierigen Regierungslage aus der Regierungsarbeit zurück. Der letzte SPD-Kanzler der Weimarer Republik war Hermann Müller von 1928 bis 1930, in einer Zeit, in der die Republik durch die Weltwirtschaftskrise und der folgenden Arbeitslosigkeit auf die härteste Probe ihres Bestehens gestellt wurde. Die SPD lag bei den Wahlen vor der „Machtübernahme" bei ca. 20 Prozent.

Wenn es der Bevölkerung schlecht geht, wie zu Zeiten der Inflation und der Weltwirtschaftskrise, haben auf jeden Fall die „Regierenden" die Schuld. Den gleichen Trend können wir ja auch in der Demokratie der Bundesrepublik - und nicht nur bei uns - feststellen.

Die Partei des Zentrums des Kaiserreichs hatte im Kulturkampf mit Bismarck so manchen Strauß ausgefochten. Bis 1890 wurden die feudalen und die großbürgerlichen Konservativen, die intellektuellen Liberalen oder die stockkonservativen des katholischen „Zentrums " gewählt. Die Papstkirche versuchte über das „Zentrum" eine große Wählerschaft zu erreichen und auszubauen. In den überwiegend katholischen Ländern wie Bayern, dem preußischen Rheinland und den Ostgebieten mit einem starken polnisch-stämmigen Bevölkerungsanteil, war der Einfluss über die Konfession besonders hoch. Die Zentrum-Partei wusste dies zu nutzen und auszuweiten, und es konnten hier breite Wählerschichten erreicht werden. So wurden innenpolitische Machtkämpfe der herrschenden Klasse mit Hilfe dieser breiten Wählerschichten ausgetragen.

In der Weimarer Republik genoss diese Partei den größten Zuspruch weiterhin in der katholischen Bevölkerung. Ihr Stimmenanteil lag in diesen Jahren zwischen 11 und 13 Prozent. Sie war auf Grund ihrer „mittigen" Positionierung außer der KPD und später der NSDAP mit den übrigen Parteien koalitionsfähig. Die herausragenden Persönlichkeiten dieser Partei waren Mathias Erzberger (1921 von Rechtsradikalen ermordet) sowie Wilhelm Marx und Heinrich Brüning. Mit kurzen Unterbrechungen war die Partei fast durchgängig an den Regierungen beteiligt und stellte mit den Letztgenannten auch die Reichskanzler. Nach dem Tod des ersten sozialdemokratischen Reichspräsidenten Friedrich Ebert stellte sich Wilhelm Marx der anstehenden Reichspräsidentenwahl, die er gegen Hindenburg verlor. Die Partei vertrat in den Anfängen der Weimarer Republik, besonders unter ihrem Parteivorsitzenden Erzberger, eine tragende Rolle in der politischen Arbeit der Parteienlandschaft. Sie war am Aufbau und Einführung der Arbeitslosenversicherung maßgeblich beteiligt.

Das Zentrum stellte mit Heinrich Brüning im März 1930 den nächsten Reichskanzler der Weimarer Republik. Er musste aber seine politische Karriere 1932 während der Weltwirtschaftskrise mit einer Niederlage beenden. Die von ihm auf den Weg gebrachten Sparmaßnahmen verschärften die Krise eher. Durch die dann folgende sprunghafte Zunahme der Arbeitslosigkeit verlor Brüning den Rückhalt der regierenden Parteien und vor allem den des Reichspräsidenten. Mit seinem Rücktritt im Mai 1932 wurde das Ende der Weimarer Republik eingeläutet. Die Partei wurde unter seiner Führung als Fraktionsvorsitzender unter dem Druck der Nazis im Juli 1933 aufgelöst.

Die Konservative Volkspartei (KVP), vormals Deutschnationale Volkspartei (DNVP) war eine bürgerlich-nationale Partei, die Ende der 20er Jahre unter ihrem Vorsitzenden und Verleger Alfred Hugenberg extrem nationalistisch auftrat. Diese Partei ist mit eine der Geburtshelfer des nationalsozialistischen Regimes. Ihr Stimmenanteil in der Weimarer Zeit lag zwischen neun und maximal 17 Prozent. Die Partei war überwiegend in den Ländern vertreten. Die Reichsebene wurde erst bedeutend, als unter Hugenberg die NSDAP toleriert wurde. Der Medienkonzern von Hugenberg (50 Prozent Marktanteil) war einer der Wegbereiter der Hitler-Partei.

Aus der Deutschen Demokratischen Partei (DDP) wurde ab 1928 die **Deutsche Staatspartei,** aus der die Väter der Weimarer Verfassung hervor gingen. Der Kern der Partei war das deutsche Bildungsbürgertum sowie Leute aus der Industrie. Grundlage der Partei war eine liberale Haltung zur parlamentarischen Demokratie, vergleichbar mit den Freien Demokraten der Nachkriegszeit. Prominente Vertreter die uns heute noch was sagen, waren Walter Rathenau, Theodor Heuss, der erste Bundespräsident der Bundesrepublik Deutschland, Ernst Lemmer, Bundesminister in verschieden Ämtern sowie Marie Elisabeth Lüders, eine der wenigen Frauen, die damals politisch aktiv waren. Sie ist uns bekannt als spätere Alterspräsidentin des Deutschen Bundestages sowie als Namensgeberin eines Abgeordnetenhauses in der Berliner Republik. Von anfänglichen fast 18 Prozent Stimmenanteil (1919) wurde die Partei nach der Umbenennung zur Deutschen Staatspartei fast bedeutungslos.

In der **Deutschen Volkspartei (DVP)** war Gustav Stresemann der bekannteste Vertreter dieser ebenfalls liberalen, bürgerlichen Partei. In den Krisenjahren der Inflation um 1923 war er

Parteivorsitzender und Reichskanzler. Die Partei lebte mehr von dem Politiker Stresemann, als dass sie parteipolitische Mehrheitsbeschlüsse, die in den Wirren der Weimarer Republik entscheidend gewesen wären, tragen wollte. Die Durchsetzung der Freiheit des Einzelnen war eine Prämisse dieser Partei. Hatte die Partei zu Beginn der 20er-Jahre noch an die elf Prozent Stimmenanteil, so sank der Anteil nach dem Tode Stresemanns gegen fünf Prozent.

Übrigens, genauso bekannt wie der Politiker, war sein Outfit, schlechthin der „Stresemann". Im schnellen Wechsel zwischen Kanzlei und Reichstag trug er aus Bequemlichkeitsgründen zur längsgestreiften Hose ein kürzeres Jackett. So meinte er, ohne sich umziehen zu müssen, immer angemessen gekleidet zu sein.

Die Kommunistische Partei (KPD) hatte in dieser Zeit mit 13 Prozent eine ziemliche Konstanz. Ab 1924 war die KPD als feste Größe im Reichstag etabliert.

In Russland hatte sich in den 20er-Jahren die kommunistische Partei der Sowjetunion durchsetzen können. Die Lehren von Marx und Engels sollten unter dem Bolschewikenführer Lenin umgesetzt werden. Nach großen inneren Machtkämpfen träumte die russische Kommunistische Partei der Sowjetunion unter den Bolschewiken (KPdSU/B) vom internationalen Marxismus-Leninismus. Die Kommunistische Partei Deutschlands versuchte in Deutschland diese Ideologie zur staatlichen Macht, zu einer Diktatur Arbeiter und Bauern, umzusetzen. Gesellschaftliche Veränderungen können nur durch Revolutionen erreicht werden, so die damalige Meinung. Friedliche Revolutionen waren kein Kampfmittel.

Bereits 1920 tagte der II. Weltkongress der Kommunistischen Internationale (KI). Nach gescheiterten Aufständen der „Märzkämpfe" in Mitteldeutschland 1921 und den „Hamburger Aufständen" 1923 wollten Teile der Kommunistenführer diese Aufstände als Testballon gesehen haben, wie ein gewaltsamer gesellschaftlicher Wandel in Deutschland umzusetzen wäre. Zur Stärkung der Durchschlagskraft wurden proletarische Hundertschaften aufgestellt. Gesellschaftliche Sprengkraft (Inflation

1923) und militantes Potential waren vorhanden. Viele Millionen enttäuschter Heimkehrer des Ersten Weltkrieges waren für eine Militanz empfänglich und sammelten sich in diversen Frontkämpferbünden. Die Reichsregierung wehrte sich mit dem Verbot der paramilitärischen Verbände samt der KPD bis zum 1. März 1924. Das Potential dieser Verbände wurde aber weiterhin gepflegt. Die Führungskader bemühten sich zunächst um legale Parteiarbeit. Zur Stabilität der Republik taten sie nichts. Ihre Prämisse war der Klassenkampf. Je schwächer der politische Gegner, umso schneller konnte der proletarische Sieg erzielt werden, so die Zielsetzung. Das große Vorbild war und blieb die Sowjetunion. Der führende Kopf der KPD war der Hamburger Ernst Thälmann. Er war bereits vor dem Ersten Weltkrieg in der SPD und wurde wie viele linke Genossen über die USPD Mitglied der Kommunistischen Partei. Durch seine Nähe zum Stalinismus kam in der Zeit der Weimarer Republik eine Zusammenarbeit mit den Sozialdemokraten nicht in Frage. Das Wählerpotential der KPD hätte gereicht, Hitler zu verhindern. Dass die KPD die Gefahr erkannte, die von Hitler ausging, macht bei der Reichspräsidentenwahl 1932 die Wahlparole der KPD deutlich, bei der Thälmann neben Hindenburg kandidierte: „Wer Hindenburg wählt, wählt Hitler und wer Hitler wählt, wählt den Krieg". Im Umfeld Thälmanns war bis 1933 auch der spätere Fraktionsvorsitzende der SPD im Bundestag, Herbert Wehner tätig. Thälmann gehörte als Vorsitzender der KPD und als Reichstagsabgeordneter sofort nach der Machtergreifung zu den Menschen, die „ausgeschaltet" wurden. Thälmanns Nähe zu Stalin verhalf ihm auch in der Zeit des Hitler-Stalin-Paktes zu keiner möglichen Entlassung in die Sowjetunion. Stalin ignorierte diverse Briefe seiner treuen Mitkämpfer und seiner Frau. Er setzte auf willfährige Genossen wie Ulbricht und Pieck, die vor Ort ihre Aufwartung machen konnten. Auf Hitlers direkten Befehl wurde Thälmann im August 1944 im KZ Buchenwald ermordet.

Die DDR-Führer setzten ihrem ermordeten Vorsitzenden ein immerwährendes, ehrendes Gedenken.

Besonders verlogen war dieses „Gedenken" in der Sta-
linära bis 1953. Die DEFA in Babelsberg drehte einen
Film über „Teddy" Thälmann, wie die Hamburger Genossen ihren Arbeiterführer nannten. „Ernst Thälmann
– Sohn seiner Klasse" mit Günther Simon in der Thäl-
mannrolle. Für uns Schüler ab 1954 war das Pflicht. Die
ganze Schule hatte sich geschlossen diesen Film anzusehen.

Nach der Weltwirtschaftskrise fokussierten sich die Kämpfe
auf die zwei Extremparteien. Die Wahlkämpfe waren mit revolutionären Straßenkämpfen zu vergleichen. Die „Rote Brigade" der
KPD und die Sturm- oder Schutzabteilungen (SA) der Nationalsozialisten, kurz Nazis, hatten in den 20er und 30er-Jahren in ihrer
Brutalität auch ihre Ursache in dem gewohnheitsgemäßen Morden des Ersten Weltkrieges.

Die Nationalsozialistische Deutsche Arbeiterpartei (NSDAP)
Die „soziale" Seite der Arbeiter in Deutschland wurde eigentlich
durch die Parteien der Kommunisten und der Sozialdemokraten
abgedeckt. Die Kommunisten wollten sich durch ihre philosophi-
schen Vordenker Marx und Engels und durch die Pragmatiker
Lenin und Stalin international aufstellen. Nationalsozialisten
hatten in Deutschland danach keine parteiliche Daseinsberechtigung.
Ab 1920 wurde aus der Deutschen Arbeiterpartei (DAP) in
München die Nationalsozialistische Arbeiterpartei Deutschlands
(NSDAP). Wollte die Partei mit der Veränderung des Namens ihre
Schwerpunkte auf die nationale und soziale Komponente der
Arbeiter konzentrieren? Wohl kaum. Der Anhang „istische" galt
wohl für beide Parameter. Es ist anzunehmen, dass der Name
der NSDAP mehr den Altanhängern der Vorgängerpartei geschuldet war. Hitler hatte zu diesem Zeitpunkt auch noch nicht
den bestimmenden Einfluss in der neuen Partei. Die Partei wollte
in ihrer „Reformbewegung" sozial sein und nannte sich aber
gleich überzogen „nationalsozialistisch". Es dachte von den

Gründungsvätern der Nazipartei niemand daran, sich in Richtung Sozialismus zu bewegen.

Mit dem Fortgang der Partei in den 20er-Jahren spielte der Name nicht mehr die Rolle. Hitler wurde zur beherrschenden Figur. Die Thesen **seiner** Bewegung waren das Entscheidende. Er hatte bald innerhalb der Partei seinen Machtapparat auf- und ausgebaut. Durch die gesellschaftlichen Verwerfungen der „Hyperinflation" gelang es der NSDAP mit 32 Sitzen (6,2 %) 1924 erstmalig in den Reichstag zu kommen. Die Weimarer Republik konsolidierte sich in den Jahren danach und die NSDAP erzielte daraufhin keine 3 %. Erst die Weltwirtschaftskrise von 1929 kam der Partei wieder zugute und ihr gelang ab 1930 der „Durchbruch" in Deutschland. Die Nationalsozialistische Deutsche Arbeiterpartei erfuhr ihren Zuschnitt fast ausschließlich durch ihren Parteiführer Hitler. Dazu berichte ich im VI. Kapitel zur Person Hitler, der Partei und dem Staat ausführlicher.

Wahlen vor der Machtübernahme (%)

Jahr/Part.	**NSDAP**	**KPD**	**Sa. radikal**	SPD	Zentr.	DNVP	**Sa. gemäßigt**
1928	2,6	10,6	**13,2**	29,8	12,1	4,2	**56,1**
1930	18,3	13,1	**31,4**	24,5	11,8	7,0	**43,3**
1932 Nov.	33,1	16.9	**50,0**	20,4	11,9	8,8	**41,1**
1933 März	**43,9**	12,3	**56,2**	18,3	11,3	8,0	**37,6**

*DNVP =Deutsch Nationale Volkspartei

Die Zunahme des Stimmenanteils der NSDAP von 1928 bis 1932 von unter 3 Prozent auf fast 44 Prozent sagt alles über die Radikalisierung in dieser Zeit und über die Auswirkungen der geopolitischen Einflüsse.

Außenpolitische Erfolge

Walter Rathenau konnte bereits 1922 im Vertrag von Rapallo eine Verständigung mit der jetzt zur Sowjetunion erhobenen Macht erzielen. Unter dem Außenminister Gustav Stresemann, der als der fähigste Politiker dieser Zeit angesehen werden kann, wurde eine Aussöhnung mit den Kriegsgegnern angestrebt. Seine Politik war auch auf den Westen ausgerichtet und zeigte Züge langfristiger Orientierung. Die Konferenz von Locarno 1925/26 führte zu Verbesserungen der Beziehungen zu Frankreich, Belgien, Großbritannien, Italien, Polen und der Tschechoslowakei. Mit dem Inkrafttreten der Verträge erfolgte auch die Aufnahme Deutschlands in den Völkerbund. Der Friedensnobelpreisträger Stresemann starb zur Unzeit im Oktober 1929. Es fehlte eine wichtige Autorität zum weiteren Bestehen der Weimarer Republik.

4. Unsere Eltern

Hier möchte ich die Lebensgeschichten unserer Eltern einflechten und versuchen, ihr Leben im Kontext der Zeit zu schildern. Unsere Eltern haben die Kaiserzeit als Kinder erlebt. Die Jahre der Jugend und damit ihre berufliche Ausbildung fielen in die Zeit der Weimarer Republik. Die ersten Ehejahre und die Geburt ihrer Kinder erlebten sie im Terrorstaat der Nationalsozialisten. Ein Zweiter Weltkrieg mit all' den Folgen danach blieb ihnen nicht erspart. Das war die Generation, die in ihrem Leben die fünf Regierungsformen Deutschlands mitgegangen sind. Die Kaiserzeit erlebten sie als acht- und neunjährige Kinder. Nach den schweren Jahren in der Ostzone und der DDR hatten sie das Glück noch gute Jahre in der Bundesrepublik erleben zu können. Ein mehr als ein bitterer Wermutstropfen war jedoch die Trennung von den Familien ihrer drei Töchter in der DDR.

Unsere Mutter Elsa, geb. Scholz (1910-1988) verbrachte ihre Kindheit mit ihrem älteren Bruder Kurt in Seilershof zwischen den Städten Gransee und Fürstenberg und wurde durch den Bau des Hotels und dann später durch den Ersten Weltkrieg und die Zeit danach geprägt. Elsa konnte nach der Volksschule in Seilershof eine weitere Schulbildung in dem Städtchen Gransee und Oranienburg wahrnehmen. Die Großeltern legten wohl schon sehr viel Wert darauf, dass ihre Kinder zumindest eine Mittelschule besuchten. Sollte Elsa auch auf die Führung des Hotels und des Restaurants vorbereitet werden? Im Anschluss an die Schule schloss sich eine Ausbildung zur Hauswirtschafterin in Schildow bei Neuruppin an. Diese Ausbildung war für ihren weiteren Lebenslauf sehr wichtig. Der Haushalt der späteren großen Familie musste geführt werden und auch die notwendige Berufstätigkeit als Köchin in der DDR-Zeit während der Haftzeit unseres Vaters war später zu bewältigen.

Aber im Gegensatz zu ihren Eltern hatten die Scholzkinder Elsa und Kurt keine ausgeprägte geschäftliche Begabung. Ich würde unsere Mutter eher als Schöngeist bezeichnen. Aus der nach dem Tode zurückgelassenen Literatur - viel Goethe, Schiller, Heine etc. - die sie schon früh erwarb und wie aus Vermerken zu ersehen, auch gelesen hat, war ihre wahre Liebe erkennbar. Aber dafür blieb nicht viel Zeit. Sie war 19, als ihre Mutter Anna verstarb. Jetzt musste sie in das Hotelgeschäft voll mit einsteigen. Wie ich unseren Großvater noch als Kind in Erinnerung habe, wusste er sein „Personal" auf Trab zu halten. Wenn ein Mann in dieser Zeit einen Betrieb aufbaut und erhalten will, war nach diesem Schicksalsschlag der volle Einsatz seiner Kinder notwendig. Und wie sich im späteren Leben zeigen sollte, wenn es darauf ankam, zeigte unsere Mutter ihren wahren Charakter. So lieb und umgänglich, wie sie sich zeigte, so hartnäckig und unbeirrbar setzte sie dann das Notwendige um. Der Hotel- und Restaurantbetrieb florierte. Ein so genannter „Sommersaal" wurde auf dem weitläufigen Grundstück mit Ausrichtung zum See gebaut. Ein Schiffsanleger ermöglichte, dass zusätzlich Ausflügler vom Wentowsee über die angebundene Havel zum Nachmittagskaffee mit anschließendem Tanz im Gasthof Scholz in Seilershof ihre Unterhaltung finden konnten.

In dieses Geschäftsleben des Hotelbesitzes Reinold Scholz trat der Noch-Hilfsförster Konrad Erdmann so Anfang der 30er Jahre ein. Er suchte zunächst ein Quartier. Tochter Elsa beförderte die Gäste im Einspänner vom Bahnhof Dannenwalde zum Gasthaus „Seeterrasse" nach Seilershof. So wurde auch unser Vater von der 20-jährigen Elsa chauffiert. War es Liebe auf den ersten

Blick? Wahrscheinlich! So ein gutaussehender, großer schlanker Förster in Uniform, wer kann es Elsa verdenken, dass sie vom Konrad eingenommen war. Dem Reinold Scholz ging das vollkommen gegen den Strich. Er und seine Anna kamen aus „einfachsten Verhältnissen". Ihnen war in gut 20 Jahren immerhin ein Aufstieg in ein gutbürgerliches, aber arbeitsreiches Leben gelungen. Ein Förster, noch nicht einmal fertig ausgebildet und wenn, dann mit schmalem Gehalt in abhängiger Stellung? Da hatte unser Großvater für die Zukunft seiner Tochter Elsa ganz andere Vorstellungen. Obwohl der Hilfsförster des Hauses verwiesen wurde, verstanden es die beiden, ihre Liebe zu erhalten. Im November 1935 wurde groß geheiratet. Im Mai 1936 wurde Tochter Christa geboren.

Mit eine der ersten Dienststellen unseres Vaters **Konrad Erdmanns** (1909-1977) als Forstgehilfe nach dem Abschluss der Templiner Forstschule war die Försterei Gramzow, die zu den Besitzungen derer von Waldow gehörte. Zu diesem Zeitpunkt gehörte das Amt Dannenwalde mit Gramzow noch zum Großherzogtum Mecklenburg-Strelitz. Unser Vater wollte dem Rat seines Vaters folgen, kein Gutsförster zu werden. Sein ganzes Bestreben war, in den preußischen Staatsdienst wechseln zu können. Ich kann mich entsinnen, dass der Vater erzählte, als er dem Herrn von Waldow sein Vorhaben vortrug, massiv beschimpft und mit einer Reitpeitsche bedroht wurde; eben Gutsherrenart.

Die fünfjährige Vorbereitungszeit zum Beamten des preußischen Forstdienstes mit dem Abschluss einer zweiten Fachprüfung zum Revierförster war mit vielen Stellenwechseln verbunden. Dann hatte er das Glück, die Stelle eines Forstbeamten in der Stiftung Schorfheide in Groß-Schönebeck, im damaligen Kreis Niederbarnim, zu bekommen.

Hier möchte ich über die Historie und Bedeutung der Schorfheide für das Forst- und Jagdwesen berichten.

Die Schorfheide hatte schon unter den Hohenzollern, als diese als Statthalter des Kaisers im Jahr 1411 die Mark Brandenburg kontrollieren sollten, eine Bedeutung als Waldgebiet. Unter der

Vorgängerherrschaft der Askanier nannte man sie „Die Große Heide Werbellin."

Die spätere Ableitung zur „Schorfheide" ist vom uckermärkischen Schoof- oder Schaf Heide nicht von der Hand zu weisen, zumal im norddeutschen Sprachgebrauch mit der „Heide" der Wald bezeichnet wurde. Die Heide wurde sehr zum Leidwesen der Jagdherren intensiv als Schafweide genutzt.

Bis in das 18. Jahrhundert hinein war die Schorfheide mit dichten Eichen- und Buchenwäldern bedeckt. Die Schweinemast war daher sehr einträglich. Das Schwarzwild fand an Eicheln und Buchäckern ausreichend Nahrung. Die Zunahme der Bevölkerung führte zu vermehrten Rodungen nicht nur an den Rändern der Heide. Die Kriege der friderizianischen Zeit zogen eine steigende Holznutzung nach sich. Der Holzbedarf für die Eisenhütten (Zehdenick) und Glasfabriken (zwei bei Joachimsthal) taten das Ihrige. Laubbäume bestimmten nicht mehr im großen Maße das Bild. Nur in den Bruch- und Seenlandschaften waren die Erlen weiterhin stark verblieben. Die Kiefer war und ist dann aber für die Schorfheide als relativ schnellwachsender und gut zu nutzender Baum bis heute bestimmend. Ein Buchenbestand hat es bis in die jetzige Zeit geschafft und wurde in das Weltkulturerbe der UNESCO aufgenommen. Es handelt sich um den so genannten „Grumsin" im heutigen Biosphärenreservat Schorfheide – Chorin. Eins der früheren acht Forstämter war Grumsin, etwas östlich von Joachimsthal. Ein gleichnamiger See liegt nordöstlich vom großen Grimnitz-See.

Bereits im 16. Jahrhundert bis zum Regierungsantritt des „Alten Fritzen" 1740 gab es einen Wildzaun von der Havel bis zur Oder. Ausgerechnet in dem Geburtsort von fünf Erdmannkindern, dem Amt Liebenwalde, erscheint im Erbregister bereits 1590 ein Hinweis zu einem Wildzaun. Die uns bekannten Orte Neuhof, Burgwall, Vogelsang, Bergluch (mittlerweile verfallen), Grunewald, Bebersee, Großdölln bis nach Oderberg markierten „den alten Wildzaun". Er müsste eine Länge von ca. 80 km gehabt haben. Die kleinen Dörfer Vogelsang und Grunewald und weitere fanden ihre Entstehungen durch das Besetzen mit Zaunwärtern. Entsprechende „Feldmarken" wurden gerodet. So hatten diese Dörfer mit Förstereien, Häuser für die Waldarbeiter sowie kleinen Bauernhöfen ihren dörflichen Ursprung mitten in der „Heide". In unserem Dorf Vogelsang, die Feldmark beträgt ca. 3 km im Quadrat, ringsum Wald, existierten zu meiner Zeit nach 1945 noch zwei Bauern (Brüder) hugenottischer Abstammung.

Die Hohenzollern als Kurfürsten, Könige bis hin zum letzten deutschen Kaiser Wilhelm II., die Präsidenten der Weimarer Republik, Friedrich Ebert und Paul von Hindenburg, die Mithauptverantwortlichen des Naziregimes, Göring und Himmler bis hin zum Staatsratsvorsitzenden der DDR, Erich Honecker, und einige seiner Vasallen, haben alle in der Schorfheide in erster Linie dem Waidwerk nach Gutsherrenart gefrönt. Die ersten Vertreter eines „Arbeiter- und Bauernstaates" verhielten sich wie frühere Herrschergenerationen.

Aber dann gab es da die Heger und Pfleger des Waldes, denen ein nachhaltiger Erhalt des Waldes am Herzen lag, aber auch seine Nutzung des nachwachsenden Bestandes eine Aufgabe war. Auch der Wildbestand unterlag einem strengen Reglement. Da in der „Neuzeit" die natürlichen Feinde des Wildes fehlten, wurde der Abschuss zur Unterstützung des stärksten Bestandes ausgeführt, ebenso wie zum Schutz des nachwachsenden Baumbestandes.

In Deutschland gab es kein Jagd- und Naturschutzgebiet, welches nach Größe, Wildreichtum und geschichtlicher Bedeutung es mit der Schorfheide aufnehmen konnte.

1937 umfasste die „Stiftung Schorfheide" nunmehr sieben Forstämter mit über 30 Revierförstereien; in der Summe mehr als 60.000 ha davon ca. 10.000 ha landwirtschaftlich genutzte Flächen. Vergleichbar mit der Fläche des Bodensees mit gut 500 km^2. Die Verwaltung dieses Landforstmeisterbezirks wurde 1938 von Joachimsthal am Werbellinsee nach Groß-Schönebeck in ein neues Verwaltungsgebäude verlegt. Die Forstämter erstreckten sich über die heutigen Landkreise Barnim und Teile des Landkreises Uckermark mit den damaligen Forstämtern Altplacht und Himmelpfort.

Zum Verwaltungsgebäude der Stiftung Schorfheide gehörten zwei nebeneinanderliegende Häuser für die Verwaltungsbeamten. Das große Forsthaus mit Stallungen, Koppeln und Gartenland war im uckermärkischen Stil erbaut. Der Kellerbereich wurde aus Findlingen hochgezogen, die Vorveranda und die Außenwände waren holzverkleidet, das Dach war rohrgedeckt. Das bot sehr viel Raum für unsere bald zahlreiche Familie. Unser Vater hatte mit dieser Stellung und dem Haus das große Los gezogen. Von seinem Schwiegervater wurde das Haus für damalige Verhältnisse komfortabel möbliert. Bald hatten unsere Eltern in den Jahren von 1935 bis 1945 aus der Anlage einen kleinen Bauernhof gemacht. Viehzeug wurde angeschafft, das große Gartenland intensiv genutzt. Bald war auch das Haus mit Leben ausgefüllt. Wir, zunächst sechs Kinder, geboren von 1936 bis 1944 hatten dort unsere „Kinderstube". Auf einem Vorhof wurde umfangreiches Spielgerät aufgebaut, so dass auch die Nachbarskinder gerne zum Spielen kamen.

Durch die Schilfrohrbedachung war unser Haus in den fortschreitenden Kriegsjahren durch abdrehende Flieger nach Großangriffen auf Berlin stark gefährdet. Anfangs hatte unser Vater im Gemüsegarten hinter dem Haus einen Erdbunker anlegen lassen, der wohl bald als nicht ausreichend verworfen wurde.

Von 1935 bis Ende 1941 war unser Vater Forstsekretär - im Innendienst in der Stiftung Schorfheide. Das entsprach der Tätigkeit eines Revierförsters. Im letzten Jahr vor seinem Wehrmachtseinzug hatte er die Stellung des Rentmeisters der Stiftung. Anfang 1942 wurde er, nach dem Fiasko vor Moskau Ende 1941/Anfang 1942, zur Wehrmacht eingezogen und diente in einer Nachrichtenabteilung im Mittelabschnitt als gemeiner Gefreiter. Bereits bei der Anfahrt zu diesem Einsatz im Januar 1942 bei Tiefsttemperaturen und Dauerbeschuss und der Explosion einiger Busse hatte er Glück, dass er heil durchkam. Vorausschauend hatte er sich die größten Stiefel zuteilen lassen, die aufzutreiben waren und kräftig mit Stroh ausgestopft. So entging er den Erfrierungen an den Füßen wie vieler seiner Kameraden.

Es war wohl dem Goebbels-Erlass geschuldet, dass er abkommandiert und dem Wachdienst in Karinhall zugeteilt wurde. Dieser Erlass soll besagt haben, dass Familienväter mit fünf Kindern und mehr im Heimatdienst einzusetzen sind. Im Juni 1942 wurde meine Schwester Brigitte als fünftes Kind geboren. Zu dieser Zeit wurde im Mittelabschnitt die zweite große Offensive gestartet, die erst vor und in Stalingrad 1942/43 den Wendepunkt des Krieges bedeutete.

Nun könnte man annehmen, dass unser Vater nach „oben" Beziehungen nutzen konnte. Es war aber wohl seinem früheren Dienst in der Stiftung Schorfheide zu verdanken. Dort wurden auch die Forstbeamten des Innendienstes oft zu Jagdveranstaltungen des repräsentativ verliebten Göring abgestellt, sowohl zur Pirschbegleitung, bei „Ansitzjagden" als auch als Einzel- oder Gruppenbläser; so z.B. noch zu Friedenszeiten als Bläser nach einer Jagd mit dem damaligen Lordsiegelbewahrer Lord Londonderry, der Chamberlain beriet, sich mit Hitler beim Münchner Abkommen 1938 zu verständigen. Ein anderer Jagdgast war Ernst Udet, Jagdflieger des Ersten Weltkrieges und Mitglied der Fliegerstaffel, die Göring nach dem Abschuss Manfred v. Richthofens im Ersten Weltkrieg führte. Bei uns existierte nach dem Krieg immer noch das Udet-Buch „Mein Fliegerleben" mit einer persönlichen Widmung. Als Kind habe ich mit Begeisterung die Luftkämpfe der deutschen Fliegerstaffeln mit den Franzosen und den Engländern gelesen. Udet wurde im „Dritten Reich" von Göring protegiert. Er war im Zweiten Weltkrieg verantwortlich für die Entwicklung und Beschaffung der Luftwaffe im Range eines Generalobersten (vier-Sterne). Die Luftwaffe war enormem Druck ausgesetzt, nach dem Göring Meier heißen wolle, wenn nur ein feindliches Flugzeug in den deutschen Luftraum vordringt. Udet zerbrach an diesem Druck des nicht Machbaren. Nach der erfolglosen Luftschlacht um England beging er Selbstmord. Sein Freund Carl Zuckmayer widmete dieser tragischen

Figur mit dem Bühnenstück „Des Teufels General", mit Curd Jürgens auch verfilmt, ein ehrendes Gedenken.

Vater war Mitglied der NSDAP. Die Beweggründe sind mir nicht bekannt. Viele seiner Forstkollegen konnten sich jedoch einer Mitgliedschaft entziehen. Karrieredenken war es nicht. Tüchtige, preußische Beamte gingen ihren Weg; und tüchtig war unser Vater. Ich würde sein politisches Verhalten ehe als opportunistisch einstufen und auch deshalb, weil er nach 1946 auch Mitglied der Sozialistischen Einheitspartei Deutschlands wurde. Ein typischer Mitläufer, der wohl einfach „dabei" sein wollte.

Unsere Familie hatte den Krieg und die kritische Phase des Einmarsches der „Roten Armee" zunächst ohne Schaden und mit viel Glück überstanden. Einige Ereignisse des Jahrs 1945 bleiben für mich jedoch unvergessen.

Bis zum Januar 1945 wohnten wir im Forsthaus in Groß-Schönebeck. Oft wurden wir durch Fliegeralarm aus dem Schlaf gerissen. Die Luftangriffe auf Berlin waren für uns durch den Abwurf von Zielmarkierungsbomben, den so genannten „Weihnachtsbäumen", weithin sichtbar. Wir Kinder mussten eiligst aufstehen und liefen, bzw. die kleineren Geschwister wurden getragen, schnell durch das Kieferwäldchen in die vermeintlich sicheren Kellerräume der Forststiftung. Nach erfolgtem Abwurf ihrer tödlichen Last drehten die Bomber oft so nach Norden ab, dass sie über unser Haus kamen. Eine Bombe wurde noch im Kieferwäldchen „abgeladen".

Bereits im Januar 1945, so meine lebhafte Erinnerung als gerade Sechsjähriger, legten schwere, ostpreußische Gespanne auf unserem Gehöft eine Zwischenstation ein. Mit großem, jungenhaftem Interesse habe ich mir die vollgepackten „Leiterwagen" mit den vorgespannten schweren Kaltblütern angesehen.

Im Laufe dieses Monats Januar hatten die Eltern beschlossen, dass es für uns sicherer wäre, das Forsthaus mit dem leicht entzündlichen „Rohrdach" zu verlassen. Während unsere Mutter mit uns Kindern zu ihrem Vater nach Seilershof zog, knapp 50 km von Groß-Schönebeck entfernt, versah unser Vater weiterhin seinen Dienst bei der Wachkompanie in Karinhall. In Seilershof waren wir vor Fliegerangriffen sicherer.

Eine weitere Erinnerung ist tief haften geblieben: Auf dem Gelände des Hotels machte eine Einheit der Waffen SS, wie später gesagt wurde, Zwischenstation. Fahrzeuge und Uniformen in dieser Aufmachung waren für mich sehr interessant. Wie sich dann herausstellte, war es für diese Truppe wohl „die höchste Eisenbahn", sich dem Zugriff der anrückenden Russen noch entziehen zu können. Das war in den letzten Apriltagen 1945. Wie Karten aus den letzten Kriegsverlauf zu entnehmen ist, rückte die Rote Armee von der Oder kommend, über Angermünde, durch die Uckermark Richtung Westen vor. Der nördliche Berliner Zangengriff lag dann später bei Oranienburg.

Ich glaube, schon einen Tag nach dem Abmarsch der SS-Einheit, zogen wir in das wenige Kilometer entfernte, aber vollkommen abgelegene Dorf Burow, woher die Schwägerin unserer Eltern gebürtig kam. Burow, ein typisches, kleines märkisches Bauerndorf; lange Dorfstraße, einstöckige Häuser, Kopfsteinpflaster; außerhalb des Dorfes und im weiteren Verlauf hin zu anderen Ortschaften nur noch als „Sandstraße" ausgeführt. Fontanes „Stechlinsee" ist nicht weit entfernt davon. Das Dorf ist so ziemlich vom Wald eingeschlossen. Inzwischen war auch unser Vater mit zwei Kameraden von dem Luxusdomizil Görings, Karinhall, zu uns gestoßen. Görings Anwesen war mittlerweile von einer Pioniereinheit gesprengt worden. Das Kuriosum dieses Anmarsches war die als Gepäckwagen dienende Kinderkutsche der Edda (*1938) Göring. Vater und seine Kameraden sind wohl zu ihrem Glück erst nach dem Abrücken der SS-Einheit eingetroffen. Gerade in den letzten Tagen kam es immer wieder zu standrechtlichen Erschießungen durch die SS und/oder durch so genannte „Kettenhunde", - an einer starken Halskette war ein halbkreisförmiges Blechschild mit der Aufschrift „Feldgendarmerie" angebracht - die unerlaubtes Entfernen von der Truppe brutal ahndeten. Ob man aber bei diesem überstürzten Abmarsch der Truppe noch Konsequenzen bei Einzelnen durchzog, war fraglich und hier wohl nicht der Fall. „Rette sich wer kann", war die Devise. Der Durchmarsch der Russen stand unmittelbar bevor. Die Kanonade der Geschütze rückte immer näher. Deshalb beschloss die Verwandtschaft aus dem Dorf Burow, tief im Wald sich in einem vorbereiteten Erdbunker von den Russen überrollen zu lassen. Man hoffte, dass die Front sich auf den gut ausgebauten Straßen bewegen würde. Eine Nacht verbrachte die ganze Familie dort. Das Pfeifen der Geschützmunition habe ich heute noch im Kopf. Am nächsten Morgen erscholl draußen ein großes Gebrüll. Fremde Laute. Russen, hoch zu Pferde durchkämmten den Wald mit gezogenem Säbel. Sie verfuhren mit uns gnädig. Hände hoch, ruki dwer, wie ich später gelernt habe. Durchsuchung auf Waffen – keine kämpfende Truppe, harmlose Bauern, Frauen und Kinder, weiter ging es. Wir konnten ins Dorf zurück. Mein Vater hatte sich eine viel zu kurze Hose angezogen; auch die Ärmel seiner Jacke waren zu knapp. Er wollte ein bisschen „schräg" aussehen. Den Tag verbrachte ich dann am Küchenfenster des Bauernhauses mit Blick zur Dorfstraße. Den ganzen restlichen Tag durchzogen Panjewagen des Trecks der Russen dieses abgelegene Dorf. Die Hauptstraßen waren wohl der kämpfenden Truppe mit ihren schweren Gerätschaften wie Panzer, Geschütze, LKW und ihrem Kampfnachschub vorbehalten.

Panjewagen, das waren kleine, oft holzrädrige, eisenumreifte, einspännige Fuhrwerke, gezogen von einem kleinen struppigen Pferd an einem Deichselbaum. Darauf saßen zwei, drei Soldaten ohne einen Dienstgrad, vielleicht mit der Bagage eines Zuges, der kleinsten militärischen Einheit. Die einfachen Soldaten mit Käppi und kahlgeschorenem Kopf hießen bei uns später, abwertend wie wir heute wissen, „Muschkoten".

Wir hielten uns nicht lange in diesem Dorf auf. Die Strecke von Burow nach Seilershof beträgt keine zehn km, überwiegend durch den Wald. Vater hatte ein Fuhrwerk organisiert. In diesem Waldstück kam es fast zu einer Familientragödie. Wir wurden durch eine kleine berittene Gruppe marodierender russischer Soldaten aufgehalten. Sie wollten unseren Vater erschießen. Er wurde von ihnen wohl verdächtigt, ein „Faschist" zu sein, wie sie immer schnell feststellten und die Pistole zur Hand hatten. Kann man sich vorstellen, wie eine Mutter mit ihren sechs Kindern um das Leben ihres Mannes fleht? Wir Kinder, meine älteste Schwester war am 1. Mai 1945 gerade neun geworden, dann folgten wir weiteren Kinder mit fast acht, ich mit sechs Jahren und die folgenden fünf und knapp drei Jahren. Mein jüngster Bruder vom Januar 1944 wird wohl mit geschrien haben, weil alle geweint haben. Unser Vater war mit seinen 1,86 m und mit seinen 35 Jahren für die Russen bestimmt der typische „Faschist", der zu liquidieren war. Nach dem sie unseren Eltern Eheringe und die wenigen Schmuckstücke abgenommen hatten, verschwanden die Russen zu unserem Glück wieder so schnell, wie sie in dem Waldgebiet auf ihren schnellen Pferden auftauchten. Vielleicht waren wir weinenden Kinder die Rettung für unseren Vater. Was für ein Glück nach diesem Schreck.

Einige Tage verbrachten wir dann wieder im Hause unseres Großvaters in Seilershof. In dieser, für unsere Gegend bereits eingetretenen Waffenruhe, bestand wohl die Gefahr von Übergriffen von Rotarmisten auf Frauen. Die Türen vorhandener Dachkammern konnten auf die Schnelle mit Schränken zugeschoben werden. Wir Kinder mussten auf der vorhandenen durchgehenden Veranda Wache schieben. Einige Frauen von noch im Feld befindlichen Soldaten hielten sich im Hotel auf. Die Absicht dieser Übergriffe war mir zu diesem Zeitpunkt nicht bekannt.

Bestimmt sind wir dann nach dem 8. Mai, dem Tag der deutschen Kapitulation, wieder mit unserem Pferdefuhrwerk nach Groß-Schönebeck zurückgekehrt; natürlich mit gemischten Gefühlen, was zwischenzeitlich wohl mit Haus und Einrichtung passiert war. Unser Vater hatte während seiner Stationierung in Karinhall bis in die letzten Apriltage immer wieder nach dem Rechten sehen können. Was waren wir froh, **alles** unversehrt vorzufinden. Dass Russen auf dem Gehöft waren, konnten unsere Eltern an der ausgehobenen Grube im Garten erkennen. Dort hatte unser Vater seine Jagdgewehre vergraben. Der benachbarte Förster beklagte sich, dass sein Bettzeug versaut war. Unsere

Mutter hatte aus unserem „Schweinegarten", wo riesige Holunderbüsche standen, immer jede Menge Holundersaft eingemacht. Die Russen waren wohl auf Rotwein eingestimmt. Für uns gut, dass diese „ernüchternde Feststellung" im Haus seines Forstkollegen stattfand.

Weitere Ereignisse mit Russen fallen mir ein. Direkt an unserer Wiesenkoppel entlang führte die damalige F 109 nach Berlin. Abschweifend, noch in Nazijahren, hatte unser Vater ein Prachttier von Esel zu sich auf diese Weide geholt, um den sich in Karinhall so niemand richtig kümmerte. Als Göring auf einer Fahrt nach Berlin den Esel auf unserer Koppel sah, hat er sich erkundigt, wie wohl sein Esel dorthin komme. Er wurde umgehend wieder nach Karinhall transportiert.

Und eben auf dieser besagten Koppel graste unser Pferdchen, das uns brav vom Überfall im Burower Wald mit Sack und Pack nach Groß-Schönebeck gebracht hat. Eine große Kolonne Russen marschierte aus Richtung Zerpenschleuse kommend auf der heutigen B 109 nach Groß-Schönebeck. Als unser Vater diesen Trupp sah, fing er das Pferd ein, um es schnell vor einem Zugriff der Russen in den Stall zu bringen. Aus dem Trupp jedoch löste sich ein Russe, sprang über den Koppelzaun, rannte über die Weide, durch Garten und Hof, wo unser Vater gerade mit dem Pferd angekommen war. Es wurde ihm entrissen, vor das Fuhrwerk gespannt und mit letzten Peitschenhieben auf unseren Vater haben Pferd und Wagen den Besitzer gewechselt. Im Verhältnis zu dem, was dann über unsere Familie kam, war das ein bestimmt verkraftbares Ereignis.

Was sich ansonsten, besonders im von Russen besetzten Gebiet so in Deutschland und der Welt abgespielt hat, füllt ganze Bibliotheken. Alle Soldaten, die den Krieg unversehrt überstanden hatten, waren nicht nur unter der russischen Besatzung der Gefahr einer nachträglichen Kriegsgefangenschaft ausgesetzt. So ging es auch unserem Vater. Er wurde von Deutschen aus dem Dorf denunziert. Ausschlaggebend war wohl seine Nähe zu Karinhall. Es war im Juni 1945. Unser Vater arbeitete im Garten, als er zum Mitkommen aufgefordert wurde. Es waren etliche

Männer aus dem Dorf und der Umgebung, die in die ehemalige Remise des Schlosses eingesperrt wurden. Ich glaube, es wurde ihm nicht einmal Zeit gelassen, sich nach seiner Gartenarbeit umzuziehen. Deshalb machte sich unsere Mutter abends auf, packte einige Sachen ein, an das Schuhwerk der Springerstiefel kann ich mich noch erinnern, sowie etwas Verpflegung, nahm ihren Ältesten an die Hand und marschierte in Richtung der ehemaligen Schlossgaragen. Wir schlichen uns von hinten an, wo sich auch kleine Kippfenster befanden, versuchten mit unserem Vater Kontakt aufzunehmen. Aber die Russen hatten uns bemerkt. Wir beide kamen selbst hinter Schloss und Riegel. Irgendwann konnten wir aber wieder nach Haus. Ob unsere Mutter nochmals bei der Ortskommandantur intervenierte, weiß ich nicht mehr; aber sicherlich, denn sie war unerschrocken, wenn es um lebensnotwendige Maßnahmen der Familie ging. Schnell waren die Verhaftungen aus dem Groß-Schönebecker Umfeld ausgeschöpft. Die Gefangenen mussten zum Abmarsch Richtung Berlin antreten. Diesen Zeitpunkt hatte unsere Mutter abpassen können. Wieder nahm sie ihren Ältesten an die Hand, und wir hielten uns am Ende der Marschkolonne auf. Sie versuchte über andere Gefangene unserem Vater noch Kleidung und Esswaren zuzustecken. Die Russen aber kannten kein Erbarmen. Sie drohten uns mit dem Gewehrkolben und versperrten den Weg. Als gut Sechsjähriger habe ich die Tragweite dieser Tragödie bestimmt nicht verstanden. Aber wie mag es in unserer Mutter ausgesehenen haben? Sicherlich hat sich ihr Kummer und ihre Tränen auch auf mich übertragen. Mit einem Kind an der Hand hoffte unsere Mutter, die eigentlich weichherzigen und kinderfreundlichen Russen milder stimmen zu können.

Wieder hatte unser Vater mit einer kurzen Kriegsgefangenschaft bis zum Oktober 1945 Glück. Jedoch waren die Demontagearbeiten in den ehemaligen Kalkwerken Rüdersdorf im Osten Berlins kräftezehrend. Ein anschließender Gewaltmarsch mit vielen Todesopfern, um einen nach Sibirien vorgesehenen Abtransport noch zu erreichen, kam glücklicherweise doch zu spät in Frankfurt/ Oder an. Mehr tot als lebendig entließen die Russen unseren Vater im September 1945. Als Arbeitskraft war er für die Russen unbrauchbar.

Es gab in den Monaten ohne Vater aber auch Momente, wo herzhaft gelacht wurde. In unserem Haus hielten sich Frauen von deutschen Offizieren auf, die nicht wussten, wo sich ihre Männer befanden, sowie es hunderttausenden deutschen Frauen ergangen war. Die eingerichteten Kommandanturen waren nach Kriegsende schon bemüht, Zugriffe ihrer Soldaten zu unterbinden. Die gemeinen Soldaten hatten offiziell, ohne Begleitung von Unteroffizieren und Offizieren keine Bewegungsfreiheit. So ergab sich für diese Frauengruppe mit zwei bis drei russischen Offizieren der mittleren Dienstgrade ein unkomplizierter Umgang. Wie dieser zustande kam, ist mir nicht bekannt. Neben Übergriffen, die immer wieder vorkamen, wollten die Russen auch einen normalen, menschlichen Kontakt haben. Das Beschaffen von Lebensmitteln war immer ein Anlass, Kontakt aufzubauen, wenn sich Vertrauen ergab. So haben die Russen auf unserem Hof das Fahrradfahren gelernt. Unter unseren Fahrrädern existierte auch ein Tandem. Als das Fahren auf dem Hof gut klappte, saß hinten eine der „Offiziersdamen" drauf, vorne der Russe. Das Hoftor stand offen und der Russe fuhr mit seiner Dame durchs Tor, durchs Kiefernwäldchen und dann durchs Dorf, sang dabei und die Frau musste gute Miene zu dieser „Entführung" machen. Lenken und bremsen konnte man nur vorne. Die Dorfbewohner haben sich wohl ihren Teil dabei gedacht.

Meine Kindheitserlebnisse des ersten Halbjahres 1945 waren für mich sehr einprägsam. Meine älteren Geschwister hatten die gleichen Erinnerungen. Oft wurden diese Geschichten nicht nur im Familienkreis erzählt und die Wahrnehmungen dieser Abläufe wurden immer intensiver.

Im 1. September 1945 wurde ich noch in Groß-Schönebeck eingeschult. Unser Vater hatte wieder das große Glück, dass er nach diesen Jahren der Ungewissheit gesund zu seiner Familie zurückkehren konnte. Schon im Oktober 1945 bekam er eine Forststelle mit einem interessanten Revier zugewiesen. Im gleichen Monat haben wir das Forsthaus in der kleinen Gemeinde

Vogelsang im Kreis Templin in der Uckermark bezogen. Sein Traum erfüllte sich; ein Revier in der Schorfheide wurde Wirklichkeit. Aber unter welchen Bedingungen im Oktober 1945?

Jetzt bin ich mit der Familiengeschichte unserer Eltern, die auch mit den 40er Jahre auch meine Kindheit erzählt, der Zeitgeschichte weit vorausgeeilt. Mit der Nachkriegszeit begann nicht nur für viele Deutsche ein anderes Leiden mit Todesfolgen durch Hunger, Krankheit und für Millionen Menschen mit Heimatlosigkeit. Neben den Flüchtlingen aus den Ostgebieten strömten evakuierte Menschen, fast ausschließlich Mütter mit ihren Kindern, zurück in die zerbombten Städte, in der Hoffnung, Wohnung und Nahrung zu finden. Familien wurden oft in den letzten Kriegstagen und auf der Flucht getrennt, Väter blieben verschollen ohne Kenntnis und Umstände des Ausbleibens. Für viele Menschen begann ein Überlebenskampf mit der Sorge, werde ich den nächsten Tag erleben, und wenn ja, wie kann ich dann den nächsten Tag bewältigen?

Meine Familie gehörte zu den Glücklichen dieser Zeit. Die Familie war vereint, Haus und Hof intakt, der Garten und forstliches Pachtland wurden genutzt und für die kalten Winter stand immer ausreichend Holz für die Kachelöfen zur Verfügung. Womit sich die Familie zukünftig in Sowjetischen Besatzungszone und der späteren DDR auseinandersetzen musste, beschreibe ich in folgenden Kapiteln. Und wieder wende ich mich entscheidenden Persönlichkeiten der Weimarer Republik zu.

5. Die Reichspräsidenten

Friedrich Ebert (1919-1925)

Um den „Fastuntergang" Deutschlands mit der Diktatur der Nationalsozialisten mit der Folge des Zweiten Weltkrieges vielleicht etwas begreiflicher machen zu können, gehe ich zunächst auf die Reichspräsidenten der Weimarer Republik zurück. Sicherlich kann man dem ersten Reichspräsidenten der Republik,

Friedrich Ebert, am wenigsten nachsagen, dass er zum Entstehen der Hitlerdiktatur beigegetragen hat.

Der Sozialdemokrat Friedrich Ebert wurde zum ersten Reichspräsidenten der Weimarer Republik gewählt. Zu diesem Mann ist einiges zu sagen, ist seine Wahl doch mit einem „Quantensprung" der deutschen Geschichte vergleichbar. Und eben diesen „Sprung" wollte die zunächst in der Versenkung verschwundene „Elite" nicht hinnehmen und ließ Ebert und mit ihr die Sozialdemokratische Partei in der Weimarer Republik scheitern.

Er kam aus einem kleinbürgerlichen Elternhaus, erlernte das Handwerk eines Sattlers und war in vielen Regionen als Geselle drei Jahre auf Wanderschaft. In dieser Zeit hatte er vielerorts Einblick in die sozialen Verhältnisse der so genannten kleinen Leute. Die Rechte der Handwerksgesellen zu ihren Brotherren waren in dieser Zeit mehr als mangelhaft. So engagierte sich Ebert schon früh am Aufbau einer Gewerkschaft, zunächst für die Sattlergesellen. Mit 18 wurde er Mitglied der SPD, arbeitete zunächst in seinem Beruf und betrieb später in Bremen eine Gaststätte, in der die Menschen nicht nur ihr Bier tranken und sich austauschten, sondern vom Wirt in vielen Dingen des täglichen Lebens beraten wurden. Partei- und Gewerkschaftsarbeit wurde nun sein Lebenselixier. Die SPD erkannte, dass die Beratung der Menschen nicht so neben seiner eigentlichen Arbeit wirksam werden konnte. Daher wurde ab dem Jahre 1900 ein hauptamtlicher Posten eines „Arbeitersekretärs" geschaffen, der die Menschen im Sozial- und Arbeitsrecht beraten konnte. Immerhin gab es ab 1883 in Deutschland eine Sozialgesetzgebung, die Beratungsbedarf mit sich brachte. Im Rahmen dieser Tätigkeit erfolgte für Bremen eine erstmalige ‚statistische Erhebung über die Lebensverhältnisse der Bremer Arbeiter von 1902' zur Arbeit, Lohn und Wohnen. Ebert hielt Einzug in die Bremer Bürgerschaft und wurde dort Fraktionsvorsitzender seiner Partei.

Ab 1904 wurde Ebert überregional bekannt und der Vorsitzende der SPD in Deutschland, August Bebel, unterstützte seine Wahl in den Parteivorstand. Ebert wurde nach dem Tod Bebels 1913 Vorsitzender der SPD und gehörte innerhalb seiner Partei zu den Unterstützern des Ersten Weltkrieges; man sprach von „Vaterlandsverteidigung". Der Heimat wurde der „Burgfrieden" empfohlen. Ebert hing gefühlsmäßig an der Monarchie; zwei seiner Söhne waren im Krieg gefallen. Sein Erstgeborener, Friedrich Junior, war wie sein Vater sozialdemokratischer Politiker in der Weimarer Republik und wurde in der DDR als Mitglied der Sozialistischen Einheitspartei Deutschlands (SED), bekannt als Fritz Ebert, Oberbürgermeister von Ostberlin.

So musste Ebert während seiner Amtszeit als Reichspräsident sowohl von der rechten als auch von der linken Presse Schmutzkampagnen über sich ergehen lassen. Eine Presseabteilung gab es zu dieser Zeit noch nicht, die das Bild von Persönlichkeiten des öffentlichen Lebens hätte entsprechend herausstreichen können. Es wurden 200 Beleidigungs- und Verleumdungsklagen geführt. Das Ansehen des Präsidenten war dauerhaft beschädigt.

Friedrich Ebert versuchte die Staatsmaschinerie in Gang zu halten und lässt die Zivilverwaltung des Kaiserreichs im Amt. Der Staatsapparat musste ja weiterlaufen, da die Loyalität der jetzt politisch Verantwortlichen zum neuen Staat zu wünschen übrigließ. So drohten dem Staat Gefahren von linken revolutionären Arbeitern und Soldaten, aber auch von rechten Gruppen, die sich mit der Machtausübung der Sozialdemokraten nicht abfinden wollten.

Ebert musste sich aus dem bürgerlichen Lager neue Mehrheiten suchen, die aber immer nur eine kurzzeitige Regierungsarbeit leisten konnten. In diese Zeit fielen auch nicht gezahlte Reparationen mit den Folgen der Besetzung des Ruhrgebiets und der Inflation.

Tragisch für die Weimarer Republik: Ihr erster Reichspräsident stirbt nach einer Blinddarmentzündung im Alter von 54 Jahren.

Friedrich Ebert regte noch selbst zu einem Stiftungswerk an. Die Spenden seiner Trauernden bildeten bereits im März 1925 das Startkapital der Friedrich-Ebert-Stiftung. Es ist das finanzkräftigste politische SPD-nahe Stiftungswerk der Bundesrepublik. Sicherlich aus Steuergründen ist sie rechtlich keine Stiftung, sondern ein eingetragener Verein (eV). Mit Sitz in Bonn und einer Außenstelle in Berlin mit ihrem derzeitigem Vorsitzenden Martin Schulz nimmt der „Verein" vielfältige Aufgaben der politischen Bildung und in der Digitalisierung wahr, begleitet Flucht und Migration sowie wichtige rechts- und innenpolitische Reformen. Dem ersten Reichspräsidenten der Weimarer Republik, Friedrich Ebert, wurde mit dem Stiftungswerk und der heutigen Bedeutung dieses Werks mehr als ein ehrendes Gedenken zuteil.

Paul von Hindenburg (1925-1932-1934)

Wie konnte die Wahl auf Hindenburg als Reichspräsident fallen, der als Vertreter des alten Kaiserreichs galt? Auch nach dem Krieg hatte Hindenburg durch seine Erklärungen vor dem Untersuchungsausschuss der Nationalversammlung zum verlorenen Krieg viel dazu beigetragen, dass die politische und gesellschaftliche Atmosphäre in Deutschland in den 1920er-Jahren zwiespältig, wenn nicht sogar vergiftet blieb. „Das deutsche Heer war im Felde unbesiegt; es wurde von hinten erdolcht", zitiert Hindenburg einen englischen General auch als Rechtfertigung seiner Handlungen zum Ausgang des Krieges vor dem Untersuchungsausschuss. Daraus wurden von nationalistischen Kreisen „gängige", die schon erwähnten Schlagworte - „Dolchstoßlegende" oder „Novemberverbrecher" - geprägt, die in der Weimarer Republik durch die Presse geisterten und mit dazu beitrugen, dass die Sozialdemokraten und schon gar nicht die Kommunisten langfristig regierungsfähige Mehrheiten zustande brachten.

Hindenburg war ein Offizier der alten Schule. Er nahm bereits am Deutschen Krieg 1866 an der Schlacht bei Königgrätz gegen Österreich und am deutsch französischen Krieg 1870/71 teil. Im Range eines kommandierenden Generals ging er 65-jährig 1912 in Pension. Die Reaktivierung erfolgte gleich zu Beginn des Ersten Weltkrieges als Führer der 8. Armee in Ostpreußen, nachdem Russland Teile der deutschen Armee bei Gumbinnen besiegte. Der Sieg über eine russische Armee bei Tannenberg zusammen mit seinem Stabsoffizier Ludendorff war die Grundlage seines

Mythos bis weit in 20er-Jahre. An diesem für die ostpreußische Provinz wohl befreienden Sieg bei Tannenberg machte sich die Öffentlichkeit auch nach dem Krieg fest, was zur Glorifizierung Hindenburgs beitrug. Alle anderen Schlachten, an der Marne, um Verdun oder die Skagerrak-Seeschlacht konnten nicht als Ruhmesblatt verkauft werden. Im Gegenteil.

So konnte der Feldmarschall Hindenburg, mittlerweile 77-jährig, direkt vom Volk zum Reichspräsidenten gewählt werden. Hindenburg konnte erst im zweiten Wahlgang vom der rechten Parteiengruppierung des Reichsblocks mit Hilfe des Altstrategen der kaiserlichen Marine, Alfred von Tirpitz, gewonnen werden. Die konservativen Kräfte, von den Monarchisten, den Großagrariern, den Industriebaronen bis hin zu den erzkatholischen Kreisen einigten sich auf den Altmonarchisten Hindenburg. Der Gegenkandidat Wilhelm Marx wurde vom vereinigten Volksblock aufgestellt, nach dem der aussichtsreiche SPD-Kandidat Braun zu Gunsten des Postens eines Ministerpräsidenten des Landes Preußen von der Kandidatur zum Reichspräsidenten Abstand nahm. Bei Bekanntwerden der Kandidatur Hindenburgs intervenierten die Alliierten. Immerhin wurde Hindenburg nach dem Versailler Vertrag als Kriegsverbrecher geführt. Man brauchte wohl in dieser Zeit in Deutschland eine ‚Heldenfigur‘, oder war man der Meinung, der „Alte“ könnte in dieser kuriosen Zeit kaum noch mehr Unheil anrichten?

Im April 1925 wurde Hindenburg zum zweiten Reichspräsidenten der Weimarer Republik gewählt; für den langfristigen Ablauf der Weimarer Republik eine weitreichende Fehlentscheidung. Die bürgerlichen Parteien mit der SPD hatten zwar einen gemeinsamen Präsidentschaftskandidaten, Wilhelm Marx vom Zentrum, der gute Chancen hatte, gewählt zu werden, jedoch unterstützte die Bayerische Volkspartei den erzkonservativen Hindenburg. So setzten sich mit einer geringen Mehrheit die Konservativen durch. Kommunisten und vor allem Nationalsozialisten spielten zu dieser Zeit noch eine untergeordnete Rolle.

Die Bayern waren also damals schon in der Lage, sich wie heute im Reich oder jetzt im Bund ihre Interessen entscheidend einzubringen.

Man täuschte sich in Hindenburg bezüglich seiner demokratischen Integrität in der Amtseinführung als Reichspräsident. „In den folgenden fünf (zunächst von sieben) Jahren war die Rolle Hindenburgs in der Politik eine positive, und er setzte seine Autorität in den Kabinettskrisen dieser Jahre in kluger Weise ein und bemühte sich zusammen mit den Parteien, Auswege aus den verfahrenen Situationen zu finden, die sie mit ihrem Hader heraufbeschworen. (…) In seiner Ansprache an den Reichstag nach der Leistung des Verfassungseides hatte er an sie appelliert, ihm bei der Wiederherstellung der nationalen Einheit zu helfen: „Diese große Aufgabe wird mir dann wesentlich erleichtert werden, wenn in diesem Hohen Hause der Streit der Parteien nicht um Vorteile für eine Partei oder einen Berufsstand gehen wird, sondern vielmehr darum, wer am treuesten und erfolgreichsten unserem schwerbedrückten Volke dient".[5]

Wie wahr; darauf sollten sich auch unsere heutigen Politiker immer wieder berufen.

Die Parteien zeigten jedoch nicht geringste Neigung, diesen dringend erforderlichen Appell bei der Arbeit des Reichstages zu beherzigen. Der über 80-jährige war nun in seinen letzten Amtsjahren enormen Belastungen ausgesetzt. Die Koalition mit der Deutschen Volkspartei (DVP) unter Hermann Müller (SPD) konnte sich nicht über die notwendige Anhebung der Beitragssätze zur Arbeitslosenversicherung einigen und zerbrach am 27. März 1930 daran.

6. Das Ende der Republik

Wie oben schon kurz aufgeführt, konstatierte der schon genannte Sebastian Haffner „Von Bismarck zu Hitler" drei Ablaufphasenphasen in dieser Republik: Von der Gründung bis um das Jahr 1924 sah es fast so aus, als würde das „Unternehmen" scheitern. Die Sozialdemokraten gaben entnervt die Regierungsverantwortung ab. Dann starb auch noch ihr Zugpferd, der Reichspräsident Friedrich Ebert. „Dann kam überraschenderweise eine Periode scheinbarer Konsolidierung, die „goldenen" zwanziger Jahre bis 1929. Darauf folgte ziemlich plötzlich die Periode der Auflösung und die Vorbereitung der Hitler'schen Machtübernahme bis 1932".[6]

Zehn Jahre nach Ende des Ersten Weltkrieges standen die Auswirkungen des Versailler Vertrages noch immer im Raum. Ein neuer Finanzierungsplan war in der Verhandlung. Der Young-Plan sollte die Finanzierung der Kriegsschulden strecken. Das alles waren Themen, die das Volk auf die Barrikaden brachte. Hitler nutzte die Schwächen der Weimarer Republik gnadenlos aus und versprach den Deutschen, die „Ordnung" wiederherzustellen. Das Verlangen nach „Ordnung" stand den Deutschen wohl höher als Freiheit und Gerechtigkeit - die man aber erst zu schätzen weiß, wenn man sie nicht mehr hat.

Auch der in Not geratene Mittelstand erlag in gewissen Teilen der nationalen und antisemitischen Hetze. Hitler bediente diese frustrierten Gruppen mit seinen demagogischen Tiraden.

Die „braune" rechte SA und der „rote" linke Rotfrontkämpferbund der KPD schenkten sich nichts. Die paramilitärischen Elemente dieser „Kampftruppen" waren mit einer Demokratie unvereinbar. So bewegte sich das „System Weimar" dem Ende zu. Die extremen politischen Parteien beherrschten die Szene in Deutschland.

Haben die demokratischen Parteien in dieser Phase versagt? Hatte Hugenberg mit seiner Pressedominanz der nationalistischen und antisemitischen Stimmungsmache Anfang der 30er-Jahre die Zusammenarbeit vernunftbezogener, demokratischer Kräfte untergraben? Oder war überwiegend die Weltwirtschaftskrise – also eine indirekte ausländische Implosion weltwirtschaftlicher Kräfte - mit der dann folgenden Arbeitslosigkeit dafür verantwortlich, dass die Weimarer Republik immerhin auf demokratischem Wege von einem totalitären Regime abgelöst wurde? Wir sprechen von einer Weltwirtschaftskrise, das heißt, andere Länder wie Frankreich, England und die USA traf die Krise genauso, dort gab jedoch nicht die katastrophalen Nachwirkungen wie in Deutschland.

Wahrscheinlich hat die mit dem Vertrag von Versailles verbundene Demoralisierung, die überzogenen Reparationsforderungen mit der Inflation in Folge und letztendlich die Weltwirtschaftskrise, von den USA ausgehend, mit der folgenden katastrophalen Arbeitslosigkeit die Demokratie der Republik, in diesen Krisensituationen politisch überfordert.

Die Weimarer Republik, die ja nur 14 Jahre Bestand hatte, war für Deutschland der zweite Versuch nach der Frankfurter Paulskirche, Demokratie in einer Republik zu etablieren. Sie war ein Übergangskonstrukt nach jahrtausendalten monarchisch geprägten Regierungsformen. Frankreich und England mit ähnlichen staatlichen Startformationen waren uns Deutschen voraus. Der verlorene Kampf um die Vormachtstellung in Europa, die Demütigung durch unsere Gegner, die Zerrissenheit der Nation in extrem-radikale Linke und Rechte und eine uneinheitliche bürgerliche Mitte ließen kein demokratisches Miteinander zu. Waren wir für eine gelebte Demokratie noch nicht reif? Viele andere Gründe des Zerfalls und der Übergang zur Diktatur wurden unzählige Male analysiert.

Man könnte daraus schließen, dass für den Untergang der Weimarer Republik das Ausland mit verantwortlich war, Frankreich mit Versailles und die USA mit der ausgelösten Weltwirtschaftskrise. Diese inszenierten bzw. „gierigen" Auslöser waren Beschleuniger hin zur radikalen Diktatur.

Damit wären jedoch die Deutschen vollkommen außen vor. Die Verantwortung haben immer die Anderen. So einfach darf der Schluss aber nicht ausfallen. Die Beurteilung des Scheiterns der Weimarer Republik hin zur alles vernichtenden Diktatur muss wie die Übernahme der Verantwortung zum Ersten Weltkrieg ausfallen: Es gab keinen alleinigen Schuldigen. Alle Mächte sollten zu ihrem „Tun in sich gehen".

Das Jahr 1932 lief für die Weimarer Republik wie in einem Politkrimi ab. Nachdem Brüning im Mai 1932 vom Reichspräsidenten quasi entlassen wurde, kam es im Juli 1932 zur Reichstagswahl mit deutlicher Mehrheit der NSDAP von 37,3 Prozent Die Nationalsozialisten fanden verständlicherweise aber keinen Koalitionspartner, um regieren zu können. Noch war Hitler dem Feldmarschall suspekt. Dem dann ernannten von Papen erging es ebenso. Ein Staatsstreich wurde in Erwägung gezogen, das heißt, durch eine Verfassungsänderung das Parlament über den § 48 über Notverordnungen hinaus dauerhaft auszuschalten. Dieses Risiko wollte der „Alte" angesichts eines drohenden Volksaufstandes aber nicht eingehen. Er war halt trotz seiner monarchischen Grundhaltung ein bis auf die Knochen korrekter Amtsverwalter. Nachdem von Papen selbst sich nicht parlamentarisch durchsetzen konnte, brachte er beim „alten Herrn" über seinen Sohn Oskar von Hindenburg den Reichswehrminister Kurt von Schleicher in Stellung. Die notwendige Reichstagswahl fand im November 1932 statt. Die Nationalsozialisten „fielen" auf 33,1 Prozent ab. Zumindest schien die Gefahr einer Hitlerregierung gebannt. General Schleicher wurde zum Reichskanzler ernannt. Er hoffte, moderatere Nationalsozialisten unter Strasser für sich gewinnen zu können. Die KPD verweigerte sich grundsätzlich. Die SPD lag mit 20 Prozent in heutiger (2018) Größenordnung und wollte auch mit den „Militärs" nicht koalieren. Den großen „Rundumschlag" - auch den Reichspräsidenten auszuschalten, quasi ein Militärputsch – wagte von Schleicher nicht; die Achtung vor seinem alten Weltkriegsmarschall war zu groß. Von Schleicher enttäuschte damit auch seinen Mentor von Papen. So ging der „Strippenzieher" wieder auf Gesprächssuche und hinterging seinen alten Busenfreund von Schleicher. Wie konnte man Hitler kontrolliert einbinden? Das war die Frage! Hitler hatte sich bei diesen Gesprächen ganz klar positioniert, dass eine für ihn abhängige Koalition nicht in Frage käme. Er wollte die unumschränkte Macht.

Die NSDAP befand sich nach der Wahlniederlage sowohl finanziell als auch mental bei der Basis in der Krise. Nach den

vielen Straßenkämpfen und großspurigen Ankündigungen musste die Führung nun endlich liefern. Von den nun mittlerweile
sechs Millionen Arbeitslosen hatten sich viele für die Partei in
der SA auf der Straße herumgeschlagen, und die meinten immerhin, Mitglieder einer Arbeiterpartei zu sein. Hitler und Goebbels wussten das. Also ging man auf die Angebote von Papen und
Oskar von Hindenburg ein, die Kanzlerschaft mit „zwei" Minis-
terposten zu übernehmen. Mit Wilhelm Frick als Innenminister
und Hermann Göring ohne Geschäftsbereich meinte von Papen,
die nun mit Nationalsozialisten besetzte Regierung im Griff zu
haben, zumal er mit dem „Silberfuchs" Hugenberg Wirtschaft
und Presse zu beherrschen glaubte. Sohn Oskar hatte nun auf
seinen Vater einzuwirken; die Widerstandskraft des Reichspräsidenten war erschöpft.

Am 30. Januar 1933 gab der Generalfeldmarschall Hindenburg
als 85-jähriger seine Verachtung zum Gefreiten des Ersten Weltkrieges ermattet auf. Adolf Hitler wurde vom Reichspräsidenten
als Reichskanzler mit der Regierungsbildung beauftragt.

General a. D. Ludendorff, engster militärischer Mitarbeiter
Hindenburgs im Ersten Weltkrieg, Schirmherr der völkischen
Bewegung in Bayern, Mitangeklagter Hitlers vor dem Volksgericht München, Repräsentant der Nationalsozialistischen Frei-
heitsbewegung, schreibt an Reichspräsident Hindenburg, mit
dem er seit Jahren verfeindet ist:

**„Sie haben durch die Ernennung Hitlers zum Reichskanzler
unser heiliges deutsches Vaterland einem der größten Dema-
gogen aller Zeiten ausgeliefert. Ich prophezeie Ihnen feierlich,
dass dieser unselige Mann unser Reich in den Abgrund stürzen
und unsere Nation in unfassbares Elend bringen wird. Kommende Geschlechter werden Sie wegen dieser Handlung in
ihrem Grabe verfluchen".**[7]

Wie vorausschauend dieser „alte Reaktionär" diesmal war.

7. Halbzeit der deutschen Tragödie

Wir sind in der Mitte der deutschen Tragödie angekommen.

Seit den Ersttagen des neuen deutschen Kaiserreiches 1871 rollte eine Lawine einer nicht absehbaren Endzeit auf Deutschland zu. So sehe ich das bis zum Jahr 1945. Endzeit - einen derartigen Umbruch hat es in der über fast zweitausend-jährigen Geschichte der Deutschen nicht gegeben. Selbst der 30-jährige Krieg war nicht so grausam und folgenreich in seinen Auswirkungen.

Aber noch sind wir in der Halbzeit des Absturzes, in der die Chance bestand, den Krieg zu vergessen und den Nationalismus in nationale Bahnen zu lenken. Den Bereich der Halbzeit würde ich in die Jahre 1930 bis Ende 1932 einordnen. Der großen Herausforderung der Gesellschaft durch die Weltwirtschaftskrise mit dem enormen Anwachsen der Arbeitslosigkeit und der damit einhergehenden Zuspitzung der radikalen Parteien von links und rechts waren die demokratischen Kräfte in ihrer Zersplitterung nicht gewachsen. Hatten die Reichskanzler Brüning und von Schleicher eine Chance, Deutschland vor dem folgenden braunen Terror mit all seinen Folgen in der ganzen Welt zu bewahren? Ich glaube, - nein. Die Antwort ist in den vielen beschriebenen Detailabläufen seit 1870/71 zu suchen.

Bismarck war wohl noch die historische Figur, die - das muss wohl so gesehen werden - auch mit viel Dramatik und Durchsetzungsvermögen versuchte, gesetzte Ziele zu erreichen. Er war auch derjenige, der die Gefahr des immer stärker aufkommenden Nationalismus erkannte und die neuen europäischen Kräfteverhältnisse kanalisierte. Seine Nachfolger und der letzte Kaiser des deutschen Reiches vermochten es nicht. Ich bin in meinen Ausführungen auf die Nachfolgekanzler und Kaiser Wilhelm II. eigentlich mehr eingegangen, als dass sie sich im Ablauf der deutschen Geschichte ihrer Zeit verdient gemacht hätten.

Die Parlamentarier der Weimarer Republik, egal welcher Couleur, spielten in diesen Jahren immer eine wichtigtuerische, aufgeblasene Rolle. Ausnahmen dieser Politiker sind bei Rathenau, Erzberger und Stresemann und vielleicht einigen anderen zu sehen, die sich aber nicht durchsetzen konnten. Selten hatten sie Einsicht für das Große und Ganze. Und wenn sie diese Einsicht partikulär vorhanden war, fand diese Einsicht keine Mehrheit im Parlament. Das war aber auch im Kaiserreich nicht entscheidend anders. Schon Bismarck konnte bei der Umsetzung wichtiger Gesetzesvorlagen ein ‚Lied davon singen'. Im Kaiserreich wurde der Reichstag auf Initiative des Kanzlers und mit der Zustimmung des Bundestages viermal aufgelöst. Die Notbremse im Reichstag der Weimarer Republik - wie oben aufgeführt – war der § 48 mit Parlamentsauflösungen; regiert wurde dann mit Minderheitenkabinetten über Notverordnungen.

Ein Nationalismus in Deutschland machte sich schon ab 1870 breit - und nicht nur im Reichstag, der durch den Sieg über Frankreich und in der folgenden Reichsgründung u.a. seinen Ursprung hatte. Der nach dem Wiener Kongress, über das Hambacher Fest und über die nicht umgesetzten Illusionen 1848 gehegte Traum eines geeinten Deutschlands hatte mit der Kaiserproklamation im Januar 1871 im Schloss von Versailles einen Höhepunkt erreicht, der deutsch-national aber nicht verarbeitet wurde. Bismarck konnte diese nationalistischen Erwartungen in seiner Außenpolitik durch entsprechende Verträge dämpfen. Der Expansionsdrang, vor allem der konservativen Lager, konnte zu Beispiel durch Besitzergreifen von Kolonien in Afrika kompensiert werden (Deutsch Ost- und Deutsch Südwest Afrika). Die Deutschen sind erst spät als geeinigte Nation gegenüber den Großmächten Frankreich, England und Russland auf die Weltenbühne getreten, und sie meinten „überschäumend" Nachholbedarf zu haben.

Die siebenjährige Präsidentschaft Hindenburgs war im Frühjahr 1932 abgelaufen. Hindenburg musste gedrängt werden, sich der Wiederwahl zu stellen. Der ehemals monarchische Feldmarschall hatte sich in seiner Präsidentschaft wohl als „aufrechter Demokrat" mit Haltung erwiesen. Die linken Demokraten rechneten sich keine Chance aus, ihren Kandidaten durchzubringen. Mit ihrer Hilfe jedoch müsste für Hindenburg eine Wiederwahl möglich sein, so die Kalkulation der Sozialdemokraten. Hitler stand ebenfalls als aussichtsreicher Kandidat zur Verfügung. Und das musste verhindert werden. Also wusste man die Gefährlichkeit dieses Kandidaten durchaus einzuschätzen. Der war aber noch staatenlos. Er konnte diesen notwendigen Status als Deutscher erst kurz vor der Wahl durch fadenscheinige Manipulationen des Freistaates Braunschweig erlangen. Immerhin kam Hitler im zweiten Wahlgang auf gut 30 Prozent der Stimmen. Ein ermutigender Schritt für die Nationalsozialisten.

Die soziale Schieflage mit all den geschilderten gesellschaftlichen Verwerfungen durch die Weltwirtschaftskrise war die Stunde der „Rattenfänger" und damit die unaufhaltsame Initialzündung hin zu einer braunen Diktatur mit noch demokratischer „Ummantelung." Ein neuer Aufbruch zur nationalen Größe wurde in die Menge geschrien. Das „Wahlvolk" stimmte dem mit großer Mehrheit zu. Hört sich doch gut an; warum nicht, meinte eine große Wählerschaft? Das Ergebnis:

Die Partei der NSDAP erhielt im November 1932 gut 33 Prozent. Sie wurde die stärkste Fraktion im Reichstag und Hitler stand mit einem Fuß in der Reichskanzlei.

Der Umbruch der monarchischen Feudalgesellschaft mit dem Schwerpunkt der agrarischen Güterproduktion im 19. Jahrhundert hin zur modernen kapitalistischen Industriegesellschaft wurde durch den Weltkrieg mit all' den negativen Auswirkungen der nachkriegszeitlichen Entwicklung überlagert. Prinzipiell blieben die gesellschaftlichen Strukturen jedoch erhalten. Der Krise der Weltwirtschaft mit den weiteren Folgen der bolschewistischen Umtriebe von links und dem nationalistischen Terror von rechts waren die zerstrittenen, demokratischen Parteien mit ihrer mangelhaften Regierungsarbeit nicht gewachsen. Weder die heutige 5 Prozent Hürde für die Parteien, um Parlamentarier stellen zu können, noch die Möglichkeit eines konstruktiven Misstrauensvotums, hätte die Republik und damit das Leben von Millionen retten können.

Die Verantwortung dieser dann folgenden „Weltkatastrophe"
lag bei allen demokratischen Parteien, die bei den auftretenden
Herausforderungen (Inflation, Weltwirtschafts- oder Finanzkrise,
links- oder rechtsradikale Bedrohungen bis hin zum Putsch) das
große Ganze zunächst für Deutschland hätten retten müssen. Die
Medien - zu der Zeit schon die vierte Macht - ließen es mit ihren
Möglichkeiten an Verantwortung fehlen. Das „Wahlvolk" war
und ist leider wankelmütig und leicht beeinflussbar.

VI. Kapitel

„Das Dritte Reich" des Nationalsozialismus

Falls die Frage gestellt wird, warum man vom Dritten Reich spricht. Wenn man die Zeiten Deutschlands von Beginn eines deutschen Reiches der „Neuzeit" von 1871 bis 1918 als I. Reich und die Weimarer Republik als II. bezeichnet, dann begann ab 1933 für Deutschland mit Hitler und seinem Regime das III. Reich. Aus heutiger Sicht ist mit dieser durch Deutsche verursachte größte Barbarei unserer Zeit im so genannten Dritten Reich eine doppeldeutige Aussage verbunden. Nach dem Scheitern einer parlamentarischen Demokratie in Deutschland meinten die Nationalsozialisten, mit ihrem Dritten Reich ein für Deutschland neues Zeitalter auf den Weg zu bringen. Wenn heute jedoch vom Dritten Reich gesprochen wird, bringt man damit zunächst und zu Recht Terror, Holocaust und Krieg in Verbindung.

1. Hitlers Anhängerschaft und Unterstützer

Wo fand Hitler seine Anhängerschaft, die ihn doch bis weit in den Krieg hinein gefolgt war? Den Anfang machte die Schutzabteilung, die SA. Heute würde sie unter „paramilitärischer Abteilung einer Partei" laufen. Sie rekrutierte ihre Mitglieder zumeist aus den „unteren" Bevölkerungsgruppen. Wer gesellschaftlich nach außen sich nicht darstellen konnte, größtenteils arbeitslos war, konnte sich hier beweisen. Großkotziges Auftreten, Gemeinschaft, Saufen in der Gruppe und dem angesagten Gegner „die Fresse polieren". Ich verfalle extra in diesen Jargon, weil das die Situation am besten beschreibt. Die größten Krakeeler hatten Durchsetzungspotential. Sie konnten sich lauthals in der Hierarchie nach oben arbeiten bis hin zu vergleichbaren Offizierspositionen in der Reichswehr bzw. der späteren Wehrmacht. Mit der Aufstellung der Schutzstaffel „SS" - zunächst ab 1925 eine Leibgarde des Parteiführers - hatten sich die Möglichkeiten einer fragwürdigen gesellschaftlichen Aufwertung noch verstärkt. Viele partei- und arbeitslose Arbeiter und Angestellte und auch gescheiterte Selbstständige, sahen darin Möglichkeiten, ihrer Meinung nach, angemessene Positionen einnehmen zu können. Aber es musste ja nicht immer SA oder SS sein. Allein mit einer Parteizugehörigkeit in der NSDAP ergaben sich gute Möglichkeiten einer gesellschaftlichen Festigung und eines Aufstiegs. Auch Studenten hatten nach dem Studium gute Einstiegsmöglichkeiten. Der Mittelstand profitierte nach den vielen mageren Jahren von dem Aufstieg Deutschlands.

Die größten Vorteile versprach sich die Großindustrie. Eine in Aussicht gestellte Aufrüstung versprach gute Geschäfte und damit Gewinne. Endlich konnte die Rüstungsindustrie wieder produzieren. Warum nicht die NSDAP unterstützen? Später könne man gut mit diesem Staat leben, vorausgesetzt, man legte sich nicht mit ihm an.

Und nicht zuletzt arrangierten sich die Militärs mit den Möglichkeiten zunächst mit der „Bewegung" und dann mit dem Regime. Zwar wurde durch den enormen Bedarf an Offizieren im Ersten Weltkrieg die Kaste der preußischen Junker durch Bürgerliche ziemlich aufgebrochen, aber immer noch herrschte in diesen Kreisen ein gewisser Dünkel privilegierter Adliger vor. In der Weimarer Republik war die Reichswehr laut Versailler Vertrag auf 100.000 Mann mit sehr begrenzter Bewaffnung limitiert. Hohe Reichswehroffiziere wurden damit geködert, dass diese „Schmach" der Bewaffnung ein Ende habe. Es werde wieder aufgerüstet. Das bestehende Offizierskorps und der Nachwuchs mit guten Aufstiegschancen standen in den Startlöchern. Vielversprechende Möglichkeiten für das Ingenieurwesen und die Wissenschaft waren gegeben (Wernher von Braun). Offiziere, die dem nicht folgen wollten, wurden denunziert und damit ausgeschaltet (Blomberg-Fritsch Affäre).

Hitler erkannte bereits beim Niederschreiben seiner Kampf-Pamphlete, dass in der notwendigen Mobilisierung der Massen, u.a. der jugendlichen Bewegung, eine außergewöhnliche Bedeutung zukam. Sie ist leichter beeinflussbar, schnell zu begeistern und bei intensiver agitatorischer Schulung kann sie später den Kern seiner Bewegung darstellen. „Die Jugend kehrt aus den Problemen und Diskussionen der demokratischen Meinungsfreiheit, der Meinungskämpfe, aus der schöpferisch fruchtbaren Vielzahl der Vereine und Jugendbünde in die Problemlosigkeit des Befehls zurück.

(…) In den Schulen, in denen das „Führerbild" im Blickpunkt steht, wird die Parteidoktrin gelehrt, wird den Leibesübungen immer mehr Gewicht gegeben und der Geist vor allem mit Liebe zur „Bewegung" angefüllt. „Jugendwalter" überwachen die Lehrerschaft, Hitler-Jugend-Führer von achtzehn ziehen erfahrene Oberstudienräte zur Rechenschaft. Im Übrigen duldet man diese „absterbende Gruppe" von Erziehern mit einem verächtlichen und überlegenen Lächeln. Man braucht sie noch um ihrer Kenntnisse willen, doch man ist bemüht, sie zu ersetzen".[1]

Die Sowjets lieferten die Blaupause einer staatlich-organisierten Jugendbewegung. Die DDR kopierte nicht nur die sowjetischen Komsomolzen, hätte aber alle Unterstellungen geleugnet, wenn man ihr den organisatorischen Erfolg der nationalsozialistischen Jugendbewegung als Anleitung für den eigenen Erfolgs präsentiert hätte.

Hitler hat bei seinen vielen Kampf-Reden, besonders kurz vor und nach der Machtübernahme, unter dem Gesichtspunkt des wirtschaftlichen Niedergangs der Weimarer Republik, sich eine große Anhängerschaft erworben. „Er ergreift alle: Junge und Alte, Arbeiter, Bauern, Soldaten, Bürger, Intellektuelle, Offiziere, Beamte und Künstler. Jede Gruppe hat ihre besonderen Gründe, weshalb sie sich unterwirft".[2]

2. Wer war dieser Adolf Hitler?

Spätestens hier ist die Frage zu stellen, wer dieser Mensch Adolf Hitler war? Wie konnte innerhalb nur weniger Jahre aus Deutschland eine Diktatur entstehen? Wie konnte Hitler die

Deutschen und viele ausländische Politiker erpressen oder narren, so dass er zunächst seine Ziele umsetzen konnte?

Politisch kritische Zeitgenossen, die sich vom Inhalt seiner rednerischen Tiraden bereits in den 20er-Jahren nicht einfangen ließen und die das, was er auf der Vielzahl seiner Versammlungen hinausschrie, ernstnahmen, wussten um die Gefährlichkeit dieses Menschen und seiner Bewegung.

Hitler stammte aus einer kleinbürgerlichen Familie. Sein Vater war Zollbeamter. Die häufigen Schläge des Vaters sowie häufiger Ortswechsel sollen zur Lernverweigerung geführt haben. Er verließ die Realschule ohne Abschluss. Seine Mutter aber soll ihn sehr verwöhnt haben. Aus dieser Diskrepanz des Verhältnisses zu seinen Eltern sehen Psychologen die Gründe seines zwiespältigen Charakters. Immer wieder wird die Erziehung in der Kindheit herangezogen, wenn ein Mensch sich „extrem" verhält. Inwieweit das auf Hitler zutrifft, ist wohl Spekulation. Ob damit der Charakter Hitlers erklärbarer und sein Tun verständlicher wird, ist zweifelhaft.

Seine Bewerbungen zur Aufnahme an Kunstschulen in Wien wurden mehrmals abgelehnt. Nach dem Tod seiner Eltern bezog er Waisengeld, lebte in einem Männerheim und schlug sich durch das Abzeichnen von Postkarten mühsam durch. Er war Karl May- und Wagnerfan. Seine Lieblingsoper: „Rienzi"; Sehnsucht nach der römischen (deutschen) Weltherrschaft. In diesem Zeitraum äußerte er sich gegenüber seinen Zimmerkollegen, dass er Volkstribun werden wolle. Aus diesem, seinem „Vorleben" zeichnete sich wenig bis nichts ab, dass er es zu einem diktatorischen „Führer" des Deutschen Reiches bringen würde.

Aber sein Leben in Wien bis 1912 war für ihn prägend. Wien war wie Berlin sowie weitere Hauptstädte Kristallisationspunkt gesellschaftlicher Auseinandersetzungen. Aus den osteuropäischen annektierten Provinzen strömte überschüssiges Arbeitskräftepotential in die Hauptstädte in der Hoffnung, Unterkunft und Auskommen zu finden. Wie oben geschildert, suchten darunter auch viele Juden durch die Judenpogrome in Russland und den von Russen und Österreichern verwalteten Gebieten (u.a.

Galizien) eine Bleibe. Aber viele Juden hatten sich schon besonders in Wien über Jahrzehnte in der zweiten Hälfte des 19. Jahrhunderts eine herausragende Stellung erworben. In dieser multi-
nationalen Metropole, wo aus den böhmischen, galizischen,
italienischen und deutschsprachigen Landesteilen sich eine
kapitalkräftige jüdische Unternehmer- und Bankierskaste etab-
lierte, die auch in der Kunst und Wissenschaft in einem hohen
Ansehen in ganz Europa stand, musste sich der Postkartenmaler
Hitler einsam, arm und verlassen vorkommen. Er meinte wohl,
schon zu dieser Zeit zu Höherem berufen zu sein und steigerte
sich sicherlich in seine Abneigung maßlos hinein, wenn er sah, in
welchem finanziellen und kunstbeflissenen Umfeld „die Juden"
sich teilweise bewegen konnten.

In diesem Milieu wandelte nun der am Existenzminimum na-
gende verhinderte Kunststudent Adolf Hitler und saugte diese
gesellschaftlichen Veränderungen der kaiserlichen Metropole
geradezu auf. Schon hier könnten die Aversionen gegen den
kompromissbereiten Parlamentarismus, gegen umtriebige oder
gar intellektuelle Juden, die sich für die sozialen Belange der
unteren Schichten einsetzten, die er dann später dem marxistischen Weltjudentum zuordnete, ihren Grund haben.

Trotz eines eigentlich unstrukturierten Lebens - er war Lang-
schläfer und Tagträumer, er war anspruchslos und genug Zeit
hatte er auch - informierte er sich wohl intensiv über das politische Geschehen Wiens und der Welt. Fand er bei seinen intensiven Studien der Presse und sonstigen Publikationen Hinweise,
die seine Ansichten bestätigten, potenzierte sich seine ableh-
nende Haltung womöglich bis hin zum Hass. Hinzu kam, dass die
politischen Auseinandersetzungen der rechtsgerichteten österreichischen Parteien teilweise antisemitisch waren. Karl Lueger,
Wiener Bürgermeister von 1897 bis 1910, bediente sich antise-
mitischer Argumentationen, um Bürgerschaftswahlen zu gewinnen. Er meinte, zum Beispiel soziale Fragen der Handwerker
lösen zu können, in dem er „die Judenfrage" in den Wahlkampf
einbrachte. War für Hitler Wien der Ausgangspunkt seines späte-

ren, mörderischen Antisemitismus? Ist dieser Zeitraum die Keimzelle für den späteren krankhaften Judenhass?

Das Vorgehen studentischer Freikorps der deutsch-nationalen
Parteien in Österreich war genauso brutal, wie es später die
Sturm- Schutzabteilungen (SA) praktizierten. In der Zeit vor dem
Ersten Weltkrieg, bei Ausbruch war Hitler 25 Jahre alt, lag wahrscheinlich die Wurzel seines späteren Vorgehens. Die k & k
Monarchie mit ihren zahlreichen Völkerschaften lehnte er ab. Er
fühlte sich als Braunauer am Inn den Deutschen mehr verbunden
als den Österreichern; daher wohl Hitlers Umzug 1913 nach
München. 1914 meldete er sich freiwillig zur Front. Als Melder
zwischen Stab und seinem Bataillon überlebte er mit ausheilba-
ren Verwundungen. Dem typischen Soldatenleben hielt er sich
fern. Abgeschottet las er viel. Zu seinen Vorgesetzten war er
zurückhaltend und devot. Nichts, was darauf schließen ließe, ein
zukünftiger „Führer" zu werden.

Für zaleiche Historiker war Hitler natürlich interessant. Dieses „politische Phänomen" und seine Zeit wurden nach 1945
intensiv analysiert. Hier nenne ich nur Joachim Fest und Peter
Longerich mit ihren Hitlerbiographien.

Bayern war das erste Land in Deutschland, das seinen König,
Ludwig III., am 7. November zur Aufgabe und Flucht zwang. Die
Zeit danach bis Anfang Mai 1919 war ereignisreich. Sozialdemo-
kratische, Linkssoziale (USPD), und linksradikale Kräfte des Spar-
takusbundes, der späteren Kommunistischen Partei in einer
Räterepublik der Arbeiter- und Soldaten, wechselten mit Mord
(Kurt Eisner) und der letztendlichen Niederschlagung der Revolu-
tion unter Beteiligung von rechten Freikorps und der von der
sozialdemokratischen Regierung geführten Reichswehr unter
Gustav Noske.

Der katastrophale Ausgang des Ersten Weltkrieges und die
anschließende Revolution 1918/19 führte Hitler zur politischen
Tätigkeit. Er wurde von seinem Bataillon in den Arbeiter- und
Soldatenrat delegiert. Hitler verhielt sich abwartend, als die
Arbeiter- und Soldatenräte die zunächst gescheiterte Münchner
Räterepublik wieder errichten wollten. Als die Anführer dieser

Gruppe sich später vor dem Gericht verantworten mussten, distanzierte er sich von diesen und warb um das Wohlwollen der rechtsextremen Szene. Er nahm an einer so genannten alldeutschen, antisemitischen, „politischen" Bildung in München teil; ein weiterer Baustein seines zukünftigen Vorgehens. Dieser Kurs führte dazu, dass er beschloss, sich politisch betätigen zu wollen. Ein erster Schritt war der Besuch der nur aus wenigen Mitgliedern bestehenden Deutschen Arbeiterpartei. Nach seinen Aussagen in seinem Buch „Mein Kampf" wurde er das siebte Mitglied dieser Partei. Bei diversen Versammlungen kam seine rednerische Begabung zum Tragen, so dass er bald auch bei der Führung der Partei Anerkennung fand und der erste Mann wurde. Die Umbenennung in die Nationalsozialistische Arbeiterpartei (NSDAP) erfolgte. Die nun nationalistische Gesinnung der Partei wurde überwiegend durch Hitler geprägt. Schon bald nach dem Gründungsjahr 1920 wurde die NSDAP durch die aggressive Argumentation ihrer Redner zur Konkurrenz der Kommunistischen Partei. Aus einer Saalschutztruppe wurde ab 1921 die Sturm-Schutzabteilung (SA). Unter Ernst Röhm wurde daraus später eine mächtige paramilitärische Einheit.

Die KPD war während der Revolutionstage bereits paramilitärisch aufgestellt, hielt aber erst mit dem 1924 aufgestellten Rotfrontkämpferbund organisierter dagegen. Die großen Münchner Lokalitäten mussten in dieser Zeit wahre Saalschlachten über sich ergehen lassen. Hitler wurde nun der prägende Mann der Bewegung. Er war der Organisator und Hauptredner der Partei, entwarf die Hakenkreuzfahne und die Standards der Partei. Seine Auftritte wurden mit großem Pomp inszeniert.

Bei Hitler ist festzustellen, dass sich in seinen Zeiten abwechselnd in Wien und Linz und dann in München sowie aus den Erlebnissen des Ersten Weltkrieges und den Wirren einer verkorksten Revolution der Nachkriegszeit feste Ziele aus seinen Wahrnehmungen herauskristallisierten, die er dann später in seiner Niederschrift „Mein Kampf" fixierte.

Die Partei und damit Hitler meinte, eine notwendige, nationale Bewegung ins Leben rufen zu müssen, die dem deutschen Volk

nach dem demütigenden Ausgang des Krieges und den Revoluti-
onsjahren danach die verlorene Würde wiedergeben müsse.
Zunächst waren die geschürten Emotionen sein Hauptkampfmit-
tel. Hitler benannte aus seiner Sicht die Schuldigen des verlorenen Krieges. Bis auf die tapfer kämpfenden Frontsoldaten,
schließlich war er einer von ihnen, die seiner Meinung nach
letztendlich von der Heimat verraten wurden, stellte er alle an
den Pranger. Vor dem ersten Weltkrieg waren es das marxisti-
sche Judentum, die von Juden beherrschte Presse, die parlamentarischen „Dauerschwätzer" und der Kaiser und seine Kanzler,
die mit einem „verfaulenden", österreichischen Kaiserreich das
falsche Bündnis eingingen und einfältig in einen Zweifronten-
krieg marschierten. Während des Krieges waren es die Verräter
der Heimat mit der bestreikten Kriegsproduktion und nach dem
Krieg die „Novemberverbrecher", die eine „jüdisch-
bolschewistische Revolution" inszenierten, die den erpressten
Waffenstillstand und den Diktatfrieden von Versailles ohne
Widerstand zustimmten und wieder die parlamentarischen
„Schwätzer", die nichts auf den Weg brachten und willfährig alles
hinnahmen. Mit diesen anfänglichen Thesen fand vorwiegend
Hitler bei den Bayern Zustimmung. Bald wusste er sein Publikum
zu nehmen und auf der Klaviatur der Emotionen zu spielen.
Dass man mit dem Namen einer „nationalsozialistischen" Partei, die sich dann auch noch Arbeiterpartei nannte, keine breite
Zustimmung finden konnte, war logisch. Die „breite" Masse, das
waren Arbeiter und die so genannte kleinen Leute. Dieses einzu-
nehmende Wählerpotential war entweder kommunistisch oder
sozialdemokratisch orientiert. Um diese Leute für die Bewegung
der Nationalsozialisten zu interessieren, mussten Themen – wie
oben beispielhaft aufgeführt - immer und immer wieder emotio-
nal „unters Volk" gebracht werden. Bis auf die aggressiven und
von sich überzeugten Kommunisten waren die bürgerlichen
Parteien in ihrem Auftreten eher zurückhaltend. Dieses Verhalten nutzte Hitler brutal aus und stellte seine Gegner bloß, wo er
nur konnte. Und diese Taktik - der jetzt oft nach Hitler benann-
ten Partei - ging auf. Es mussten immer größere Säle angemietet

werden. Für München war der Bau des Zirkus Krone für ein paar tausend Leute schon bald zu klein. Die Partei wuchs zunächst in Bayern ständig.

Ich kann mir die Bayern beim Moas Bier im Saal des Hofbräu Hauses so richtig vorstellen, wenn sie mit der Bemerkung „Recht hat er" ihre Zustimmung zu Hitlers Thesen signalisierten.

„Einen etwas anderen Ton schlug er an, wenn er Gelegenheit bekam, den engen Rahmen der Parteiveranstaltungen zu verlassen. (...). In diesen Reden gab sich Hitler nicht den Anschein, als einfacher Mann aus dem Volk „zum Volk" zu sprechen, sondern er versuchte seine Zuhörer zu beeindrucken, indem er scheinbar Einblicke in seine ganz persönliche Methode der „Volksführung" gab, beziehungsweise mit vermeintlicher Offenheit über seine außenpolitischen Ziele sprach".[3]

Alle weiteren Abläufe in Deutschland – die galoppierende Inflation mit den verheerenden Werteverlusten, die Enteignungen, die Arbeitslosigkeit und der soziale Verfall, die instabilen Reichsregierungen, die Besetzung des Ruhrgebietes durch Frankreich und Belgien und Ende der 20er-Jahre, die durch die USA ausgelöste Weltwirtschaftskrise mit der verheerenden Arbeitslosigkeit bis in die 30er-Jahre – das alles spielte den Nationalsozialisten in die Hände. Die Themen wurden dann von Hitler und seinen Leuten frei Haus geliefert, entsprechend aufbereitet und unters Volk gebracht.

Die „breite" Masse zu gewinnen war eine Voraussetzung. Eine weitere war, die einflussreiche Wirtschaft derart zu beeinflussen, dass auch benötigte Finanzmittel zur Verfügung stehen konnten, um reichsweit agieren zu können. Vor ausgewählten Wirtschaftsführern breitete Hitler in den Jahren 1926/27 in seinen Reden seine Ansichten über die Möglichkeiten neuer Absatzgebiete aus. Er sprach vom Erwerb neuen Grund und Bodens, der für die Ansiedlung einer zu erwartenden Überschussbevölkerung unabdingbar war. Er köderte die Industrieführer, dass damit zukünftig

Gewinne möglich sein würden. Umzusetzen wären diese Ziele jedoch nur, wenn die „breite" Masse entsprechend „geführt" wird. Die Nationalsozialisten dachten jedoch nicht daran, Privateigentum anzutasten, so seine Ausführungen, was bei Sozialisten ja nicht auszuschließen war, auch wenn sie sich national nennen. So verstand es Hitler geschickt, die führenden Industrievertreter für seine Bewegung zu gewinnen, so dass dann auch enorme Finanzmittel zur Verfügung standen, die nach unseren heutigen Erfahrungen eine Massenbewegung erst möglich machen.

Neben dem Putschisten Kapp, dem schon oft erwähnten Ludendorff sowie dem holsteinischen Grafen Reventlow war sich die Partei auch bald der Unterstützung dieser Herren und weiterer rechtsextremer Freikorpsgruppen sicher. Mitglieder konnten so über München hinaus rekrutiert werden. Wie erwähnt, scheiterte im November 1923 der Putsch Hitler-Ludendorff und Hitler wurde nach der ursprünglichen auf fünf Jahre festgesetzten Haftzeit auf Grund „seiner guten Führung" nach nur wenigen Monaten auf Bewährung entlassen. Die Verurteilung zu einer verhältnismäßig geringen Haftzeit und die vorzeitige Entlassung waren der rechtslastigen Gesinnung des Gerichts geschuldet. Spätere, gefasste Hitler-Verschwörer nach 1933 wurden zum Tode verurteilt. Der Hitlerputsch hatte für die Entwicklung der Partei keine Nachteile, im Gegenteil, der Putsch bewirkte für Hitler und seinen Parteigängern eher Achtung, Anerkennung und weiteren Zulauf.

In Landsberg/Lech schrieb er im ersten Teil seinen persönlichen und anfänglich politischen Werdegang in zwölf Kapiteln seines Buches „Mein Kampf - Eine Abrechnung" nieder. Von der Veröffentlichung 1925 bis zum Ende der 20er-Jahre wurde dieser Band zum Bestseller. Aber erst nach der „Machtübernahme" stieg der Verkauf über die Millionengrenze. Er schrieb geschönt über sein Elternhaus, seine Zeit in Wien, zum Ersten Weltkrieg, der Revolution bis hin zum Entstehen der NSDAP. Der Grund des Scheiterns des Putsches wird in seinem Buch mit keiner Silbe erwähnt. Dem zweiten Band, der 1926 erschien, gab Hitler den Titel: „Die Nationalsozialistische Bewegung".

3. Hitlers angekündigten Ziele

Es stellt sich die Frage, inwieweit eine kritische Öffentlichkeit der späten 20er-Jahre in der Lage gewesen wäre, seine angekündigten Thesen so ernst zu nehmen, dass Hitlers Reichskanzlerschaft und damit der nationalsozialistische Terror zu verhindern gewesen wäre. Nach 1933 war alles zu spät. Einige von mir gebrachte Zitate in seinen beiden Büchern „Mein Kampf" belegen sein späteres Vorgehen.

Ließ sich eine „breite Menschenmasse" derart mobilisieren, um gegen die „inneren Verursacher" der Weltkriegsniederlage und damit gegen die „unmenschlichen Grausamkeiten" des Versailler Vertrages Front machen zu können?

Ich versuche, mit Anmerkungen und einigen Zitaten aus den zwei Büchern „Mein Kampf" darzulegen, dass sein Vorgehen in seiner „Führerschaft" bereits in diesen Niederschriften drastisch fixiert war.

Die erste Voraussetzung einer Machtübernahme war eine ausreichende Mehrheit in der Bevölkerung, um die nationalsozialistischen Ziele einer nationalsozialistischen Alleinherrschaft zu gewinnen. Diese Mehrheit war Ende der 20er Jahre bei weitem nicht gegeben. Erst die Weltwirtschaftskrise mit der eklatanten Arbeitslosigkeit sowie das Unvermögen der gesellschaftlichen Mitte, sich dieser Herausforderung zu stellen, führten zur Reichskanzlerschaft Hitlers. Im März 1933 wurde durch eine bewusst anberaumte Reichtagswahl mit brutalen Ausgrenzungen nichtfaschistischer Abgeordneter und Wählerschichten sogar eine „demokratische Legitimation" inszeniert.

Nach Erreichen des Ziels zur Machtübernahme sind nach den Passagen in „Mein Kampf" die Verantwortlichen für die Nachkriegsmisere zu „bekämpfen". Die „inneren" Verursacher der Weltkriegsniederlage und der dann folgenden „unmenschlichen Grausamkeit" von Versailles sind für Hitler viele Gruppen. Er meint damit das „verlogene Judentum mit ihrer marxistischen Kampforganisation". Das war die Kampfansage an alle zunächst deutschen Juden und Marxisten. Den Marxismus sah Hitler schon vor dem Ersten Weltkrieg als eine für Deutschland „ungeheuerliche Gefahr" an.

Was er von den Parlamenten hielt, hätte allen Parlamentariern rechtzeitig eine Warnung sein sollen und gipfelte in der Aussage der „Feigheit und Verantwortungslosigkeit dieser Schwatzbude in vollendeter Weise".

Nach Erlangen dieser Erkenntnisse und benennen der Feinde galt es für Volk und Vaterland mit dem Aufstellen von paramilitärischen Einheiten Maßnahmen gegen die „Feinde" einzuleiten und gegebenenfalls mit „nackter Gewalt" durchzusetzen. Hiermit hatte Hitler all' die Verursacher und damit die Gegner benannt, die er nach der Machtübernahme sukzessiv auszuschalten gedachte.

Im 12. Kapitel des 1. Bandes mit dem Titel „Die erste Entwicklungszeit der Nationalsozialistischen Deutschen Arbeiterpartei" werden seine Vorstellungen quasi in einem Parteiprogramm mit der Nationalisierung der Massen in 14 Thesen verankert. Hier nur die wichtigsten Punkte:
- „Das nationale Ziel kann nur durch rücksichtsloses Vorgehen erzielt werden.
- Der Gegner dieser Ziele muss vernichtet werden. Der Sieg des Stärkeren, Vernichtung des Schwachen, oder eine bedingungslose Unterwerfung.
- Ursächliche Bedeutung hat die Frage der rassischen Erhaltung des Volkstums. Damit ist die Judenfrage existentiell für die deutsche Nation.
- Antiparlamentarisches Vorgehen mit der Majorität eines Führers. Abstimmungsszenarien gibt es nicht.
- Im Führerprinzip" gab es keinen Pluralismus, also weder Legislative noch Judikative der Gewaltenteilung, ganz zu schweigen von einer Opposition im Parlament; also eine Diktatur ohne jegliche Kontrolle.
- Es gilt das „Führerprinzip". Der Staat ist kein „Abstimmungsverein."
- Das Ziel der Bewegung muss unumstößlich bis zum Hass auf den Gegner des Volkstums sein.

Der Jude ist der Todfeind des Volkes".[4]

Er sprach von einem apokalyptischen Endkampf der nordisch-arischen Rasse gegen das Weltjudentum. Nicht die Abwehr der Gegner war seine Devise, (Juden, Marxisten und die, die der Bewegung im Wege stehen) sondern der Kampf gegen diese.

Es ist unvorstellbar, dass die demokratisch-politische Öffentlichkeit die Deutlichkeit dieser Offenbarung nicht so wahrnahm und angeprangerte und nicht mit allen Mitteln versuchte, die Ausschaltung der Demokratie mit angekündigtem Terror und möglichem Krieg zu verhindern.

Hitler breitete sich mit seiner Partei nach Bayern über ganz Deutschland aus. Bei den Wahlen 1924 bis 1928 konnte er jedoch nur ein paar Sitze im Reichstag einnehmen, die noch nicht nennenswert waren. Erst die Weltwirtschaftskrise mit der anschließenden Massenarbeitslosigkeit gab der NSDAP Auftrieb. Sie zog 1930 mit 107 Abgeordneten (18,3 Prozent) als zweitstärkste Fraktion nach der SPD (24,5 Prozent) in den Reichstag ein.

Zugleich wurden die regierenden Parteien für unfähig erklärt, die Situation des wirtschaftlichen Verfalls verbunden mit der zunehmenden Arbeitslosigkeit zu meistern. In dieser Hinsicht hatte er ja nicht Unrecht. Die Partei der „Nationalsozialisten" traf mit ihren Versprechungen den Nerv der nicht nur abhängig arbeitenden Mehrheit der Menschen in dieser kritischsten Phase der Weimarer Republik. Sechs Millionen Arbeitslose entsprachen einem Mehrfachen heutiger Höchstzahlen, waren zu dieser Zeit doch noch überwiegend die Männer die Verdiener; ganz abgesehen von der Vernichtung selbstständiger Existenzen. Die Not und die Existenzangst waren unbeschreiblich. Unter diesen Lebensumständen, die die Weltwirtschaftskrise ab 1929 für große Teile der Bevölkerung mit sich brachte und die sich bis weit in die 30er-Jahre auswirkte, wurde er bald zum „Heilsbringer". Er versprach dem deutschen „Wahlvolk" zunächst nur eine Verbesserung der Lebenssituation. In der Endphase der Weimarer Republik fand Hitler in fast allen Berufsgruppen Anhänger.

Und das entspricht dem Charakter Hitlers, dass er skrupellos und willensstark seine Ziele umzusetzen wusste. Ihm war klar, dass er zur Machtergreifung alle möglichen Winkelzüge, die eine Demokratie hergeben kann, einsetzen musste, um bei der politischen „Gemengelage" der Weimarer Republik die Chance zu haben, an die Spitze zu kommen. Nur wurde er nicht ernst genommen. Von 1925 bis 1932 wurden von „Mein Kampf" 300.000 Exemplare verkauft. In seinen antisemitischen Ausführungen fand er in weiten Kreisen Deutschlands und Österreichs eine Bestätigung des Denkens, das bereits ab 1870 viele Befürworter hatte. Im Ausland wurde diese Schrift hingegen kaum gelesen. Aber all das, was Hitler mit seinem Buch „Mein Kampf" zu Papier brachte, wurde nach der Machtübernahme mit brutaler Konsequenz umgesetzt.

Nach dem Debakel des Putsches von 1923 ist es erstaunlich, dass eine Partei wie die NSDAP innerhalb von zehn Jahren zur führenden Kraft in Deutschland wurde. Es waren nicht allein nur die politischen und wirtschaftlichen Gegebenheiten, die diesen Aufschwung möglich machten. Bei allem, was das so genannte Dritte Reich Deutschland und der Welt angetan hat, ist zu sagen, dass Hitler, vielleicht neben Stresemann, der zielstrebigste und „erfolgreichste" Politiker des Jahrzehnts bis zur Machtergreifung war.

Mit der Kapitulation des Deutschen Kaiserreiches sind auch die „Länderfürsten" abgetreten. Das hieß für Deutschland, dass neben einer demokratisch gewählten Reichsregierung, auch die Länderregierungen sich demokratisch konstituieren mussten. Ein gewaltiger Umbruch, der mit Revolutionen teilweise in den Ländern und im Reich einherging. Der Diktatfrieden von Versailles und die Auslegung der Folgen seitens aller gesellschaftlichen Gruppierungen, die Inflation 1923, die Weltwirtschaftskrise 1929 und das Versagen der demokratischen Parteien insgesamt, gaben Hitler, seinen Paladinen und seiner Partei den Auftrieb bis zur Machtübernahme.

Über mehrere Seiten habe ich mich mit dem „Phänomen" Hitler auseinandergesetzt. Die NSDAP unter ihrem „Führer" hat mehr als zwölf Jahre gebraucht, bis sie sich profilieren konnte und das auch, weil zusätzlich von außen einwirkende wirtschaftliche Kräfte den Durchbruch der Nationalsozialisten beschleunigten.

Die Frage ist nun (nicht erst ab 2015), inwieweit unsere heutigen gesellschaftlichen Probleme verschiedener Art wieder die Gefahr entstehen lassen, dass es zu analogen Veränderungen wie vor 90 Jahren kommt. Auch wenn das wesentliche Teile der Gesellschaft nicht wahrhaben wollen, ist die Zunahme populistischer und rechtsextremer Tendenzen bis hin zu einer wohl möglichen allgemeinen Verfestigung in der Gesellschaft festzustellen.

Die Zersplitterung der Parteien macht die Regierungsbildungen in den Ländern und im Bund zwar „demokratischer", die Demokratie selbst jedoch ist durch die zwangsläufigen Kompromisse komplizierter und durch die erstarkten extrem links- und / oder rechtsaußen-Parteien anfälliger.

Kritiker unserer Demokratie befinden sich unter den „dreifach" enttäuschten ehemaligen DDR-Bürgern in den neuen Ländern („Drittes Reich", DDR-Staat und „Wendeopfer"), sowie unter dem Wählervolk in Gänze schlechthin. Im Gegensatz zu den DDR-Bürgern konnten die Bundesbürger aber nach der überstandenen harten Nachkriegszeit dank der Einbindung in die westliche Sphäre die Annehmlichkeiten des Konsum-, Besitz- und Wohlfahrtstaates frühzeitig wahrnehmen.

Ein heutiger Satz unserer regierenden Demokraten wird oft bei grenzwertigen antidemokratischen Ereignissen angeführt: „Das muss unsere Demokratie aushalten." Wir halten das so lange aus, bis wir wieder überrollt werden.

Da kann man nur dem obersten Propagandisten der Nationalsozialisten, Joseph Goebbels, aus dem Jahr 1928 zitieren: „Wir gehen in den Reichstag hinein, um uns im Waffenarsenal der

Demokratie mit deren eigenen Waffen zu versorgen, (...) wenn die Demokratie so dumm ist, so ist das ihre eigene Sache".[5]

Viele Kräfte der Republik, die zu ihrem Staat kein Vertrauen mehr hatten, sahen nach und nach in Hitler ihren Verbündeten. Zu viele ließen sich mit ihm in Verbindung bringen, entweder als „Wahlvolk" oder als Parteimitglieder, als tätige Funktionäre, als gewinnerwartende Funktionäre oder avancierende Militärs, die es nicht nötig hatten, selbst auf die Straße zu gehen. All' diese Kräfte wurden das Rückgrat der Diktatur.

4. Die Machtergreifung

Von der „Machtergreifung" am 30. Januar 1933 bis zum Tod des Reichspräsidenten am 2. August 1934 wurde die erste deutsche Demokratie zu Grabe getragen worden. Die totale Diktatur wurde auf den Weg gebracht. Der größte Teil des deutschen Volkes hatte die Tragweite der Veränderung wahrscheinlich gar nicht bemerkt. Hitler hatte es dann in nur zwölf Jahren verstanden, große Teile des deutschen Volkes in seine Vorstellung - Sieg oder Untergang - mit einzubeziehen.

Von Machtergreifung kann insofern die Rede sein, als dass innerhalb eines sehr kurzen Zeitraumes sämtliche Grundlagen des demokratischen Systems ausgeschaltet wurden. Hitler installierte mit seinen Paladinen die Herrschaftsstrukturen, die er in seinem Buch „Mein Kampf" wortreich angekündigt hatte.

Die Machtergreifung kündigte sich in Raten bereits im Jahre 1932 an. Hitler wurde am 30. Januar 1933 zum Reichspräsidenten gerufen; nichts Besonderes, das war auch schon im August und im November 1932 geschehen. Hitlers Forderungen 1932 – alles oder nichts – und das Zögern des Reichspräsidenten verhinderten eine frühere Kanzlerschaft.

Die kurz aufeinanderfolgenden Akzente des Jahres 1932 waren:

- Die Wiederwahl Hindenburgs zum Reichspräsidenten im Frühjahr,

- der schnelle Wechsel der Kanzlerschaften von Brüning über von Papen zu von Schleicher,
- das Verbot und die wiederum erfolgte Aufhebung des Verbots der nationalsozialistischen Verbände der SA und SS,
- die Beendigung der Reparationszahlungen noch unter Reichskanzler Brüning (ein Lichtblick),
- die Absetzung der preußischen Landesregierung unter dem langjährig-tätigen Ministerpräsidenten Otto Braun von der SPD,
- die kommissarische Leitung des größten Bundeslandes Preußen unter von Papen sowie die Ernennung der Nazigröße
- Hermann Göring zum Innenminister dieses Landes, mit späteren weitreichenden Folgen (Reichstagsbrand) und schließlich
- die Reichstagswahl im November 1932.

Die deutsche Öffentlichkeit konnte eigentlich nichts mehr überraschen. Die großen bürgerlichen Zeitungen verharmlosten die sich abzeichnenden Gefahren, anstatt zu warnen, denn der Reichswirtschaftsminister in spe, Hugenberg, repräsentierte 50 Prozent der Tageszeitungen. Kurzum, die Öffentlichkeit wurde mit Ereignissen erschlagen.

Sebastian Haffner war ein Protagonist der Tage der Machtübernahme. In der Referendarzeit seines Jurastudiums beschreibt er seine Eindrücke in „Geschichte eines Deutschen" sehr eindrucksvoll.

Außer Hitler als Kanzler saßen in seinem Kabinett nur noch zwei Nationalsozialisten. Die Bürgerlichen mit dem Pressezaren Hugenberg von der Deutsch-Nationalen Volkspartei und dem „Herrenreiter" von Papen werden die Nazis wohl in den Griff bekommen, zumal diese im Reichstag keine Mehrheit haben, so, die dann über die Presse verbreitete veröffentliche Meinung.

„(...) Einem Kritiker, der ihm (v. Papen) erstaunt und entsetzt vorhielt: Was, Sie haben Hitler an die Macht gebracht?! (Papen) sehr selbst gefällig: Sie irren sich, wir haben ihn engagiert!"[6]

Ohne die SA mit ihren nun 300.000 Männern unter Röhm wäre die „Nationale Erhebung" nicht möglich gewesen. Immerhin wäre es für Hitler im Falle eines Ausbleibens der Ernennung zum Reichskanzler durch den Reichspräsidenten auch möglich gewesen, den „Revolutionären Weg" mit Hilfe der SA zu gehen. Durch seine Berufung konnte jedoch der legitime Weg zur Macht beschritten werden.

Im Gegensatz zu Parolen der Kommunisten in Deutschland, die sich vollkommen im Fahrwasser der Stalinschen Sowjetunion befanden und von der Weltrevolution des Proletariats nach Marx und Lenin strebten, war Hitler mit dem Nationalsozialismus neben seinen vielen Grausamkeiten zur Eliminierung der Demokratie eine Veränderung der Sozialstruktur in Deutschland fremd. Bis auf die Konfiszierung jüdischen Eigentums wurde an den vorhandenen Besitzverhältnissen nichts Wesentliches verändert. Deutschland war immerhin prinzipiell auch ein Land besitzender Bürger.

Die Nationalsozialisten saßen jedoch zu diesem Zeitpunkt trotz Reichskanzlerschaft noch nicht so fest im Sattel. Aber Hitler hatte sich bei den Koalitionsverhandlungen in den Januartagen 1933 die Voraussetzung einer entscheidenden zukünftigen Machtposition gesichert – die Neuwahlen im März 1933.

„Der letzte Umschwung in der deutschen Politik erregte kein großes Aufsehen in der internationalen Presse, die sich weniger für die Vorgänge in Berlin interessierte als für den Amtsantritt Franklin D. Roosevelts in Washington und für die Vorbereitungen zur Weltwirtschaftskonferenz in London. (...) Diejenigen, die eine Prophezeiung wagten, schienen der Ansicht zu sein, daß Hitler bei all seinem revolutionären Gehabe in der Vergangenheit sich doch im Alltag des Amtes die Zähne ausbeißen würde, und daß er in jedem Fall unter der sorgfältigen Bewachung eines konservativen Syndikats stehen würde, das von Hugenberg, Papen und den Armeechefs, dem neuen Reichswehrminister Blomberg und dem Chef der Heeresleitung Werner von Fritsch angeführt wurde".[7]

Der österreichische Schriftsteller Stefan Zweig, schrieb dazu: „Damals offenbarte sich die zynische, geniale Technik Hitlers zum ersten Mal. Er hatte nach allen Seiten große Versprechungen gemacht und bei allen Parteien wichtige Exponenten gewonnen, von denen jeder meinte, sich der mystischen Kräfte des ‚unbekannten Soldaten' für seine Zwecke bedienen zu können. Aber dieselbe Technik, die Hitler später in der großen Politik geübt, Bündnisse mit Eid und deutscher Treuherzigkeit mit jenen zu schließen, die er vernichten und ausrotten wollte, feierte ihren ersten Triumph."

Besser als die angeführten, kritischen Protagonisten kann man die entscheidenden Abläufe dieser Zeit nicht zum Ausdruck bringen.

„(...) die große Menge (der Deutschen) und sogar diejenigen, die ihn geschoben haben, betrachteten Hitler nur als provisorischen Platzhalter und die nationalsozialistische Herrschaft als Episode." Und weiter zitiere ich Stefan Zweig: „Die Monarchisten in Doorn (Kaiserasyl) meinten, er sei des Kaisers treuester Wegbereiter, aber ebenso frohlockten die bayerischen, die wittelsbachischen Monarchisten in München; auch sie hielten ihn für „ihren" Mann. Die Deutschnationalen hofften, er werde ihnen das Holz kleinschlagen, das ihre Öfen heizen sollte; ihr Führer Hugenberg hatte sich vertraglich den wichtigsten Platz gesichert in Hitlers Kabinett und glaubte, damit den Fuß im Steigbügel zu haben (...) Die Schwerindustrie fühlte durch Hitler sich von der Bolschewisten Angst entlastet, (...) das verarmte Kleinbürgertum, dem er in hundert Versammlungen ‚die Brechung der Zinsknechtschaft' versprochen hatte, (...) insbesondere dem Militär war Hitler willkommen, weil er militärisch dachte und den Pazifismus beschimpfte. Sogar die Sozialdemokraten sahen seinen Aufstieg nicht so unfreundlich an, (...) weil sie hofften, dass er ihre Erzfeinde, die hinter ihnen so unangenehm drängenden Kommunisten, abtun würde (...) – sogar die deutschen Juden waren nicht sehr beunruhigt.

Stefan Zweig war als Publizist ein aufmerksamer, kritischer Beobachter, wenn er weiter schrieb: „Denn der Nationalsozialismus in seiner skrupellosen Täuschertechnik hütete sich, die ganze Radikalität seiner Ziele zu zeigen, ehe man die Welt abgehärtet hatte. So übten sie vorsichtig ihre Methode: immer nur eine Dosis und nach der Dosis eine kleine Pause. Immer nur eine einzelne Pille und dann einen Augenblick (des) Abwartens, ob sie nicht zu stark gewesen, ob das Weltgewissen diese Dosis noch vertrage. (…) Nichts Genialeres hat Hitler geleistet, als diese Taktik des langsamen Vorfühlens und immer stärkeren Steigerns in ein moralisch und bald auch militärisch immer schwächer werdendes Europa".[8]

Was wollt ihr eigentlich, ihr ewig deutschen Bedenkenträger. Er hat doch den Wünschen der meisten Gruppen der deutschen Bevölkerung entsprochen. Wie es bei Wahlen und danach mit den Programmen so üblich ist: Der Messias verkündet und hält auch sein Heilsversprechen – bis zum Untergang.

So wurde jede Interessengruppe mit Versprechungen bedient und jeder meinte, mit seiner Wahl den „richtigen Mann" zum Regieren verholfen zu haben. Nur wenige Zeitgenossen merkten wohl, welche Gefahr sich zusammenbraute.

Die Kirchen in Deutschland bezogen schon in den 20er Jahren der Weimarer Republik durch Berichte russischer Emigranten nach der Oktoberrevolution über die desolate Lage der von den Bolschewiken beherrschten Ostkirchen Stellung. Schon früh wurden warnende Stimmen zum Verhalten der deutschen Kommunisten mit ihrer kritiklosen Hingabe zur sowjetischen Bolschewiki laut. In den Auseinandersetzungen der Kommunisten mit den Nationalsozialisten in den Jahren vor der Machtergreifung bezog die christliche Führungshierarchie eindeutig Stellung gegen die kommunistische Bewegung nicht nur in Deutschland. Mit der überwiegenden Zuordnung der KPD zur kommunistischen Internationale (Komintern), war die kritische Haltung zum Kommunismus somit auch ein Anliegen der Weltkirchen. Auf deutschen Bischofskonferenzen, Synoden und auf Kirchentagen in den 30er Jahren wurde aus der Ablehnung des Kommunismus eine agitatorische Kampfansage. Da die Kirchen in das gleiche Horn wie die Nationalsozialisten bliesen, waren wohl auch die starke Ausgrenzung der kommunistischen Thesen in der Bevölkerung und die Zuwendung zur nationalsozialistischen Sache erklärbarer.

Und dann war da ja noch Medienlandschaft mit ihren schon damals ungeheuren Beeinflussungsmöglichkeiten. Der Pressezar Hugenberg, Vorsitzender der Deutsch-Nationalen Volkspartei, mit seinen ca. 50 Prozent Anteilimperium an den Tageszeitungen, unterstützte entsprechend den „nationalen Aufbruch des Heilsverkünders". Er brachte sich zunächst im Januar 1933 mit seiner Partei in eine Koalition der Hitlerregierung ein.

Hier sind aber auch die zu nennen, die Hitler nicht nur misstrauten, sondern ihn fürchteten und ihm bis zum offenen Kampf gegenüberstanden: Da waren die Kommunisten, viele in der Partei organisiert. Sie zeigten vor der „Machtübernahme" ein analoges Verhalten zur NSDAP. In den Wahlkämpfen waren handfeste Auseinandersetzungen in den Sälen und auf den Straßen angesagt. Die stalinistische Sowjetunion mit ihrem revolutionären Sieg zum Arbeiter- und Bauernstaat war für die KPD-Funktionäre unter ihrem Vorsitzenden Ernst Thälmann der Weg zum Erfolg. Aus dieser konsequenten Haltung zum marxistischen Kommunismus der KPD konnte sich mit den Sozialdemokraten kein gemeinsamer „linker" Block gegen die Nationalsozialisten aufbauen. Ablehnend kritisch zur KPD verhielten sich die Sozialdemokraten und ihre Funktionäre. Gewerkschaftler, also SPD- und KPD-Anhänger, konnten beiden Parteien zugeordnet werden und standen dadurch auch in ausgeprägter Gegnerschaft zu den Nationalsozialisten. Bereits in den Reichstagssitzungen vor 1933 wurden diese Abgeordneten von den Nationalsozialisten ausgeschaut. Größtenteils stand diesem Personenkreis „ein aus dem Wegeräumen" bis hin zur Ermordung bevor. Keiner rechnete jedoch damit, mit welcher konsequenten Brutalität das an die Macht gekommene Regime vorgehen würde.

Weiterhin standen viele honorige Mitglieder des Berufsbeamtentums, die womöglich schon zur Kaiserzeit ihre „Pflicht" erfüllten, den demagogischen Tiraden Hitlers und seiner Gefolgschaft bei den Wahlkämpfen nicht nur ablehnend gegenüber. Viele Vertreter des so genannten Bildungsbürgertums entlarvten jedoch die Parolen der nationalsozialistischen Arbeiterpartei und wussten diese Parolen zu deuten.

Dass die Juden das aufziehende Gewitter mit seinen verheerenden „Blitzeinschlägen" nur in geringer Zahl erkannten und nicht zu reagieren wussten, ist heute schwer verständlich, aber auch wieder nachvollziehbar. Viele Juden waren seit mehreren Generationen fester Bestandteil der deutschen Bevölkerung, hatten auch mit ihrem „Blutzoll" den Krieg und die Nachwirkungen einigermaßen überlebt. Nicht wenige brachten es sowohl im Kaiserreich als auch in der Weimarer Republik zu Reichtum und Ansehen. Sie waren ebenso ein Bestandteil des deutschen Bildungsbürgertums. Das vulgäre Volksgebaren der SA-Truppen unter ihrem Führer Röhm hatte sie zunächst erschreckt. Noch war ein Glaube an einen demokratischen Rechtsstaat vorhanden. Aber dann kamen Furcht und Todesängste auf. Eine Ablehnung Hitlers genügte nicht mehr. Nach dem Motto: die Hoffnung stirbt zuletzt, verblieben zu viele und selbst die, die es sich leisten konnten und damit die Möglichkeit hatten, zu emigrieren, harrten aus und nur einige der deutschen Juden überlebten. Wer konnte das voraussehen?

Dass der 30. Januar 1933 **das** Datum einer neuen Epoche der deutschen Geschichte werden sollte, war in den Tagen der „Machtergreifung" den meisten nicht klar. Hitler hatte nie ein Hehl daraus gemacht, dass er die Republik der Weimarer Verfassung vernichten werde. Aber man wollte nicht glauben, was er mit wilden Worten in den Wahlkämpfen hinausschrie, wohl auch in die Tat umsetzen würde.

Hitler und seine Strategen, an der Spitze der Propagandachef Joseph Goebbels, wussten in den Jahren der Weimarer Republik die „Manipulierbarkeit des Wahlvolkes" und die Angriffspunkte ihrer Gegner bis hin zu ihren Feinden einzuschätzen, als sie die Auflösung des Reichstages für die „Entgegennahme" der Reichskanzlerschaft zur Bedingung machten - der zweite, entscheidende Fehler Hindenburgs und seiner Berater. Im Laufe des Februars 1933 war von der „Regierung der nationalen Erneuerung", wie sie sich nannte, zunächst nicht viel zu hören. Der Reichstag wurde zum 27. Februar vom Reichspräsidenten aufgelöst. Am Folgetag schlugen die Nazis zu. Der Reichstag stand in Flammen! Welche ein Zufall, wer da nichts Böses ahnt! ‚Die Kommunisten haben das Symbol des parlamentarischen Staates angezündet', so die Version der neuen Regierung. Und ausgerechnet die bedienten sich dieser verlogenen Argumentation. Der Reichstagsbrand war dann der Auftakt einer beispiellosen Treibjagd auf alle, auch vermeintlichen und tatsächliche Gegner des Regimes. Hindenburg erlässt am gleichen Tag die „Verordnung zum Schutz von Volk und Staat". Da auch die Regierung unter Hitler bis zur kommenden Reichstagswahl noch den Status eines Präsidialkabinetts hatte, konnte in diesem Fall der Reichspräsident gemäß der Verfassung nach Artikel 48 eine Notverordnung anwenden. Der Innenminister Frick konnte nun mit „höchster Rückendeckung" und mit der Unterstützung der SA seines Amtes walten.

Hitler ließ nun seinen früheren Ankündigungen gemäß (Reden und in „Mein Kampf") Taten folgen. Und „Schlag auf Schlag", im wahrsten Sinne des Wortes, wurden die demokratischen Institutionen ausgehebelt bzw. abgeschafft. Er ließ nur da alte preußische Tugenden zu, wo diese zur Aufrechterhaltung des zivilen Lebens notwendig waren, natürlich unter seiner diktatorischen Kontrolle. In der Folge befanden sich alle kommunistischen Abgeordneten zur anstehenden Wahl im März 1933 bereits in „Schutzhaft", es sei denn, sie konnten ins Ausland fliehen. Ähnlich erging es führenden SPD-Mitgliedern und den Gewerkschaftlern.

Die NSDAP erzielte am 5. März 1933 bei der Wahl 43,9 Prozent. Mit der Deutsch Nationalen Volkspartei unter Hugenberg bekam Hitlers Koalition eine Mehrheit mit 52 Prozent. Diese Mehrheit war aber nur noch der äußere Schein einer demokratischen Legitimation, die bald keine Grundlage mehr besaß. Der gleiche äußere Schein wurde am Tag von Potsdam am 21. März zelebriert: Reichskanzler Adolf Hitler im Frack und in devoter Kopfhaltung zum Reichspräsidenten, der in der Uniform des Generalfeldmarschalls. Dieses Bild vor der Garnisonskirche ging um die Welt. Es war der 62. Jahrestag der ersten Eröffnung des

Reichstages des proklamierten Kaiserreichs von 1871. Welche Symbolik wurde hier zur Schau gestellt. Am gleichen Tag trat der neue Reichstag in der Kroll-Oper zusammen.

Zwei Tage darauf wurde das „Gesetz zur Behebung der Not von Volk und Staat" eingebracht. Es ermächtigte die Reichsregierung für die Dauer von vier Jahren, Gesetze ohne Zustimmung des Reichstags sowie Gegenzeichnung durch den Reichspräsidenten zu erlassen, daher „Ermächtigungsgesetz". Das Parlament sollte der eigenen Entmachtung zustimmen. Obwohl außerhalb der NSDAP Bedenken eingebracht wurden, fand das Gesetz eine 2/3 Mehrheit. Diese wurde aber nur dadurch sichergestellt, dass den 81 KPD-Abgeordneten das Mandat offiziell entzogen wurde. Nach dem Reichstagsbrand wurden die meisten der KPD-Abgeordneten verhaftet oder sie flohen wie weitere 26 SPD-Abgeordnete. Durch Krankmeldungen und sonstiger Abwesenheit verblieben zur Abstimmung über das „Ermächtigungsgesetz" 538 gültige Stimmen; 444 Abgeordnete stimmten dem Gesetz zu, darunter unser erster Bundespräsident Theodor Heuss von der Deutschen Staatspartei. Die 94 verbliebenen SPD-Abgeordneten stimmten nach einer mutigen, lebensgefährlichen Rede ihres Fraktionsvorsitzenden Otto Wels dagegen. SS-Einheiten umstellten die Kroll-Oper und die SA war im Innenraum aufmarschiert. Hitler hielt eine hasserfüllte Ansprache. Ein Szenario, dem nur ganz Mutige widerstehen konnten.

Der Reichsminister für „Volksaufklärung" und Propaganda, Joseph Goebbels", waltete nun seines Amtes. Der Kampf gegen die Juden und alle Regimegegner wurde intensiv betrieben. Die Gleichschaltung der Länder wurde umgesetzt. Die ersten „Konzentrationslager" wurden für die Regimegegner eingerichtet, ein Begriff, der alle Insassen nicht nur verhöhnte, sondern oft bis zum Tode demütigte.

Hermann Göring, noch als preußischer Ministerpräsident, führte zunächst für das Land Preußen eine Geheime Staatspolizei ein, die später reichsweit als Gestapo unter Heinrich Himmler nicht nur zum Schrecken der Deutschen wurde.

Alle Marxisten, jüdischen Wissenschaftler und Künstler wurden mit Berufsverbot und Schreibverbot belegt. Leute wie Einstein, Brecht, Ollenhauer (nach dem Krieg Vorsitzender der SPD), Ernst Bloch und viele andere gingen ins Ausland. Bereits zu diesem Zeitpunkt wurden die Justizstellen mit jungen Beamten in Braunhemden besetzt, die auf Grund ihrer Machtposition im Parteiapparat bald alte bewährte Kräfte des preußischen Beamtentums beeinflussten, wenn nicht sogar ausschalteten. Hitlers Ziel war es, alle gesellschaftlichen und politischen Kräfte gleichzuschalten. Wo er annahm, dass sie, wie z.B. die Kommunisten, seine Politik bestimmt bekämpfen würden, günstigenfalls womöglich tolerieren würden, waren „auszuschalten", d.h., sie wurden ermordet oder landeten in Konzentrationslagern.

In schneller Folge wurden Gesetze verabschiedet und Verbote ausgesprochen, die Hitlers Diktatur auf den Weg brachten und absicherten. Hier die Zusammenfassung der Abläufe des Jahres 1933:
- 27. Februar 1933 –der Reichstagsbrand,
- 28. Februar - Hindenburgs Verordnung zum „Schutz von Volk und Staat" war nach dem Reichstagsbrand der Auftakt. Damit wurden die Grundrechte der Verfassung aufgehoben,
- 5. März – Reichstagswahlen,
- 24. März - Das Gesetz zur Behebung der Not von Volk und Staat. Das war der Beginn des Kampfes gegen die Juden und alle Regimegegner,
- 7. April - Das Gesetz zur Wiederherstellung des Berufsbeamtentums sicherte die Kontrolle über die Verwaltung, Regimefeindliche und nichtarische Beamte wurden entfernt.
- Das Gesetz zur Gleichschaltung der Länder durch die Ernennung von Reichstatthaltern,
- Besetzen aller Büros der Gewerkschaften, Verbot ihrer Organisationen und Einzug ihrer Vermögenswerte,
- 22. Juni - Verbot der SPD. Der Reichsinnenminister erklärte die SPD zur staats- und volksfeindlichen Partei,
- Die anderen Parteien lösten sich auf,
- Alleinherrschaft der NSDAP,

- 22. Juli Abschluss des Konkordats mit dem „Heiligen Stuhl". Hitler sicherte sich hiermit das Wohlwollen des Vatikans.
- Der Vizekanzler von Papen sowie der Wirtschaftsminister Hugenberg wurden im Ablauf des Jahres 1933 kaltgestellt.
Die Hitlerherrschaft war vollkommen.

Im August 1934 verstarb der greise Reichspräsident im Alter von fast 87 Jahren. Der Tod Hindenburgs gab Anlass, zu dieser immerhin historischen Figur, die dem Historiker Wolfram Pyta eine umfangreiche Biographie mit dem Titel „Hindenburg. Herrschaft zwischen Hohenzollern und Hitler" wert war, abschließend zu Hindenburg einzuflechten, dass Hindenburgs Entscheidung, Hitler zum Reichskanzler zu ernennen, in selbstbestimmter Form erfolgt war.

Sein früherer, ihn beherrschender Adlatus Ludendorff hatte Anfang 1933 mit seinem Urteil Recht:

„Kommende Geschlechter werden Sie wegen dieser Handlung in ihrem Grabe verfluchen". [siehe. Kap. V Nr.7]

Hitler erweiterte seine Machtbefugnisse offiziell um das Amt des Reichspräsidenten. Er nannte sich jetzt Reichskanzler und Führer. Anstatt „Guten Tag" und „Grüß Gott" hatte man „Heil Hitler" zu grüßen. Welche Vermessenheit, unglaublich! Dieser Gruß war mit Terror durchsetzbar. Eine grausame Diktatur machte das Volk zum Hanswurst. Apropos Terror: Alle oben beschriebenen „Maßnahmen" der Nazis hätte man ohne gezielten und brutalen Terror nicht durchführen können. Terror wurde zur Staatsmaxime im „Dritten Reich." Innerhalb von nicht einmal sechs Monaten war die Machtergreifung vollzogen. Mit Hindenburgs Tod wurde der letzte Paragraph der Weimarer Verfassung zu Grabe getragen. Deutschland war eine Diktatur. Hitler soll gesagt haben: „Die Revolution ist beendet."

Hitler war ein Mann der Tat. Der erste Schritt zur Umsetzung seiner Ankündigungen – politische Macht auf der Basis einer breiten Bewegung - war abgeschlossen. Einem großen Teil der Deutschen war das nicht einmal bewusst, respektive, man atmete auf, endlich eine Regierung zu bekommen, die „klare Zielvorstellungen" hatte.

An dieser Stelle stellt sich die Frage, war Hitler zu verhindern? Wie oben unter dem Reichspräsidenten Hindenburg beschrieben, war die destruktive Weichenstellung der bürgerlichen Mitte 1925, keinen Kandidaten zum Reichspräsidenten aufzustellen, ein Schritt in die chaotischen Verhältnisse der Endzeit der Weimarer Republik. Die Machtbefugnisse der damaligen Reichspräsidenten sind mit unserem bundesrepublikanischen Bundespräsidenten überhaupt nicht vergleichbar. Parlamentsauflösungen, Ernennen der Reichskanzler und das Regieren mittels Präsidialkabinetts waren laut Verfassung Möglichkeiten, demokratisch „über die Runden" zu kommen. Hindenburg hat in seiner ersten und verstärkt in seiner zweiten Amtszeit diese verfassungsrechtlichen Maßnahmen eingesetzt, gab jedoch den „Einflüsterungen" nach, Hitler als Kompromisskanzler zu ernennen. Als letztendlich schuldig anzusehen, ist die bürgerliche Mitte - zu der ich auch die Sozialdemokraten zähle - die in der größten Krise der Weimarer Republik nicht in der Lage waren, gemeinsame demokratisch-tragbare Entscheidungen zunächst zur Entschärfung der Staatskrise zu treffen.

Wie schon die oben aufgeführte, inszenierte Inflation von 1923 der Reichsregierung die harten Reparationsforderungen nach dem Versailler Vertrag auffangen sollten, aber den radikalen Kräften Munition verschaffte, so war auch die ebenfalls von außen eingetragene Weltwirtschaftskrise ein Negativfaktor, der der Instabilität der Republik weiteren Auftrieb gab. Die Verantwortung aber auf diese letztendlich von außen einwirkenden Negativbedingungen allein für den Erfolg der „Machtergreifung" zu schieben, wäre zu einfach. Letztendlich entschied das Wahlvolk.

Die 5 Prozent-Hürde für den Mandatserhalt der Splitterparteien würde ich nicht als einen entscheidenden Faktor für das Nichtzustandekommen einer stabilen, demokratischen Regierungsbildung ansehen. Eine Analogie zu heute ist es vielleicht, dass die Parteien nicht gesellschaftlich-notwendige, sondern eigene Interessen durchsetzen wollten. Und als noch gravierender ist das Verhalten des „Wahlvolkes" einzustufen. Hier muss sich das deutsche Volk allgemein an die „eigene Nase" fassen, dem „Braunauer Rattenfänger" in die Falle gegangen zu sein.

Wenn man sich zunächst nur auf die kurze Sicht der Präsidial-kabinette der Jahre ab März 1930 konzentriert, hätte Hitler womöglich verhindert werden können. Zwei Konjunktiva – „hätte-werden können."

Das muss man sich mit einmal vor Augen halten, mit welchem Selbstverständnis die Nationalsozialisten die demokratischen Parteien Deutschlands einfach in der Versenkung verschwinden lassen konnten, wenn diktatorischer Terror des Staates das Sagen hat. Gewerkschaftliche Organisationen, über Jahrzehnte erkämpft, fallen im Handstreich einem Verbot zum Opfer. Das Wort „Nationalsozialistische Deutsche Arbeiterpartei" kann widersinniger nicht sein.

Welche Hürden hatten dagegen nach dem bundes-republikanischen Grundgesetz Parteiverbote zu über-winden. Der erste, fehlgeschlagene Anlauf des Ver-botsverfahrens der Nationaldemokratischen Partei (NPD) in den Jahren 2001-2003 unter dem SPD-Innenminister Schily machte diese Hürden offensicht-lich.

5. Hitlers Innenpolitik

Die Eroberung der politischen Macht war abgeschlossen. Hit-ler führte in seinem Buch „Mein Kampf" immer wieder an, dass die Gewinnung „der breiten Masse" eine Voraussetzung für seine erfolgreiche Bewegung ist. Die Wahl vom März 1933 bescherte ihm zwar eine hohe Zustimmung, aber bis heute wissen wir, dass das Wahlvolk für die jeweiligen Machthaber sehr „unzuverlässig" ist. Und das wussten er und sein Progandachef ganz genau. Deshalb wurden die organisatorische Erfassung und die national-sozialistische Durchdringung aller Schichten und Altersgruppen der Deutschen umgesetzt. Der Beitritt zu alters-, arbeits- oder zweckbezogenen Verbänden - z.B. Hitlerjugend, NS - Frauenschaft, NS-Ärztebund, Reichsstudentenbund, Deutsche-Arbeitsfront, NS-Volkswohlfahrt – wurde forciert und erfasste zunächst die regimefreundlichen Mitläufer. Zur Wahrung des Scheins, aus Karrieregründen, oder um eine Unbedenklichkeit zum Naziregime vorzutäuschen, gaben diese Gruppen der gesellschaftlichen Erfassung nach. Der öffentliche Druck wurde vom Regime dann schrittweise, je nach Reaktion der Bevölkerung, so erhöht, dass sich so gut wie kein Deutscher mehr dieser Vereinnahmung entziehen konnte. Diese Einbeziehung in die nationalsozialistischen Massenorganisationen war eine „Gleichschaltung" der deutschen Bevölkerung.

„Es gibt nur eine Form des Widerstands in bürgerlichen Kreisen: Man erzählt sich Witze, man „meckert" und schimpft und hält sich fern, soweit es sich machen läßt, ohne dass man auffällt".[9]

Da fallen mir Parallelen ein, die ich bei meinen Besuchen in der DDR immer zur „allgemeinen Belustigung", aber auch zur Entspannung gegensätzlicher Meinungen wahrgenommen habe: Der politische Witz, war die Waffe der burlesken Kritik am eigenen Staat, die immer wieder von DDR-Bürgern zum Besten gegeben wurde. Damit soll aber nicht gesagt werden, dass die BRD „frei" von politischen Witzen war. In der DDR war diese „versteckte" Kritik am Staat vielleicht ausgeprägter.

Zur „Gleichschaltung" ist zu sagen, dass dies eine typische Form der Vereinnahmung der Bevölkerung war und damit eine Form der Sicherstellung der Diktaturen seit der stalinschen Ära in den kommunistischen Staaten des Ostblocks.

Die Beitrittsmitglieder in die Nationalsozialistische Partei ab März 1933 nannte man makabererweise „die Märzgefallenen", in dem ein Bezug zu den Opfern der Revolution von 1848 ironisiert wurde.

Es bestand ein Konflikt zwischen SA und der Reichswehr. Der SA-Chef Röhm wollte, dass die Reichswehr in der SA aufgeht. Hitler hatte die umgekehrten Vorstellungen für seine Okkupationspolitik. Mit Schlägertrupps, die sich größtenteils wie der übelste Mob verhielten, konnte er „die Welt" nicht erobern. Er musste sich die noch immer vorhandenen militaristischen, preußischen Tugenden der Militärs sichern. Nicht wenige Militärs „lechzten" noch immer auf Wiedergutmachung des „schuldlos" verlorenen ersten Weltkrieges. Es bestand die Gefahr, dass Röhm sich Hitler nicht unterordnen würde. Daher beschloss er, Röhm mit seiner gesamten Führung zu liquidieren. In die Geschichte ging dieser Massenmord als „Röhm-Putsch" ein. Er wurde am 30. Juni 1934 vollzogen und als Staatsnotwehr deklariert. Die offizielle Begründung zu dieser Liquidation war: Röhm habe mit seiner SA einen Putsch geplant und somit die gesamte nationalsozialistische Bewegung in Gefahr gebracht. Auch hier sieht man, mit welcher zielstrebigen Grausamkeit innerhalb der eigenen Bewegung vorgegangen wurde. Wer sich im eigenen Kader nicht einordnete, wurde „beseitigt"; ausgeführt und in München abgesichert durch die Schutzstaffel (SS) unter Sepp Dittrich, der späteren „Leibstandarte Adolf Hitler". Die Reichswehr war involviert und stellte Waffen zur Verfügung.

Hitler soll bei dieser „Abwicklung" auch menschliche Teilnahme gezeigt haben. Seinen alten Kampfgefährten Röhm seinen großen Zielen opfern zu müssen, fiel ihm offensichtlich schwer.

In den Folgejahren bis 1939 wurden die innenpolitischen Weichen für einen Angriffskrieg gestellt. Dazu waren die eigentlich vorhandenen Arbeitskräfte zu mobilisieren sowie ausreichende Finanzmittel bereitzustellen.

Hitler hatte bei seiner Regierungserklärung vom 1. Februar 1933 die Arbeitsdienstpflicht für junge Männer als einen Grundpfeiler seiner Politik zum Abbau der Arbeitslosigkeit und für einen erfolgenden Wirtschaftsaufschwung erklärt. Die Regierung unter dem Reichskanzler Brüning hatte bereits einen Freiwilligen Arbeitsdienst (FAD) auf den Weg gebracht. Der Erfolg war jedoch mangelhaft. Die noch tätigen FAD wurden dann ab 1933 „gleichgeschaltet". Im Rahmen der oben angeführten Mobilisierung wurde ein Reichsarbeitsdienst eingeführt und erhielt ab Mitte 1935 unter einem Reichsarbeiterführer Gesetzeskraft. Wie bei solchen Diensten festzustellen ist, erreichten sie gegenüber privatgeführten Wirtschaftsleistungen bei Weitem nicht die Effektivität. Sie hatten daher beim Abarbeiten gemeinschaftlicher Aufgaben bis hin zu späteren militärischen Übungen bzw. Kriegseinsätzen eine große disziplinarische Wirkung. Alle Männer zwischen 18 und 24 Jahren hatten diesen Dienst über sechs Monate zu leisten, dem sich später ein zweijähriger Wehrdienst anschloss.

Entscheidend war weiterhin, dass enorme Finanzmittel bereit zu stellen waren. Der entscheidende Mann, der diesen Finanzbedarf organisieren konnte, war Hjalmar Schacht. Er war der Mann, der Ende 1923 mit der Ausgabe der Rentenmark maßgeblich die Inflation beendete. Als Reichsbankpräsident war er der deutsche Verantwortliche bei den Pariser Verhandlungen zur Weiterführung der Reparationszahlungen, die dann zum bereits erwähnten Youngplan führten. Schacht konnte seine Pläne nicht durchsetzen und zog sich aus dem Politik- und Wirtschaftsleben zurück. In diese Zeit fiel seine Annäherung an die Nationalsozialisten. Von Hitler war er sehr eingenommen. Er wurde 1933 wieder Präsident der Reichsbank und 1934 außerdem Reichswirtschaftsminister.

So wurden die Weichen für einen Wirtschaftsaufschwung mit der Prämisse Aufrüstung ohnegleichen gestellt. Eine radikalautokratische Regierung mit einem eingebundenen Reichsbankpräsidenten, Wirtschaftsführer in der Erwartung saftiger Gewinne und einer Militärjunta, die endlich wieder eine lohnende Aufgabe hatte, waren die Voraussetzungen für einen „sagenhaften" Wirtschaftsaufschwung. Diese „Quadriga" konnte das Führerwollen in die Tat umsetzen und nach sechs Jahren der Welt das Fürchten lehren.

Und nicht zuletzt profitierte das Volk davon. Die Arbeiter und Ingenieure konnten bei Krupp und Co. tüfteln und werkeln. Die

Lebensverhältnisse bis hin zu einem möglichen Urlaub (**K**raft **d**urch **F**reude u.a. mit einer riesigen Feriensiedlung in Prora auf Rügen) waren gegeben. Der Bau des Kreuzfahrtschiffes Wilhelm Gustloff war 1937 für „verdiente" Deutsche zu dieser Zeit ein „visionärer" Vorgriff auf spektakuläre Urlaubsträume, die ab dem Ende des 20. Jahrhunderts zum Boom in der ganzen Welt wurden.

Hitler hatte die Vorstellung von einem KDF-Personenauto für unter 1000 RM. Es sollte ein Auto für das Volk werden. Ferdinand Porsche und andere entwickelten dieses Auto, das durch den Beginn des Krieges aber nur in Form eines Militär-Kübelwagens produziert wurde. Das VW-Werk und damit die Stadt Wolfsburg wurden 1938 in der Gemeinde Fallersleben gegründet.

Bei meiner Ausbildung zum Industrie-Keramiker Ende der 50er-Jahre in der DDR hatten wir in unserem physikalischen Labor auch die Kaltdruckfestigkeit an keramischen zylindrischen Körpern (Durchmesser/Höhe jeweils 50 mm) zu prüfen. Das Verfahren ist auch in der Betontechnologie üblich. Diese Prüfung wurde kurz **KDF** genannt. Als einer unserer Mitschüler die Verbindung zur „Kraft durch Freude" der nationalsozialistischen Zeit herstellte, wurden wir von unserem Dozenten zusammengestaucht. Dem Auslöser, der diesen Zusammenhang erwähnte, wurden ernsthafte Konsequenzen angedroht.

Es ging aufwärts. Und zur Freude der Deutschen und der „übrigen" Welt „bescherte" der Führer „seinem" Volk die olympischen Spiele. Die Deutschen konnten nun wieder zeigen, was sie konnten. Und der Führer dachte wohl ‚das ist nur der Auftakt meiner Pläne. Ihr werdet schon sehen, wozu ich fähig bin.' Er machte sie alle blind und freudetrunken. Wenn die weiteren innenpolitischen Abläufe im Reich auch positive Aspekte hatten, so lagen auch diese in Hitlers Gesamtkonzeption. Die „breite Masse" musste bei Laune gehalten werden. Schon die Konsuln und Kaiser der Römischen Reiche wussten, dass sie dem Volk gewogen waren, wenn es mit Brot und Spielen verwöhnt wurde.

Es gab zwar keine „Rundumschläge" mehr, wie in den 1933/34er Jahren, aber die häufige Anzahl der „Nadelstiche", - sprich Verhaftungen, KZ-Internierungen, Aufrufe zu Judenboykotten und weitere Ausgrenzungen „unliebsamer Personen", wurden unspektakulär „abgewickelt."

Trotz des brutalen Ausschaltens der SA-Führung und der Einflussnahme auf die österreichische Innenpolitik des Kanzlers Dollfuß, hat die Hitler-Regierung dies ohne nennenswerten internationalen Schaden überstanden. Man konnte sich neuen „Aufgaben" zuwenden.

Hitler war nicht gerade ein fleißiger „Schreibtischtäter". Die Durchsetzung seiner Visionen überließ er seinen Paladinen. Die wichtigsten „Zuarbeiter" mit teilweise direktem Zugang zu Hitler waren:
- Hermann Göring, als Luft- und Reichsmarschall,
- Heinrich Himmler, der Sicherheitschef,
- Martin Bormann, den man in seiner Amtsführung vielleicht mit unserem heutigen Kanzleramtsminister vergleichen kann, also Erledigung der Tagesgeschäfte und die Schnittstelle zur Partei,
- Alfred Rosenberg, der Chefideologe,
- Joseph Goebbels als Propagandaminister,
-Friedrich Sauckel, als verantwortlicher für alle Arbeitseinsätze,
- Robert Ley, der Parteiorganisator und Reichsleiter der NSDAP,
- Joachim von Ribbentrop, der Reichsaußenminister und Einige mehr.

Zum Delegieren und Ausführen von Hitlers Vorstellungen gehörte auch die Kontrolle seiner Anweisungen. Dass er gnadenlos bei Nichtausführung oder Ausführung mit Winkelzügen war, wussten alle. Der ehemals Hitler-Vertraute Röhm war ihnen ein Beispiel.

Peter Longerich sagt in seiner Biographie Hitlers zu dessen Führungsstil: Hitlers Führererlasse waren unumschränkte Rechtsbefugnisse.

„In diesem System besaß Hitler mit dem Instrument des „Führererlasses" eine unumschränkte Rechtssetzungsbefugnis. (...) Hitlers Regime löste sich somit immer stärker von Formen traditionaler Staatlichkeit, also von einer Regierungsweise, die gekennzeichnet ist durch eine Verteilung der Aufgaben auf sachlich verantwortliche Ressorts. (...) Stattdessen entwickelte sich sein Regime weiter in Richtung einer Führerautokratie, in der er nach eigenem Gutdünken einzelne Aufgaben Personen seines Vertrauens übertrug".[10]

6. Hitlers aggressive Außenpolitik

Hitlers Taktik hatte sich innenpolitisch bewährt. Jetzt galt es außenpolitisch weitere Akzente zu setzen. Dazu musste aufgerüstet werden, um eine Politik der Stärke demonstrieren zu können. Und wenn seine aggressive Politik zum Einsatz kommen sollte, hatte eine gut gerüstete Wehrmacht zur Verfügung zu stehen. Ein Widerstand der Alliierten war nicht auszuschließen. Zunächst jedoch waren innerdeutsche Korrekturen umzusetzen:
- Das Saargebiet war noch immer nicht wieder „heimgeholt". Die Vorbereitungen zur Volksabstimmung wurden so intensiviert, dass die Abstimmung mit einem positiven Votum für Deutschland abgeschlossen werden konnte.
- Am 7. März 1936 erfolgte der Einmarsch in die entmilitarisierte Zone des Rheinlandes. Über das Rheinland mit dem oben beschriebenen entmilitarisierten Gebiet hatte Deutschland trotz Abzug der Besatzungstruppen im Jahre 1930 noch nicht wieder die volle Souveränität erlangt. Verschiedene Abläufe innerhalb des zu diesem Zeitpunkt bestehenden Dreierbündnisses – England, Frankreich und Italien – begünstigten den Zeitpunkt des Einmarsches in das Rheinland trotz mangelnder militärischer Kontingente im Falle einer Abwehr des Unternehmens. Italien war wieder einmal ausgeschert und marschierte in Abessinien ein, was zu Konflikten innerhalb des Bündnisses führte. Frankreich hatte mit den Sowjets einen Pakt geschlossen, der um Tschechien erweitert werden sollte und nach deutscher Sicht

einen Verstoß des Locarno-Vertrages darstellte. Außerdem war für Frankreich eine notwendige Mobilmachung à la 1914 ohne Parlament nicht möglich. England hatte es immerhin zu einem Flottenabkommen mit Deutschland gebracht. So war es schwierig, ein gemeinsames Vorgehen gegen Deutschland auf den Weg zu bringen. Mit dem Einmarsch in das Rheinland wurde ein weiterer Baustein des Waffenstillstandsabkommens von Compiègne gebrochen. Hitlers Taktieren und der mangelnde Zusammenhalt der Alliierten machte es möglich. Hitler wurde durch diesen erfolgreichen Ablauf zur „vollen Souveränität" ermuntert, seine weiteren Pläne in die Tat umzusetzen. Eigentlich hätten diese Pläne allen bekannt sein müssen.

Die aggressive Außenpolitik wurde intensiviert. Die Kernziele hatte Hitler in „Mein Kampf" anvisiert. Sie waren ein Kernthema und zogen sich wie ein rotes Band durch seine Bücher. „Es muss alles darangesetzt werden, diese (unmenschliche Grausamkeit) zu korrigieren", so seine Ausführungen. Es kommt zur eindeutigen Kampfansage: „Friedensverträge, deren Forderungen wie Geißelhiebe Völker treffen, schlagen nicht selten den ersten Trommelwirbel für die spätere Erhebung." Und ein paar Seiten weiter wird auch der Zeitraum nachgeliefert: „Besitzt unser Volk eine Staatsleitung, die darin ihre Mission sieht, so werden **keine sechs Jahre** vergehen und der kühnen außenpolitischen Leitung des Reiches wird ein ebenso kühner Wille eines freiheitsdurstigen Volkes zur Verfügung stehen".[11]

Hitlers Kalkül war, die „Schmach" des Versailler Vertrages nicht nur zu tilgen, sondern über die östliche Rückgewinnung des Reichsgebietes hinausgehend eine „Bodenerweiterung zu erzielen", wenn er sagte: „Wir haben uns (...) wieder zur Vertretung des obersten Gesichtspunktes jeder Außenpolitik zu bekennen, nämlich: den Boden als Ziel unserer Außenpolitik und ein neues, weltanschaulich gefestigtes, einheitliches Fundament als Ziel politischen Handelns im Innern".[12]

Mit dieser Aussage war die Tilgung der Versailler Verträge und die Osterweiterung ein Ziel. Die Ostorientierung oder Ostpolitik wurde im 14. Kapitel des 2. Bandes eindeutig aufgeführt. Hitler sagte dazu:

(…) „handelt es sich in diesem Falle um die vielleicht entscheidendste Angelegenheit der deutschen Außenpolitik überhaupt und ist diese Frage auch der Prüfstein für die politische Fähigkeit der jungen nationalsozialistischen Bewegung, klar zu denken und richtig zu handeln. (…) Nur ein genügend großer Raum auf dieser Erde sichert einem Volk die Freiheit des Daseins." Und weiter: „Die nationalsozialistische Bewegung muss versuchen, das Missverhältnis zwischen unserer Volkszahl und unserer Bodenfläche – dies als Nährquelle sowohl wie auch als machtpolitischer Stützpunkt angesehen - zwischen unserer historischen Vergangenheit und der Aussichtslosigkeit unserer Ohnmacht in der Gegenwart zu beseitigen".[13] Der eigentliche Kern der Ostorientierung war demnach die nationalistisch-rassistische und damit auch antisemitische Politik, die unter dem Begriff „Blut- und Boden" in der Literatur eine weite Verbreitung fand und von den Ideologen des „Dritten Reiches" entsprechend propagiert wurde. Dieses Gedankengut hatten sie auf ihre Fahnen geschrieben.

Offensichtlich ist mit der Aussage „der Boden als Ziel" eine Eroberungspolitik im Osten gemeint. Dort sei ausreichend Boden vorhanden und mit der Urbanisierung in Hitlers Sinn ist die Rassenpolitik umsetzbar (Arier im Austausch gegen Slawen und Juden); also „Blut und Boden"; unvorstellbar – makaber.

In diesem Kontext greife ich vor und zitiere Peter Longerich:

Somit (…) „erteilte Himmler seinen Siedlungsplanern den Auftrag, einen europäischen „Gesamtsiedlungsplan" zu erstellen, dessen Grundzüge er SS-Funktionären in zwei programmatischen Ansprachen im August und September 1942 in seinem Hauptquartier erläuterte. Die deutsche Siedlungspolitik sollte nicht nur das besetzte Polen, also das nach dem Versailler Vertrag abgegebene Gebiet umfassen, sondern auch Teile der Ukraine, Weißrussland, Estland, Lettland, der Krim, das „Ingermanland" (also die Region um St. Petersburg), aber auch das Elsass und Lothringen, die Oberkrain (im heutigen Slowenien) und die Südsteiermark sowie das Protektorat Böhmen und Mähren erfassen und Siedlungsplanern in Auftrag geben.[1] (...)die Vorstellung war, sämtliche „germanischen" Völker Europas in einem „Großgermanischen Reich" unter deutscher Führung zu vereinigen".[14].

7. Aufrüstung zum Krieg

Hitler sicherte sich frühzeitig das Wohlwollen der Reichswehrführung, indem er sie mit der Zusage einer massiven Aufrüstung köderte. Hitler kündigte im März 1935 an, dass er nicht mehr daran denke, sich an die Bestimmungen des Versailler Vertrages zu halten. Anstatt der vertraglich festgelegten Mannschaftsstärke über 100.000 Mann wolle er eine Streitmacht über 36 Divisionen in einer Stärke von etwa 550.000 aufstellen lassen.

Seine Politik war bereits seit seinem „Mein Kampf" mit dem Ziel auf Krieg gerichtet. Das Militär war bereit, oder wurde auf Linie gebracht. Bedenkenträger wurden aussortiert. Die Wirtschaft war Kriegsgewinnler im ersten Weltkrieg (Krupp, Thyssen, Stinnes u.a.) und würde mit der Aufrüstung wieder prächtig verdienen.

Die nächste Generation wurde bereits beim Jungvolk ab zehn Jahre (Pimpfe), der Hitlerjugend, den Sturmabteilungen (SA) und den Schutzstaffeln (SS) seit Jahren rekrutiert und uniformiert und marschierte willfährig zum Stolz der Parteibonzen. Ein Volk, ein Weg, ein Führer.

Im März 1935 wurde die allgemeine Wehrpflicht eingeführt; ein weiterer Verstoß gegen den Versailler Vertrag. Die Finanzierung der Aufrüstung erfolgte durch die Reichsbank mit Schuldscheinen. Weiterhin wurde requiriertes Vermögen der Juden eingesetzt sowie durch „heimliche Zwangsanleihen" auf das von der Bevölkerung bei Versicherungen und Sparkassen gebildete Privatkapital zugegriffen.

Im August 1936 erarbeitete Hitler eine Denkschrift, in der im Rahmen eines Vierjahresplanes gesagt wurde, dass es in kürzester Frist gelingen muss, die deutsche Wehrmacht in der Ausbildung, in der Aufstellung, den Formationen, in der Ausrüstung und vor allem auch in der geistigen Erziehung zur ersten Armee der Welt zu entwickeln. Es hätten sich daher dieser Aufgabe und Ziel alle anderen Wünsche bedingungslos unterzuordnen.

Er gliederte die Wehrmacht aus dem Kriegsministerium aus und machte es zum „Oberkommando Wehrmacht" (OKW). Hitler selbst übernahm den Oberbefehl über die Streitkräfte und entließ einige Generäle, die womöglich nicht in seinem Sinne vorgehen würden. An die Spitze der Wehrmacht holte er sich den willfährigen General Keitel (Lakaitel).

In der Studie „Der Krieg der Generäle - Hitler als Vollstrecker der Wehrmacht" dokumentieren K.-H. Janßen und C. Dirks, dass entscheidende Generäle in der Reichswehr bereits in den 20er-Jahren eine geheime Aufrüstung planten. Unter dem Bruch aller internationalen Verträge wurde ein drei Millionen Mann starkes Heer konzipiert. Die Autoren meinen, die Generalität habe die Hochrüstung durch Hitler und den Angriff auf die Sowjetunion keineswegs nur befehlsmäßig ausgeführt und sie bestreiten den Mythos einer sauberen militärischen Elite, der von überlebenden Offizieren nach dem Krieg ebenso gepflegt wurde, wie den Mythos der Wehrmacht schlechthin.

Die Wehrmachtssaustellung des Instituts für Sozialforschung Ende der 1990er-Jahre dokumentierte mannigfaltige Verbrechen vieler Wehrmachtsteile.

Im „Dritten Reich" wurden bereits die Planungen der Reichswehr aktiv aufgegriffen. Am 1. September 1939 standen Hitler 102 Divisionen zur Verfügung. Wenn man die Mannschaftsstärke einer Division mit gut 15.000 Mann zu Grunde legt, sind das etwa 1,5 Millionen Soldaten und Offiziere. Der Bezug zur Reichswehr- und zu der späteren Wehrmachtsgeneralität mag in den Auswirkungen der Hitlerschen Aufrüstung- und Kriegsplänen im Buch von Dirks und Janßen überbewertet dargestellt worden sein. Es ist aber nicht zu bestreiten, dass Hitlers frühe Pläne das entscheidende Moment waren und diese, wie oben am Beispiel eines Gesamtsiedlungsplanes beschrieben, eine vollkommene Symbiose mit dem Militär und der Wirtschaft eingingen. Hitlers missbrauchte „breite Masse" wurde zum willigen Werkzeug und in der Folge zum Schlachtopfer seiner Pläne.

Die NS-Wirtschaftspolitik war ganz auf weitreichende Eroberungspläne ausgerichtet. Der gigantische Ausbau der Wehrmacht benötigte entsprechende Arbeitskräfte. Dadurch war die Arbeitslosigkeit augenscheinlich bei der Bevölkerung gebannt. Sie fiel von 1933 bis 1936 von sechs Million auf nur noch eine Million. Es gab auch unbestreitbare Verbesserungen der Lebensbedingungen. Die Partei setzte auch systematische und erfolgreiche Kampagnen zur Verbesserung der Arbeitsbedingungen in den Industrie - und Gewerbebetrieben durch. Insgesamt muss dabei aber immer die Zielrichtung „Krieg" gesehen werden.

„Alte", bewährte Diplomaten aus dem Kaiserreich wurden in ihren Stellungen belassen, um die wahren Absichten vor dem Rest der Welt zu verschleiern bzw. um die anvisierten „Vorhaben flüssiger" umsetzen zu können.

Mit dem Hintergrundwissen des Ersten Weltkrieges ist es nicht nachvollziehbar, dass nach 20-jähriger Beendigung dieses Völkermordens ein erneuter Waffengang überhaupt in Erwägung gezogen wurde.

Hier noch einmal eine Zusammenstellung der einzelnen Maßnahmen. Zunächst wurden bestehende Verträge aufgekündigt oder verletzt:

- 1934 Austritt aus dem Völkerbund,
- 1935 Das Saarland kommt nach einer Volksabstimmung (91 %) wieder zu Deutschland,
- Danzig ist nach Versailles eine Freie Stadt - ein Zollkrieg mit Polen wurde provoziert,
- 1936 Deutsche Truppen rückten in das entmilitarisierte Rheinland ein,
- Die Olympischen Spiele fanden in Deutschland statt - ein Täuschungsmanöver für die Weltöffentlichkeit,
- Kündigung der Verträge von Locarno,
(siehe. unter außenpolitische Erfolge der Weimarer Republik)
- 1937 Einsatz von „Freiwilligen" in der Legion Condor im Spanischen Bürgerkrieg auf Seiten des Generals Franco und

- März 1938 der „Anschluss" Österreichs.

Bis zum Einmarsch der Wehrmacht in Österreich erfolgte analog aus den Erfahrungen in Deutschland 1932/33 ein systematisch aufgebauter Terror auch in diesem Land. Der Bundeskanzler Engelbert Dollfuß wurde bereits 1934 bei einem nationalsozialistischen Putsch ermordet.

Die schon Jahre voraus in ganz Österreich aufgebaut SA war auch hier übelster, brutaler Mob und übte Terror im ganzen Land aus. Die demokratische Republik Österreich hatte dem nichts entgegenzusetzen. Der neu gewählte Bundeskanzler Kurt Schuschnigg wurde auf dem Obersalzberg zum Befehlsempfänger. Zwei Tage vor einer vorgesehenen Volksbefragung zum Anschluss, die wahrscheinlich für Hitler negativ ausgegangen wäre und dies wohlwissend, ließ er in Österreich einmarschieren. Sofort setzte auch hier der Terror mit Mord und Totschlag gegen alle demokratisch gesinnten Kräfte ein. Der Bundespräsident ließ durch seinen Bundeskanzler dem österreichischen Volk mitteilen, „dass man der Gewalt weiche". Der Volksentscheid im April „bestätigte" den Anschluss. Ein Protagonist schreibt über das Verhalten der Politik und der Presse bei Besuchen in Paris und London: „Es war eine laxe, zynische Haltung der tonangebenden Kreise, auch unter Politikern, Industriellen und Journalisten zum ‚Phänomen' Hitler und seinen Eskapaden, Drohkanonaden und Übergriffen." Man meinte, Hitler wäre der richtige Mann, der gegen die kommunistischen Umtriebe vorgehen könne.

Daher konnte die offizielle Reaktion der Westmächte Frankreich und England auf die Vereinnahmung Österreichs nicht überraschen, so dass Hitler nichts zu befürchten hatte, als er zu weiteren Aggressionen ausholte.

- 1937 Mit Italien unter Mussolini wurde ein Freundschaftsabkommen geschlossen (Achse Berlin-Rom).

- 1938 versicherte sich Hitler bei seinem einmaligen Besuch in Rom Mussolinis Unterstützung für seine weiteren „Unternehmungen".

- Die Tschechoslowakische Republik war das nächste Opfer, in der 3,5 Millionen Sudetendeutsche lebten. Hitler verlangte die

Abtretung des Sudetenlandes. Die Sudetendeutschen wurden ermuntert, das Selbstbestimmungsrecht für ihre Volksgruppe wahrzunehmen. Dafür stand der Wortführer Konrad Henlein, ein Mittelsmann der Nationalsozialisten. Mit Unterwanderungstaktiken und handfesten Drohungen wurde ein Klima geschaffen, das in eine latente Kriegsgefahr mündete. Die Tschechen wehrten sich verbal gegen diese Drohungen auch in der Hoffnung, dass sie von den Westmächten Unterstützung erfahren würden. Sie waren in ihrem Gesamtverhalten zur sudetendeutschen Minderheit - zurückhaltend ausgedrückt – über die Jahre der nun vom k & k Regiment losgelösten selbstständigen Republik der Tschechen und Slowaken nicht ganz uneigennützig.

- Am 29. September 1938 kam es zum Münchner Abkommen. Deutschland, nun von Italien unterstützt, stellte zur „Sudetenfrage" Frankreich (Daladier) und England (Chamberlain) Forderungen, den die Verhandlungspartner zur Wahrung des Friedens nachkamen. Ein Drittel der tschechoslowakischen Bevölkerung sowie die wichtigsten Industrie- und Verteidigungsanlagen mussten abgegeben werden. In München steckte Hitler gegenüber Frankreich und England scheinbar zurück, in dem er nicht „alles" beanspruchte, was zuvor gefordert wurde. Die Verhandlungsführer Daladier und Chamberlain meinten, den Frieden gerettet zu haben. Eine Beschwichtigungspolitik mit einem Diktator konnte wohl nicht zum Erfolg führen (Appeasement).

Das aktuelle Beispiel war der Versuch ab 2014, eine Appeasement-Politik für die Ukraine umzusetzen. Das Minsker Abkommen mit dem Autokraten Putin ist kläglich gescheitert.

- März 1939: Wie sehr Hitler alle beteiligten Mächte täuschte, zeigte sich, als er unter dem Bruch des Münchener Abkommens den tschechischen Teil der Tschechoslowakei, Böhmen und Mähren, annektierte und diese Gebiete zum gleichnamigen Reichsprotektorat erklärte. Er vereinnahmte also Gebiete, die beim Münchner Abkommen im Jahr zuvor Teil seiner Verhandlungsmasse waren. Von dem nach dem Ersten Weltkrieg gegründeten Fünf-Völkerstaat Tschechoslowakei – der Tschechen, Slowaken, der Sudetendeutschen, Karpato-Ukrainer und Ungarn – blieb nichts mehr übrig. Eine Reaktion der Westmächte blieb aus. Hitler meinte, er könne ungehindert und ungestraft weitere Revisionen des Versailler Vertrages ausführen.

In der weiteren Einschätzung besonders des vor der Weltöffentlichkeit im Münchner Abkommen bloßgestellten britischen Premiers Chamberlains lag Hitler gefährlich falsch. Chamberlain nahm Daladier nun in sein kompromissloses Boot gegenüber Hitler.

- Gekündigt jedoch wurden von deutscher Seite nun das deutsch-britische Flottenabkommen sowie der deutsch-polnische Nichtangriffspakt, der bereits 1934 abgeschlossen wurde.

Das nächste Opfer sollte also Polen sein. Das Wiederentstehen des polnischen Staates nach dem Versailler Vertrag sollte revidiert werden, d.h. Polen hatte wieder von der Landkarte zu verschwinden. Dazu bediente sich Hitler eines Deals, der seine wahren Pläne zunächst konterkarierte, nämlich die westliche Sowjetunion in strategisch wichtigen Gebieten zu vereinnahmen, um „seinem Volk Raum" zu geben. Stalin sollte zunächst an der „polnischen Beute" beteiligt werden.

- 1939 - Am 23. August wurde der Nichtangriffspakt mit der Sowjetunion (Hitler-Stalin-Pakt) geschlossen. Ein hinterhältiger Deal, war doch ein zukünftiger Überfall der Sowjetunion zum „Landgewinn für das deutsche Volk" Hitlers Grundziel seiner nationalsozialistischen Bewegung. Er konnte die Sowjets mit dem Angebot in den Überfall Polens einbinden, die polnischen Landgewinne in Russland nach dem Ersten Weltkrieg zu revidieren. Das Reich selbst hätte dann im letztlich geplanten Überfall der Sowjetunion im Rahmen der „Osterweiterung" ein direktes Aufmarschgebiet. Nach den Erfahrungen des Münchner Abkommens ging der Vabanquespieler Hitler davon aus, dass Frankreich und England wie bei allen bisherigen Maßnahmen auch die Okkupation Polens schlucken würde, so wohl sein anmaßendes Kalkül.

Die Sowjetunion hatte mit den Polen noch eine Rechnung offen. In den Nachverhandlungen zum Versailler Vertrag sollte, wie oben erwähnt, die Linie, nach dem englischen Außenminister Curzon benannt, bindend sein. Polen annektierte jedoch wie oben beschrieben weitere Gebiete ab 1919 bis 1922 im Osten dieser Linie.

In einem Zusatzprotokoll des Nichtangriffspaktes mit der Sowjetunion wurden Interessensphären abgesteckt. Die Sowjets hatte an Ostpolen sowie Finnland, Estland und Lettland „Interesse"; Deutschland wollte sich „Restpolen" und Litauen einverleiben.

- 1939 - Am 1. September wurde Polen überfallen; Die ersten Schüsse auf der Halbinsel Hela am Eingang zur Danziger Bucht verkündeten den Beginn des Zweiten Weltkrieges.

Am 6. Oktober war Polen besiegt und das Land wurde zwischen Deutschland und der Sowjetunion, wie im Hitler-Stalin-Pakt festgelegt, aufgeteilt. Polen hatte wieder aufgehört zu bestehen.

Und wieder geriet dieses Land in das Getriebe der Machtblöcke. Kaum waren Deutschland und der russische Nachfolgestaat in alter, aber noch immer landhungriger Stärke zurückgekehrt, wurde Polen „wieder ausradiert."

Diesmal hatte Hitler seine Widersacher aus dem Münchner Abkommen unterschätzt. Er kalkulierte weiterhin, ohne Gegenmaßnahmen der Garantiemächte Polens, auf der Gewinnerseite zu sein. Beide Mächte stellten Ultimaten, die in Polen eingedrungenen Verbände zurückzunehmen. Der Vabanquespieler Hitler zeterte und zauderte, aber er konnte nicht mehr zurück.

- Am 3.9.1939 erklärten beide Länder Deutschland den Krieg. Hitler soll die Kriegserklärungen der Franzosen und Engländer „konsterniert" zur Kenntnis genommen haben. ‚Bevor er sich seinen „östlichen Erweiterungsplänen" zuwenden könne, sind die Westmächte zu besiegen', so Aussagen aus seinem Umfeld. Das Verhängnis nahm seinen Verlauf.

Nach der Niederwerfung und Zerschlagung der Polnischen Republik und der in etwa hälftigen Überlassung Polens an die

Sowjetunion wurde versucht, Großbritannien sturmreif zu bombardieren. Der Bumerang regnete danach bis zum Kriegsende auf deutsche Städte nieder.

- Im April 1940 befand man sich im Wettlauf mit Großbritannien zur Sicherstellung der Ausbeutung norwegischer Eisenerzvorkommen. Nach „erfolgreichem" Abschluss dieser Aktion blieben Dänemarck und Norwegen bis zum Kriegsende besetzt. Im Anschluss begann 1940 die Offensive im Westen gegen Frankreich, das nach zehnwöchigen Kämpfen unterworfen wurde. Der nördliche Teil mit Paris wurde besetzt, der südliche Teil wurde abhängig von der Vichy-Regierung verwaltet.

8. Überfall auf die Sowjetunion

Wenn man in einem Krieg noch von „normalen" Kriegsabläufen sprechen kann, dann trifft das „Normale" im Zweiten Weltkrieg vielleicht noch für den Krieg gegen Frankreich bis zum Sieg zu. Nach dieser „Erfolgsserie" des Hitler-Regimes nach dem französischen Zusammenbruch wagte kaum noch jemand abfällig vom „böhmischen Gefreiten" zu sprechen. Auch die Generalität zollte ihm Respekt, so dass Hitler im Frühjahr 1941 sein Ur-Anliegen in Auftrag gab: Die Planung des Überfalls der Sowjetunion, sein Feldzug gegen die jüdische und slawische Bevölkerung, sein Kampf gegen den Bolschewismus, seine Blut- und Bodenpolitik für „sein Volk mit mehr Raum". Ein rassistisch-ideologischer Vernichtungskrieg wurde geplant.

Der Einfall in die Sowjetunion, völkerrechtlich unerklärt, wenn das Völkerrecht hier überhaupt eine Relevanz hatte, da heimtückisch nach Verträgen, die nicht einmal zwei Jahre Bestand hatten, verbunden mit Völkermord, später nicht nur im rückwärtigen Raum, eben ein Vernichtungskrieg, der der sowjetischen Völkergemeinschaft mehr als 20 Millionen Opfer kostete.

Bereits in der Ausgabe der Kriegsgerichtsbarkeit vom 13. Mai 1941 erließ der erste Mann der Wehrmacht, Generaloberst Wilhelm Keitel, im Auftrag des Führers und seines ersten

Mordbrenners, Himmler, den Befehl: „Für Handlungen, die Angehörige der Wehrmacht und des Gefolges gegen feindliche Zivilpersonen begehen, besteht kein Verfolgungszwang, auch dann nicht, wenn die Tat zugleich ein militärisches Verbrechen oder Vergehen ist".[15]

Die Wehrmacht mag wohl bei ihrem rasanten Vormarsch bis Moskau sich noch „militärtechnisch" verhalten haben, aber sowie die rückwärtigen Sicherheitsdienste, die Polizei und besonders Himmlers-Truppe sich als Mordbrenner an der Bevölkerung vergingen, wurde der Widerstand der malträtierten Menschen durch Partisanenbewegungen ausgelöst. Die durch die Witterung und durch die Partisanen unterbrochenen Nachschublinien ließen den Krieg über alle Ebenen in eine Grausamkeit ausarten, die die Erinnerungen an den Dreißigjährigen Krieges in den Schatten stellten. Allein in den weitläufigen Waldgebieten um Minsk, wo tausende Partisanen die Wehrmacht attackierten, wurden von der Wehrmacht und den Sicherheitsdiensten über 600 Dörfer dem Erdboden gleichgemacht und die Bevölkerung, wenn sie nicht mehr fliehen konnten, ermordet.

Allgemein ist zu konstatieren, wenn der Staat einen Völkermord inszeniert, fällt es den militärisch-ausgebildeten Soldaten leichter mit zu zunehmender Kriegsdauer und Härte der Kämpfe sich auch mörderischer zu verhalten.

Die russischen Kriegsgefangenen der ersten Jahre nach dem Überfall erfroren, verhungerten oder kamen in den Arbeitslagern zu hunderttausenden um. Den Sowjets, nicht nur Stalin und Molotow, waren die Augen aufgegangen, dass der ganze Hitler-Stalin-Pakt für das deutsche Regime nur ein vorgeschobener Kontrakt war, um sich für den geplanten Überfall eine günstige Ausgangsposition zu verschaffen. Der hintergangene Stalin rächte sich. Die kommunistische Grenze seiner Einflusssphäre wurde an die Elbe verlegt. Jetzt waren es Millionen Deutsche, die mit ihrem Leben, ihrer Heimat und der Freiheit für die nächsten 45 Jahre bezahlen mussten.

Wie konnte Deutschland den Krieg in Europa mit seinen Ressourcen an Menschen und Material überhaupt führen und zunächst durchstehen? Wieder zitiere ich den Hitler-Biographen Longerich: „Für die deutsche Lebensmittelversorgung während des Krieges spielten vor allem die besetzten Gebiete in der Sowjetunion, in Polen, Frankreich und Dänemark eine bedeutende Rolle. Sie deckten mit ihren Lieferungen 1942/43 mehr als 30 Prozent des Getreide- und rund ein Drittel des Fleischverbrauchs im Reich. (…) Insgesamt beruhte die Kriegswirtschaftspolitik des NS-Regimes im europäischen Rahmen also auf einem gigantischen Ausbeutungs- und Ausplünderungsprogramm". [16]

Nach dem Krieg hatten anscheinend viele deutsche „Normalbürger" - abgesehen von den unverbesserlichen Nazis – es immer noch nicht kapiert, was im „Dritten Reich" wirklich ablief, wenn man heute noch zu hören bekommt: 'Er hat ja die Arbeitslosigkeit beseitigt; er hat die Autobahnen gebaut. Ja, wenn nur der Krieg nicht gekommen wäre usw.; mehr fällt oft den Leuten nicht ein.

Trotz schrecklicher Verluste an allen Fronten und des Bombenterrors an vielen deutschen Städten ist über den „Einsatz an der Heimatfront" zu berichten: Von dem frühen Einbruch des Winters im Oktober 1941 in Russland wurde die kämpfende Truppe in ihrer Ausrüstung überrascht. Dass die Fahrzeuge nicht mehr bewegt werden konnten und der Nachschub zusammenbrach, war nicht überraschend. Dass aber die Soldaten für diese tiefen Temperaturen vollkommen unzureichend mit ihrer Bekleidung ausgestattet waren, war ein weiteres Verbrechen der bestimmenden Militärs und des „Führers". Die ganze Nation wurde vom Propagandaministerium über den Rundfunk aufgefordert, für die frierenden Soldaten an der Front warme, gestrickte Kleidung in „Frontweihnachtssendungen" auf den Weg zu bringen. Haben die strickenden Frauen nur an ihre verlassenen Männer, Söhne und Enkel gedacht, oder kam hier schon Wut und Abscheu hinsichtlich dieses Verbrechens auf? Zu Weihnachten wurden alle Frontlinien Europas mit den Lieben daheim verbunden. Ein ambivalenter Ablauf. Mit den möglichen Weihnachtsgrüßen an seine Liebsten wurde gleichzeitig versucht, den „Siegeswillen" zu stärken. Alle waren der Hoffnung, ob Liebster, Ehemann, Vater, Sohn oder Enkel, dass sie wieder gesund nach Hause kommen. Die meisten werden wohl gedacht haben, wann dieser unselige Krieg endlich zu Ende ist, egal, ob Sieg oder Niederlage.

9. Diktatoren und die Kirchen

Mussolini wurde bereits 1922 vom König Viktor Emanuel zum Ministerpräsidenten berufen und errichtete ab 1924 in Italien eine faschistische Diktatur. Als Ausdruck seiner Machtausübung brachte er in eine schwarze Flagge das Rutenbündel mit einem seitwärts ausgerichteten Beil ein, das Fascis, das den höchsten antiken römischen Herrschern als Machtsymbol galt; man sprach nun vom faschistischen Italien. Das Parlament wurde ausgeschaltet. Mussolini war nur noch dem König gegenüber verantwortlich.

Der Kirchenstaat wurde 1870 aufgelöst. Rom wurde wieder die Hauptstadt eines weitgehend vereinigten Italiens. Mussolini wollte die überwiegend katholische Bevölkerung verstärkt in seine Bewegung einbinden. Das Konkordat von 1929 mit der Römischen Kurie belebte jedoch wieder den Kirchenstaat. Bei den Verhandlungen zum Konkordat stellten beide Seiten fest, dass die Herrschaftssysteme zur Aufrechterhaltung zielgerichteter Macht vergleichbar sind. Der Papst war nur dem „lieben Gott" verantwortlich und musste höchstens auf die Kardinäle eingehen, die sich in Stellung brachten, um im Todesfall des Papstes selbst diese außergewöhnliche Machtposition einnehmen zu können. Wie aus kürzlich freigegebenen Kirchenakten zu ersehen war, hielten die Römische Katholische Kirche und der Faschist Mussolini nichts von einer demokratischen Gewaltenteilung. Die Dogmen der Kirche hatten prinzipiell über Jahrhunderte

Bestand. Mussolinis geistiger, deutscher Pendant propagierte - kirchen-vergleichbar - ein 1.000-jähriges Reich.

Die Italiener hatten „ihren" Papst wieder in der alten, staatlichen Herrlichkeit. ‚Dem Duce sei gedankt', so wohl ihre Gedanken.

Warum die obigen Aussagen zu Mussolini und den Päpsten? Was Hitler von den demokratischen Parteien, den Marxisten und den Juden hielt, propagierte er ausführlich in Rede und Schrift seit Anfang der 20er-Jahre. Er ging nach der „Machtergreifung" im angekündigten Sinne vor. Sein angestrebtes „Führerprinzip" konnte diesen breit aufgestellten, kirchlichen Gegner eigentlich nicht dulden. Da die hierarchischen Strukturen der römisch-katholischen Kirche im weitesten Sinn seinen Machtvorstellungen ähnelten, wurden die Kirchen erst einmal als Gegner eingestuft. Aber die Kirchen allgemein und die römisch-katholische Kirche im Besonderen konnte er nicht mit brutaler Gewalt niederkämpfen oder gar ausmerzen. Dazu war der Rückhalt in der Bevölkerung ab 1933 bei weitem noch zu unsicher. Also musste man sich arrangieren. Der Duce in Italien hatte es vorgemacht. Bereits im Juli 1933 kam es zu einem Konkordat des Deutschen Reiches mit der römisch-päpstlichen Kurie. Vorbereiter dieses Abkommens war der apostolische Nuntius Pacelli in Deutschland, der spätere Papst Pius XII. Pacelli lebte bereits seit 1917 als Nuntius in München, hatte also den Aufstieg der Nationalsozialisten „hautnah" verfolgen können und sprach von einer gefährlichen Häresie dieser nationalsozialistischen Bewegung. Die „Gegner" wussten sich also einzuschätzen und hatten sich dann zunächst vertraglich abgesichert. Die Beurteilung dieses Abkommens reichte von der Niederlage des Staates durch den politischen Katholizismus bis zum Sieg der nationalsozialistischen Außenpolitik. Sie wussten aber auch in ihrer kurzen Geschichte mit dem Konkordat umzugehen. Von der Umdeutung, zum Umgehen, über das Aushöhlen, bis hin zur Verletzung des Vertrages kam alles zur Ausführung.

Sowohl als Apostolischer Nuntius in Deutschland, dann als Kardinalstaatssekretär des Papstes Pius XI. als auch selbst als

Papst Pius XII. war Pacelli über die Abläufe in Deutschland und später über die verbrecherischen Aktivitäten der Nationalsozialisten bestens informiert. In seinen Hirtenbriefen forderte er die deutschen Bischöfe auf, bei der Reichsregierung zu intervenieren. Das Konkordat mit dem Reich war nicht zu gefährden, so ist womöglich seine päpstliche Zurückhaltung zu erklären.

Erst als das deutsche Regime Ende 1942 offensichtlich seinem Ende entgegenging, (…) „bekundete der Papst in der Weihnachtsansprache 1942 seine Sorge um die „Hunderttausende, die ohne eigenes Verschulden, bisweilen nur auf Grund ihrer Nationalität oder Rasse dem Tod oder fortschreitender Vernichtung preisgegeben sind".[17] Seine Versuche, im Vorfeld der Kriege und nach Ausbruch, mäßigend auf die Konfliktparteien einzuwirken, scheiterten bereits im Anlauf. Der US-amerikanische Historiker Richard Rubenstein verurteilte mit vernichtender Kritik das Verhalten der christlichen Kirchen in Europa.

„Im Laufe der Zeit bin ich zu der Überzeugung gelangt, dass während des Zweiten Weltkrieges Papst Pius XII. und die überwältigende Mehrheit der europäischen Kirchenführer die Beseitigung der Juden als ebenso nützlich ansahen wie die Vernichtung des Bolschewismus". Diese Aussage eines namhaften Publizisten mag umstritten bleiben und bleibt als historisch nicht beweisbar so stehen. Historisch steht fest, dass nach dem Krieg auf der sogenannten „Rattenlinie" namhafte Naziverbrecher durch Unterstützung von Kirchenleuten Zuflucht in Herbergen und Klöstern fanden und ihnen der weitere Weg nach Südamerika ermöglicht wurde.

Die katholische Kirche wird bei diesem Trauerspiel der deutschen und damit der europäischen Geschichte so oft erwähnt, dass man meinen könnte, dass es ihr alleiniges Verschulden sei, dass die Verbrechen der Nationalsozialisten nicht entsprechend gebrandmarkt wurden. Aber auch die offizielle protestantische Führung blies teilweise in das Horn der Nationalsozialisten oder schwieg. Die berechnete Perfidie der braunen Herrscher war es aber auch, mit ihrem gnadenlosen Terror die Menschen ängstlich und mutlos zu machen.

Insgesamt betrachtet hat die römisch-katholische Kirche ihr einmal „bestelltes Feld" über die Jahrhunderte behaupten können. Weder Luthers Reformation, Bismarcks Kulturkampf, Hitlers ausgehandeltes Konkordat noch der vom Parlamentarischen Rat zur Bundesrepublik prinzipiell übernommene Vertrag konnte den Leitlinien der katholischen Kirche etwas anhaben. Immerhin hat Johannes Paul II. im Jahr 2000 – (man lese) – als erster Papst eine Synagoge betreten – und sich für all das entschuldigt, was die Kirche den Juden angetan hat, u.a. Verfolgung und Hass.

Gefahr droht den Kirchen erst durch die zunehmenden Austritte, durch das selbstverschuldete Pastorendefizit (u.a. durch den Zölibat) sowie durch die vertuschten Missbrauchsfälle von einzelnen Klerikalen. Diese Sexualdelikte wurden dann in der kirchlichen Aufarbeitung auch noch verschleppt durchgeführt.

10. Der Holocaust *(griechisch: vollständig verbrannt)*

Der Holocaust im Dritten Reich in seiner unglaublichen, schrecklichen Dimension war für mich auch ein Grund, mich ausführlich mit dem Judentum und seinem Umfeld über die Jahrhunderte auseinander zu setzen. Hier im VI. Kapitel versuche ich, das ganze Ausmaß der historischen Gegebenheiten und die von Hitler getroffenen Schlussfolgerungen und Maßnahmen in ihrer ungeheuren Tragweite in der konsequent-unmenschlichen Grausamkeit zu schildern. Ankündigungen zu Taten und zum „Umgang" mit/gegen Juden gab es von Hitler und später von seinem Umfeld in Rede und Schrift zu Genüge. Schon ab der Phase der Parteigründung der NSDAP in den frühen 20er-Jahren wurde auch das antijüdische Feindbild aufgebaut, das angeblich bei den Finanzjuden in den USA und den Juden in der bolschewistischen Revolution der Sowjetunion seine Wurzeln haben sollte.

Hitler verstand es, gewisse Vorbehalte in der Bevölkerung, vor allem bei den unteren Klassen der Bevölkerung weiter zu wecken, zu schüren und in brutale Ausgrenzungspolitik umzusetzen. Der Mob wurde über die SA zum Toben gebracht. Die Polizei sah entweder weg, ahndete Mord und Totschlag nicht und wurde dann als „Staatsdiener" im weiteren Verlauf des Nazireiches in den Befehlsbereich aktiv in die Judenverfolgung und in die Vernichtung einbezogen. Der Staat wurde zum Massenmörder. Der Anteil der Bevölkerung, der die Juden zum normalen Teil der deutschen Nation zählte, wurde ausgegrenzt und terrorisiert. Wer unter diesen Umständen den Juden half, musste selbst mit ärgsten Sanktionen rechnen.

Die Judenhetze der Nationalsozialisten in den Jahren bis 1933 wurde nicht so ernst genommen. Als dann aber nach der „Machtübernahme" die Bevölkerung zum „Judenboykott" in die Pflicht genommen wurde, war das Erwachen allseits groß, ob Jude oder Nichtjude. Bei den freiberuflichen Juden, ob Arzt, Anwalt oder Geschäftsmann ging es nicht nur um die Existenz; Angst machte sich breit, die spätestens mit der so genannten „Reichskristallnacht" 1938 zur Todesangst wurde.

Verdiente jüdische Intellektuelle, Offiziere und hohe Beamte, die meinten, für das untergegangene Kaiserreich gestanden zu haben und zur Weimarer Republik zu ihrem Deutschtum standen, konnten es lange nicht glauben und verkraften, dass sie als Juden in Deutschland keine Daseinsberechtigung mehr hatten. Dieser Irrglaube ließ sie teilweise zu lange zögern, ihre Zukunft außerhalb Deutschlands zu suchen, bis es für einen großen Teil dieser Menschen zu spät war. Sie wurden zunächst zutiefst gedemütigt und ihrer elementarsten Menschenrechte und Lebensbedingungen beraubt. Wenn sie sich womöglich nicht freikaufen konnten, landeten sie in den Konzentrationslagern und in den meisten Fällen war ihnen der Tod gewiss. Nach der Eroberung weiter Teile Europas mussten alle Juden dieser Länder das grausame Schicksal auf Grund ihres Glaubens teilen. Ein in der Welt unfassbarer Vorgang. Oft durften sie sich nur unter Aufgabe ihres gesamten Vermögens, wenn vorhanden, freikaufen, so dass es nicht immer gelang, im Ausland den Lebensunterhalt zu bestreiten. Aber auch denen, denen die Flucht gelang, war in anderen Ländern der Weg nicht immer geöffnet.

Eine Notverordnung, die bereits als Gegenmaßnahme der Kapitalflucht vom Reichspräsidenten im Dezember 1931 erlassen wurde, missbrauchten die Nationalsozialisten nach 1933 bei den Ausreiseanträgen der Juden. Diese Verordnung ist dann als „Reichsfluchtsteuer" in die Geschichte eingegangen.

Hier nur noch einmal die aufgeführten Punkte Nr. 5 und 13 aus „Mein Kampf".

- 5. „Ursächliche Bedeutung hat die Frage der rassischen Erhaltung des Volkstums. Damit ist die Judenfrage existentiell für die deutsche Nation."

- 13. „Das Ziel der Bewegung muss unumstößlich bis zum Hass auf den Gegner des Volkstums sein.
Der Jude ist der Todfeind des Volkes". Vergl. Nr. 4

Er sprach von einem apokalyptischen Endkampf der nordischarischen Rasse gegen das Weltjudentum. Nicht die Abwehr der Gegner war seine Devise (Juden, Marxisten und die, die der Bewegung im Wege stehen), sondern der Kampf gegen diese. Hitler thematisierte das Judentum in vielen weiteren Punkten. Es wird zum Feind der Wirtschaft, des Staatswesens und damit zur Gefahr für die deutsche „Rasse"; er spricht von einer Bastardierung des deutschen Volkes; hier nur vier weitere Zitate.

- „(…) die nationalsozialistische Bewegung (…) hat es vor allem fertiggebracht, dieses Problem (Antisemitismus) aus dem engbegrenzten Kreis oberer und kleinbürgerlicher Schichten herauszuheben und zum treibenden Motiv einer großen Volksbewegung umzuwandeln." Und weiter:

- „Man halte sich die Verwüstungen vor Augen, welche die jüdische Bastardierung jeden Tag an unserem Volke anrichtet, und man bedenke, dass die Blutvergiftung nur nach Jahrhunderten oder überhaupt nicht mehr aus unserem Volkskörper entfernt werden kann".[18]

Die Juden wurden also für alle wesentlichen Probleme verantwortlich gemacht. Der Grundton seiner Reden in den 20er-

Jahren war: „Entfernung der Juden". Sonstige Äußerungen über Juden fielen: „Parasit"; „internationale jüdische Weltfinanz"; „Meister der Lüge"; „Judenpresse" und ihre „Taktik; Drahtzieher der deutschen Revolution", „Schmarotzer" u.s. w.; nachzulesen im Personen- Sachverzeichnis unter Judentum in „Mein Kampf".

Der nächste Rundumschlag wurde am 15.9.1935 auf dem Nürnberger Reichsparteitag mit der Verkündung der Nürnberger Gesetze vorbereitet. Durch dieses „Reichsbürgergesetz" wurde den Juden zugleich die volle Rechtsfähigkeit entzogen. Diese Bestimmungen gaben Hitlers Rassenlehre konkrete Gestalt: Das Gesetz zum Schutz des deutschen Blutes und der deutschen Ehre verbot die Ehe zwischen Juden und Deutschen. Jeder, der ein öffentliches Amt anstrebte, musste den Arier-Nachweis erbringen. Mit dem Rassegesetz, man sprach vom „Blutgesetz", wurden die Juden nun auch juristisch vor allem in Familien und Partnerschaften nicht nur ausgrenzend diffamiert, vielmehr man kann von einem weiteren Schritt hin zum Holocaust sprechen. In den folgenden drei Jahren fanden Schikanen und Entehrungen jeglicher Art an Juden statt, wie es sich ein auf Hass bis hin Mord autoritäres Regime nur ausdenken kann. Und wieder war es der Terror, der einerseits Andersdenkende still sein ließen und andererseits über Jahrhunderte Aufgehetzte mit staatlicher Willkür zum blutigen Mob werden ließen.

Die Pogromnacht vom 9. November 1938 war kein Nadelstich. Wie oben beschrieben, wurde nicht nur nach den Kaiserjahren eine nationalistische Judenablehnung geschürt und gepflegt. Hitler schrie vor seiner Kanzlerschaft überall seinen Judenhass hinaus. Jetzt war dieser Hass staatlich sanktioniert. Alle nationalsozialistischen Körperschaften wurden nun auf den Judenhass eingestimmt. Damit war eine Grundstimmung zum Ausbruch vorhanden. Es fehlte nur noch das Signal.

Der Anlass zu diesem Signal war die bereits vom 26. bis zum 28. Oktober 1938 durchgeführte „Polenaktion". Eine große Anzahl polnischer Juden hatten in zurückliegenden Jahren ihren Wohnsitz in den Osten des Deutschen Reiches verlegt. In einer Nacht- und Nebelaktion wurden nun ca. 17.000 von ihnen ohne

Abstimmung mit der polnischen Regierung von der Himmler-schen-SS abgeschoben. Ein Sohn einer dieser Familien hielt sich zu dieser Zeit in Paris auf und übte daraufhin aus Frustration ein Attentat auf einen deutschen Botschaftsangehörigen aus. Der Botschaftsangehörige verstarb am 9. November, just an dem Tag, als die Nazigrößen in München den 15. Jahrestag des Hitler-putsches begossen. Das war das Signal. Eine jüdische Weltver-schwörung wurde verkündet. Der Pogrom im Reich wurde ausge-löst. Synagogen angezündet, jüdische Geschäfte demoliert, geplündert und die Inhaber drangsaliert. Wer sich auflehnte oder gar Widerstand leistete wurde krankenhausreifgeschlagen oder kam zu Tode. Viele Juden begingen Selbstmord. Etwa 30.000 Juden wurden in Konzentrationslager verschleppt. Das war der Beginn des Massenmords.

Ab dem 1. September 1941 wurde allen Juden auferlegt, egal in welchen Zwangsumständen sie sich noch bewegen durften, den so genannten „Judenstern" offen sichtbar an ihrer Kleidung zu tragen. Dieses achteckige, gelbe Zeichen mit der mittigen Inschrift „Jude" war dem jüdischen Davidsstern nachempfunden.

Der „gutherzige" Teil der deutschen Zivilbevölkerung konnte diesen Terror nur übersehen. Die Angst war viel zu groß, selbst Opfer zu werden. Das Phänomen des Gaffens bei „spektakulären Ereignissen" hat sich bei den Menschen seit der Kreuzigung Jesu Christi über die Hexenverbrennungen bis in unsere Zeit erhalten. Wo was „los" ist, wird gegafft. Nicht wenige Zivile beteiligten sich auch aktiv an dieser Terroraktion der Braunhemden und nahmen die Gelegenheit wahr, sich an den Ausschreitungen zu beteiligen. Teilweise wurden wahre Volksfeste gefeiert. Auch die Gelegen-heit, sich zu bereichern, wurde ausgiebig wahrgenommen; es wurde geplündert. Die primitivsten Handlungen mit einer nicht vorstellbaren Verrohung der Menschen kamen an die Oberflä-che. Die ganze „Aktion" lief unter dem Begriff „Reichskristall-nacht", wie makaber. Es ging weder um Kristall noch dauerte das Wüten nur eine Nacht. Die Toten, einschließlich der Suizide wurden „verständlicherweise" bis 1945 nicht erfasst. Auch nach dem Krieg lagen dazu kaum Zahlen vor. Auch bis heute gibt es zu

Todeszahlen der Abläufe des damaligen Reichsgebietes nur Schätzzahlen.

Die systematische Vernichtung der Juden in Deutschland und den eroberten Ländern Europas wurde in der Wannseekonferenz vom 20. Januar 1942 beschlossen. Bereits 1941 beauftragte Hermann Göring den Leiter des so genannten ‚Reichssicherheitshauptamtes' Reinhard Heydrich, die ‚Endlösung' der Judenfrage umzusetzen. Der Name Adolf Eichmann steht für die organisatorische Ausführung dieses Plans. Eichmann wurde vom israelischen Geheimdienst Mossad 1960 in Argentinien aufgespürt und 1962 von einem israelischen Gericht zum Tode verurteilt und hingerichtet.

Während des Krieges wurden aus allen besetzten Gebieten Europas Juden systematisch verschleppt und ermordet. Ein Netz von Konzentrationslagern wurde in Deutschland und in allen besetzten Gebieten Europas errichtet. Das Kürzel KZ bringt die Ungeheuerlichkeit dieser Lager zum Ausdruck. Der volle Name verharmlost eher diese Todesstätten. Der Name Auschwitz steht für diese Mordlager; hier wurde die größte Anzahl der Juden vergast. Am Ende des Regimes waren es über sechs Millionen ermordeter Juden aus fast allen Staaten Europas.

Das ganze Ausmaß der Perfidie von angeordneter „Abwicklung" der deportierten Juden geht aus den „Richtlinien des Wirtschafts- und Verwaltungshauptamtes vom 26. September 1942 hervor. Die Verwaltungsvorschriften preußischer Beamten lesen sich vollkommen unspektakulär, auch wenn es um die Abwicklung der letzten Besitztümer von zur Ermordung vorgesehener Juden geht. In den Vorschriften heißt es: Konfiszierte Barbeträge, Devisen, Edelmetalle, Schmuckstücke jeglicher Art, Zahn- und Bruchgold, sowie jegliche denkbare Kleidungs-und Haushaltsgegenstände wurden aufgeführt und mit der Weisung versehen, dass diese Gegenstände über das SS- Wirtschaft- und Verwaltungshauptamt sofort der Deutschen Reichsbank zuzuführen sind.[19(Auszug)]

Diese Richtlinien fanden teils bei den Deportierungen Anwendung, spätestens jedoch in der Gründlichkeit, wenn die

Juden ihren „letzten" Gang antraten. Diese Detailbesessenheit scheint mir „typisch deutsch" zu sein. Das war aber nur der „Einstieg" einer organisierten Tötungsmaschinerie, die rückblickend schon oft und vielseitig dokumentiert und Grundlage so mancher Gerichtsverhandlung wurde.

Aber nicht nur die Juden wurden wegen ihres Glaubens gnadenlos verfolgt und ermordet. Die slawische Zivilbevölkerung im Besonderen und die Bevölkerung besetzter Länder im Allgemeinen wurden systematisch verschleppt und für Kriegsdienste im „Reich" unter unsäglichen Bedingungen eingesetzt. Millionen Kriegsgefangene, besonders Russen, Polen und Ukrainern ereilte dieses Schicksal.

Die Wehrmacht konnte bei ihrem Überfall auf Polen und ab Juni 1941 beim „Barbarossa" Feldzug gegen die Sowjetunion die verbrecherischen Aktionen der Himmlerschen Tötungseinheiten nicht übersehen. Teilweise leistete sie durch Transporte Hilfestellung, teilweise gab es neben den Kämpfen der Truppe Übergriffe, die denen der SS nicht nachstanden. Wenn man bedenkt, dass in allen besetzten Kriegsgebieten Europas ab diesem Zeitpunkt im Hinterland intensive Partisanentätigkeiten erfolgten, so war der Kampf gegen die Partisanen auch ein Teil des Kampfes der Wehrmacht. Die erfolgten Sanktionen gegen die Partisanen und Geiseln der Zivilbevölkerung waren in allen Kriegsländern auch von der Wehrmacht gnadenlos.

Bei allen begangenen Grausamkeiten, ob an Juden in Europa, speziell an den Kriegsgefangenen der Roten Armee oder der slawischen Bevölkerung besetzter Gebiete, war es so, dass ein Teil der deutschen Bevölkerung darüber Bescheid wusste. Informationen waren durch die Breite der verübten Verbrechen durchaus möglich. Urlaubende und verwundete Wehrmachtsangehörige kamen oft mit Horrormeldungen zu ihren Angehörigen. Nach dem Krieg war es nicht mehr nötig, ein Blatt vor den Mund zu nehmen; geschwiegen haben höchstens notorisch-überzeugte Täter bzw. diejenigen, die sich nicht oder kaum diesen Verbrechen entziehen konnten.

Bei all diesen Grausamkeiten mit dem Ziel des Genozids ist auch von einem im Verhältnis zum Umfang der Deportierten und Ermordeten von einem kleinen „Lichtblick" in der Judenverfolgung zu berichten. Ich meine den erfolgreichen Protest der Frauen von der Rosenstraße in Berlin. Eine weitere Verhaftungswelle von Juden erfolgte In Berlin, die durch ihren zwangsweisen Einsatz in den Rüstungsbetrieben der Deportation und Ermordung weitestgehend verschont geblieben waren. Unter den ca. 8.000 zur Deportation anstehenden Juden waren auch ca. 2.000 Männer aus so genannten aus Mischehen. Alle Verhafteten wurden zunächst in einem ehemaligen Gebäude der früheren jüdischen Sozialverwaltung eingesperrt. Ca. 600 nichtjüdische weibliche Angehörige dieser Menschen protestierten so lange, bis sie die Freilassung im März 1943 durchsetzen konnten. 1995 wurde auf dem Grundstück der durch den Krieg zerstörten Alten Synagoge ein sinnbildliches Denkmal zur damaligen Volkshetze und Diskriminierung gegen die Juden aufgestellt. Auf der Rückseite des aus drei Blöcken bestehenden Denkmals ist der Sinnspruch verewigt: „Die Kraft des zivilen Ungehorsams und die Kraft der Liebe bezwingen die Gewalt der Diktatur."

11. Der Widerstand

Es gab in großen Teilen der deutschen Bevölkerung einen nicht unerheblichen Widerstand gegen das Hitlerregime.

Die vielen Sozialdemokraten, Gewerkschafter und Kommunisten, die sich der Verhaftungswelle nach der Machtübernahme entziehen konnten und den Mut fanden, im Inland in den Untergrund zu gehen und dort oder vom Ausland den Widerstand organisierten, bildeten die größte Gruppe. So hatten die Kommunisten Wilhelm Pieck und Walter Ulbricht ihr Exil in Moskau. Egal, wie man diese Nachkriegspolitiker beurteilte; diese Leute gingen in die Emigration und versuchten von dort aus, dem Hitlerregime zu trotzen.

Ein nicht unbedeutender Anteil der Widerstandskämpfer kam aus dem Offizierskader. Am „spektakulärsten" - in heutiger Zeit mehrmals verfilmt - war das Attentat um den Grafen Claus Schenk von Staufenberg. Ein großer Offizierskreis bis hin zur obersten Generalität (Generalfeldmarschall Erwin von Witzleben) sowie einige Zivilpersonen waren an dem Umsturzversuch unter dem Namen „Walküre" beteiligt.

Im Kreisauer Kreis organisierten sich die zivilen Kräfte um Helmuth von Moltke, ein Nachkomme der Generalstäbler unter Wilhelm I und II den Widerstand. Ein weiterer Kopf dieses Kreises war Graf York von Wartenberg, der die Beziehungen zu den Militärs intensiver pflegte. In den ersten Jahren des Widerstands wurden die Pläne zum Umsturz und die Gedanken, wie Deutschland dann gestaltet werden kann, von beiden Gruppen fast getrennt diskutiert und geplant. Im Gegensatz zu den Militärs hatten die „Zivilen" auch moralisch-ethische Probleme, eine neue Ära mit politischen Morden einzuläuten. Das Attentat selbst schlug fehl, da die Lagebesprechung des Führers in einer Baracke stattfand und so die Bombe nicht ihre volle Wirkung entfalten konnte. „Walküre" hätte aber immer noch die Chance gehabt, zum Erfolg geführt zu werden, wenn eingeweihte und nichteingeweihte, hochrangige Offizierskameraden nicht weiterhin so verblendet gewesen wären, oder ihnen sogar der Schneid fehlte, diese Chance zu nutzen, den verbrecherischen Weltenbrandstifter loszuwerden. Die Chance der Militärs war vertan, das historische Urteil über diesen Berufsstand zu mildern.

Die militärische Führung war jedoch nicht in der Lage, eine konzertierte Aktion zur „Beseitigung" des Führers auf den Weg zu bringen. (Generaloberst) „Beck entschloss sich, angesichts dieser Haltung in den obersten Kommandostellen des Heeres, im Frühjahr 1938 allein zu handeln. Er wußte, daß Hitler die ‚Sudetenfrage' nach der Ernte zum Anlaß eines Krieges machen wollte, falls ihm die Tschechoslowakei seine letzten Forderungen nicht bewilligen würde. Beck stellte Hitler wegen seiner kriegerischen Politik zur Rede und verlangte seine sofortige Entlassung, als Hitler sich darauf ‚jede Einmischung in die politische Führung' verbat und auch vom ihm als Chef des Generalstabes bedingungslosen Gehorsam verlangte".[20]

Der General wurde in den Ruhestand versetzt, hielt aber Verbindungen zu seinem Nachfolger (Halder) und dem zivilen Kopf des Widerstands (Goerdeler). Beck gehörte dann zu den Opfern des 20. Juli 1944. Man erzwang seien Selbstmord.

Nachdem Hitler einsehen musste, dass die Festung England nicht durch die von Göring großsprecherisch-angekündigten Einsatz der Luftwaffe sturmreif gebombt werden konnte, wandte er sich wieder seinem ursprünglichen Ziel zu, ‚Boden mit Blut für sein Volk' zu erobern.

Als im Frühjahr 1941 der Generalstab den Auftrag bekam, den „Fall Barbarossa" vorzubereiten, das heißt, die Sowjetunion trotz eines Nichtangriffspaktes heimtückisch zu überfallen und niederzuwerfen, meine ich, spätestens hier, in dieser Vorbereitungsphase des Überfalls der Sowjetunion, hätte die kritische Generalität zu Hitler so oder so die „Reißleine" ziehen müssen. Nach dem Polenfeldzug ab Ende September 1939 bis zur Planung des „Barbarossafeldzugs" konnte die Wehrmacht die Verbrechen der Himmlerschen Sicherheitstruppe (SD) nicht mehr übersehen. Eine Fortsetzung dieser Verbrechen war daher eine logische Folge. Selbst wenn mit dem Fall Moskaus ein Eroberungsstatus bis zum Ural nicht auszuschließen war, wie wäre dieses riesige Gebiet dann zu kontrollieren gewesen? Aber man berauschte sich an der Planung und am Totsiegen, anstatt mit gleicher Intensität den Vabanque-Spieler und seine Clique auszuschalten.

Bereits geplante Attentate wurden situationsbedingt abgesagt und verschoben. Die schnellen „Erfolge" nach dem Überfall Polens und der „Triumph" über Frankreich ab Mai 1940 wurde öffentlich derart vom Regime hochgepuscht, dass Umsturzvorhaben wohl nicht erfolgversprechend erschienen.

Die Beurteilung des 20. Juli wird heute oft zu sehr auf den Grafen Staufenberg fokussiert. Selbst bei einem Erfolg wäre Deutschlands Zukunft ungewiss geblieben; denn das oberste Kriegsziel der Alliierten seit der Konferenz in Casablanca im Januar 1943 war die bedingungslose Kapitulation des Deutschen Reiches.

Der Ort des Moltke-Gutes Kreisau (Krzowa), heute im niederschlesischen Polen, fand im November 1989 wieder eine historische Bedeutung. Bundeskanzler Helmut Kohl traf sich in der Fortführung seines Polen-besuches, den er durch Fall der Mauer unterbrochen hatte, mit dem ersten Ministerpräsidenten der Republik Polen, Tadeusz Mazowiecki in Kreisau zu einer vielbeachteten Geste der Versöhnung. Eine Stiftung für eine Begegnungsstätte wurde eingerichtet, die eine bessere europäische Verständigung zum Ziel hat.

Eine wesentliche Stütze des Machterhalts von Diktaturen sind Denunzianten. Sie mögen unterschiedliche Motive ihres Tuns haben: Überzeugte Täter, willfährige Schleimer, aber auch ängstliche Naturen, die Gefahr liefen, durch ihr Schweigen selbst in die Todesmühle zu geraten, sind da zu nennen. Letztere würde man vielleicht am Wenigsten verurteilen.

In einem Informationsbuch des Autors Jochen Reis „111 Orte in Kiel" heißt der 61. Ort „Der Schießstand". Hier wird aus einem Merkblatt referiert, in dem bürokratische, perfide Anordnungen geschildert werden. Es geht um das Vollstrecken von Todesstrafen. Es „wird vor dem Kugelfang ein Pfahl in die Erde eingelassen. Bei dem Pfahl ein Strick zum Anbinden. Sarg in der Nähe. Stroh im Sarg wegen des Blutes. ‚Das ‚reichseigene Schuhwerk' war dem Verurteilten auszuziehen und erneut zu verwenden."

So erging es einem „verdienten, hochdekorierten" Kommandanten eines U-Boots, der in der Offiziersmesse nicht duldete, dass ein Hitler-Bild dort hing („kein Götzendienst"!), er verurteilte in seinem Umfeld das Judenmorden und machte seine Witze derart, ‚was wohl das deutsche Volk und ein Bandwurm gemeinsam hätten: Beide bewegen sich in brauner Umgebung und werden letztendlich abgeführt'. Harter Tobak in dieser Zeit! Er wurde von einem seiner Offiziere denunziert. Der Marinestaatsanwalt forderte zehn Jahre Gefängnis. Selbst das war schon mutig, wohl in der Hoffnung, dass der Krieg bald vorbei sei. Der Marinerichter jedoch verhängte am 25.4.1944 die Todesstrafe.

Das Urteil durch Erschießen wurde eben an jenem Pfahl im Kieler Stadtteil Holtenau, nahe der B 503, vollzogen, wo vor dem 26-jährigen Kaleu schon hunderte Marinesoldaten wegen „Wehrkraftzersetzung" ihr Leben lassen mussten. Der Marinerichter wurde 1950 freigesprochen. Über die Verurteilung bundesdeutscher Gerichte wird im Weiteren nach 1945 noch zu berichten sein. Heute erinnert der „Schießstand" mit einem Stein und einer Gedenktafel an dieses Geschehen.

Die Gruppe der „Roten Kapelle" von Schulze-Boysen bestand aus Mitgliedern der Wehrmacht und aus zivilen parteipolitischen Kadern. Schulze Boysen war Offizier im Luftfahrtministerium und hatte Zugang zu den Operationsplänen des Überfalls auf die Sowjetunion, des „Falls Barbarossa" am 22.6.1941. Über die „Rote Kapelle" wurde den Sowjets Vorhaben und Zeitpunkt per Funk übermittelt. Im weiteren Verlauf des Jahres 1942 wurde die Gruppe Schulze Boysen enttarnt und der größte Teil wurde zum Tode verurteilt und in Berlin Plötzensee gehängt.

Im Zusammenhang mit der „Roten Kapelle" sind Widerstandskämpfer aufzuführen, die aus dem christlich-ethischen Bereich kamen und im Kampf gegen den Naziterror ihr Leben hingaben. Hier ist an erster Stelle der evangelische Theologe Dietrich Bonhoeffer zu nennen, der uns noch heute mit seinen Worten zu christlichen Anlässen begleitet. In seinem Text des Kirchenliedes heißt es im Refrain:

„Von guten Mächten wunderbar geborgen, erwarten wir getrost, was kommen mag, Gott ist mit uns am Abend und am Morgen und ganz gewiss an jedem neuen Tag." Trotz tödlicher Gefahr kommt mit seinen Worten für jeden neuen Tag, die Zuversicht zum Ausdruck.

Bonhoeffer kam über seinen Schwager Hans von Dohnanyi und damit über den Abwehrchef Wilhelm Canaris zum politisch-militärischen Widerstand. Ein Attentat auf Hitler war für Bonhoeffer eine, in diesem Fall auch aus dem christlichen Grundsatz heraus, zu rechtfertigende Maßnahme. Im April 1945 wurde Dietrich Bonhoeffer auf persönlichen Befehl Hitlers im KZ Flossenbürg in der Oberpfalz ermordet.

Unter den jungen Widerstandskämpfern sind die Geschwister Scholl am bekanntesten. Sie waren in der studentischen Widerstandsgruppe der „Weißen Rose" organisiert. Allein das Auslegen von Flugblättern gegen das Hitlerregime reichte zur Verurteilung und Hinrichtung aus. Viele Schulen und Einrichtungen in der Bundesrepublik ehren heute den Namen der Geschwister mit ihren Namen.

Erst nachdem die ganzen Grausamkeiten der Nationalsozialisten ans Tageslicht kamen, fanden die Gruppen der Widerstandskämpfer eine angemessene Würdigung.

Viele namenlose Menschen kämpften mit Flugblättern gegen das Regime. In dem Roman von Hans Fallada „Jeder stirbt für sich allein" wurde diesen Menschen ein ehrendes Andenken gegeben.

Anna Seghers beschreibt in ihrem Roman „Das siebte Kreuz" über geflohene Widerstandskämpfer aus einem Konzentrationslager, die dann ums Überleben kämpften.

Andere namenlose Deutsche haben sich vieler Juden angenommen und unter Lebensgefahr beim Überleben geholfen, was oft nicht gelang. Hans Rosenthal, der bekannte Quizmaster der 70er- und 80er-Jahre war einer derjenigen, die so überlebten. Das holländische jüdische Mädchen Anne Frank, bekannt durch ihr Tagebuch, gelang dies nicht.

Insgesamt 42 Attentate sind auf Hitler verübt worden. Im Münchner Bürgerbraukeller begannen die Attentate und in der Wolfschanze vom Grafen Staufenberg am 20. Juli 1944 endeten die Anschläge. Hitler hatte oft einen siebten Sinn und änderte kurzfristig anberaumte Besuche. Oft waren es auch halbherzige Attentatsversuche. Nach dem 20. Juli wurde ein großer Offizierskreis und im weiteren Umfeld auch viele Personen des öffentlichen Lebens, (der Leipziger Oberbürgermeiste Goerdeler), insgesamt über 3.000 Menschen, hingerichtet oder in den Tod getrieben (Generalfeldmarschall Rommel). Der Volksgerichtshof unter Roland Freisler kannte keine Gnade. Hitler gab den Befehl, dass die Hauptverantworlichen zu hängen seien. Die angeordneten Filmaufnahmen ließ er sich in der Reichskanzlei vorführen.

Viele von den Sowjets gefangene deutsche Soldaten, Unteroffiziere und Offiziere vereinigten sich mit Unterstützung und Nachhilfe deutscher Kommunisten wie Ulbricht, Pieck um den Schriftsteller Erich Weinert zum „Nationalkomitee Freies Deutschland". Die Sowjetpropaganda war entscheidend beteiligt. Das prominenteste Mitglied war der Feldmarschall der 6. Armee, Friedrich Paulus, der große Verlierer von Stalingrad. Ebenso Hitlers Armeegeneral Vincenz Müller, der ab 1957 der oberste General der Nationalen Volksarmee wurde. Während des Krieges und auch noch in der jungen Bundesrepublik wurden sie geschmäht.

12. Der Luftkrieg

Bereits im Ersten Weltkrieg wurde eine Luftwaffe eingesetzt. Der jetzt aber ausgeführte Luftterror, dem die Zivilbevölkerung ausgesetzt wurde, war unvorstellbar. Der deutsche Luftkrieg begann mit der Bombardierung polnischer Städte. Schon hier waren nicht nur militärische Objekte das Ziel. Zu Beginn des Frankreichfeldzugs, in dem die Niederlande Aufmarschgebiet waren, wurde Rotterdam Ziel zerstörerischer Luftangriffe. Nach dem Frankreichfeldzug ging man auch verstärkt mit der Luftwaffe gegen England vor. Für diese Angriffe steht die englische Stadt Coventry, eine Industriestadt mit damals vielleicht 300.000 Einwohnern, die im November 1940 ohne Rücksicht auf die Zivilbevölkerung mit Brand- und Sprengbomben nahezu zerstört wurde. Ähnliche Bombardements gingen auf London nieder. Von diesen Nachtangriffen auf englische Städte führte ein direkter Weg zu der systematischen Zerstörung deutscher Städte mit gleichen menschenverachtenden Mitteln. Große viermotorige Bomberverbände zerstörten zielgerichtet nicht nur kriegswichtige Industrieanlagen, sondern zerstörten Wohnhäuser, die den schrecklichen Flammen- und Erstickungstod Hunderttausender Zivilisten zur Folge hatten. Es begann mit dem Abstecken des zu bombardierenden Städteareals durch rote Leuchtraketen, den sogenannten „Christbäumen". Mit einer grünen Signalrakete wurde das Bombardement freigegeben. Neben Sprengbomben, die Hochhäuser und die meist vierstöckigen Bebauungen in den Großstädten bis zum Keller durchdrangen, wurden Brandbomben-und Brandkanister eingesetzt, die dann eine wahre Feuerbrunst auslösten. Angefacht durch den Luftbedarf des Feuers wälzte sich die tödliche Vernichtung durch die Straßenschluchten. Der perfideste „Höhepunkt" dieser Todeswalze war der Einsatz von Phosphorbomben, die nicht einmal den Kanalratten eine Überlebenschance ließen. Es begann mit Lübeck und fand mit der Bombardierung Dresdens einen Armageddon-vergleichbaren Höhepunkt menschlichen Wahnsinns.

Hier muss ich deutliche Kritik anbringen. Nazideutschland führte einen Terrorkrieg. Die Angriffe auf London und Coventry und vielen anderen englischen Städten galten nicht nur der Vernichtung von Industrieanlagen militärischer Ausrüstungen. Nicht erst hier begann der Kriegsterror eines verbrecherischen Regimes. Es ist aber eines demokratischen Staates auch im Kriegsfall mehr als beschämend und unwürdig, die Taten des Naziregimes zu kopieren bzw. durch Weiterentwicklungen effektiv zu übertreffen, um damit die deutsche Zivilbevölkerung massiv zu bestrafen. Neben hunderttausenden zivilen Opfern wurde eine Wohnbebauung in vielen Städten gezielt vernichtet sowie eine deutsche kulturelle Baukultur stark beschädigt bzw. mitunter zerstört. Für diesen alliierten Bombenterror stehen hauptsächlich die britischen Verantwortlichen Churchill und sein Luftmarshall Harris, der gesagt haben soll: „Die deutschen Bombenopfer wiegen keinen toten Tommy auf." Aber auch für die Royal Air Force (RAF) waren diese Flächenbombardements in großen Verbänden im Verhältnis zum eingesetzten Bomberpersonals äußerst verlustreich. 45 Prozent der Besatzungen, sprich 45.573 verloren ihr Leben. Harris musste sich nach dem Krieg auch starken Anfeindungen aussetzen.

13. Das Ende des „Dritten Reiches"

Auch zum Ende des Zweiten Weltkrieges ist die Frage des Verlaufs und warum dieser Krieg verloren gehen musste, nicht mehr entscheidend. Für die Menschen der ganzen Welt war entscheidend, dass der Krieg endlich beendet werden konnte; auch wenn im fernen Japan erst zwei schreckliche Atombomben die Verantwortlichen zur Aufgabe zwangen. Unmenschliche Regime in Deutschland und Japan fanden ihr Ende. Die Hauptverantwortlichen hatten sich entweder selbst gerichtet (Hitler, Himmler, Goebbels), oder es wurde ihnen von alliierten Militärgerichten (u.a. in Nürnberg) der Prozess gemacht. Göring, der „Reichsmarschall" konnte sich nach seinem Todesurteil noch vergiften. Keitel, der Oberkommandierende der Wehrmacht, wurde gehängt. Viele weitere Verantwortliche wurden bestraft.

Auslöser der Weltkriegstragödie war das „Dritte Reich" Deutschlands. Gewinner war die Sowjetunion, die dann nach dem Krieg über die ungeheure Landmasse von 22 Mill. km^2 direkt verfügte und darüber hinaus ihren Herrschaftsbereich auf alle Satellitenstaaten des Ostblocks ausdehnen konnte. Auch nach dem Abfall der 14 Teilrepubliken nach 1990 hat die Sowjetunion heute immer noch das 50-fache der Landmasse Deutschlands mit unermesslichen Reichtümern an Bodenschätzen, vor allem an Gas und Öl.

Die imperialen Machenschaften Hitlers und Stalins zeigten sich bereits im August 1939 bei dem abgeschlossenen Nichtangriffspakt. Hitler hatte freie Hand für den Überfall Polens und Stalin bekam nach der Zerschlagung Polens große Gebiete Ostpolens. Diese Gebiete wurden auch nach dem Krieg im Wesentlichen nicht mehr an Polen zurückgegeben. Eine Konsequenz daraus war das Zugeständnis Stalins an Polen, den Gebietsverlust im Osten dann nach dem Krieg auf Kosten Deutschlands auszugleichen. Eine weitere Konsequenz war die Zerschlagung der erst zwischen 1918 und 1920 wiederbelebten baltischen Staaten, wo auch viele Deutsche über Jahrhunderte gesiedelt hatten.

Stalin initiierte eine gewaltige Land- und Bevölkerungsverschiebung. Roosevelt in Jalta und Truman in Potsdam, sowie Churchill, der kurz vor seiner Abwahl als englischer Premier stand, hatten diesem sowjetischen Expansionsunterfangen riesigen Ausmaßes nichts entgegenzusetzen. Darüber hinaus gelangte Polen, und vorübergehend einige Staaten des Balkans (Jugoslawien) sowie die Tschechoslowakei und Ungarn in die Einflusssphäre der Sowjetunion. Die drei baltischen Staaten, Estland, Lettland und Litauen wurden Sowjetrepubliken. Sie blieben es bis nach der Wende 1991/92. In allen wichtigen Punkten hatte sich die Sowjetunion unter Stalin durchgesetzt. Churchill setzte sich vergeblich für Polen ein. Er war der Verlierer der alliierten Verhandlungen.

Die Auswirkungen des Zweiten Weltkrieges waren also nicht nur für Deutschland, sondern auch für große Teile von Ländern der Erde, die direkten Kampfhandlungen jeglicher Art ausgesetzt waren, verheerend. Hitler hatte wahr gemacht, ‚wenn er hinter sich die Tür zuschlage, dass ganz Europa erzittert'. Die Sowjetunion, die das „Dritte Reich" mithilfe der Westalliierten besiegte, konnte ihre Weltmachtpläne verwirklichen. Für die nächsten 45 Jahre konnte sie ihren Machtbereich mitten in Deutschland etablieren. Ebenso konnten sich die USA nicht nur in Deutschland, wo sie bis heute noch ihre Machtbasen unterhalten, auch in weiteren Ländern, vor allem in Asien, festsetzen. Die Voraussetzungen der Blockbildung waren gegeben. Die Grenze der späteren Blöcke ging u.a. mitten durch Deutschland. Deutschland in Europa und Korea und Vietnam in Asien wurden zum Kern der Auseinandersetzungen der westlichen mit der östlichen Hemisphäre.

Mit dem Abwurf der Atombomben wurde ein neues Kapitel der Weltgeschichte aufgeschlagen. Der Krieg im asiatischen Raum war damit zwar beendet, jedoch wurden weitere Staaten herausgefordert. An erster Stelle gelang es den Vereinigten Staaten und dann der Sowjetunion mit diesen erdballbedrohenden Waffen Stärke zu erlangen, um Macht ausüben zu können.

Aber diese Gefahr war den Menschen noch nicht bewusst. Erst einmal - endlich Frieden. Die Menschen waren erleichtert. Aber:

- Mehr als 12 Millionen Deutsche verloren ihre Heimat. Sie gingen einer ungewissen Zukunft entgegen. Ein Großteil der deutschen Städte war zerstört. Es war nicht einmal Wohnraum für die „Einheimischen" vorhanden. Der weitere massive Zustrom der Flüchtlinge führte zu katastrophalen Zuständen.

- Die Versorgung der Bevölkerung mit dem Nötigsten konnte nur teilweise erfolgen. Zum Glück stand der Sommer vor der Tür.

- Das Schicksal der verschollenen, in Gefangenschaft befindlichen und der verkrüppelten Männer war ungewiss. Die letzten Kriegsgefangenen kamen aus der Sowjetunion erst 1955 wieder nach Hause.

Das geeinte Deutsche Reich existierte gerade einmal 74 Jahre. Ab 1945 musste ein neues deutsches Kapitel aufgeschlagen werden. Das Kaiserreich Deutschland war als ein ernstzunehmender Staat neu auf der Weltbühne, umgeben von Großmächten. Ein amerikanischer Historiker bemerkte dazu: „Deutschland wurde eingekreist geboren."

Mit dieser Verantwortung war sehr gefahrenbewusst umzugehen. Bismarck gelang dieser Umgang, den Nachfolgern nicht. Der vermeintliche „Nachholbedarf" Deutschlands zu stillen, Kolonien in Besitz zu nehmen und Weltmärkte zu beherrschen, wurde zum obersten Ziel erhoben. Die Existenz eines militärischen Kabinetts (von Tirpitz) neben dem zivilen Kabinett (von Bethmann-Hollweg) gepaart mit dem aufkommenden Nationalismus um die Jahrhundertwende ließen diese Forderungen aggressiv werden.

Die „Zuspätkommenden" versuchten, sich bei den Etablierten durchzusetzen. Der Erste Weltkrieg war die Folge. Das Verhalten der „Sieger" und das Hochstilisieren der Demütigung Deutschlands führten zum Zweiten Weltkrieg und damit zum Tod des Deutschen Reiches. Es gibt in der Geschichte kaum eine Nation mit dieser geringen Lebensdauer seiner Staatlichkeit. Der Aufstieg wurde durch Kriege herbeigeführt. Das Ende war kriegsbedingt. Wir konnten unserer Verantwortung als Großmacht in Europa nicht gerecht werden. Sebastian Haffner sprach in „Von Bismarck zu Hitler" von einem Weg zu Deutschlands Größe und zugleich von seinem Untergang.

Zwei Äußerungen von Diktatoren lauten:

- Hitler sagte sinngemäß: Wenn das deutsche Volk der Herausforderung des zu erweiternden Lebensraumes nicht gewachsen ist, so ist es nicht wert, weiterhin zu bestehen!

- Stalin dagegen sagte: Die Hitler kommen und gehen, aber das deutsche Volk bleibt bestehen.

Immerhin hat Stalin den Deutschen Leben und Raum zugestanden; wohlgemerkt jedoch mit der Absicht, uns „seine Lebensform" zu verordnen.

Literaturverzeichnis

Teil 1

I. Kapitel

1. Tacitus „Germania ", Reclam Universal-Bibliothek 1977, S. 18
2. Bamm, Peter „Frühe Stätten der Christenheit",
   Knauer Sachbuch, S. 45
3. Lauster, Jörg „Die Verzauberung der Welt", Verlag Beck, S. 85
4. Ebd., S. 97
5. Ebd., Einleitung, S. 14
6. Ebd., S. 152/154
7. Ebd., S. 138
8. Ebd., Vergl. IV. Kap. Nr. 5, S. 158-160
9. Ebd., S. 169[178]
10. siehe Bamm „Frühe Stätten der Christenheit", S 131
11. Preisendörfer, Bruno „Als unser Deutsch erfunden wurde -
    Reise in die Lutherzeit", 6. Auflage, Verlag Guliani Berlin, S. 59
12. siehe Lauster, S. 175 [12]
13. Ebd, S.183[46]
14. Ebd, S. 3.150/151
15. siehe Preisendörfer, Zitate nach J. Bohemus, S.182
16. Ebenda, S. 61

II. Kapitel

1. siehe Lauster, „Die Verzauberung der Welt", S. 366[139]
2. Realienbuch, vollständige Ausgabe für evangelische Schulen
   Verlag von Velhagen & Klasing,
   1912 Deutsche Geschichte, S. 64
3. siehe Preisendörfer
   „Als unser Deutsch erfunden wurde", S. 222
4. Friedrich II. „Geschichte meiner Zeit", Rheinische Post
   vom 7. Januar 2012 von Michael Hamerla
5. siehe Lauster, S. 432/433

6. Müller, Bertram, Rheinisc-he Post vom 30.12.2009
   „Kant – der klare Geist von Königsberg",
7. siehe Lauster, S. 464
8. Ebd, S. 494

III. Kapitel

1. Panorama der Weltgeschichte Bd. III; Axel Prahl, S. 20
2. Fragen an die deutsche Geschichte, Ideen, Kräfte,
   Entscheidungen von 1800 bis zur Gegenwart
   Herausgeber: Deutscher Bundestag, 13. Auflage 1988, S. 119
3. Ebd., S. 72

IV. Kapitel

1. siehe Realienbuch, Vollständige Ausgabe
   für evangelische Schulen, S. 131
2. Craig, Gordon A. „Deutsche Geschichte, 1866-1945,
   C.H.Beck München, Dritte verbesserte Auflage 1981,
   II.1. Kap., S. 47
3. siehe Fragen an die deutsche Geschichte, S. 193
4. siehe Craig; III.2. Kap., S. 74
5. Meldung der NRZ vom 30.11.2017
6. siehe Craig, V.2. Kap., S.143/144
7. Ebd. III.1. Kap., S. 68[8]
8. Sebastian Haffner, Sebastian „Von Bismarck zu Hitler"
   Bismarckzeit, S. 65/66
9. siehe Bamm, „Frühe Stätten der Christenheit"
   Die Kirche der Heiligen Weisheit, S.57
10. siehe Craig, IV.2. Kap., S. 112[25]
11. siehe Haffner, Von Bismarck zu Hitler"
    Kap. Bismarckzeit, S.79
12 siehe Craig, VIII. Kap., S.227
13. Ebd., VIII.2. Kap., S. 236
14 Ebd. VIII.4. Kap., S. 244

15. Fritz Stern „Der Traum vom Frieden und
die Versuchung der Macht"
Deutsche Geschichte im 20. Jahrhundert
Verlagsgruppe Random House GmbH 1. Auflage 2006, S. 52
16. siehe Craig, VIII.5. Kap., S. 256
17. Ebd. IX.3.Kap., S. 292[88]
18. Christopher Clark „Die Schlafwandler",
Deutsche Verlagsanstalt, 9. Auflage 2013 Teil zwei,
Kapitel 5, S. 320 [5]
19. Karl von Habsburg-Lothringen (*1961)
20. Zweig, Stefan „Die Welt von gestern"
Erinnerungen eines Europäers, S. Fischer Verlag Frankfurt/a.M.
1944 by Berman-Fischer AB, Stockholm, Seite 266/268
21. Dieter Hildebrandts, Feststellung im Jahr 1992
22. Meinecke, Friedrich Historiker
23. Remarque, Erich Maria „Der schwarze Obelisk",
Ullstein Buch Nr.325, S. 263

V. Kapitel

1. siehe Haffner „Von Bismarck zu Hitler", „1918", S. 154
2. Versailler Verträge von 1919, Artikel 231
3. siehe Nr.1 Haffner, Kap. „Weimar und Versailles", S. 189
4. siehe Craig „Deutsche Geschichte", XIV.1. Kap., S. 445
5. Ebd. XIV.1. Kap., S. 447 [35]
6. siehe Nr. 1 Haffner, Kap. „Hindenburgzeit", S. 203
7. Böll, Heinrich „Mein Lesebuch"
Fischer Taschenbuch Verlag GmbH 1980
Darin aufgeführt der Beitrag von Ernst Deuterlein
„Der Aufstieg der NSDAP in Augenzeugenberichten"
Der Politiker und Publizist Harry Graf Kessler hält fest, S. 50

VI. Kapitel
1. Zierer, Otto „Bild der Jahrhunderte" 22. Buch
Das Bild unserer Zeit, Von 1933 bis in die Gegenwart,
Lizenzausgabe für den Bertelsmann Lesering, S. 12

2. Ebd., S. 8

3. Longerich, Peter, Hitler- Biographie 2015 by Siedler Verlag
   Zentralverlag der NSDAP F München
   Verlagsgruppe Random House GmbH,
   Teil II, Hitler als Redner, S. 179/180

4. Adolf Hitler „Mein Kampf" Band I 1925, Band II 1927,
   Fr. Eher Nachf. Erster Band, 12. Kap., S. 369-387

5. Joseph Goebbels

6. siehe Haffner „Von Bismarck zu Hitler"
   Kap. „Hindenburgzeit", S. 229

7. Gordon A. Craig „Deutsche Geschichte", XVI. Kap.; S. 499

8. Zweig, Stefan „Die Welt von gestern"
   Kap. „Incipit Hitler", Vergl. S. 420-424

9. siehe Otto Zierer, „Bild der Jahrhunderte", 22. Buch, S. 18

10. siehe Longerich, Hitler-Biographie, Teil VI;
    Hitlers Imperium, S. 876/877

11. siehe Hitler, „Mein Kampf"
    2. Band 13. Kap., Vergl. S. 714-716

12. Ebd., 2. Band 14.Kap., S. 735

13. Ebd., 2. Band 14.Kap., 728—732

14 siehe Longerich, „Hitler-Biographie",
    Teil VI, Hitlers Imperium, S. 871[1]

15. Janßen, K. H. und Dirks, C. aus
    „Der Krieg der Generäle - Hitler als Vollstrecker der Wehrmacht"

16. siehe Longerich, „Hitler- Biographie", Teil VI;
    Hitlers Imperium, S. 874

17. Spiegel Nr. 21/2018, S. 17

18. siehe Hitler, 2. Bd. Kap., S. 628/629

19. Böll, Heinrich, „Mein Lesebuch"
    Fischer Taschenbuch Verlag GmbH März 1980
    Adelbert Rückerl (Herausgeber)
    Nationalsozialistische Vernichtungslager
    im Spiel deutscher Strafprozesse, S. 68-70
    darin aufgeführt der Beitrag von Ernst Deuterlein
    „Der Aufstieg der NSDAP in Augenzeugenberichten"

20. siehe Zierer „Bild der Jahrhunderte", S. 82[80]

Impressum

2. Auflage

© 2024 Konrad Erdmann

Lektor: Michael Erdmann, Universität Kiel

Cover Gestaltung: Markus Bethke

Zeichnungen: Ian Whisson, Oyten

Verlag: BoD • Books on Demand GmbH, In de Tarpen 42, 22848 Norderstedt

Druck: Libri Plureos GmbH, Friedensallee 273, 22763 Hamburg

ISBN: 978-3-7597-5130-0